Netzwerkforschung

Herausgegeben von
R. Häußling, Aachen
C. Stegbauer, Frankfurt am Main

In der deutschsprachigen Soziologie ist das Paradigma der Netzwerkforschung noch nicht so weit verbreitet wie in den angelsächsischen Ländern. Die Reihe „Netzwerkforschung" möchte Veröffentlichungen in dem Themenkreis bündeln und damit dieses Forschungsgebiet stärken. Obwohl die Netzwerkforschung nicht eine einheitliche theoretische Ausrichtung und Methode besitzt, ist mit ihr ein Denken in Relationen verbunden, das zu neuen Einsichten in die Wirkungsweise des Sozialen führt. In der Reihe sollen sowohl eher theoretisch ausgerichtete Arbeiten, als auch Methodenbücher im Umkreis der quantitativen und qualitativen Netzwerkforschung erscheinen.

Herausgegeben von

Roger Häußling
Aachen

Christian Stegbauer
Frankfurt am Main

Karoline Krenn

Alle Macht den Banken?

Zur Struktur personaler Netzwerke
deutscher Unternehmen am Beginn
des 20. Jahrhunderts

 Springer VS

Karoline Krenn

Das Werk ist unter dem Titel „Alle Macht den Banken? Unternehmensverflechtung im deutschen Produktionsregime – 1896 bis 1933" an der Universität Trier als Dissertation angenommen worden.

Springer VS
ISBN 978-3-531-17662-8   ISBN 978-3-531-93161-6 (eBook)
DOI 10.1007/978-3-531-93161-6

Die Deutsche Nationalbibliothek verzeichnet diese Publikation in der Deutschen Nationalbibliografie; detaillierte bibliografische Daten sind im Internet über http://dnb.d-nb.de abrufbar.

Einbandentwurf: KünkelLopka Medienentwicklung, Heidelberg

Gedruckt auf säurefreiem und chlorfrei gebleichtem Papier

Springer VS ist eine Marke von Springer DE.
Springer DE ist Teil der Fachverlagsgruppe Springer Science+Business Media
www.springer-vs.de

Inhalt

Abbildungsverzeichnis

Tabellenverzeichnis

1 Einleitung*

Die vorliegende Arbeit untersucht personelle Verflechtungen von Großunternehmen in der formativen Phase des deutschen Kapitalismus. Sie verbindet damit wirtschaftssoziologische Fragestellungen mit Methoden der Netzwerkanalyse. Als Teil einer soziohistorischen Institutionenforschung sind die empirischen Analysen kontextbezogen, insofern begründet das die historische Perspektive der Arbeit.

Beiträge zur Netzwerkforschung haben innerhalb der letzten beiden Jahrzehnte eine deutliche Konjunktur erfahren (vgl. Borgatti/Foster 2003). Studien wie diese beschäftigen sich vorwiegend mit vertrauten soziologischen Problemen. Sie fragen nach der Wechselwirkung zwischen Struktur und Handlung und nach der Entstehung sozialer Ordnung. Dabei erklärt sich das zunehmende Interesse an Netzwerktheorie und Netzwerkanalyse zum einen dadurch, dass durch die Verwendung des Netzwerkbegriffs ein neuer konzeptueller Rahmen für die Analyse sozialer Konfigurationen gespannt wird. Zum anderen erklärt es sich aber insbesondere durch die Bereitstellung von Prozeduren auf der Basis formaler mathematischer Grundlagen, die sozialen Strukturen eine messbare Größe verleihen. Der Netzwerkansätzen gemeinsame Gedanke ist der, dass das Bestehen bzw. das Fehlen von Verbindungen zwischen Akteuren einen relevanten Unterschied in Hinblick auf die Freiheitsgrade ihres Handelns und Ausstattung mit Ressourcen macht. Dies trifft auf die Kleingruppenforschung, die Ungleichheitsforschung, die Migrationsforschung, die Medienforschung und die Wirtschaftsforschung ebenso wie auf ethnologische Studien und andere sozialwissenschaftliche Spezialfelder zu. Das Spektrum relevanter Untersuchungen zu Netzwerken in der Unternehmensforschung ist umfangreich. Diese Untersuchungen beschäftigen sich entweder mit Kapital-, Personal- oder Handelsverflechtungen (vgl. Scott 1991). Fragen, die sich in diesem Kontext stellen, richten sich z. B. auf die Eigentumsverhältnisse oder Marktbeziehungen zwischen Unternehmen und thematisieren die Organisation von Tauschverhältnissen sowie intra- und interorganisationale Machtkonstellationen. In der vorliegenden Arbeit geht es in erster Linie um die Macht der Banken im Netzwerk personeller Verflechtung.

Einleitend wird ein erster Überblick über bisherige Untersuchungen zu Unternehmensnetzwerken gegeben, der diesbezügliche Forschungsinteressen und deren Wandel im zeitlichen Verlauf skizziert. Daran anschließend wird der bisherige Forschungsstand

---

*   Bei diesem Buch handelt es sich um eine gekürzte und überarbeitete Fassung meiner Dissertation an der Universität Trier. Mein Dank gilt meinem Doktorvater Prof. Dr. Paul Windolf und meinem Zweitbetreuer Prof. Dr. Jürgen Beyer für ihre wertvollen Ratschläge und hilfreichen Anregungen, die wesentlich zum Gelingen der Arbeit beitrugen. Die Datenerhebung wurde von der Deutschen Forschungsgemeinschaft (DFG) finanziert, der ich ebenfalls danken möchte.

zur Rolle von Aufsichtsratsverflechtung in Deutschland kurz zusammengefasst und die damit verbundene spezifische Problemstellung erörtert (mehr dazu folgt in den jeweils relevanten Abschnitten). Der Abschnitt endet mit einem Ausblick auf das Ziel und den Aufbau der vorliegenden Arbeit.

Aufsichtsratsverflechtung in der Unternehmensforschung

Empirische Untersuchungen zur Verflechtung von Aufsichtsräten haben sowohl in soziologischer als auch betriebswirtschaftlicher Forschung eine lange Tradition. Die vorliegende Arbeit knüpft an erste Studien vom Beginn des 20. Jahrhunderts an, die den Einfluss von Banken auf industrielle Unternehmungen betrachten (vgl. Jeidels 1905; Eulenburg 1906; Riesser 1912 [1905]). Auf diese wird im Verlauf der Arbeit noch näher eingegangen werden. In den 1970er Jahren kommt es dann verstärkt zur Entwicklung von Ansätzen, welche ganz allgemein die Ressourcenabhängigkeit von Unternehmen in den Vordergrund stellen (vgl. Pfeffer/Salancik 1978) oder den Macht- und Kontrollerhalt von Eliten thematisieren (vgl. Domhoff 1967; Pennings 1980; Useem 1984; Stokman et al. 1985). Erste Systematisierungen der Literatur zu Aufsichtsratsverflechtungen, insbesondere englischsprachiger Untersuchungen, finden sich in den einflussreichen Artikeln von Thomas Koenig, John Scott und Mark Mizruchi (vgl. Koenig et al. 1979; Scott 1991; Mizruchi 1996). Seit den 1990ern ist eine Verlagerung des Forschungsinteresses hin zur Informationsperspektive festzustellen. Verflechtungen werden in diesem Zusammenhang als ein Kommunikationssystem betrachtet und die Entsendung und Kooptation von Direktoren als ein Mittel der Informationsdiffusion gesehen, welches unternehmerische Unsicherheiten verringert. In diesem Zusammenhang wird die Bedeutung von Netzwerken für die Ausbreitung von Abwehrstrategien gegen feindliche Übernahmen (vgl. Davis 1991), von Übernahmeverhalten (vgl. Haunschild 1993) oder für die strategisch motivierte Bündelung von Ressourcen beispielsweise in Forschungs- und Entwicklungskooperationen, Joint Ventures oder strategischen Allianzen (vgl. Sydow 1992) untersucht. Aber auch die Untersuchungen dauerhafter Kooperationsbeziehungen mit Zulieferern und Abnehmern (vgl. auch die auf Marshall 1919 zurückgehenden Studien zu „industrial districts" in Pyke/Sengenberg 1992) und von „gemeinschaftlichen" Produktionszusammenhängen (vgl. Piore/Sabel 1985) thematisieren den Aspekt der Aufsichtsratsverflechtung.

Vergleichende Untersuchungen weisen sowohl in Hinblick auf die Gestalt von Kapital- und Handelsverflechtungen als auch in Hinblick auf Aufsichtsratsverflechtungen auf national sehr unterschiedliche Netzwerkstrukturen hin (vgl. dazu den Sammelband von Stokman et al. 1985; Windolf/Beyer 1995; Windolf/Nollert 2001; Nollert 2005). Diese Forschungen sind meist in eine größere Makrofragestellung eingebettet. Netzwerke zwischen Unternehmen werden in diesem Zusammenhang als ein spezifisches Instrument der Unternehmenskontrolle gesehen, das komplementär zu anderen ökonomischen In-

stitutionen zu betrachten ist. Die besondere Leistung dieser komparativen Forschungs-
tradition ist es, zu zeigen, dass solche Kontrollinstrumente nicht notwendigerweise in
allen wachsenden Volkswirtschaften dieselben Formen annehmen. Geht man davon aus,
dass Modernisierungs- und Rationalisierungsprozesse zwar alle Volkswirtschaften vor
das gemeinsame Koordinationsproblem stellen, eine institutionelle Grundlage für eine
Massenproduktion zu schaffen (vgl. Chandler 1990), so haben diese aber einerseits bedingt durch ihre Umwelt und andere sozio-historische Faktoren nicht immer dieselben
Aufgaben zu bewältigen und können sich andererseits dabei auch an kulturell divergie-
renden Leitbildern orientieren. International vergleichende Untersuchungen konnten
vielfach zeigen, dass es selbst für vergleichbare Aufgaben verschiedene institutionelle
Lösungen gibt. Es gilt als unbestritten, dass nationale Varianten bzw. Spielarten ökonomischer Institutionengefüge zu beobachten sind (vgl. Shonfield 1965; Albert 1991; Hall/
Soskice 2001; Streeck/Yamamura 2001).

Einer der Ersten, der sich systematisch mit dem Vergleich von nationalen Wirtschaftsordnungen beschäftigt hat, ist Andrew Shonfield. Er vergleicht die Variationen kapitalistischer Systeme v. a. aus der Blickrichtung unterschiedlicher Formen
und Grade staatlicher Intervention (vgl. Shonfield 1965). Den deutschen Kapitalismus
sieht er relativ zu anderen Staaten hochgradig organisiert, da sowohl die Einstellung
der Wirtschaftssubjekte als auch die bestehenden Institutionen das Prinzip wechselseitiger Koordination fördern. Das kooperative Steuerungsprinzip zeigt sich seiner Ansicht nach v. a. in der Selbstregulation der Wirtschaft durch das Verbändesystem. Ein
zentrale Säule in dieser *organized private enterprise* sind enge Verflechtungen zwischen
Großbanken und Großkonzernen, die zum Nährboden wechselseitiger Beeinflussung
werden. Shonfield benutzt bereits für seine Beschreibung den für seine Zeit noch ungewöhnlichen Begriff des Netzwerks. Der Konsens des *big business,* der in diesen Netzwerken hergestellt wird, übernimmt dabei eigenständig eine Selbststeuerungsfunktion
zwischen den Großunternehmen (vgl. Shonfield 1965).

Aus heutiger Sicht wird ein ökonomisches Marktsystem mit einer ausgeprägten
Netzwerkstruktur als koordinierte Marktwirtschaft klassifiziert. Ein solches System
unterscheidet sich von liberalen Marktwirtschaften durch die Dichte der interorganisationalen Verflechtungen; sie ist in ersteren deutlich höher (vgl. Hall/Soskice 2001).
Internationale Unterschiede gibt es nicht nur im Grade der Kapitalverflechtungen, also
der Eigentumsverhältnisse, sondern auch im Grad der personellen Verflechtung (vgl.
Windolf 1994; Windolf 1997; Windolf/Nollert 2001). Eines der Schlüsselmerkmale des
deutschen Kapitalismusmodells ist dabei eben jenes enge Netzwerk aus Großunternehmen (vgl. Ziegler 1983; Windolf/Beyer 1995; Nollert 2005). Insbesondere die enge Kopplung von Personal- und Kapitalverflechtungen formieren eine Struktur, von der in der
Literatur häufig unter der Bezeichnung Deutschland AG (vgl. Shonfield 1965; Adams
1994) oder Rheinischer Kapitalismus (vgl. Albert 1991) die Rede ist. Wie verschiedene
Studien gezeigt haben, lassen sich manche grundlegende Unterschiede in nationalen
kapitalistischen Wirtschaftsordnungen bereits auf die Industrialisierungsperiode zu-

rückführen (Gerschenkron 1962; Lazonick/O'Sullivan 1997; Jackson 2001; Beyer 2006; Windolf 2006). In Deutschland haben insbesondere die ökonomischen Umbrüche im Kaiserreich und in der Weimarer Republik eine Reihe von Institutionen entstehen lassen, die durch das 20. Jahrhundert hinweg Persistenz bewiesen haben (vgl. Abelshauser 2001). Wesentliche Charakterzüge dieser nationalen Spielart werden dort angelegt bzw. gelangen in diesem „kritischen", von vielen einschneidenden Krisen durchzogenen Zeitraum zur Blüte (vgl. Abelshauser 2001; Jackson 2001). Erst kürzlich veröffentlichte Untersuchungen, die aus dem Projektkontext der vorliegenden Arbeit hervorgegangen sind,[1] zeigen, dass es sich dabei auch in Bezug auf die Formation des Netzwerkes personeller Verflechtung um eine Schlüsselphase handelt (vgl. Windolf 2006; Windolf 2007). Diese Blütezeit ist zeitlich zwischen Ausbruch des Ersten Weltkrieges bis zum Ende der Weimarer Republik zu verorten. Die Logik nationaler Kapitalismusvarianten greift bereits zu diesem Zeitpunkt. Nicht nur in den Leitbilder und den rechtlichen Rahmenbedingungen sind bedeutsame Abweichungen zu erkennen, auch informale Strukturen, wie sie in Personalverflechtungen zwischen Unternehmen beschrieben werden, unterscheiden sich bereits voneinander. Die Struktur des Unternehmensnetzwerks deutscher Großunternehmen webt sich in der Untersuchungsperiode deutlich dichter als das usamerikanischer. Vor allem kommt es in Deutschland in den 1920er Jahren zu einer immensen Intensivierung der Verflechtung, für die es in den USA keine Entsprechung gibt (vgl. Windolf 2006). Erklärungen hierfür müssen notwendigerweise bei den jeweiligen situativen historischen Konstellationen ansetzen. Die erwähnten Studien zeichnen sich dadurch aus, dass sie dieser wichtigen Agenda komparativer Netzwerkforschung (vgl. Berghoff/Sydow 2007) Rechnung tragen.

Die vorliegende Studie

Bei der vorliegenden Arbeit handelt es sich um einen Beitrag zur Debatte über die Strukturmerkmale des deutschen Produktionsregimes. Für die personelle Verflechtung zwischen den großen Aktiengesellschaften, eine jener erwähnten Kerninstitutionen, werden in der „kritischen" Zeitspanne ihrer Formation Besonderheiten und Handlungslogiken identifiziert, die bisherige Arbeiten um einige grundlegend neue Gedanken bereichern.

Das Ziel der vorliegenden Arbeit liegt darin, in Form einer theoriegeleiteten Untersuchung empirische Einblicke in die Entwicklung der personellen Verflechtungen (sowohl im Querschnitt als auch im Längsschnitt sowie in Form einer Einzelfallana-

---

1   Das Projekt „Regulierte Konkurrenz. Unternehmensverflechtung in Deutschland, USA und Frankreich" wurde von Paul Windolf geleitet und von der Deutschen Forschungsgesellschaft (DFG) finanziert. Der Erhebungszeitraum erstreckte sich von 2002 bis 2007. In der vorliegenden Arbeit werden nur Daten zu Deutschland ausgewertet.

lyse) zu vermitteln. Wie Windolf zeigen konnte, sind die bis Ende der 1990er Jahre typischen Merkmale des deutschen Produktionsregimes bereits in seiner Formationsphase
zu erkennen (vgl. Windolf 2006). Hier werden die charakteristischen Strukturen des
Netzwerks nochmals nachgezeichnet. Auf institutioneller Ebene ist das dieser Arbeit zugrunde liegende Interesse im Wesentlichen darauf hin gerichtet, eine Erklärung für die
positive Selektion und Stabilisierung von Unternehmensverflechtung in Deutschland
zu geben.[2] Dabei sollen personelle Verflechtungen im Übergang von einer familienkapitalistisch zu einer kooperativ organisierten Ökonomie beleuchtet und in Hinblick
auf die Rolle der Banken analysiert werden. Neben den zentralen Fragen zu allgemeinen
Strukturmerkmalen und der Verteilung der Netzwerkpositionen interessiert im Speziellen, ob das Netzwerk der Großunternehmen bereits zum damaligen Zeitpunkt die für
die spätere Deutschland-AG charakteristische *Core*-Peripherie Struktur hat und wenn
ja, welche Akteure sich darin verorten lassen. [3]

Eine sorgfältige Auseinandersetzung mit den institutionellen Rahmenbedingungen
für personelle Verflechtungen zwischen Aktiengesellschaften bleibt dabei aufgrund der
sozio-historischen Dimension des Themas unerlässlich. Gegenstand der Analyse sind
Daten zur personellen Verflechtung von Aufsichtsräten und Vorständen der deutschen
Großunternehmen, die im Rahmen des erwähnten Projekts für mehrere Zeitpunkte
zwischen 1896 und 1938 zusammengetragen wurden. Die hier betrachtete Unternehmensform der Aktiengesellschaft ist das Ergebnis eines sozio-historisch bedingten Aus-
differenzierungsprozesses, der auf eine Ausdehnung des Marktes in den *economies of
scale and scope* zurückzuführen ist (vgl. Chandler 1990). Der mit dieser Ausdehnung
verbundene sprunghafte Anstieg von Tauschpartner bedarf einer Koordination. Unterschiedliche Modi sozialer Handlungskoordination werden insbesondere als Trias
Markt, Netzwerk und Hierarchie diskutiert (vgl. Williamson 1975; Powell 1990). Unternehmensnetzwerke, die sich zwischen Aktiengesellschaften aufspannen, sind allerdings
keine universelle Organisationsform zur Lösung ökonomischer Koordinationsprobleme.
Eine historisch sensitive Analyse muss dies berücksichtigen. In Kapitel 2 beginnt die
Untersuchung daher mit einem Vergleich entwicklungstheoretischer Ansätze mit den

---

2   Dies geschieht in interdisziplinärer Anlehnung an eine historische Unternehmensforschung in der
    Tradition von Werner Plumpe, der in der Rekonstruktion von so genannten unternehmerischen Evo-
    lutionsprozessen, also unternehmerischen Variationen, Leitbild orientierten Selektionen und Insti-
    tutionalisierungsprozessen die notwendige Aufgabe seiner Zunft sieht (vgl. Plumpe 1998).
3   Eine Frage, die im Zusammenhang mit Unternehmensnetzwerken v. a. von betriebswirtschaftlicher
    Seite aufgeworfen wird, ist, inwieweit das durch Verflechtungen gesammelte soziale Kapital für Un-
    ternehmen im Weiteren in ökonomisches Kapital transformierbar ist. Die Befunde dazu sind sehr
    unterschiedlich. Es liegen zahlreiche Studien zur Leistungsfähigkeit von Netzwerken vor (vgl. Uzzi
    1996; Gabbay 1997; Uzzi 2001). Solche Ergebnisse können in der Regel aber nicht unabhängig von
    dem Relationsinhalt, der Entwicklungsphase des Netzwerkes und der institutionellen Einbettung be-
    trachtet werden. Eine Untersuchung der Performativität des Netzwerkes bleibt in diesem Kontext
    weitgehend unberücksichtigt, stellt aber angesichts möglicher Dysfunktionalitäten von Netzwerken
    eine geeignete Forschungsausrichtung für Nachfolgeuntersuchungen dar.

faktischen historischen Entwicklungen. Es wird dokumentiert, dass sich das deutsche
Produktionsregime (u. a. die enge Vernetzung der Akteure, die Eigentumsstrukturen)
nicht ohne Weiteres in das Schema des Managerkapitalismus einfügen lässt, der als die
auf den Familienkapitalismus folgende Entwicklungsstufe betrachtet wird (vgl. Berle/
Means 2002 [1932]). Die evolutionäre Entwicklung der deutschen Kapitalismusvariante, insbesondere ihre ausgeprägte Netzwerkformation verlangt nach Erklärungen. Diese
müssen sowohl auf der übergeordneten Ebene der Kerninstitutionen als auch bei den
Mechanismen, die hinter den jeweiligen Handlungslogiken stehen, ansetzen. Für die
Analyse der sozio-politischen Rahmenbedingungen, die für die Entstehung des deutschen Produktionsregimes bedeutsam sind, kann auf umfangreiche Vorarbeiten von
Historikern und Sozialwissenschaftern aufgebaut werden (vgl. Wehler 1995; Abelshauser
2001; Jackson 2001; Streeck/Yamamura 2001; Wehler 2003; Abelshauser 2005; Windolf
2006). Wichtig für die vorliegende Arbeit ist die Erkenntnis, dass im Prozess sozialen
Wandels, die institutionelle Anschlussfähigkeit zur evolutionären Voraussetzung wird
(vgl. Luhmann 1991). Die Vorteile einer historisch-sensitiven Analyse liegen dabei v. a.
darin, Entwicklungsprozesse sowohl in ihrer Kontingenz und Offenheit für Alternativen als auch in ihrer Pfadabhängigkeit zu begreifen.[4] Nachteile bzw. Restriktionen, die
mit historischen Institutionenanalysen verbunden sind, sind, dass diese aufgrund der
Komplexität des Gegenstandes und der Begrenztheit der Quellenlagen häufig nur mit
plausiblen Argumentationsketten begründet werden können (vgl. Mayntz 2002).
     Verflechtungen zwischen Unternehmen, wie sie hier untersucht werden, entstehen
über längere Zeiträume. Es beginnt damit, dass ein Vorstand von Unternehmen A in
den Aufsichtsrat von Unternehmen B gewählt wird. Dort trifft er dann auf Vorstände
der Unternehmen C, D und E. Eventuell folgt eine Entsendung eines Vorstandes von B
in den Aufsichtsrat von A. Die Verflechtung zwischen diesen Unternehmen wird dadurch intensiviert. Andererseits werden über die Zeit betrachtet auch nicht alle Beziehungen zwischen Unternehmen aufrecht erhalten. Verflechtungen lösen sich wieder auf.
Die Feststellung, dass Unternehmen über Aufsichtsräte miteinander verflochten sind,
lässt bisher allerdings noch offen, ob diese beobachteten Strukturen nicht rein zufällig zustande gekommen sein könnten. Im Lichte von Ansätzen, die Netzwerke als eine
unbeabsichtigte Nebenwirkung persönlicher Verbindungen von Managern zu kompe-
tenten Spezialisten oder Freunden als zuverlässige Berater betrachten, sind (indirekte) Unternehmensverflechtungen nicht mehr als ein bloßes Zufallsprodukt (vgl. Koenig
et al. 1979). Der überwiegende Anteil von Netzwerktheorien stellt allerdings die ge-
wollte Herstellung einer Verbindung zwischen zwei Unternehmen in den Vordergrund,

---

4   Unter Pfadabhängigkeit wird verstanden, dass die institutionellen Strukturen der Vergangenheit we-
    sentliche Bestimmungsgrößen zukünftiger Strukturen darstellen, insbesondere in dem Sinne als in
    ihnen kontinuitätssichernde Mechanismen implementiert sein können (Thelen 2003; Beyer 2005).
    Unter bestimmten situativen Voraussetzungen können Kräfte, die fundamentalen Wandel bewirken,
    jedoch stärker als kontinuitätssichernde Mechanismen sein.

greift also (häufig implizit) auf rationale Erklärungen zurück. Die dabei hinter den Verflechtungen vermuteten Intentionen setzen, wie zuvor angedeutet, sowohl auf einer institutionellen volkswirtschaftlichen als auch auf einer akteursorientierten unternehmenspolitischen Ebene an. Die meisten Studien gelangen zu dem Ergebnis, dass Aufsichtsratsverflechtungen unabhängig davon, ob sie intendiert waren oder nicht, zum Aufbau interorganisationaler Beziehungen genutzt werden. Erklärungen für Unternehmensnetzwerke müssen daher sowohl auf der Aggregatebene ansetzen und die Effekte von Netzwerken thematisieren als auch die Akteursebene betrachten und mögliche Motivstrukturen offenlegen.[5] Kapitel 3 ist zu diesem Zwecke einer breit angelegten Diskussion von Netzwerktheorien gewidmet. Zunächst wird die relationale Perspektive der Netzwerkforschung betrachtet. In den Unterkapiteln folgt eine eingehende Zusammenschau verschiedener Ansätze zur Erklärung von Motiven für Vernetzung und ihren sozialen Wirkungen. Die Darstellung erfolgt systematisiert danach, ob es sich um Ansätze handelt, die Motive und Handlungsspielräume von Akteuren betrachten (Sozialkapitalansätze), oder um Ansätze, die auf der Systemebene ansetzen und Netzwerke als Institutionen begreifen. Beide Ansätze sind zur Erklärung im weiteren Verlauf der Arbeit notwendig.

Kapitel 4 widmet sich dem Forschungsdesign dieser Untersuchung. Darin wird nochmals die Fragestellung diskutiert, die Datengrundlage anschaulich gemacht und schließlich werden die forschungsleitenden Hypothesen entwickelt. Methodische Erörterungen sind in die folgenden Analysekapitel integriert.

In den empirischen Analysen wird das Sample der größten Aktiengesellschaften sowohl im Querschnitt (Kapitel 5) als auch im Längsschnitt (Kapitel 6) auf seine Netzwerkstruktur hin untersucht. Die Auswertung des Datenmaterials beginnt mit der Visualisierung der Verflechtungen zwischen den Unternehmen und setzt sich fort mit der Prüfung von Hypothesen auf der Aggregatebene und auf der Akteursebene. In Hinblick auf die Querschnittsanalyse knüpft diese Untersuchung an die Arbeiten von Windolf (vgl. Windolf 2006; Windolf 2007) an. Sie geht aber sowohl durch die Untersuchung der Stabilität dyadischer Verflechtungen im Längsschnitt (Kapitel 6) als auch durch die Einzelfallanalyse der Großbanken (Kapitel 7) über jene Arbeiten hinaus.

Das zentrale Interesse der Arbeit liegt auf der Position der Banken, insbesondere der Großbanken. Bereits frühe Studien zu Unternehmensverflechtungen beschäftigen sich sowohl theoretisch als auch empirisch mit dem Phänomen der Aufsichtsratspräsenz von Bankiers. Aufsichtsratspräsenz wird dabei als eine Institutionalisierung von Bankenmacht betrachtet. Theoretisch wird dies durch ihre Rolle in der Unternehmensfinanzierung untermauert (vgl. Hilferding 1910, Gerschenkron 1962). Empirisch finden sich

---

5   Erklärungsansätze für Netzwerke können nach unterschiedlichen Gesichtspunkten systematisiert werden. So kann zwischen Funktions- und Kontrolltheorien (Windolf/Beyer 1995), zwischen akteurszentrierten und systemischen Theorien (Nollert 2005) und zwischen sozio-ökonomischen und soziologischen Theorien (Fligstein 2001, Uzzi 2001 und Jansen 2003) unterschieden werden.

hierfür ebenso Belege wie Gegenbeispiele. Die Entwicklung der Bankenpositionen über den kritischen Zeitraum von der Jahrhundertwende bis zur Machtergreifung der Nationalsozialisten ist jedoch bisher nur in Einzelfallanalysen (vgl. Wellhöner 1989; Wellhöner/Wixforth 1990; Wixforth 1995) oder punktuell (vgl. Eulenburg 1906; Riesser 1912 [1905]; Ziegler 1998) erforscht. Eine Untersuchung sowohl im Querschnitt als auch im Längsschnitt steht bisher aus. Diese Lücke soll mit der vorliegenden Arbeit geschlossen werden. In den Auswertungen werden systematisch Unterschiede zwischen Finanzunternehmen und Nicht-Finanzunternehmen in Hinblick auf die Verteilung der Netzwerkpositionen herausgestellt (Kapitel 5 und 6). Darüber hinaus wird überprüft, ob es sich beim „Bankeneffekt" im Grunde nicht um einen „Großbankeneffekt" handelt, schließlich hatten die Berliner Großbanken damals eine überragende ökonomische Bedeutung (vgl. Hardach 1995).

Von den Ergebnissen darf bereits so viel vorweg genommen werden, dass sich die Ungleichverteilung der Netzwerkpositionen nicht allein durch ein Finanzkontrollmodell erklären lässt. Die Verflechtungen zwischen Banken und Industrie können auch in einem anderen Licht gesehen werden. Als Paul Mankiewitz (Direktor der Deutschen Bank von 1898 bis 1923) von den Bedenken eines Industriechefs, in den Aufsichtsrat seiner Bank aufgenommen zu werden, erfuhr, weil dieser befürchtete, die Bank wolle dadurch Einfluss auf sein Unternehmen gewinnen, meinte er nur: „Die großen Industriegesellschaften beherrschen im allgemeinen die Banken und nicht umgekehrt" (Riesser 1912 [1905]: 302). Diese Ansicht steht im völligen Gegensatz zur damaligen öffentlichen Wahrnehmung und wissenschaftlichen Diskussion. Anerkannte Ökonomen wie Rudolf Hilferding, aber auch Kenner des Bankengeschäfts wie Otto Jeidels, Geschäftsinhaber der Berliner Handelsgesellschaft, und Jacob Riesser, Direktor der Bank für Handel und Industrie, haben Einiges zum anhaltenden Motiv der Bankenmacht beigetragen. Mankiewitz begründet seinen Standpunkt mit der großen Konkurrenz der Banken untereinander. Die Bankenkonkurrenz erweist sich als struktureller Vorteil für Industrieunternehmen. Industrielle im Aufsichtsrat der Großbanken können zum einen als potentielle Schuldner mit einem ausgeprägten Interesse an der Kontrolle „ihrer" Banken betrachtet werden. Dies ist, die These Hilferdings auf den Kopf stellend, durch deren spezifische Rolle in der Unternehmensfinanzierung zu erklären. Zum anderen drückt sich darin ein charakteristisches Merkmal des deutschen Kapitalismus aus, nämlich Unternehmenskontrolle auf Gegenseitigkeit (vgl. Streeck/Höpner 2003).[6]

Den Abschluss der Auswertungen bildet daher die Einzelfallanalyse der Großbanken (Kapitel 7). Darin wird ein kurzer historischer Abriss zur geschichtlichen Entwicklung der Finanzinstitute gegeben, dem sich eine detaillierte Analyse der Position der Großbanken im Quer- wie Längsschnitt anschließt. Ein besonderer Schwerpunkt wird auf die Zusammensetzung der Aufsichtsräte von Großbanken gelegt, von deren Ana-

---

6   Der Titel der vorliegenden Arbeit greift das Bild des 2003 erschienen Bandes von Streeck und Höpner wieder auf.

lyse mehr Aufschluss über die in Aufsichtsräten entstehenden Gelegenheitsstrukturen erhofft wird.

Die spezifische Kombination aus Opportunitäten und Restriktionen, die mit den beobachteten Verflechtungsstrukturen verbunden sind, ist bezeichnend für das deutsche Produktionsregime, worin sich begründet, dass ihrer Untersuchung in der formativen Phase des Netzwerks eine so herausragende Bedeutung zukommt. Der Wert dieser Studie liegt nicht nur in der Beantwortung der Frage nach der Verflechtung als institutionalisiertem Kontrollinstrument der Banken. Es wird darüber hinaus eine theoretische Erklärung angeboten, warum sich Unternehmensverflechtung erfolgreich als Säule in das deutsche Produktionsregime eingliedern lässt. Dies wird im Schlusskapitel der Arbeit auf drei Argumentationsebenen verdeutlicht. Im ersten Schritt werden die Ergebnisse vor den aufgestellten Hypothesen evaluiert. Soweit vorweg, die Erklärungskraft des Finanzkontrollmodells ist begrenzt. Ein einzelner theoretischer Ansatz ist nicht ausreichend um die Struktur der Verflechtung im Ganzen zu erklären. Der Rückschluss, der daraus auf theoretischer Ebene gezogen wird, deutet aber nicht nur auf diesbezügliche Mängel hin. Allein aufgrund der institutionellen Konstruktion der Aufsichtsratsverflechtung, so wird hier argumentiert, wäre es kurzsichtig, eindimensionale Erklärungen anzustreben. Der Großteil des Netzwerkes ist auf indirekte Verflechtungen zurückzuführen, rationale Strategien greifen daher nur zum Teil. Die im Laufe gemeinsamer Aufsichtsratssitzungen tatsächlich geknüpften Kontakte geben darüber hinaus Gelegenheit, nicht nur einen (möglicherweise intendierten), sondern eine Vielzahl an Beziehungstypen zu erschließen. Dabei können unabhängig voneinander und sich dennoch zugleich überlappende Tausch-, Kontroll- und Vertrauensnetzwerke entstehen, müssen aber nicht. Aufbauend auf einen Soziologischen Institutionalismus, der die funktionale „Flexibilität" von Institutionen betont, wird für eine Netzwerktheorie argumentiert, die diesen Gedanken einer funktionalen De-Spezialisierung weiter führt. Die im Aufsichtsrat entstehenden Gelegenheitsstrukturen werden dabei als de-spezialisierte Sozialkapitalgeneratoren konzeptualisiert.[7] Drittens und zuletzt wird ausgeführt, warum sich jene Konstellation gerade im deutschen Produktionsregime erfolgreich erweist. Der Grund liegt darin, dass nämlich die inhärente Logik dieses Produktionsregimes, die in der Fähigkeit zur Selbstregulierung liegt, auch Steuerungsleistungen im Netzwerk übernehmen und damit die vorhandenen Gelegenheitsstrukturen aktivieren kann. Erst unter der Voraussetzung, dass das Netzwerkpotential erkannt und gegebenenfalls aktiviert wird, wird auch die Reproduktion dieser Gelegenheitsstrukturen plausibel.

---

7   Der Begriff „Sozialkapitalgenerator" ist an den Begriff des „Biographiegenerators" von Alois Hahn angelehnt (vgl. Hahn 1982; Hahn 1995). Er erscheint zur Charakterisierung des Aufsichtsrats aus dem Grund geeignet, als dieser durch die optionalen Verflechtungen, die daraus entstehen, soziales Kapital „generiert". Der Begriff der „De-Spezialisierung" bezeichnet die Verallgemeinerung von Funktionen, die aus diesen Verflechtungen erwachsen.

2 Vom Familien- zum Managerkapitalismus: Ökonomische Zwänge im Kaiserreich und in der Weimarer Republik

Untersuchungen zu sozioökonomischen Entwicklungsprozessen gehören mit zu den ersten theoretischen Arbeiten der sich im 19. Jahrhundert herausbildenden Sozialwissenschaften. Es stehen sich grundsätzlich zwei Erklärungsansätze gegenüber. Aus einer materialistischen Position wird die kapitalistische Dynamik als ein naturwüchsiger, vom Motiv der Kapitalverwertung angetriebener historischer Prozess erklärt. Karl Marx machte es sich zur Lebensaufgabe, die Gesetzmäßigkeiten hinter dieser seiner Ansicht nach evolutionären Entwicklung zu analysieren (vgl. Marx 1970 (1867); und 1983 [1858]). Soziologen wie (der späte) Werner Sombart und Max Weber fokussieren in ihren Arbeiten zur europäischen Wirtschaftsgeschichte stärker mentale Aspekte und geistige Strömungen. Eine auf Erwerb und Profit bezogene Rationalität, wie sie in kapitalistischen Wirtschaftssystemen anzutreffen ist, erklären sie durch einen Wandel der Wirtschaftsgesinnung (vgl. Weber 1981 [1923]; Sombart 1987 [1916]; Weber 1988 [1920]). Die genannten Untersuchungen zeichnen sich dabei durch ihren umfassenden Anspruch einer entwicklungsgeschichtlichen Klassifikation aus, der mit Sombarts „historisch-systematischer Darstellung des gesamteuropäischen Wirtschaftslebens von seinen Anfängen bis zur Gegenwart" einen Höhepunkt erfährt (Sombart 1927). Die dort entwickelte Einteilung in Früh-, Hoch- und Spätkapitalismus setzt sich bald durch, die drei Epochen werden zu Standardbegriffen der sozial- und wirtschaftswissenschaftlichen Literatur. In der zweiten Hälfte des 20. Jahrhunderts zeichnen sich theoretische Arbeiten zu Phasen ökonomischer Entwicklung dann durch eine stärkere thematische (bzw. regionale) Eingrenzung aus. Es werden Stufenmodelle ökonomischen Wachstums entwickelt und Bedingungen für einen *take-off* analysiert (vgl. Rostow 1971 [1960]). Zyklische Modelle der Arbeitsorganisation, die mit endogenen Systemkrisen argumentieren (vgl. Gordon et al. 1982), ergänzen Phasentheorien zu „technologischen Scheidewegen" (vgl. Piore/Sabel 1984). Es wird aufgezeigt, dass technische Innovationen nicht nur die Produktionsweise verändert haben, sondern dass darüber hinaus die Notwendigkeit entstand, die soziale Organisation der Produktion und die Tauschweise an die gewandelten Produktionsweisen anzupassen. Darüber hinaus kommt es zu einer Reihe von Untersuchungen, die den Wandel der Unternehmenskontrolle im Blick haben (Burnham 1941; Berle/Means 2002 [1932]). Endogene wie exogene Faktoren führen auch in diesem Bereich zu einer kontinuierlichen funktionalen und institutionellen Ausdifferenzierung (allgemein hierzu vgl. Parsons 1951; Weber 1988 [1920]; Weber 1988 [1922]; Durkheim 1996 [1893]). In diesem Einführungskapitel liegt der Schwerpunkt auf dem Wandel im Bereich der Unternehmenskontrolle. Dieser steht zweifellos in Wechselwirkung mit technologischen Neuerungen, Wachstumsentwicklungen und einer Veränderung der Wirtschaftsprinzipien. Somit können diese als Randbedingungen nicht vollständig ausgeklammert werden.

Eine Untersuchung von Aufsichtsratsverflechtungen ist eng verknüpft mit dem Aufkommen von großen Aktiengesellschaften. Als Organisationsform wirtschaftlicher Produktionseinheiten finden diese in Deutschland in der zweiten Hälfte des 19. Jahrhunderts Verbreitung – also in einer Periode, in der fundamentale Veränderungen in der Form der Unternehmenskontrolle stattfinden und die als Übergangsphase vom Familienkapitalismus, den familiär geführte Personengesellschaften kennzeichnen, zum Managerkapitalismus gilt (vgl. Berle/Means 2002 [1932]). Nach einigen einführenden Ausführungen darüber, wie sich jener institutionelle Wandel idealtypisch vollzieht, wird dieses Kapitel die spezifischen Umstände der Herausbildung des deutschen Produktionsregimes nachzeichnen und damit zugleich der vorliegenden Untersuchung eine sozio-historische Einbettung geben. Die Organisationssoziologie bezeichnet mit dem Begriff Produktionsregime[8] ein Bündel an Institutionen und Regelungen industrieller Produktionsverhältnisse zu spezifischen Organisationsformen, die ausgehend von einer nationalen, sektoralen sowie betrieblichen Ebene betrachtet werden können (vgl. Lütz 2006). Die Besonderheit der deutschen Kapitalismusvariante ist insofern von Relevanz, als neuere Untersuchungen zum Kapitalismus weniger das Ziel verfolgen, mehr oder weniger universelle Entwicklungsstufen nachzuzeichnen, als vielmehr dauerhafte Unterschiede innerhalb der durch abstrakte Generalisierungen aufgefundenen Gemeinsamkeiten aufzeigen. Vergleichende Untersuchungen belegen die Gleichzeitigkeit von unterschiedlichen Entwicklungspfaden (vgl. Roe 1997), die Existenz verschiedener Spielarten des Kapitalismus (Hall/Soskice 2001; Hall/Gingerich 2004). Zwei hervorstechende Typen von Produktionsregimen werden in Kapitel 3 gegenübergestellt.

Die Verortung personeller Verflechtung in einem spezifischen Bündel von ökonomischen Institutionen und *Governance*-Mechanismen, die das deutsche System charakterisieren, stellt die makrostrukturelle Rahmung dieser Untersuchung dar. Enge Personal- und Kapitalverflechtungen zwischen Unternehmen gehören zu den Merkmalen, die den entwickelten Kapitalismus in Deutschland viele Jahre prägen sollen (vgl. Ziegler 1983; Windolf/Beyer 1995 u. a.). Wie in unterschiedlichen Untersuchungen gezeigt werden konnte, sind diese institutionellen Besonderheiten bereits in der Formationsphase dieses Regimes zu beobachten (vgl. Windolf 2006; Fiedler 2007). Der folgende sozio-historische Blick auf die gesellschaftlichen Rahmenbedingungen für die

---

8   Zu den Kernkomponenten von Produktionsregimen zählen die *Corporate-Governance*-Struktur im Unternehmen, das System der Unternehmensfinanzierung sowie das System der industriellen Beziehungen (vgl. Abelshauser 2001; Lütz 2006). Bedeutungsverwandte Konzepte sind „soziale Systeme der Produktion" (vgl. Hollingsworth/Boyer 1997), „sozioökonomische Regimes" (vgl. Hollingsworth et al. 1994) oder die Formen „industrieller Ordnung" (vgl. Herrigel 1996).

Ausbildung neuer ökonomischer Institutionen in der Übergangsphase vom Hoch- zum Spätkapitalismus führt damit geradewegs an die Problemstellung heran.

2.1 Entwicklungstheoretische Ansätze ökonomischen Wandels

Entwicklungstheoretische Ansätze richten den Blick zunächst auf das historische Fundament jeder Ökonomie, das sind Gesellschaften, in denen nach dem Subsistenzprinzip gewirtschaftet wird (vgl. Marx 1970 (1867); Weber 1981 [1923]; Sombart 1987 [1916]). Der grundlegende (mentale) Paradigmenwechsel, der mit der kapitalistischen Produktionsweise einsetzt, ist, dass das Autarkie- und Bedarfdeckungsprinzip vom Erwerbsprinzip abgelöst wird. Das Profitstreben wird zum Selbstzweck. Wachstum und Produktivität werden damit zu zentralen ökonomischen Kategorien. In gleichem Zuge, wie der Pfad tradierter Wirtschaftsweisen durch eine Konzentration von Produktionsmitteln in der Händen weniger „Kapitalisten", durch eine Technologisierung von Produktionsabläufen und eine Rationalisierung der Entscheidungsstrukturen verlassen wird, kommt es zu einer Ausdifferenzierung der Organisationsstrukturen in den Unternehmen.

In der frühen Phase der Produktivitätsentwicklung ist eine familienkapitalistische Produktionsweise vorherrschend, die Familie ist die zentrale Institution zur Koordination wirtschaftlicher Transaktionen (vgl. Kocka/Sigrist 1979; Windolf 2006). Die Produktion beruht auf der Eigenfinanzierung, das Risiko trägt der Kapitalist (vgl. auch Gall 2000). Die Kontrolle über den Produktionsprozess ist untrennbar an den privaten Besitz der Produktionsmittel gekoppelt. Der Managerkapitalismus ist gegenüber dem Familienkapitalismus fundamental anders organisiert, indem er die Unternehmensfinanzierung für jeden öffnet, der zahlungskräftig genug ist. Diese Veränderung von familiär organisierten Produktionsregimes hin zu aktienbasierten Regimen wird durch das Anwachsen der Unternehmensgröße notwendig (vgl. Chandler/Daems 1974; Berle/Means 2002 [1932]). Technische Innovationen ebenso wie der Wandel der Arbeitsorganisation in Anknüpfung an tayloristische und fordistische Prinzipen lösen im Anschluss an den wirtschaftlichen *take-off* (vgl. Rostow 1971 [1960]) eine immense Produktivitätssteigerung aus. Aus der Wechselwirkung einer sich steigernden Produktivität mit wachsenden Märkten und einer zunehmenden Produktdiversifizierung entstehen *economies of scale and scope* (vgl. Chandler 1990), welche auf der Unternehmensebene eine erhöhte Sachkapitalausstattung bedingen. Hinzu tritt der Wettbewerb um Marktanteile, der ein zentrales Motiv sowohl für horizontale als auch vertikale Integrationsprozesse bildet (vgl. Chandler 1977). Die neuen Anforderungen an betriebliche Koordination und Finanzierung sind nur bis zu einem bestimmten Grad von traditionellen Unternehmensformen, den in Familienbesitz befindlichen Personengesellschaften, zu bewältigen. Sie erfordern mittelfristig innovative Formen der Unternehmensfinanzierung und Koordination. Die „Erfindung" neuer Organisationsformen wird aus modernisierungstheoretischer Sicht somit zur institutionellen Voraussetzung einer wachsenden Wirtschaft.

Aktiengesellschaften werden in diesem Zeitraum zur Schlüsselinnovation. Ihre Dominanz ist das wesentliche Kennzeichen des Managerkapitalismus (vgl. Berle/Means 2002 [1932]). In finanzieller Hinsicht wird durch die Öffnung von Unternehmensanteilen für ein breites Publikum „Beteiligungswilliger" die Ausschöpfung großer Kapitalsummen für Unternehmensgründungen und Investitionen ermöglicht. Es kann mehr Geld zu Kapital werden als vorher.[9] Dabei kommt es sowohl zu einer Demokratisierung des Aktienbesitzes als auch des Risikos (vgl. Windolf 1994). Die Entstehung von Aktiengesellschaften schließt zwar prinzipiell die Möglichkeit nicht aus, dass diese in Allein- bzw. Mehrheitsbesitz befindlich sein können, das Anwachsen des Kapitalvolumens der Aktienunternehmen und stetige Kapitalerhöhungen machen eine zunehmende Streuung von Unternehmenseigentum jedoch wahrscheinlich. Davon gehen zumindest jene Autoren aus, die aus dieser Entwicklung fundamentale Verschiebungen der Unternehmenskontrolle hin zu den Managern ableiten. Mit der Gründung bzw. Umwandlung von Aktiengesellschaften verändern sich auch die Macht- und Kontrollstrukturen im Unternehmen selbst. Es kommt zu einer Trennung von Eigentum und Kontrolle, worin ein zentrales Merkmal des „modernen" Unternehmens liegt (Parsons 1953; Berle/Means 2002 [1932]). Die Eigentümer der Unternehmen sind die Aktionäre, die Leitungspositionen werden jedoch von qualifizierten Managern übernommen. Und diese erlangen in dieser Funktion eine gewisse Autonomie gegenüber den Eigentümern, insbesondere dann, wenn das Unternehmenseigentum breit gestreut ist.[10] Eine potentielle Demokratisierung von Unternehmenseigentum durch eine größer werdende Zahl an unorgani-

---

9   Die Höhe des Betrages, zu dem Aktien emittiert werden, berechnet sich aus dem tatsächlichen Kapital des Unternehmens, der Profitrate und der versprochenen Rendite. Das ist das „fiktive Kapital" des Unternehmens (vgl. Hilferding 1910). Anreize für den Erwerb von Aktienanteilen schafft die Beteiligung am Profit des Unternehmens, die jährlich als Dividende ausgeschüttet wird. Die Differenz aus Profitrate und versprochener Rendite bleibt dem Unternehmen als Gründergewinn erhalten.

10   Berle und Means unterscheiden hinsichtlich der Kontrollmöglichkeit von Aktiengesellschaften durch deren Eigentümer fünf verschiedene Typen von Eigentumsverhältnissen (vgl. Berle/Means 2002 [1932]: hier xii). Aktionäre können darin in unterschiedlichen Konstellationen Einfluss auf die Zusammensetzung des *board of directors* (das *Corporate-Governance*-System in den USA kennt keine Trennung zwischen Vorstand und Aufsichtsrat) nehmen: a) als Alleinaktionäre, b) als Mehrheitsaktionär, c) durch rechtliche Sonderregeln (Mehr- und Höchststimmrechte beispielsweise), d) als Minderheitsaktionäre und e) managerkontrolliert. Letzteres bedeutet nichts anderes als dass die Aktionäre keinen Einfluss nehmen können. Eine zunehmende Kapitalstreuung führt zu einer Minderung der Kontrollchancen der Aktionäre. Die Unternehmenskontrolle geht über in die Hand von Managern. Das Eigentum an Produktionsmitteln geht über in eine Vielzahl von Eigentümern, es wird in gewisser Weise „vergesellschaftet". Die legale Entscheidungsbefugnis jedoch liegt bei den kontrollierenden Managern. Unter der theoretischen Annahme, dass die Entscheidungsbefugnis ein ganz wesentlicher Indikator für Macht ist (vgl. Dahl 1961), kommt es also nicht nur zu einer Trennung von Eigentum und Kontrolle, sondern zur Entkopplung von Macht und Eigentum. Das Maß der Veränderung ist dabei der Anteil von Unternehmensanteilen im Streubesitz. Um die Bedeutung der kontinuierlichen Zunahme von Anteilseignern an Unternehmen zu unterstreichen, wählen Berle und Means für diese Stufe der Entwicklung die etwas provokante Bezeichnung „kollektiver Kapitalismus". Damit spielen sie begrifflich auf Marx an (vgl. Marx 1967: 452).

sierten Kleinaktionären wird vom Machtgewinn einer kleinen Zahl organisierter Manager begleitet. Wenige Manager stehen einer Vielzahl an Aktionären in oligopolistischem Verhältnis gegenüber. Burnham (vgl. Burnham 1941) charakterisiert diese Entwicklung auch als „Revolution der Manager" – als die Entstehung einer Managerherrschaft.

Der Übergang vom Familienkapitalismus zum Managerkapitalismus führt damit zu einer Reihe weiterer Modifikationen in der sozialen Organisation des Produktionsregimes. An die Stelle der Eigentümer treten „Manager", von denen unternehmerisches Handeln gefordert wird. Schumpeter (Schumpeter 1928: 483) zufolge liegt das spezifische Wesen der Unternehmerfunktion im „Erkennen und Durchsetzen neuer Möglichkeiten auf wirtschaftlichem Gebiet". Unternehmer müssen Lösungen für Fragen der „Erzeugung und Durchsetzung neuer Produkte oder neuer Qualitäten von Produkten" finden sowie für die „Einführung neuer Produktionsmethoden", die „Schaffung neuer Organisationen der Industrie (Vertrustung z.B.)", die „Erschließung neuer Absatzmärkte" sowie die „Erschließung neuer Bezugsquellen". Diese Aufgaben fallen im Managerkapitalismus nun Managern zu, die als Nicht-Eigentümer nicht zwingend am Unternehmenserfolg beteiligt sind.[11] Es stellt sich daher für die Eigentümer die fundamentale Frage, wie eine Identifikation der Manager mit den Eigentümerinteressen und eine darauf ausgerichtete Unternehmenspolitik hergestellt werden können (vgl. zur Agency-Theorie Jensen/Meckling 1976; Fama/Jensen 1983). Da im Kontext des Übergangs vom Familienkapitalismus zum Managerkapitalismus positionale wie funktionale „Erbfolgen" zunächst durchschnitten werden, fällt ein Interesse an der familiären Weitergabe als Handlungsorientierung aus. Es kommt zu einer innerbetrieblichen Ausdifferenzierung von Positionen und dabei zu einer Abwendung von der partikularistischen personenabhängigen Unternehmensführung und zu einer Hinwendung zu einer Leitung und Verwaltung, die auf formalen Funktionen beruht. In Abgrenzung zum Patrimonialismus des Familienkapitalismus wird die neue Form der Unternehmensführung als Professionalismus beschrieben (vgl. Joly 1998). Professionalität als Selektionskriterium für eine Leitungsfunktion gibt Leistungskriterien den Vorzug gegenüber askriptiven Merkmalen (vgl. Parsons 1951: hier 178). Die neue Legitimationsgrundlage für Managerpositionen ist ihre Qualifikation, welche sich in Form von höheren Ausbildungszertifikaten und beruflicher Erfahrung objektiviert (vgl. Joly 1998: hier 39). Ein Mitglied einer Unternehmerdynastie zu sein, steht dem natürlich nicht im Wege. Der soziale Aufstieg in die neue industrielle Elite ist zwar an veränderte Bedingungen geknüpft, nichtsdestotrotz lassen sich klare soziale Reproduktionsmechanismen erkennen (beispielsweise über die Finanzierung der Ausbildung und die Hilfe sozialer Netzwerke beim Berufseinstieg). Neben kapitalkräftigen Unternehmerdynastien entstehen so (anfänglich) kapitallose Managerdynastien. In diesen Familien werden wirtschaftliche

---

11 Gewinnbeteiligungen sind in der Regel aber ein Bestandteil von Gehaltsvereinbarungen, wodurch Manager im Falle eines Gewinnes ähnlich belohnt werden wie Eigentümer, im Fall eines Verlustes jedoch nicht deren Risiken tragen.

Führungspositionen bzw. der Status der industriellen Elite an die (meist männlichen) Nachkommen weitergegeben. Es sind damit zwar „andere Ressourcen als der Kapitalbesitz[, die] ausschlaggebend für den Zugang zu den wirtschaftlichen Eliten werden" (Joly 1998: 40), die soziale Logik hinter dieser Selektion ist jedoch noch stark von einer ständischen Ordnung geprägt. Es gilt nach wie vor das Herkunftsprinzip.[12]

Einige Autoren meinen in der „Vergesellschaftung" des Unternehmenseigentums im Managerkapitalismus einen Rückgang des Profitmotivs zugunsten des Allgemeininteresses zu erkennen (vgl. Burnham 1941).[13] Dagegen wird von anderer Stelle eingewandt, dass sich abgesehen von funktionaler Ausdifferenzierung und Professionalisierung der Leitungsfunktionen die Logik des kapitalistischen Systems nicht gewandelt habe (vgl. Joly 1998). Beides erscheint zu kurz gegriffen. Neben der Neuausgestaltung der Unternehmensleitung kommt es natürlich zu fundamentalen Veränderungen in der Unternehmensfinanzierung. In Jolys Argumentation wird diese Entwicklung reduziert auf die einfache Formel: Aktionäre tauschen ihren unmittelbaren Einfluss auf Unternehmensentscheidungen ein gegen Gewinnerwartungen (Dividende, Stiftungserlöse etc.). Die Motiv- und Anreizstrukturen von Eigentümern und kontrollierenden Managern sind auf den ersten Blick jedoch stark divergierend. Das Argument, dass Manager in stärkerem Ausmaß Interesse an Wachstum und Fortgang des Unternehmens zeigen, während die Eigentümer (v. a. Kleinaktionäre) vom Profitmotiv geleitet seien, geht bereits auf Berle und Means zurück (vgl. Berle/Means 2002 [1932]).[14] Die Logik des Kapitalismus wird darin nicht umgeworfen, es wird jedoch eine neue Konfliktlinie hinzugefügt,

---

12   Darüber hinaus ist in irgendeiner Form auch eine Veranlagung des Vermögens der Manager zu erwarten. Der Erwerb von Unternehmensanteilen bietet sich hier durchaus an. Jedoch erreichen solche Aktienpakete, wenn diese überhaupt vom „eigenen" Unternehmen gezeichnet werden, niemals dasselbe Niveau wie das eines Familienunternehmers. Das Einkommens- und Machtgefälle zwischen Managern und betrieblichen Arbeitnehmern trägt weiterhin klassenspezifische Züge, welche die Unterschiede zwischen Managern und Eigentümern wieder verwischen lassen.

13   Noch deutlicher als Marx (vgl. Marx 1967 [1894]) erkennt Lenin in der Aktiengesellschaft eine Vorstufe für die sozialistische Vergesellschaftung. „In seinem imperialistischen Stadium führt der Kapitalismus bis dicht an die allseitige Vergesellschaftung der Produktion heran, er zieht die Kapitalisten gewissermaßen ohne ihr Wissen in eine Art neue Gesellschaftsordnung hinein, die den Übergang von der völlig freien Konkurrenz zur vollständigen Vergesellschaftung bildet. Die Produktion wird vergesellschaftet, die Aneignung jedoch bleibt privat. Die gesellschaftlichen Produktionsmittel bleiben Privateigentum einer kleinen Anzahl von Personen" (Lenin 1960 [1917]: 209). Der Kapitalismus basierend auf Imperialismus, Monopolkapital, Aktienkapital und Finanzkapital sei daher ein Übergangskapitalismus oder, richtiger, als „sterbender Kapitalismus" zu bezeichnen (Lenin 1960 [1917]: 307).

14   In dieser Allgemeinheit muss diese Aussage jedoch relativiert werden; insbesondere, wenn man aktuelle Entwicklungen berücksichtigt. Gewinnbeteiligungen, also profitgebundene Vergütungssysteme, sind beispielsweise institutionelle Mechanismen, Managerinteressen stärker an die Aktionärsinteressen zu koppeln. Ebenso widerspricht das Entstehen eines Marktes für Unternehmenskontrolle im Finanzmarktkapitalismus diesen Differenzierungen auf lange Sicht hin (vgl. Windolf 1994; Windolf 2005). Auch die Annahme, dass eine Wachstumsorientierung Großaktionären vorbehalten ist, während Kleinaktionäre insbesondere an kurzfristigem Profit interessiert sind, wird nicht von allen Seiten gleichermaßen geteilt. Abelshauser spricht sowohl Kleinaktionären als auch Großaktionären die

nämlich die zwischen Eigentümern und Managern. Für die Aktionäre wird in diesem Zusammenhang die Frage der Unternehmenskontrolle – in der betriebswirtschaftlichen Forschung spricht man hier von der Lösung des Agency-Problems – von ganz elementarer Bedeutung (vgl. Jensen/Meckling 1976; Fama/Jensen 1983).

Die bisherigen Ausführungen sind nun nochmals in einer Tabelle zusammengefasst (s. Tabelle 1), in der sich die genannten Entwicklungen von der vorkapitalistischen zur kapitalistischen Produktionsweise idealtypisch gegenüberstehen. Der Feudalismus ist

Tabelle 1   Wirtschaftsprinzipien und Organisationsformen (Idealtypen)

	Vorkapitalistische Wirtschaft	Kapitalismus	
		Familienkapitalismus	Managerkapitalismus
Wirtschaftsprinzip:	Bedarfsprinzip	Erwerbsprinzip	Erwerbsprinzip
Materielle Basis:	Grund und Boden	Privateigentum	Streubesitz
Produktionsweise:	Landwirtschaft, Handwerk	spezialisierte Produktion im Betrieb	Massenproduktion
Kontrolle über den Produktionsprozess:	beim Produzerten	beim Eigentümer	beim Manager —> Trennung von Eigentum und Kontrolle
Soziale Organisation:	Ständegesellschaft	Klassengesellschaft	Klassengesellschaft
Arbeitsverhältnisse:	Feudalismus	Patrimonialismus	Professionalismus
Reproduktion:	Familie	Familie	Qualifikation und Herkunft
Rationalitätskriterien:	standesgemäßer Unterhalt	Wachstum (Reinvestition von Profit)	Manager: Wachstum Aktionäre: Profitkonsum
Mittel:	Subsistenzwirtschaft, Fron	Expansion	vertikale und horizontale Integration
Primäre Verwendung von Überschüssen:	Konsum und Fron	Investition und Vermögensaufbau	Investition und Konsum
Endogene Schranken:	Größe des „Hauses"	Wachstumsgrenzen	Marktgrenzen
Technologische Scheidewege:	Landwirtschaftliche Techniken, Handwerk	Industrielle Revolution (Dampfmaschine)	Elektrizität, Fließbandfertigung,
	niedrige Rationalisierung	mittlere Rationalisierung	hohe Rationalisierung
Krise:	naturbedingt (Umweltkatastrophen, Bevölkerungswachstum)	produktionsbedingt (Überproduktion)	produktionsbedingt (Überproduktion)

Quellen: Eigene Darstellung (in Anlehnung an (Kondratieff 1926; Rostow 1971 [1960]; Chandler/Daems 1974; Chandler 1977; Weber 1981 [1923]; Sombart 1987 [1916]; Engels 1988 [1884]; Marx 1988 [1890]; Weber 1988 [1920]; Windolf 1994; Joly 1998; Berle/Means 2002 [1932]; Windolf 2006)

gleiche langfristige und auf Nachhaltigkeit angelegte unternehmerische Perspektive zu (vgl. Abelshauser 2005: hier 188).

für weite Teile der Welt die ökonomische Grundlage, auf der sich kapitalistische Öko-
nomien ausbilden. In Betrachtung der kapitalistischen Produktionsweise wird zwischen
Familienkapitalismus und Managerkapitalismus unterschieden. Die Typisierung erfolgt in Hinblick auf mehrere Dimensionen, unter denen die institutionelle Basis von
Produktion und Tausch eine besondere Relevanz hat wie Wirtschaftsprinzipien, Eigentumsverhältnisse, Organisationsstrukturen und sowohl endogene als auch exogene Ent-
wicklungsschranken u. a.

Ohne die Bedeutung differenzierungstheoretischer Ansätze schmälern zu wollen,
geben sie in einem wesentlichen Punkt Anlass zur Kritik. Sie verleiten dazu, hinter Prozessen institutioneller Ausdifferenzierung eine lineare und notwendige Entwicklung zu
vermuten. Der Übergang vom Familienkapitalismus zum Managerkapitalismus manifestiert sich in erster Linie in veränderten Eigentumsverhältnissen (vgl. Windolf 1994).[15]
Die Organisationsstruktur des Managerkapitalismus erscheint in diesem Fall als eine
konsequente Folge aus der Massenproduktion und Produktdiversifikation für den Mas-
senmarkt, in Gang gesetzt durch die strukturellen Zwänge des *take-off* wirtschaftlichen
Wachstums und durch die Intensivierung und Ausdehnung der Produktionsprozesse
in den *economies of scale and scope* (vgl. Chandler 1990). Betrachtet man institutionelle
Ausdifferenzierungsprozesse lediglich als solche Folge aus dem Einsetzen von Wachs-
tums- und Modernisierungsprozessen, wird zwangsläufig die Möglichkeit einer kulturellen Selektion vernachlässigt. Fortgeschrittene evolutionäre Theorien gehen jedoch
davon aus, dass aus alternativen („blinden") institutionellen Variationen jeweils diejenigen Institutionen selektiert werden, die ihren Umweltbedingungen am besten angepasst
sind (vgl. Campbell 1965). Eine besondere Leistung historisch vergleichender Forschung
ist es gerade zu zeigen, dass jene nicht notwendigerweise in allen wachsenden Volkswirtschaften dieselben Formen annehmen.[16] Vielmehr sind nationale Varianten bzw.
Spielarten ökonomischer Institutionengefüge zu beobachten (vgl. Shonfield 1965; Albert
1991; Hall/Soskice 2001; Streeck/Yamamura 2001).

Der nächste Abschnitt widmet sich den Ausgangsbedingungen für diese ökonomische Entwicklung in Deutschland, also den Schlüsselereignissen, besonderen

---

15 Diese Entwicklung geht im weiteren Verlauf des 20. Jahrhunderts in einen institutionellen Kapita-
    lismus über (vgl. Windolf 1994). Und gegenwärtig lassen sich bereits deutliche Anzeichen für eine
    Entwicklung hin zu einem globalen Finanzmarktkapitalismus erkennen (vgl. Windolf 2005). In der
    Literatur finden sich unterschiedliche Phasenmodelle des Kapitalismus, die sich nur teilweise mit
    Rostows Entwicklungsmodell überlappen. Werner Sombart unterscheidet Frühkapitalismus, Hoch-
    kapitalismus und Spätkapitalismus (vgl. Sombart 1987 [1916]). Piore und Sabel grenzen Entste-
    hungsphase von Hochphase und Krise des Kapitalismus ab (Piore/Sabel 1984).
       Hochindustrialisierung, Massenproduktion und vertikale Integration gelten allerdings durchgän-
    gig als Charakteristika für die Hochphase des Kapitalismus, die auf den industriellen *take-off* folgt.
16 Interessant hier: Historische Studien zeigen, dass es erst mit dem Kapitalismus zu einer starken Aus-
    einanderentwicklung hinsichtlich Wachstum und Entwicklung von Regionen kommt (vgl. Braudel
    1990; Braudel 1991; Maddison 2001; Maddison 2007).

Akteurskonstellationen und zentralen Leitideen, welche zur Herausbildung des spezifischen deutschen Produktionsregimes beigetragen haben.

2.2   Das deutsche Produktionsregime und seine Eigentümlichkeiten

Die besondere soziale Ausgangskonstellation für Industrialisierung und Modernisierung, die in Deutschland ihre historischen Wurzeln in den dezentralen, partikularistischen Herrschaftsstrukturen des Mittelalters und der frühen Neuzeit hatte, wurde schließlich durch die Niederlage des Bürgertums in der Revolution von 1848 erhitzt. Vielfach wurde die Beziehung zwischen dem neu aufkommenden Bürgerstand und der Obrigkeit unter dem Schlagwort des deutschen „Sonderwegs" (vgl. Veblen 1915) diskutiert und als eigentümliches Spannungsverhältnis zwischen Tradition und Moderne beschrieben (vgl. Wehler 2003). Spätestens seit dem Kaiserreich war schließlich die Vorstellung eines deutschen Sonderwegs ein fester Bestandteil nationaler Identität und Ausdruck eines positiven Selbstverständnisses (vgl. Raulet 2001). Kritisch ist dazu allerdings anzumerken, dass allein der Begriff „Sonderweg" von der Erwartung einer Normalentwicklung ausgeht und generell unberücksichtigt lässt, dass es unterschiedliche nationale Entwicklungspfade geben kann. Der fehlgeschlagene Demokratisierungsprozess der Märzrevolution von 1848 führte in Deutschland dazu, dass sich das Bürgertum entpolitisierte (bzw. führende Personen emigrierten) und die politische Vorherrschaft der Aristokratie akzeptierte. Während der Adel also nach wie vor die politische Macht in den Händen hielt, nahm im Zuge der fortschreitenden Industrialisierung und dem Aufkommen großindustrieller Unternehmungen die ökonomische Macht der Unternehmer – und damit des Bürgertums – rasant zu (vgl. Kaelbe 1985). In Ermangelung genuin bürgerlicher Denk- und Werthaltungen kam es zu einer Übernahme des aristokratischen Habitus (unter dem Stichwort „Feudalisierungsthese" in die Diskussion eingegangen). Es erfolgte anstatt einer „Revolution" gegen jene eine mehr oder auch minder modifizierte „Imitation" der ständischen Hierarchie bzw. wurde eine solche Imitation vom Adel aufoktroyiert. Dies mündete zugleich in einer sozialen Kontrolle des aufstrebenden Unternehmertums (kritisch dazu vgl Kaelbe 1985). Soziale Akzeptanz und Anerkennung erfuhr der Unternehmerstand durch die Verleihung von Titeln und Nobilitierungen als Belohnung für wirtschaftlichen Erfolg bei politisch konformen Verhalten, wobei diese zwar einer symbolischen Höherstellung, keinesfalls jedoch einer Gleichstellung mit den adeligen Eliten entsprachen. Die aristokratische Ehrung hatte auch in nicht unerheblichem Maße Auswirkungen auf die innerständische Reputation. Im Zuge der institutionellen Ausdifferenzierung wurden zwar persönliche Qualifikation und Ausbildung, also die Professionalisierung, zu immer wichtigeren Selektionskriterien für gesellschaftliche Positionen, die Wirksamkeit sozialer Selektionsmechanismen, eben gerade über die „Belohnung" mit Titeln, darf jedoch nicht unterschätzt werden.[17] Die soziale Selektion nach dem Herkunftsprinzip war nach wie vor gang und gäbe.

Die betrieblichen Organisationstrukturen weisen eine gewisse Ähnlichkeit zum Verhältnis der Bürger zum Adel auf. In der frühen Wachstumsphase im 19. Jahrhundert ist die dominante Organisationsform der deutschen Wirtschaft die familienkapitalistische Produktion. Das Firmenoberhaupt übt seine Besitzrechte an Produktivmitteln uneingeschränkt durch Arbeitnehmer aus, die Arbeitsbedingungen werden einseitig vorgegeben. Oftmals wird dieser autoritäre Führungsstil[18] jedoch von einem Patrimonialismus begleitet – der Unternehmer legt seine „schützende" Hand über die Arbeitnehmer, wie an der Darstellung der Firma Krupp illustriert wird. Die erste deutsche Unternehmensverfassung, das Kruppsche Generalregulativ aus dem Jahr 1872, ist ein bezeichnendes Beispiel[19] dafür, dass die Strukturen in dieser Phase des Familienkapitalismus nach wie vor Züge einer feudalen Schutzherrschaft tragen.[20] Das Regulativ enthält nicht nur Regelungen zur betrieblichen Gewaltenteilung, sondern in die wechselseitigen Verpflichtungen zwischen der Firma und ihren Mitarbeitern werden auch die Familien letzterer miteinbezogen. In § 7 wird befürwortet „die alt und schwach Gewordenen zu schonen", in § 19 signalisiert die Firma „die den Familien […] erwachsenden Sorgen mit ihnen zu teilen" und weiter in § 21 heißt es, „ein besonderer Gegenstand der Sorge für die Firma wird es sein, Anstalten für die Erziehung und den Unterricht der Kinder zu errichten und den Erwachsenen Gelegenheit zur Belehrung, Fortbildung und Unterhalt zu bieten" (zitiert nach Ebert 2002: 5 und 9). In der sozialen Organisation findet sich also ein erkennbarer „Rückgriff auf vertraute äußere Formen" (Abelshauser 2001: 514). Sie ist folg-

---

17 Darüber hinaus war das Bürgertum jedoch keine homogene Gruppe, insbesondere das Bildungsbürgertum und das erst im Etablieren begriffene Großunternehmertum definierten sich in wechselseitiger Abgrenzung voneinander (vgl. Kaelbe 1985; Reitmayer 1999). Abgesehen von der „Aristokratisierung" des deutschen Bürgertums beziehen sich die Argumente für den deutschen Sonderweg auf weitere Spezifika der deutschen Sozialgeschichte. Generelle Unterschiede im Verhältnis des Adels zum Bürgertum bestanden beispielsweise für Großbritannien in einer länger währenden Tradition der Integration der industriellen Eliten durch die sehr früh einsetzende Industrialisierung und Kapitalisierung sowie stärkere ökonomische Aktivität des Adels sowie für Frankreich aus dem der gemeinsamen Ausbildungstradition erwachsenden kollektiven Geist des französischen Bürgertums (vgl. Kocka 1988).

18 Der autoritäre Führungsstil zählt neben der eingeschränkten Kapazität der Investitionsfinanzierung zum zentralen Defizit des Familienkapitalismus.

19 Auch in der Außendarstellung wird die Architektur der kapitalistischen Produktionsweise dieses Entwicklungsstadiums in ihren feudalen Zügen wahrgenommen. Bezeichnend hierfür folgende auf der stadtsoziologischen Forschung fruchtende Beschreibung: „Der Oikos eines Großunternehmens durchsetzt mitunter das Leben einer Stadt und bringt jene Erscheinung hervor, die zurecht als Industriefeudalismus bezeichnet wird" (Hans-Paul Bahrdt zitiert nach Habermas 1990 [1961]: 241).

20 Von „Ent-Feudalisierung" der Management-Arbeitnehmer-Beziehungen, der Versachlichung sozioökonomischer Beziehungen im Allgemeinen und der Befreiung der Parteien aus der Abhängigkeit von personenbezogenen Bindungen, ist in der jüngeren Debatte in Charakterisierung der aktuellen Entwicklungen unter dem Schlagwort der Marktsteuerung die Rede (vgl. den Beitrag in der FAZ von Reiss 2000).

lich noch stark an das vorindustrielle Wertesystem patriarchaler Organisation und an die Logik des Zunft- und Genossenschaftswesen geknüpft.

Die familienkapitalistische Produktionsweise stößt Mitte des 19. Jahrhunderts nun allerdings an sowohl endogene als auch exogene Grenzen. Etwa für den Zeitraum zwischen den Jahren 1850 und 1873 datiert Rostow die *take-off*-Phase wirtschaftlicher Entwicklung für Deutschland (vgl. Rostow 1971 [1960]). Dort ist wie in Frankreich und den USA der staatlich subventionierte Eisenbahnbau die Triebkraft der Entwicklung. Kohle-, Bergbau- und Stahlindustrie erleben eine Boomphase.[21] Der sekundäre Sektor wächst an. Mit dem *take-off* wandeln sich in Deutschland zugleich die Institutionen und Regelungen industrieller Produktionsverhältnisse. So gilt das Ende des 19. Jahrhunderts auch als die Entstehungsphase des deutschen Produktionsregimes (vgl. Abelshauser 2001). Seit der Mitte des 19. Jahrhunderts hat Deutschland beständig mit Wachstumskrisen zu kämpfen. Einige Schlüsselereignisse entziehen der von der monarchischen Regierung liberal gehaltenen Marktwirtschaft schließlich die Vertrauensgrundlage. Die globale Wirtschaftskrise von 1873, die in Deutschland in der „Gründerkrise" hohe Wellen schlägt, und die folgende „Große Depression", die bis in die 1890er Jahre dauert, veranlassen die Regierung zu institutionellen Reformen, die die Marktkräfte zunehmend regulieren.

Die Zwänge aus der wirtschaftlichen Rückständigkeit Deutschlands und der nachholenden Industrialisierung und Reifephase drängen auf die Entwicklung effektiver Institutionen. Dem Finanzsektor wird in dieser Konstellation eine bedeutende Rolle für die volkswirtschaftliche Entwicklung beigemessen (vgl. Gerschenkron 1962; differenzierend dazu Tilly 1986). Zum einen stellen die Banken die für die Investitionen notwendigen Kapitalmengen zur Verfügung, zum anderen unterstützen sie die Unternehmen durch *entrepreneurial guidance*. Hinzu kommt als weitere endogene Herausforderung die „soziale Frage", die in der Proletarisierung und wachsenden Verelendung weiter Bevölkerungsteile besteht. Diese erscheint durch die bestehenden institutionellen Regulierungen nicht mehr bewältigbar. Exogene Krisen ergeben sich aus den Anpas-

---

21 Im Kohlebergbau, v. a. bei den Mitgliedern des Rheinisch-Westfälischen Kohlesyndikats kam es durch den Ausbau des deutschen Eisenbahnnetzes bis 1913 und die Senkung der Eisenbahntarife für Kohle zu großen Ausweitungen der Produktion. Die Steinkohlenförderung steigerte sich von 1871 bis 1913 von 29 Millionen Tonnen auf 190 Millionen Tonnen, also um mehr als das sechsfache, die Braunkohlenförderung im gleichen Zeitraum von 8,5 auf 87 Millionen Tonnen um mehr als das Zehnfache. Deutschland stand damit beim Kohleförderungsvolumen in Europa nach England an zweiter Stelle und weltweit nach den USA an dritter Stelle. Der jährliche Kohleverbrauch pro Kopf steigerte sich von 1871 bis 1913 von 717 kg auf 2470 kg um mehr als das Dreifache. Dennoch reichte die Ausdehnung der Produktion nicht, um den Bedarf in der Hochkonjunktur von 1899 bis 1900 und in den Jahren 1906 und 1907 zu decken. 1906 musste Kohle sogar in großem Umfang aus England importiert werden, damit das Syndikat seinen Lieferverpflichtungen nachkommen konnte (vgl. auch Wurm 1969).

sungszwängen an eine beschleunigte Globalisierung.[22] Modernisierungsprozesse werden unabdingbar.

Bezeichnend für diese Ausgangsituation ist, dass der Träger wirtschaftlicher Modernisierung, das Wirtschaftsbürgertum, politisch vergleichsweise schwach ist und kaum Möglichkeit zu relevanter Einflussnahme hat. Unternehmer erweisen sich jedoch als Innovationstreibende und die „Unternehmerklasse" erlangt insbesondere durch ihre wirtschaftliche Bedeutsamkeit den Status einer „neuen Elite". Die politische Macht liegt aber nach wie vor bei den adeligen Eliten. Aus dieser Perspektive wird die Entwicklung tatsächlich „von oben" betrieben. Abelshauser betont, dass diese „Priorität der politischen Führung und der hohen Beamtenschaft für die Machtgrundlage des Staates vor dem rationalen Profitstreben partikularer gesellschaftlicher Gruppen" (Abelshauser 2005: 176) wesentlich die Entwicklungsrichtung hin zum kooperativen System bestimmt hat. In Hinblick auf Form und Grad staatlicher Intervention sieht Shonfield (1965) den deutschen Kapitalismus relativ zu anderen Staaten hochgradig organisiert.[23] Mit dem Gesetz zur Sozialversicherung 1881 wird erstmalig die existentielle Absicherung der arbeitenden Bevölkerung geregelt.[24] Die Lösung der „sozialen Frage" ergibt sich im Weiteren aus dem klaren Bekenntnis zu intermediären Institutionen als Vermittlungsinstanzen zwischen Staat und Gesellschaft einerseits und den isolierten Individuen andererseits. Die korporativ ausgerichtete Interessenspolitik und die „Erfindung" sozialer Sicherungssysteme in der Bismarck'schen Sozialgesetzgebung prägen das gesellschaftliche Klima (vgl. Abelshauser 2001; Abelshauser 2005). Die Tendenz zur öffentlich-rechtlichen Organisation partikularer Interessen erklärt auch die starke Stellung des Verbandswesens.

---

22 Für darüber hinausgehende Ausführungen zu den historischen Herausforderungen des 19. Jahrhunderts wird auf die weiterführende Literatur verwiesen (vgl. Lehmbruch 2001; Abelshauser 2005).

23 Als interventionistisch sind in erster Linie die Eingriffe in die sozialen Sicherungssysteme und das Arbeitsbeziehungssystem (aktiv z. B. bei der Zwangsschlichtung) zu klassifizieren. Dieses Merkmal lässt sich allerdings nur mit Einschränkungen auf die Bundesrepublik übertragen. Die interventionistischen Elemente werden relativ zu Frankreich beispielsweise weitgehend zurückgedrängt, der Staat besinnt sich auf die Verfügung rechtlicher Rahmenbedingung.

24 Die Unfall-, Kranken- und Arbeitslosenversicherung waren in der „kaiserlichen Botschaft" von 1881 geregelt. 1889 wurden diese um die Altersversicherung erweitert. Das Sozialistengesetz von 1878, ein Ausnahmegesetz zum Verbot sozialdemokratischer Zusammenschlüsse, verdeutlicht andererseits die Ferne zu den Forderungen der Arbeiterbewegung und der Selbstorganisation der Arbeiterschaft. Ähnliches gilt für das Handwerksgesetz von 1897, das die berufliche Qualifikation und die (bis dahin zersplitterte) Zugehörigkeit zum Berufsstand sichern sollte. In diesem Zusammenhang kam es zur Bildung von Handwerkskammern. Aus heutiger Perspektive wurden mit dieser Gesetzgebung nicht nur die Grundlagen für die handwerkliche Selbstverwaltung, sondern auch für das System der betrieblichen Ausbildung, das Stammbelegschaftsprinzip und, noch weitreichender, das kollektive Arbeitsbeziehungssystem gelegt. Das damalige politische Motiv war weit entfernt von den tatsächlichen Wirkungen. Die Vereinigungen der Handwerker sollten, bildlich gesprochen, einen „Schutzwall" für die politische Führung vor der radikalen (unqualifizierten) Arbeiterschaft bilden. Damit ist dies ein gutes Beispiel für die Transformation der ursprünglichen Funktion einer Institution über die Zeit (vgl. Thelen 2003).

In dieser Ausgangsituation kommt es in Deutschland zur Entwicklung von Regulierung und Protektionismus als Leitidee. Dies hat massive Auswirkungen auf die Gestaltung der wirtschaftlichen Institutionen in der Umbruchsphase vom 19. ins 20. Jahrhundert. Nicht das freie Spiel der Marktkräfte, sondern eine Regulierung der Konkurrenz wird insbesondere in Hinblick auf den geschwächten Binnenmarkt zur Norm erkoren (vgl. Schmoller 1906). Die neue Logik durchdringt dabei schrittweise alle Sphären der Produktion. Dies fängt mit der Bildung von Kartellen (zur Preisabsprache u. a.) an, also bei der Setzung rechtlicher Produktionsschranken, setzt sich fort mit bindenden Zusammenfassungen der Absätze mehrerer Unternehmen zu einer Gesellschaft mit der Aufgabe der Organisation des Verkaufs und mehr (Syndikate) und reicht bis zum rechtlichen Zusammenschluss von Unternehmen. Alle diese auf Kooperation und zunehmend auf Konzentration ausgerichteten zwischenbetrieblichen Beziehungen haben für die Unternehmen das Ziel, einen ruinösen Binnenwettbewerb zu unterbinden und sich vor äußerer Konkurrenz abzuschotten. Dieses Motiv ist allerdings nicht unabhängig von äußeren Rationalisierungszwängen zu sehen. Die Zwänge der *economies of scale and scope* greifen auch in Deutschland (vgl. Chandler 1990). Die Ertragsschwäche des Binnenmarktes muss nach außen durch die Ausdehnung des Exports kompensiert werden (vgl. Abelshauser 2001).

Fusionen und Übernahmen erreichen insbesondere in der Weimarer Republik einen Höhepunkt. Zwei Drittel aller Fusionen und Übernahmen zwischen 1898 und 1938 entfallen auf drei „Wellen", von 1916 bis 1923, von 1925 bis 1930 und schließlich nach 1935 (im Detail siehe Fiedler 2002).[25] Sechzig Prozent aller registrierten Fusionen in demselben Zeitraum machen horizontale Kombinationen zwischen Unternehmen gleicher Produktionsstufen aus, was den Einfluss „klassischer" Motive industrieller Konzentration bestätigt, nämlich das Streben nach Marktmacht und Marktbeherrschung. Die größten und bedeutendsten Zusammenschlüsse sind die Entstehung von drei konkurrenzlosen Giganten in der Chemischen Industrie (IG-Farben *1924), der Eisen- und Stahlindustrie (Vereinigte Stahlwerke *1926) und im Bankensektor (Deutsche und Disconto-Bank *1929). In Hinblick auf die Eigentumsstrukturen gewinnen Kapitalverflechtungen und Konzernbildungsprozesse immer mehr an Bedeutung. Konzentrierte, auf Mehrheitsaktionären gründende Eigentümerstrukturen, die für Deutschland kennzeichnend sind, haben ihren Ursprung ebenfalls in diesem Zeitraum (vgl. Jackson 2001). Diese beruhen vielfach auf langfristigen Kapitalbeteiligungen, welche über Kredite finanziert werden.

Betrachtet man diese einzelnen Entwicklungsstränge im Gesamtbild, dann vollzieht sich die Entstehung konzentrierter Wirtschaftsstrukturen in erster Linie in den 1920er Jahren. Für die Geschichtswissenschaft kommt die Herausbildung dieses spezifischen

---

25 Der zyklische Fusionsverlauf, also die Tatsache, dass externes Wachstum sowohl in Depressionsphasen, in denen die Preise für Übernahmen sinken, als auch in Aufschwungsphasen, in denen größere Kapitalmengen zur Verfügung stehen, stattfindet, weist dem Kapitalmarkt einen erheblichen Einfluss zu (vgl. Fiedler 2002).

Produktionsregimes aber nicht überraschend. Anstoß für die Entwicklung sind in der Tat die mit der fortschreitenden Industrialisierung verbundenen Sachzwänge. Diese leiten den Beginn einer Wirtschaftsperiode eine, die von einer Idee der Ordnung und organisierten Regulation geprägt ist (vgl. Schmoller 1906; Schmalenbach 1928). Die Voraussetzungen für die

> „hohe Verdichtung und Vernetzung des institutionellen Rahmens, aber auch die Fähigkeit zur marktwirtschaftlichen Soziabilität, auf deren Grundlage sich Vertrauen akkumuliert und Transaktionskosten sinken, sind [allerdings] in langen Zeiträumen gewachsene Ressourcen, die ihre Entstehung den Besonderheiten der deutschen gewerblichen Entwicklung verdanken" (Abelshauser 2005: 188).

An anderer Stelle wurde dieses Bündel an Merkmalen auch als „organisierter Kapitalismus" bezeichnet (vgl. Hilferding 1915; Winkler 1974). Sieht man einmal von zahlreichen begrifflichen Variationen zur Charakterisierung des deutschen Produktionsregimes ab, sind dessen spezifische Eigenschaften bis zum Ende des 20. Jahrhunderts im Wesentlichen gleich geblieben (vgl. Abelshauser 2001).[26]

Wenn dieses Übergleiten in ein modernes Produktionsregime aus der Retrospektive harmonisch erscheinen mag, so waren auf Unternehmensebene damit doch große Umwälzungen verbunden. Der institutionelle Wandel wird im Folgenden nochmals am Beispiel der Firma Friedrich Krupp illustriert. Eine Abwendung von der partikularistischen personenabhängigen Unternehmensführung und eine Hinwendung zu einer auf formalen Funktionen beruhenden Leitung und Verwaltung vollzieht sich bisweilen noch unabhängig von der Umwandlung des Unternehmens in eine Aktiengesellschaft (bei Krupp erfolgte letzteres erst 1903 bei einer Aktienkapitalhöhe von 160 Mill. RM). Als Folge der *economies of scale und scope* ist die alleinige Firmenleitung durch den Eigentümer-Unternehmer Krupp nicht mehr zu bewältigen. Bereits 1862 wird daher eine Kollektivprokura, ein oberstes Führungsgremium, eingesetzt und im bereits erwähnten Kruppschen Generalregulativ von 1872 festgeschrieben (vgl. Ebert 2002). In dessen Präambel heißt es:

---

26 Zur Abgrenzung des deutschen von anderen Produktionsregimes wurden in den letzten Jahrzehnten eine Reihe von neuen Konzepten in die Debatte eingeführt, die teils unterschiedliche Merkmale in den Vordergrund stellen. Das Konzept der „Korporativen Marktwirtschaft" hat den rechtlich gerahmten und zentralisierten Interessensausgleich im Arbeitsbeziehungssystem im Blick (vgl. Lehmbruch 1974; Schmitter 1974). Die Bezeichnung als „Institutioneller Kapitalismus" wird zur Charakterisierung der spezifischen Eigentumsverhältnisse verwendet (vgl. Windolf 1994). Ähnlich wie beim „Organisierten Kapitalismus" fokussieren die „Koordinierte Marktwirtschaft" (vgl. Chandler 1990), der „Rheinische Kapitalismus" (vgl. Albert 1991), der „Kooperative Kapitalismus", (vgl. Windolf/Beyer 1995) sowie der „Nicht-liberale Kapitalismus" (vgl. Streeck/Yamamura 2001) die Dominanz nicht marktförmiger Steuerungsmechanismen.

„Die wachsende Ausdehnung der Werke und Geschäfte der Firma Friedr. Krupp lässt es wünschenswert, ja nothwendig erscheinen, diejenigen Grundsätze und Rechte zusammenzufassen und zu vervollständigen, unter deren Anwendung der jetzige blühende Stand der Firma erreicht wurde, dabei zugleich die Rechte und Pflichten jedes Amtes und jeder Stellung im Betrieb und in der Verwaltung in sich fest zu stellen und gegeneinander abzugrenzen, um auf diesem Wege, so weit dies thunlich, für gegenwärtige und kommende Zeiten eine gesicherte Ordnung und ein harmonisches Zusammenwirken zu verbürgen, um damit das Gedeihen des Ganzen, wie die Wohlfahrt jedes Einzelnen zu sichern" (zitiert nach Ebert 2002: 5)

Die im Generalregulativ bestimmte Formalisierung der Ämter und Positionen sowie die Kompetenzaufteilung zwischen den Akteuren lassen klar eine Entwicklung hin zu mehr Bürokratisierung und Rationalisierung der Abläufe erkennen, was die Unternehmensführung zum wechselseitigen Vorteil aller berechenbarer machen sollte. Damit gibt diese erste deutsche Unternehmensverfassung ein Zeugnis für die Entstehung des modernen bürokratischen Herrschaftstypus (vgl. Weber 1972 [1921]). Ein Wandel ist aber auch im Zusammenhang mit der sozialen Organisation im Betrieb zu konstatieren. Die Logik der Regulierung im Sinne eines internen Interessensausgleichs durchdringt sukzessive das System industrieller Beziehungen. In Hinblick auf die betriebliche Organisation wird dies an der Form der (betrieblichen) Mitbestimmung (Betriebsrätegesetz 1922) deutlich.[27] Von dieser Vorstellung ist das Krupp'sche Generalregulativ von 1872 jedoch noch weit entfernt.

Lässt sich das deutsche Produktionsregime ab der Boomphase der Aktiengesellschaften im ausgehenden 19. Jahrhundert als Managerkapitalismus beschreiben? Abweichend von diesem Bild ist sicherlich die Rolle der Gründerfamilien zu sehen. Es ist belegt, dass diese Gründerfamilien in Deutschland länger in leitenden Positionen blieben als es der Begriff der „Managerrevolution" suggeriert. Unternehmen wie die Gutehoffnungshütte, die Krupp AG oder Siemens blieben weiterhin unter Familienkontrolle. Diese Unternehmen zeichnen sich durch ihr langes Bestehen, durch vollständigen Familienbesitz und ihren hohen Etabliertheitsgrad aus. In Fällen wie diesen wurde das Problem der Nachfolge und Erbschaft häufig durch Stiftungen gelöst (vgl. Joly 1998). Es nahmen jedoch nach einer Gründung bzw. Umwandlung von Unternehmen nur in wenigen Fällen die Gründer bzw. Eigentümer einen Platz im Vorstand ein, wie beispielsweise Emil Rathenau 1883 in der AEG. Und selbst unter diesen wenigen Fällen wurden viele alsbald von den professionellen Managern wieder aus dem Gremium gedrängt, wie

---

27 Zu den Institutionen, welche sich dann v. a. im weiteren Verlauf des 20. Jahrhunderts im Sinne des eingeschlagenen Pfades einer Stakeholder-Orientierung ausbilden, gehören das Tarifvertragssystem, sämtliche Modifikationen des Betriebsverfassungsgesetzes und nicht zuletzt die Unternehmensmitbestimmung. Funktional komplementär dazu stehen das System der betrieblichen Ausbildung (im dualen Bildungssystem) und das Stammbelegschaftsprinzip (vgl. u. a. Abelshauser 2001).

beispielsweise die beiden Brüder Mannesmann aus der Mannesmann AG drei Jahre nach deren Gründung 1890.

Die Rechtsform der Aktiengesellschaft erweist sich aus Wachstums- und Rationalisierungszwängen heraus auch für Deutschland als notwendig. Die den Managerkapitalismus kennzeichnende Eigentumsstruktur, also die Trennung von Eigentum und Kontrolle, ist damit de jure nicht zu leugnen. Die Eigentumsverhältnisse im deutschen Nach-Familienkapitalismus sind aber tendenziell andere als sie durch den Idealtypus eines Managerkapitalismus beschrieben werden. Der Anteil von Unternehmensanteilen im Eigentum von Privatpersonen und Familien bleibt in der Phase des Übergangs von einem familienkapitalistischen Wirtschaftssystem zu den *economies of scale and scope* stets hoch. Es gibt die „neuen Eigentümer" aber auch im deutschen Produktionsregime. Diese Rolle nehmen aber weniger private Kleinaktionäre als vielmehr Unternehmen und Banken ein. „Fremde" Kapitalbeteiligungen sind dabei tendenziell konzentriert und führen zu Kapitalverflechtungen (vgl. Jackson 2001). Anstelle eines Managerkapitalismus spricht man zur Charakterisierung dieses Typus' später auch vom „institutionellen Kapitalismus" (vgl. Rappaport 1990). Eine Ursache für die niedrige Streuung von Unternehmenseigentum in Deutschland ist eine hohe Risikoaversität der Kleinanleger. Diese tendieren schon am Beginn des 20. Jahrhunderts eher dazu, Ersparnisse bei mäßigen Gewinnchancen über Finanzinstitute sicher anzulegen, als eigeninitiativ riskante Investitionen zu tätigen, seien die Gewinnerwartungen auch noch so hoch. Finanzinstitute werden zu Sammelstellen brachliegenden Investitionskapitals (vgl. auch Hilferding 1910) und erhalten damit eine strategisch wichtige Position.

Institutionelle Anleger, zumeist Unternehmen aber auch Banken, spielen somit eine bei weitem einflussreichere Rolle als der von Berle und Means (vgl. Berle/Means 2002 [1932]) beschriebene Kleinaktionär in seiner Rolle als „Demokratisierer" der Produktionsmittel (vgl. Fiedler 2002). Auf diesen Eigentümerstrukturen beruht auch die eben erwähnte konzeptuelle Variation, nämlich die Bezeichnung des deutschen Produktionsregimes als „institutioneller Kapitalismus" (vgl. Rappaport 1990; Windolf 1994).[28] Anstelle von Streubesitz kommt es zu Kapitalverflechtungen, es bilden sich Konzernstrukturen, komplementär zu einem Markt für Unternehmenskontrolle entstehen Unternehmensnetzwerke (vgl. Jackson 2001; Beyer 2006). Die Kapitalverflechtungen zwischen den Großunternehmen bilden eine wesentliche Säule des deutschen Kapitalismus und prägen eine einzigartige Form der Unternehmenskontrolle, die deutlich von der idealisierten Konstellation zwischen Managern und Eigentümern abweicht. Manager sind die Entscheidungsbefugten im eigenen Unternehmen, als Vertreter ihres Unternehmens sind sie jedoch auch Miteigentümern an anderen Unternehmen, auf welche sie im Interesse ihres Herkunftsunternehmens Einfluss zu nehmen versuchen. Vice versa versuchen Manager anderer Unternehmen als Eigentümer am Herkunftsunter-

---

28 Jackson verwendet zur Charakterisierung dieser Eigentümerstruktur den Begriff *intercorporate capitalism* (vgl. Jackson 2001). Inhaltlich ist damit aber dasselbe gemeint.

nehmen auf die eigene Einflusssphäre einzuwirken. Manager kombinieren im institutionellen Kapitalismus also zwei Funktionen, die Rolle des leitenden Managers im eigenen
Unternehmen und des Eigentümers in Vertretung des Herkunftsunternehmens gegenüber einem anderen Unternehmen (vgl. Windolf 1994).

Verflechtung wird so einerseits als Machtsicherung der „Managerherrschaft" gedeutet, andererseits wirkt sie gerade durch die Wechselseitigkeit in der „Geiselnahme" in
letzter Instanz als Begrenzung einer ultimativen Durchsetzungsmöglichkeit eigener Interessen und widerspricht in diesem Punkt der Weber'schen Definition von Herrschaft
(vgl. Weber 1972 [1921]).

Neben der Dominanz von Familieneigentümern und institutionellen Anlegern besteht eine weitere Besonderheit des deutschen Kapitalismus darin, dass Kapitalverflechtungen von Personenverflechtungen begleitet werden, teils parallel, teils unabhängig
dazu verlaufend (vgl. Windolf/Nollert 2001; Fiedler 2007). Manager schaffen durch
dieses System der Unternehmenskontrolle augenscheinlich Netzwerkstrukturen. Dass
Unternehmer als schöpferische Zerstörer nach Schumpeter'scher Lehre den „Automa-
tismus eines ausbalancierten Kreislaufs" durchbrechen und radikale Veränderungen
vorantreiben, gehört zu ihrer Aufgabe (vgl. Schumpeter 1997 [1911]: 112). Das Erkennen und Durchsetzen neuer Möglichkeiten findet hierin nun einen ganz besonderen
Ausdruck (vgl. Schumpeter 1928). Manager werden, so scheint es, zu „Schöpfern" einer
innovativen Organisationsform wirtschaftlicher Transaktionen. In diesen mehrdimensionalen Allianzen und Verflechtungen, die von konkreten Beziehungen des Kennens
und Anerkennens (in ihrer jeweiligen Rolle) abhängig sind (vgl. hierzu Bourdieu 1983,
mehr in Kapitel 3.2), drückt sich ein über die Unternehmenskontrolle hinausgehendes
Potential aus. Mit den jeweiligen Verflechtungsstrukturen sind sowohl Opportunitäten
als auch Restriktionen verbunden. Beide zeichnen in ihrer Spezifität das deutsche Produktionsregime aus.

2.3   Der deutsche Pfad ökonomischer Modernisierung

Die zwischenbetrieblichen Besonderheiten des deutschen Produktionsregimes bestehen in einer hohen Eigentumskonzentration und engen Kapital- und Personalverflechtungen. Solche institutionellen Merkmale sind jedoch nicht universal anzutreffen – es
handelt sich somit nicht um zwingende Folgen eines notwendigen Modernisierungs-
prozesses. Vielmehr konnten sogar begründete Zweifel daran formuliert werden, ob
sich der am Ende des 19. Jahrhunderts einsetzende Wandel überhaupt passend als Übergang von einem Familien- zum Managerkapitalismus beschreiben lässt. Allenfalls handelt es sich um eine deutsche „Modernisierungsvariante". Es stellt sich daher die Frage,
wie es diesen neuen Institutionen gelingt, sich kulturell durchzusetzen und ob sie dabei
an vertraute äußere Formen anknüpfen, um einen potentiellen „Mangel an langfristig akkumuliertem Vertrauenskapital zu kompensieren" (Abelshauser 2001: 514 f) – und

wenn ja, an welche. Lange wurde die Herausbildung des deutschen Produktionsregimes mit sozialromantischen und vorindustriellen Wertesystemen in Verbindung gebracht. Mit Blick auf seine verblüffende Persistenz über den Zeitraum der letzten hundert Jahre hinweg spricht Abelshauser von einem „deutschen Pfad" (Abelshauser 2001: 516).[29] Aus seiner Sicht ist die Richtung der Entwicklung von einer Fortdauer der auf Kooperation ausgerichteten Anreizstruktur bestimmt, nachfolgende Veränderungen sind nur noch inkrementeller Natur, sprich Wandel innerhalb des Pfadmodells. Es wird damit Abstand von einfachen evolutionär-deterministischen Ansätzen zur Erklärung sozio-historischer Phänomene genommen.

Zunächst soll jedoch erläutert werden, was unter Pfaden bzw. Pfadabhängigkeit verstanden wird. Im sozialwissenschaftlichen Ansatz des „historischen Institutionalismus" werden Institutionen als „Vermächtnis" früherer gesellschaftlicher Auseinandersetzungen aufgefasst (vgl. Thelen/Steinmo 1992; Thelen 1999; Beyer 2005).[30] Historische Kontinuitäten werden auf prägende Schlüsselereignisse zurückgeführt, die wiederum von bestimmten Ausgangskonstellationen, der Überwindung von *critical junctures* und dem Einfrieren bestimmter institutioneller Konfigurationen bestimmt sind. Die Richtung von Entwicklungen zu einem Zeitpunkt und deren Alternativen werden durch frühere Ereignisse und Weichenstellungen festgelegt. Der *initial move* ist jedoch kontingent und Resultat einer Entscheidung in einem prägenden sozio-kulturellen Kontext (vgl. auch Fligstein 2001). Nach dieser prägenden Phase schließt sich das *window of opportunity* und die entstandenen Strukturen verfestigen sich (vgl. Lipset/Rokkan 1967). Bereits Gerschenkron (vgl. Gerschenkron 1962) ist dieser Richtung zuzuordnen (vgl. Beyer 2005). Nationale institutionelle Unterschiede werden in diesem Ansatz mit historisch gewachsenen Pfaden und damit verbundenen Pfadabhängigkeiten begründet. Organisationstheoretische Vertreter eines soziologischen Institutionalismus heben in diesem Kontext den Aspekt der sozialen Konstruktion der organisationalen Wirklichkeit hervor, einer kollektiven Orientierung an unhinterfragten Leitvorstellungen (vgl. Berger/Luckmann 1969; DiMaggio/Powell 1983; Scott/Meyer 1994). Das Pfadargument wurde u. a. aber auch von der Wirtschaftssoziologie und der *Corporate-Governance*-Forschung aufgegriffen und systematisch weiterentwickelt (vgl. Arthur 1994; Mahoney

---

29 Die beobachteten Wandlungsprozesse des deutschen Produktionsregimes werden durchaus kontrovers gesehen. Ebenso wie einige Autoren seit Anfang des 21. Jahrhunderts vehement für eine zunehmende Konvergenz des deutschen mit dem anglo-amerikanischen System argumentieren (vgl. Streeck/Höpner 2003), sehen andere die Divergenz zum anglo-amerikanischen Produktionsregime am Ende des 20.Jahrhunderts größer als noch Ende des 19. Jahrhunderts (vgl. Jackson 2001). Im Vergleich erscheinen jedenfalls die Divergenzen mit anderen Kapitalismus-Varianten größer als die Veränderung der jeweiligen Produktionsregimes im Zeitverlauf.

30 Schon bei Marx heißt es im Vorwort zum Kapital: „Neben den modernen Notständen drückt uns eine ganze Reihe vererbter Notstände, entspringend aus der Fortvegetation altertümlicher, überlebter Produktionsweisen, mit ihrem Gefolg von zeitwidrigen gesellschaftlichen und politischen Verhältnissen. Wir leiden nicht nur von den Lebenden, sondern auch von den Toten. Le mort saisit le vif! ‚Der Tote packt den Lebenden!'" (Marx 1988 [1890]: 15).

2000; Pierson 2000a; Mayntz 2002; eine übersichtliche Zusammenfassung findet sich
bei Beyer 2005). Zur Erklärung der langfristigen Stabilität von institutionellen Arrangements wird die Existenz von Mechanismen angenommen, die innerhalb dieser Sphären
und in Interpenetration zwischen ihnen Kontinuität sichern. Zu solchen Stabilisierungsmechanismen zählen selbstverstärkende Prozesse *(increasing returns)*[31] ebenso wie se-
quentielle Kausalverkettungen. Kleine Ereignisse können dabei in derselben Weise wie
große die Pfadabhängigkeit eines Prozesses begründen (vgl. Mahoney 2000; Pierson
2000a; auch Lütz 2006). Die Richtung von Entwicklungen und das Überleben von Alternativen werden dabei durch frühere Ereignisse festgelegt. Positive, nutzensteigernde
Rückkopplungseffekte können dafür verantwortlich sein, dass sich das *window of opportunity* zugunsten einer Alternative schließt.[32] Kontinuitätssichernde Mechanismen beeinflussen damit zunächst die Entscheidungen auf der Mikroebene. Denn dort werden
Selbstverpflichtung und Mechanismen adaptiver Erwartungen unmittelbar wirksam
und ermöglichen Koordinationseffekte. Als Folge kumulativer Verpflichtungen folgen
Akteure einem eingetretenen Pfad in wechselseitiger Antizipation der Unterstützung
anderer Akteure (vgl. Pierson 2000b). Solche *lock-in* Effekte reduzieren die Wahlmög-
lichkeiten in weiteren Entscheidungsprozessen (vgl. dazu die Übersicht über Mechanismen, die pfadabhängige Kontinuitäten hervorrufen können in Beyer 2005: hier 18).[33]
Wichtig ist der Hinweis von Beyer, dass jedem einzelnen dieser Mechanismen auch De-
stabilisierungsoptionen gegenüberstehen. Für jedes „Schloss" gibt es einen „Schlüssel"
(vgl. Beyer 2005).

Wie sieht nun eine Pfadperspektive auf die formative Phase des deutschen Kapitalismus und die manifesten Mechanismen, die in der Herausbildung des spezifischen
Produktionsregimes in Deutschland wirksam waren, aus? Bei den verschiedenen nationalen Spielarten von „Kapitalismen" (vgl. Hall/Soskice 2001) handelt es sich um

---

31 Darunter werden die Vermeidung erneuter Startkosten, Lern- und Koordinationseffekte, die Pro-
    dukte oder Entscheidungsprozesse verbessern und adaptive Erwartungen, die über die Gegenwart
    hinaus Nutzen versprechen, verstanden (vgl. Arthur 1994).
32 Der evolutionäre Ansatz von Campbell (vgl. Campbell 1965) und dessen Weiterführung durch
    Aldrich und Kenworthy (vgl. Aldrich/Kenworthy 1999) zeigen der Ansicht der Autorin nach, dass
    diese durchaus mit Pfadabhängigkeitsansätzen – zumindest bezüglich der Evolution von Organi-
    sationsstrukturen – zu vereinbaren sind. Selektiert wird nach der bestmöglichen Anpassung an
    Umweltbedingungen. Positiv selektierte Variationen werden gleichsam durch konservierende Me-
    chanismen solange stabilisiert bis der nächste Differenzierungsprozess einsetzt (vgl. Campbell
    1965). Anschlussfähigkeit ist in der Regel dabei eine notwendige evolutionäre Voraussetzung (vgl.
    Luhmann 1991). Wenn Plumpe annimmt, Unternehmensentwicklungen seien in ihrer Pfadabhän-
    gigkeit kontingenzkausal (vgl. Plumpe 1998), stellt er dabei eine explizite Verknüpfung zwischen
    Pfadabhängigkeitsargumenten mit Niklas Luhmanns Evolutionstheorie her, in der dieser die These
    der Kontingenzkausalität historischer Prozesse entfaltet, wonach diese zwar nicht determiniert, aber
    gleichwohl konditioniert und auf bestimmte Optionen beschränkt seien (vgl. Luhmann 1991[4]).
33 Neben *increasing returns* zählen Funktionalität, Macht und Legitimation, Konformität sowie sequen-
    tielle Ereignisketten und Komplementarität zu weiteren Stabilisierungsmechanismen (vgl. Beyer
    2005: 18).

unterschiedliche institutionelle Lösungsvarianten vergleichbarer wirtschaftlicher Koordinationsprobleme.[34] Eine typisierende Trennlinie wird mit der Unterscheidung zwischen koordiniert marktförmigen und liberal marktförmigen Steuerungsmechanismen gesetzt (vgl. Chandler 1990; Albert 1991; Hall/Soskice 2001).[35] Das deutsche Produktionsregime zählt eindeutig zu letzteren (vgl. Streeck/Yamamura 2001). Ein im Kontext der ökonomischen *Governance*-Perspektive[36] häufig erwähnter Stabilisierungsmechanismus ist die institutionelle Komplementarität. Ein nationales Bündel an ökonomischen Institutionen setzt sich demzufolge aus funktional komplementären Subsystemen zusammen, die ihre Effizienz gegenseitig verstärken und dadurch den Akteuren Anreize geben, sie zu reproduzieren.[37] Neben dem ökonomischen System müssen dabei immer auch „wahlverwandte" Subsysteme betrachtet werden wie beispielsweise das System innerbetrieblicher Beziehungen (Aus- und Weiterbildung, Unternehmensverfassung und -kontrolle u. a.) oder die zwischenbetrieblichen Beziehungen (Kapital-, Personal- und Handelsverflechtungen).

Die grundsätzliche Frage nach der Ursache für verschiedene Organisationsvarianten hat die Struktur des „Henne-Ei-Problems". Postulieren neoinstitutionalistische Ansätze (vgl. Chandler/Daems 1974; Williamson 1975; Williamson 1985) das Erwachsen der institutionellen Strukturen aus individuellen Unternehmensstrategien, so ist die zentrale Annahme von Hall und Soskice (2001), dass nationale Unterschiede durch strategische Anpassung an übergreifende Institutionengefüge entstehen. Mit der Frage, ob die Institutionen die Strategien formen oder umgekehrt die Strategien die Institutionen ge-

---

34 Und es sind ebenso viele „Spielarten" der Variety-Forschung zu beobachten (vgl. Coates 2005; Hancké et al. 2007).

35 Eine andere Unterscheidung ist die zwischen „Kooperativem Kapitalismus" und „Konkurrenzkapitalismus" (vgl. Chandler 1990).

36 Die aus dem Zweig der Neuen Institutionenökonomik hervorgehende *Corporate-Governance*-Forschung richtet den Blick auf die Beschaffenheit von Formen sozialer Handlungskoordination an der Schnittstelle von Staat und Gesellschaft. Unter *Governance* wird hierbei die „institutionelle Steuerung von Wirtschaft" mit dem Ziel des Interessensausgleichs interdependenter (kollektiver) Akteure verstanden (vgl. Benz 2004: hier 25; Lütz 2006). Diese Orientierung an Problemlösungen ermöglicht auch eine vergleichende Bewertung von der Leistungsfähigkeit von Institutionen. Für Vertreter einer auf wirtschaftliche Transaktionen gerichteten *Governance*-Forschung (Coase 1937; Williamson 1975; Williamson 1985) ist die Verringerung von Transaktionskosten das auszeichnende Merkmal für *good governance*. Die von der Neoklassik propagierte Steuerungsfähigkeit des Marktes, darunter am Bekanntesten sicherlich Adam Smiths Metapher der „unsichtbaren Hand", wird grundlegend angezweifelt. Indes werden die Koordinationsleistungen unternehmensinterner Organisation und Hierarchie und bi- und multilaterale Beziehungen zwischen Unternehmen in den Vordergrund gestellt. Mehr dazu in Kapitel 3.2.

37 Komplementarität wird hierbei häufig über einen weiteren Stabilisierungsmechanismus, increasing returns, gemessen: „[…] two institutions can be said to be complementary if the presence (or efficiency) of one increases the returns from (or efficiency of) the other" (Hall/Soskice 2001: 17) und an dieser Stelle weiter in Fußnote 17 „conversely , two institutions can be said to be ‚substitutable' if the absence or inefficiency of one increases the returns to using the other". Zu *increasing returns* wird auf Arthur verwiesen (vgl. Arthur 1994).

stalten, wird das klassisch soziologische Mikro-Makro-Dilemma hier auf die Ebene der politischen Ökonomie übertragen. Der *Variety of Capitalism*-Ansatz gibt der kulturellen Erklärung den Vorzug. Es wird davon ausgegangen, dass Unternehmensstrategien wie beispielsweise Verflechtungen durch die institutionellen Rahmenbedingungen beeinflusst werden. In einem übertragenen Sinn sprechen die Autoren von Sozialisierungsinstanzen. Komplementarität bedeutet dabei, dass sich durch das Prinzip wechselseitiger institutioneller Abstimmung die spezifische Konfiguration ökonomischer Institutionen hin zu komparativen Leistungsvorteilen optimiert. Soskice hebt dabei insbesondere die starke Verzahnung der einzelnen Komponenten des Produktionsregimes hervor, die die einzelnen Teilsysteme nur schwerlich ersetzbar macht (vgl. Soskice 1999). Mehr noch, die Kohärenz des Institutionensystems begünstige in ausgeprägtem Maße sich selbst verstärkende Mechanismen (vgl. Morgan et al. 2004). Somit würde eine „grundlegende Änderung von Institutionen den Verlust des produktivitätssteigernden Komplementaritätseffekts nach sich ziehen" (Beyer 2005: 8). Daher wird trotz Globalisierung keine Konvergenz der unterschiedlichen nationalen Institutionensysteme erwartet (vgl. Hall/Soskice 2001). Abweichungen innerhalb eines ursprünglich kohärenten Rahmens ergeben sich allenfalls aus sektoralen und regionalen Variationsmöglichkeiten. Die nationalspezifischen institutionellen Rahmenbedingungen, die aus einem bestimmten historischen Kontext und Institutionensetting heraus entstanden sind, entwickeln sich in den eingeschlagenen Pfaden fort und beeinflussen so die Eintrittswahrscheinlichkeit zukünftiger institutioneller Anpassungen. Theoretisch ist grundlegender Wandel nicht ausgeschlossen (vgl. Beyer 2005), unter „normalen" Umständen verändern sich Institutionen allerdings nur im Rahmen einer bestehenden Systemlogik (vgl. Hollingsworth/Boyer 1997). Den „Normalfall" stellen inkrementelle Wandlungsprozesse dar, die aus Spannungen zwischen formellen und informellen institutionellen Regelungen erwachsen oder auf eine wachsende Inkohärenz der Institutionen zurückzuführen sind (vgl. North 1990). Motor des Wandels sind dabei individuelle ebenso wie kollektive Kräfte. Indes sind auch radikale Veränderungen („Pfadwechsel") vorstellbar. Diese gehen aus funktionalistischer Sicht häufig auf exogen oder endogen verursachte Dysfunktionen des bestehenden Institutionensystems zurück. Wesentlich für die Anfälligkeit für einen Pfadwechsel ist jedenfalls die Destabilisierung des kontinuitätssichernden Mechanismus (vgl. Beyer 2005). Die einwirkenden Kräfte müssen dabei ungleich stärker sein als bei inkrementellem Wandel.[38]

---

38 „Ein auf ‚increasing returns' beruhender Pfad kann tendenziell an sein Ende gelangen, wenn der (erwartete) Vorteil des Pfadwechsels groß ist, wenn die Transaktionskosten des Übergangs klein sind bzw. als klein eingestuft werden und wenn sich ‚negative' adaptive Erwartungen ausbilden, welche die selbstverstärkende Wirkung aufheben oder diesen Effekt gar umkehren" (Beyer 2005: 16). Auch bei reproduzierenden Stabilitätsmechanismen (institutionelle Komplementarität, Funktionalität, Macht u. a.) sind grundlegende Pfadabweichungen nicht ausgeschlossen. Innovationen oder Krisen können die geltenden Leitideen in Frage stellen.

Beyer überprüft die gängigen Pfadabhängigkeitsannahmen zum deutschen Produktionsregime im Zusammenhang mit zeitnahen Veränderungen im System der Unternehmenskontrolle und kommt dabei allerdings zum Ergebnisse, dass nur sehr bedingt
von Pfadabhängigkeit gesprochen werden kann (vgl. Beyer 2006). Aktuelle Untersu-
chungsergebnisse zur Auflösung der Deutschland AG können die Existenz pfadbestim-
mender Stabilisierungsmechanismen nicht bestätigen. So schlüssig dort fundamentaler
Wandel in Hinblick auf die untersuchten Daten diagnostiziert wird, so wenig überzeugt
allerdings die Generalisierung auf den breiten Zeitraum des deutschen Produktionsregimes. Es ist dadurch nicht auszuschließen, dass im Laufe der historischen Herausbildung des Regimes einige Entwicklungspfade zugunsten anderer unterdrückt wurden.
Auch Beyer schließt eine „weiche" Interpretation der Entwicklung im Sinne eines Historischen Institutionalismus nicht aus (vgl. Beyer 2006).

Vor allem Historiker, aber nicht nur diese, deuten die Ereignisketten für die Herausbildung einer koordinierten bzw. korporativen Marktwirtschaft in Deutschland als pfadabhängige Entwicklung. Die Prägephase des deutschen Kapitalismus wird zeitlich in der
zweiten Hälfte des 19. Jahrhunderts verortet. In der Diskussion um den „deutschen Sonderweg" (vgl. Wehler 1995) wird häufig das wertrationale Erbe, also die Orientierung
an einer sozialromantischen, vorindustriellen Gesinnung, an den Anfang gesetzt. Es
sind aber sowohl endogene als auch exogene wirtschaftliche Probleme (Wachstumskrisen, „Soziale Frage", Globalisierung), die auf eine Lösung drängen und den Forma-
tionsprozess in Gang setzen. Die „Initialzündung", der *initial move,* geht schließlich
von der politischen Führung um Reichskanzler Otto von Bismarck aus, welche „Wil-
len und […] Fähigkeit zur institutionellen Innovation" aufbringt (vgl. bereits Schmoller
1906; Abelshauser 2005: 192). Ein zentrales Motiv dabei ist, zu einer Lösung der „sozialen Frage" zu kommen, ohne dass zugleich die bestehenden politischen Machtver-
hältnisse in Frage gestellt werden. Die „Bedürfnisse einer tief verunsicherten Führung
und Öffentlichkeit nach neuen, vertrauensstiftenden Institutionen und Organisationen"
(Abelshauser 2005: 177) bestimmen die Entwicklung, die „von oben" gesteuert wird.
Zu Beginn dieser Entwicklung ist das *window of opportunity* noch offen. Durch wissenschaftliche Berater, insbesondere Nationalökonomen der historischen Schule wie
Gustav Schmoller, werden neue Leitideen wie Regulierung der Konkurrenz, Eindämmung des Partikularismus und institutionalisierte Vermittlung zwischen Staat und Individuum angeregt und setzen sich im Rahmen einer einmaligen Akteurskonstellation
durch. Der ungewöhnliche Konsens der politischen und wirtschaftlichen Eliten des Kai-
serreiches ermöglicht es, entscheidenden Einfluss auf verschiedene Produktionssphären
zu nehmen, um dem neuen Produktionsregime eine durchgehende Organisationslogik
zu geben – es beginnt eine neue Phase der Institutionenpolitik. Diese spezifische sozio-
historische Einbettung bestimmt auf bedeutsame Weise das Sozialisationsmuster der
deutschen Wirtschaft, wie es Abelshauser (2005) treffend bezeichnet. Die politischen
Bedingungen im Kaiserreich ermöglichen die Schaffung eines Bündels institutioneller
Neubildungen, das zur Entstehung des deutschen Produktionsregimes führt.

Gleichwohl sind die Handlungsspielräume für eine institutionelle Adaption an neue Herausforderungen begrenzt. In ähnlicher Weise wie das familienkapitalistische Arbeitsbeziehungssystem noch stark feudale Züge trägt (es spiegeln sich die Grundmuster paternalistischer Vasall-Lehnsherr-Beziehungen wider; vgl. z. B. Krupps „Generalregulativ") findet sich auch in vielen Institutionen des deutschen Produktionsregimes eine vertraute Reziprozitätstruktur wieder. Historiker begründen eine solche Kontinuität damit, dass sich

> „wirtschaftliche und gesellschaftliche Innovationsprozesse [...] gegen historisch tief verwurzelte wirtschaftliche Sozialisationsmuster nicht erfolgreich gestalten [lassen]. Selbst wenn sie eigene Entwicklungspfade begründen, die langfristig neue institutionelle Abhängigkeiten schaffen, setzt ihre Akzeptanz und Beherrschung die Anlehnung an vertrauten Denk- und Verhaltensmustern voraus, damit die neuen Spielregeln nicht mit grundlegenden alten Vorstellungen inkompatibel sind und abgestoßen werden" (Abelshauser 2005: 191 f).

Das hat sowohl ökonomische Ursachen (Transaktionskostentheorie) als auch soziale (Soziologischer Institutionalismus) (mehr dazu in Kapitel 3.2).

Die kritischen Gabelungen, an denen liberale Alternativen zugunsten nicht-liberaler „organisierter" Muster „unterdrückt" wurden, werden v. a. auf den Zeitraum zwischen 1920 und 1950 datiert (vgl. Jackson 2001). Interessenszusammenschlüsse wie Kartelle verkörpern die Leitidee der Regulierung dabei wie keine andere Institution. An ihrem Beispiel soll die „Pfadlegung" daher kurz veranschaulicht werden. Den Anstoß zu Kartellbildungen gibt für die Unternehmer die Gründerkrise zwischen 1870 und 1873. Riesser (1912: 146) beschreibt Kartelle als „Kinder der Not":

> „Sie sind vertragsmäßige, auf eine bestimmte Zeitdauer abgeschlossene Vereinigungen selbstständig verbleibender Unternehmungen, welche verwandten oder annähernd gleiche Interessen verfolgenden Industriezweigen angehören, zu dem Zwecke, sowohl die Produktion, als den Absatz nach gemeinsamen Gesichtspunkten und im gemeinsamen Interesse zu regeln".

Dahinter steht das Ziel, die ruinöse Preispolitik und nationale Überproduktion einzudämmen. In Wechselwirkung mit dem Schutzzollsystem, das die ausländische Konkurrenz abwehren soll, kommt es zu einer umfassenden Regulierung des Produktionsprozesses. Eine Legitimierung qua Autorität ist ein zentraler Stabilisierungsmechanismus in diesem Selektionsprozess (vgl. Campbell 1965). Durch unterstützende gesetzliche Regulierungen können sich Kartelle dauerhaft institutionalisieren und werden zu einem selbstverständlichen Orientierungsrahmen für Unternehmen (vgl. Scott/Meyer 1994). Das deutsche Reichsgerichtsurteil von 1894 wirkt auf diese Art kontinuitätssichernd. Darin werden Kartelle als freiwillige Intrabranchen-Zusammenschlüsse von Unternehmen mit dem Ziel der Marktbeherrschung und Allokationsfunktion legitimiert und

unter rechtlichen Schutz gestellt. In dieser Auslegung von Kartellen finden sich An-
knüpfungen zur ständisch verwurzelten Genossenschaftsidee (vgl. Tschierschky 1903;
Tschierschky 1913).

Nach dem Ersten Weltkrieg wird das deutsche Wirtschaftssystem von zwei weiteren
tiefgreifenden „Schocks" geprägt: Inflation und Weltwirtschaftskrise. In der Phase der
„Großen Depression" der 1920er Jahre sehen Unternehmen Lösungswege vorwiegend in
organischen Zusammenschlüssen (wie Fusionen, Konzernbildungen etc.) (vgl. Feldenkirchen 1987). Wiederum fördert der Gesetzgeber diese Entwicklung durch günstige
strukturelle Rahmenbedingungen. So ist der deutliche Anstieg der Fusions- und Über-
nahmeintensität nach 1924 (u. a. zu den drei „Giganten" IG-Farben (*1924), Vereinigte
Stahlwerke (*1926) und Deutsche Bank und Disconto-Gesellschaft (*1929)) auch in Verbindung mit steuerlichen und somit finanziellen Anreizen zu sehen.[39] Das Zusammentreffen dieser Faktoren lässt die beschrittenen Pfade „einfrieren". Konzentration und
Regulierung setzen sich endgültig auf allen Ebenen als Orientierungsmuster durch.[40]
Wie aktuelle Untersuchungen nachweisen konnten, zeichnen sich parallele Tendenzen in den Strukturen der Unternehmensverflechtung ab (vgl. Windolf 2006). Sichtbar wird die kulturelle Prägung des deutschen Produktionsregimes durch den direkten
Vergleich mit dem „liberalen Muster" am Beispiel der USA. In den USA intensivierten
sich im selben Zeitraum die legislativen Bemühungen, wettbewerbshemmende Intra-
branchen-Absprachen und Zusammenschlüsse zu verhindern. Es kommt buchstäblich
zu einer *Anti-Trust*-Gesetzgebung. Der 1914 erlassene *Clayton Act* verbietet letztendlich
sogar Intrabranchen-Verflechtungen zwischen den Verwaltungsräten *(Board of Directors)* verschiedener Unternehmen. Während der rechtliche Rahmen in Deutschland also
die Bildung von Kartellen und Kartellabsprachen begünstigte, waren Intrabranchen-
Absprachen in den USA rechtlichen Sanktionen ausgesetzt.

Ausgelöst durch das Chaos am Finanzmarkt im Zuge des Börsencrashs, die folgenden Bankenzusammenbrüche und den Vertrauensverlust der Anleger, wurde 1929
schließlich der Ruf nach einer stärkeren Regulierung des US-amerikanischen Aktien-
markts laut. In der Folge wurden kurz hintereinander drei Gesetze verabschiedet, die
das Ziel der Wiederherstellung des Wettbewerbs zum Schutz von Anlegern und Ver-

---

39 Zu erwähnen ist in diesem Zusammenhang insbesondere die Herabsetzung der Grunderwerbs- und
    Kapitalverkehrssteuer im „Gesetz über Steuermilderungen zur Erleichterung der Wirtschaftslage"
    (31. 3. 1926) (vgl. Lenel 1968: hier 413 ff). Ein Thema, welches den Rahmen dieser Arbeit sprengen
    würde und hier daher ausgeklammert werden muss, aber dennoch nicht unerwähnt bleiben darf, ist
    die Arisierung jüdischen Eigentums während der Zeit des Nationalsozialismus. Das „Umwandlungs-
    gesetz" (5. 7. 1934) hatte keinen unwesentlichen Einfluss auf die Fusions- und Übernahmeaktivität.
    Weiterführend hierzu wird verwiesen auf Swatek (vgl. Swatek 1972)
40 Die Argumentation ist an dieser Stelle natürlich etwas verkürzt. Im Zuge der Kartellgesetzgebung
    konnten Unternehmen in Deutschland Absprachen treffen ohne dabei ihre institutionelle Unabhän-
    gigkeit aufzugeben. In den USA waren konkurrierende Unternehmen in Folge der Rechtslage z. T.
    ebenso unter Zwang sich zu Großunternehmen zusammen zu schließen. Dies wurde mit der *Anti-
    Trust*-Gesetzgebung allerdings erschwert.

brauchern und einer effektiveren Regulierung der Finanzmärkte hatten. Im *Banking Act* bzw. *Glass Steagall Act* von 1933 wurde für Finanzunternehmen die institutionelle Trennung von Kapitalbeteiligung (Investmentbanken) und Kreditgeschäft (Geschäfts- und Kreditbanken; *commercial banks*) vorgeschrieben. Dieser hatte auch Auswirkungen auf die Eigentümerstruktur der US-Unternehmen, er förderte eine weitere Zersplitterung des Aktienkapitals und eine Schwächung der Eigentümer (vgl. Windolf 2005).

Auch wenn sich aufgrund der historischen Komplexität nur schwerlich Kausalketten bilden lassen, so ist doch nicht zu leugnen, dass der Wandel der Eigentumsverhältnisse parallel zur Einschränkung der rechtlichen Rahmenbedingungen verläuft. In Deutschland kommt es zu einer bis in die 1990er Jahre anhaltenden institutionellen Konzentration des Unternehmenseigentums, in den USA zu einer Fragmentierung desselben. Zeichnen sich die US-amerikanischen Eigentumsstrukturen v. a. durch Kurzfristigkeit und Flexibilität aus, schränken Kapitalüberkreuzverflechtungen die *Exit*-Möglichkeiten in Deutschland weiter ein.

Die starke Verzahnung der einzelnen Komponenten des Produktionsregimes, die einzelne Teilsysteme nur schwerlich ersetzbar macht (vgl. Soskice 1999), und die Begünstigung sich selbst verstärkender Mechanismen durch ein kohärentes Institutionensystem (vgl. Morgan et al. 2004) sind vielfach belegt.[41] Sowohl die Einstellung der Wirtschaftssubjekte als auch die bestehenden Institutionen fördern das Prinzip wechselseitiger Koordination. Die auf Reziprozität und Kooperation ausgerichtete Verflechtung wird ein Schlüsselkonzept zum Verständnis des deutschen Produktionsregimes. Konzerne, Verbände und andere Formen von Verflechtungen übernehmen darin wichtige Koordinationsfunktionen. Diese Verflechtungen sind der Nährboden wechselseitiger Beeinflussung. Shonfield (1965) war einer der ersten, der dafür den für seine Zeit noch ungewöhnlichen Begriff des Netzwerks gebrauchte. In diesen Netzwerken behalten die einzelnen Akteure zwar ihre Autonomie, verpflichten sich aber zu kooperativem Verhalten.[42] Das kooperative Steuerungsprinzip zeigt sich v. a. in der Selbstregulierung der

---

41 Funktional aufeinander abgestimmt sind beispielsweise das Ausbildungs- und Beschäftigungssystem: frühe Spezialisierung, betriebliche Ausbildung und langfristige Beschäftigung ergänzen sich. Komparative Leistungs- und Kostenvorteile des auf Langfristigkeit und Nachhaltigkeit angelegten deutschen Systems zeigen sich insbesondere im Bereich der diversifizierten Qualitätsproduktion. Die institutionellen Voraussetzungen für immaterielle Wertschöpfungsprozesse vermittels der Symbiose zwischen Wirtschaft und Wissenschaft in Forschung und Entwicklung, Marktstrategien und integrierten Dienstleistungen etc. sind mehr als günstig (vgl. Abelshauser 2005).

42 Als ein Exkurs, an dem sich kooperatives Verhalten als Ergebnis institutioneller Lerneffekte verdeutlichen lässt, eignet sich das Beispiel der Mitbestimmung auf der betrieblichen Ebene. Die Einführung der Betriebsverfassung kann im Kontext eines institutionalistischen Ansatzes als ein Lerneffekt innerhalb eines eingetretenen Pfades, darunter wird die Übertragung eines Lösungsmuster von einem Bereich auf einen anderen verstanden, betrachtet werden. Spontane Zusammenschlüsse von Arbeitern in Betrieben gibt es bereits Ende des 19. Jahrhunderts, jedoch hängen diese rechtlich in der Luft. Eine erste gesetzliche Festlegung findet sich im Gesetz zum vaterländischen Hilfsdienst von 1916, aber erst in der Weimarer Verfassung (Artikel 165) wird die Konstitution von Arbeiterräten zunächst als innerbetriebliche Vermittler ausdrücklich gestattet. Die gesetzliche Grundlage

Wirtschaft durch das Verbandssystem. Eine zentrale Säule in dieser *organized private enterprise* sind enge Verflechtungen zwischen Großbanken und Großkonzernen. Dies ist insbesondere in Hinblick auf die Fragestellung und weitere Vorgehensweise relevant. Der Konsens des *big business* übernimmt im deutschen Produktionsregime eine Selbststeuerungsfunktion zwischen den Großunternehmen (vgl. Shonfield 1965, zu Deutschland siehe 239–297).[43]

Mit der vorliegenden Arbeit werden Personenverflechtungen zwischen den Großunternehmen unter diesem institutionellen Gesichtspunkt betrachtet. Aus einer Pfadperspektive scheint es sich mehr um inkrementelle Adaptionen zu handeln und weniger um radikale Innovationen „schöpferischer Zerstörer", stehen sie doch in Wechselwirkung mit institutionellen Sozialisierungsinstanzen.

2.4 Die Aktiengesellschaft. Rechtliche Bestimmungen um eine neue Organisationsform

Die Verrechtlichung wirtschaftlicher Beziehungen gilt in der klassischen Modernisierungstheorie als eine wesentliche Voraussetzung für den *take-off* ökonomischer Entwicklung (vgl. Rostow 1971 [1960]; Rostow 1990). Die nationale Rechtsordnung bildet den Rahmen für die Ausbildung eines neuen Produktionsregimes (vgl. Fligstein 2001). Sie stellt eine ganz wesentliche Sozialisierungsinstanz für die Pfadentwicklung dar. Der Übergang vom Familienkapitalismus zur „deutschen Variante" des Managerkapitalismus verläuft parallel zu jenem Prozess. Rechte und Pflichten innerhalb von Unternehmen und zwischen Unternehmen sind nun u. a. im Aktienrecht, Arbeits- und Tarifvertragsgesetz und Handelsrecht geregelt. Damit verbunden ist die Trennung ökonomischer Transaktionen von der Willkür „absolutistisch" agierender Eigentümer, die sich nicht selten hinter den Strukturen des Familienkapitalismus verbergen, und ihre Ersetzung durch die abstrakten Regeln der Bürokratie (vgl. Weber 1972 [1921]). Im folgenden Abschnitt werden die rechtlichen Vorgaben für Aktiengesellschaften im Untersuchungszeitraum erläutert.

Die Bewältigung der komplexen Anforderungen an Unternehmenskoordination in den *economies of scale and scope* erfordert eine Ausdifferenzierung ökonomischer Institutionen. Aktiengesellschaften gehören dabei zu den neuen Organisationsformen, die zu Schlüsselinnovationen werden. Sie unterscheiden sich in ihrer Finanzierungsform ganz wesentlich von in Familienbesitz befindlichen Personengesellschaften. Damit sind

---

für die Vertretung von Arbeitnehmerinteressen im Aufsichtsrat von Aktiengesellschaften wird dann mit 15. Februar 1922 (Gesetz über die Entsendung von Betriebsratsmitgliedern in den Aufsichtsrat, § 6 Abs. 4 Reichsgesetzblatt S. 209) geschaffen. Durch diesen „Lerneffekt" wird der Betriebsrat effektiver genutzt und es kommt zu einer Stärkung der Institution.

43 Shonfield wird in diesem Zusammenhang auch die Urheberschaft der Bezeichnung „Deutschland AG" zugeschrieben (vgl. Shonfield 1965).

sie Teil einer betrieblich-institutionellen Lösung zur Bewältigung der wirtschaftlichen Herausforderungen des 19. Jahrhunderts, der Ausdehnung der Märkte und deren Finanzierung (vgl. Passow 1907). Innovativ sind Aktiengesellschaften nicht nur aufgrund der Erschließung neuer Kapitalquellen, sondern auch deswegen, weil sie das Risiko der Unternehmensfinanzierung auf mehrere Schultern verteilen. Folglich kommt es nach dem Ende ihrer staatlichen Konzessionierungspflicht mit der Gesetzesnovelle von 1870 in Deutschland zu einem Gründungsboom (vgl. die zusammenfassende Darstellung in Münzel 2006). In diesem Zusammenhang ist sicherlich die Durchsetzung einer einheitlichen Währung (der Reichsmark) mit der Reichsgründung 1871 einflussreich, welche die Voraussetzung für einen gemeinsamen Aktienmarkt schafft. Ein Überblick über Gründungen von Aktiengesellschaften verdeutlicht diese Entwicklung noch einmal:

Abbildung 1   Gründungen von Aktiengesellschaften von 1871 bis 1910

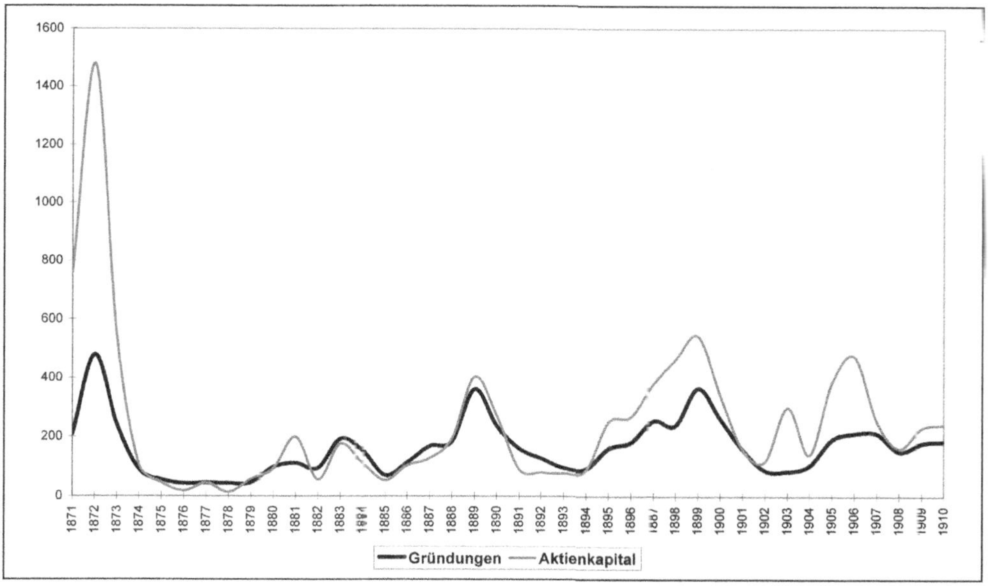

Quelle: (Riesser 1912 [1905]: 109)

Auch der proportionale Anteil des Aktienkapitals am Kapital der industriellen Unternehmungen insgesamt – (Aktiengesellschaften machen in etwa 9 von 10 Neugründungen aus (vgl. Riesser 1912 [1905]) – zeigt eine kontinuierliche Aufwärtsentwicklung. Dieser steigert sich von unter fünf Prozent (im Jahr 1860) auf beinahe zwanzig Prozent (im Jahr 1910) (vgl. Edwards/Ogilvie 1996: hier 436).

Im Vergleich zu Personengesellschaften weisen Aktiengesellschaften einen erhöhten Komplexitätsgrad innerbetrieblicher Kompetenzverteilung auf. In Hinblick auf die Unternehmensführung kommt es zu einer „Gewaltenteilung“. Die operative Leitung

des Unternehmens wird einem Vorstand übertragen. Über die grundsätzlichen Wei-
chen der Unternehmenspolitik wird im Aufsichtsrat abgestimmt. Dieser wird von der
Hauptversammlung der Eigentümer gewählt, die bei hoher Streuung des Unternehmenseigentums sehr zahlreich sein können. De facto beschränken sich die Aufgaben
des Aufsichtsrats auf die Abstimmungs- und indirekte Kontrollfunktion, zum Nachteil
der Eigentümer, die dadurch an Einfluss einbüßen. Eigentum und unmittelbare Ent-
scheidungskompetenz fallen damit auseinander. Dies zieht unmittelbar Konflikte um
die Unternehmenskontrolle nach sich.

Die Gründung von Aktiengesellschaften bzw. deren Umwandlungen aus Personengesellschaften war folglich nicht nur eine organisationale Herausforderung, sondern
zog neue Rollen- und Positionszuweisungen nach sich. Damit stieß sie anfangs auch
an Grenzen kultureller Akzeptanz.[44] Das zentrale Spannungsverhältnis zwischen Eigentümern und Direktoren, das direkt aus der Trennung von Eigentum und Kontrolle er-
wuchs, soll im Folgenden am Beispiel der Deutschen Bank geschildert werden.

„Eine Konsequenz der Rechtsform der Deutschen Bank als Aktiengesellschaft bestand darin, dass die Direktoren ebenso wie die ,Bankbeamten' Angestellte waren, während in traditionellen Privatbankhäusern und auch bei der als Kommanditgesellschaft auf Aktien
verfassten Disconto-Gesellschaft der oder die Eigentümer an der Spitze der Unternehmens-
hierarchie standen, die mit ihrem privaten Vermögen für ihre Entscheidungen hafteten.
Die Gründer der Aktienbanken gingen natürlich davon aus, dass auch weiterhin die Eigentümer des Unternehmens die strategischen Entscheidungen treffen würden, dass sie also
als die eigentlichen Besitzer die Kontrolle über das Unternehmen behalten und nur die
Ausführung ihrer Beschlüsse an die Direktion delegieren würden. Die Direktion war damit
als untergeordnetes, weisungsgebundenes Gremium konzipiert" (Gall 1995: 125).

In den ersten Jahren der Aktiengesellschaften hatten deren Gründer und Eigentümer,
meist in wenigen Personen vereint, sofern sie nicht unmittelbar im Direktorium saßen,
zumindest einen Platz im Verwaltungsrat. Zunächst war es das Bestreben der Eigentümer bzw. deren Vertretern im Verwaltungsrat in Unternehmensentscheidungen aktiv
einzugreifen. Diese umfangreichen Kompetenzen des Verwaltungsrates missfielen den

---

44 Nicht nur Eigentümer, sondern auch Kunden mussten erst Vertrauen in diese neue Form der Unter-
    nehmensführung gewinnen. Die Bankdirektoren der ersten Generation von Aktienbanken beispiels-
    weise waren bemüht um ein den Privatbankiers gleichendes Prestige und zögerten nicht dafür zu
    außergewöhnlichen Mitteln zu greifen. So folgte Georg (von) Siemens, Direktor der Deutschen Bank
    von 1870 bis 1900, der für Privatbankhäuser üblichen Tradition für entstandenen finanziellen Scha-
    den mit privatem Vermögen einzustehen. Die Satzung der Deutschen Bank schrieb ferner für die
    Direktoren einen Mindestbesitz an 25 Aktien vor, was sie zu symbolischen Miteigentümern machte
    (vgl. Gall 1995: hier 126). Des Weiteren setzten sich die Gehälter der Direktoren aus einem festen An-
    gestelltengehalt und gewinnabhängigen Tantiemen zusammen, wobei letztere den weitaus höheren
    Anteil ausmachten.

Direktoren. Es gab dadurch ausreichend Zündstoff und Anlass für Konflikte zwischen dem Direktorium und den Verwaltungsratsmitgliedern (vgl. Gall 1995).

Die Normierung von Rollen durch aktienrechtliche Bestimmungen und die Kanalisierung entstehender Konflikte zwischen Managern, Aufsichtsräten und Eigentümern begleiten den Ausdifferenzierungsprozess. Einheitliche rechtliche Bestimmungen sind im Allgemeinen Deutschen Handelsgesetzbuch (ADHGB) von 1861 kodifiziert und mit der Novelle des ADHGB vom 11. Juni 1870 erstmals deutschlandweit vereinheitlicht (vgl. Eube 1998).[45] Das vor 1870 praktizierte Konzessionssystem[46] wird ersetzt durch ein entmonopolisiertes Kontrollsystem, welches eine funktional nach Organen ausdifferenzierte Struktur innerhalb von Kapitalgesellschaften verpflichtend vorschreibt. Die Organe, deren Befugnisse sowie Verantwortlichkeiten werden gesetzlich festgelegt. Als geschäftsführendes Organ wird ein Vorstand bestimmt, der beauftragt wird, im Sinne der Gesellschaft und ihrer Aktionäre zu handeln. Die Kontrolle über die Geschäftstätigkeit des Vorstandes obliegt den Mitgliedern eines Aufsichtsrates, der vor 1870 nicht obligatorisch, jedoch fakultativ als Hilfsorgan der Aktionäre vorgesehen war. Fundamentale Entscheidungsbefugnisse bleiben letztlich der Hauptversammlung der Aktionäre vorbehalten. Diese organisatorische Doppelstruktur an der Führungsspitze von Aktiengesellschaften ist überdies als Ausdruck für die Dualität von selbstverwalteter Autonomie und übergreifender Zusammenarbeit zu deuten, und damit ein typisches Merkmal für das System korporativer Interessenspolitik (vgl. Abelshauser 2005). Die duale Struktur deutscher Aktiengesellschaften ermöglichte es den aus den Leitungsfunktionen verdrängten Angehörigen der Gründerfamilie einerseits, eine Position im Unternehmen einzunehmen. Oft erfolgte die Weitergabe des Aufsichtsratsvorsitzes nach „dynastischen Regeln" wie u. a. bei Siemens (vgl. Joly 1998: hier 20 f). Der Aufsichtsratsvorsitzende gilt von mancher Seite als „wirklicher" Konzernchef (Gustav Krupp von Bohlen und Halbach war beispielsweise 40 Jahre lang in der Friedrich Krupp AG in dieser Position). Andererseits hatte der Aufsichtsrat eine vermittelnde Position zwischen Aktionären und Eigentümern des Unternehmens auf der einen und den exekutiven Managern auf der anderen Seite. Zur zentralen Aufgabe des Aufsichtsrats gehörte jedoch die Unternehmenskontrolle im Interesse der Hauptversammlung.

In der Aktienrechtsnovelle von 1884 wird das Aktiengesetz dahingehend weiterentwickelt, dass die Möglichkeit eines statutarisch festgelegten Mitwirkungsrecht bei Geschäftsführungsakten aufgehoben wird, das der Aufsichtsrat, zuvor häufig auch

---

45 Zuvor gab es schon das Preussische Aktiengesetz von 1843, das eine Genehmigung von Aktiengesellschaften durch den König vorsah.

46 Das in den Ländern Deutschlands vorherrschende Konzessionssystem erlegte Unternehmensgründungen eine Genehmigungspflicht auf. „Aktiengesellschaften [dürfen] nur mit landesherrlicher Genehmigung errichtet werden. Der Gesellschaftsvertrag (das Statut) ist zur landesherrlichen Bestätigung vorzulegen" (§ 1 des Preußischen Gesetzes vom 09.11.1343). Die Überwachung bezog sich allerdings nur auf den Zeitpunkt der Gründung der Gesellschaft und dabei v. a. auf den Aspekt der Aufbringung und Erhaltung des Grundkapitals (vgl. Stadler 1997).

„Verwaltungsrat", bis dahin hatte (vgl. Schubert/Hommelhoff 1985: hier 200 bzw. Abschnitt II, § 10 u. § 11). Die Kompetenz des Aufsichtsrates wurde von verschiedenen Seiten als zu weit und als seine eigentliche Funktion „degenerierend" betrachtet und sollte somit beschnitten werden, wie gerichtliche Dokumente belegen (vgl. Schubert/Hommelhoff 1985: hier 203 f). 1884 wird die Notwendigkeit des Aufsichtsrates als Kontrollorgan der Verwaltung insbesondere in Bezug auf den Rechnungsabschluss und die Gewinnverteilung eingeräumt. In § 246 des HGB heißt es folglich,

> „der Aufsichtsrat hat die Geschäftsführung der Gesellschaft in allen Zweigen der Verwaltung zu überwachen und sich zu dem Zwecke von dem Gange der Angelegenheiten der Gesellschaft zu unterrichten. Er kann jederzeit über diese Angelegenheiten Berichterstattung von dem Vorstand verlangen und selbst oder durch einzelne von ihm zu bestimmende Mitglieder die Bücher und Schriften der Gesellschaft einsehen sowie den Bestand der Gesellschaftskasse und die Bestände an Wertpapieren und Waren untersuchen. Er hat die Jahresrechnungen, die Bilanzen und die Vorschläge zur Gewinnverteilung zu prüfen und darüber der Generalversammlung Bericht zu erstatten. Er hat eine Generalversammlung zu berufen, wenn dies im Interesse der Gesellschaft erforderlich ist. Weitere Obliegenheiten des Aufsichtsrates werden durch den Gesellschaftsvertrag bestimmt. Die Mitglieder des Aufsichtsrates können die Ausübung ihrer Obliegenheiten nicht Anderen übertragen."

Es wird also eine klare personelle Trennung zwischen Vorstands- und Aufsichtsratsmitgliedern festgelegt. Verwaltung und Kontrolle von Unternehmen auf Aktien fallen endgültig nicht mehr nur funktionell, sondern auch personell auseinander (HGB § 209e, § 225a, 7.3. 1884). Diese klare Trennung wird v. a. deshalb gefordert, da uneindeutige Vertretungsregeln die Grenzen bis dahin häufig verwischen ließen. Das unmittelbare Mitwirkungsrecht wird beseitigt. Die Mitwirkung des Aufsichtsrates an der Geschäftsführung soll nur noch für einzelne im Gesellschaftsvertrag explizit angeführte Bereiche gelten. Die Vertretung der Gesellschaft durch ein Aufsichtsratsmitglied ist untersagt. Übernimmt ein Aufsichtsratsmitglied eine Vertretungsfunktion für ein Mitglied des Vorstands, so scheidet es damit aus dem Aufsichtsrat aus. Die Ergänzungswahl von ausscheidenden Aufsichtsratsmitgliedern erfolgt durch Beschlussfassung der Generalversammlung. Der Aufsichtsrat verliert also seine unmittelbare Entscheidungsbefugnis und hat nur mehr eine Überwachungsfunktion.

Das Verhältnis von Vorstand und Aufsichtsrat definiert sich im Untersuchungszeitraum schließlich nach dem Aktiengesetz in der Fassung von 1897 in folgender Weise: Es ist die Aufgabe des Vorstandes, den Aufsichtsrat regelmäßig und umfassend über alle wichtigen das Unternehmen betreffenden Fragen der Geschäftslage, der Planung und Entwicklung zu informieren. Die mit der Aufsichtsratsposition verknüpften Rechte (§ 235, § 246, § 260) umfassen Information über Geschäftsabläufe, Abstimmung über wichtige Geschäftsentscheidungen und die Kontrolle der Bilanzen. 1900 wurde das Aktienrecht mit unwesentlichen Änderungen in das Handelsgesetzbuch (HGB) überführt und ist in seinen Grundzügen nach wie vor gültig (vgl. Eube 1998).

Die Beschneidung der Kompetenz der Aufsichtsräte wird in der Diskussion insbesondere aufgrund der potentiellen Einflussnahme von Bankiers als notwendig betrachtet (vgl. Reitmayer 1999: hier 94 f, mehr hierzu in Abschnitt 2.5). Nichtsdestotrotz behalten Aufsichtsräte eine strategisch wichtige Position.[47] Sie haben Zugang zu zentralen Informationen. Daher ist die Informationspflicht des Vorstandes über Unternehmensinterna gekoppelt an die diesbezügliche Schweigepflicht des Aufsichtsrates. Damit soll das Risiko des Missbrauchs internen Wissens, welches insbesondere bei Aufsichtsräten mit mehreren Mandaten als erhöht eingestuft wird, durch die Androhung rechtlicher Sanktionen reduziert werden. Ihre Rechte ermöglichen Aufsichtsräten ferner eine aktive, wenn auch nur indirekte Einflussnahme auf die Geschäftspolitik von Unternehmen. Dieses Machtpotential kann neben der Überwachungsfunktion durch die Statuten des Gesellschaftsvertrages insofern erweitert werden, als diesem die Einwilligung in Geschäftsabschlüsse (§ 235 HGB) sowie die Entscheidung über Bestellung und Amtsenthebung des Vorstandes übertragen werden darf (§ 182 HGB). Darüber hinaus wird in der Realität die Praxis des Konzessionssystems häufig fortgeführt und der Aufsichtsrat (bzw. Teile desselben) behält die Position eines „Schattenkabinetts", v. a. in Form einer kontinuierlichen „Beratung" des Vorstandes. Erst mit dem Aktiengesetz von 1937 wird darauf effektiv reagiert (vgl. Stadler 1997).

In Hinblick auf die vorliegende Untersuchung ist in erster Linie bedeutsam, wie Aufsichtsräte diese strategische Position einsetzen. Rechtlich ist der Fall eindeutig. Vorstand und Aufsichtsrat haben ausschließlich im Interesse der Gesellschaft zu entscheiden; eigene Vorteile bzw. Vorteile Dritter, sofern diese in Widerspruch zum Interesse der Gesellschaft stehen, müssen unberücksichtigt bleiben (§ 11 HGB). Interessenskonflikte bzw. Inter-Rollenkonflikte sind aber durch die Struktur der Besetzung der Positionen programmiert. Der Aufsichtsrat setzt sich primär aus externen Mandataren zusammen. D. h., nur bei einem bestimmten Anteil der Aufsichtsräte handelt es sich um Angestellte oder ehemalige Vorstandsmitglieder des Unternehmens. Den weitaus größten Anteil machen Aufsichtsräte oder Vorstände anderer Unternehmen aus. Unabhängig von

---

47 Besonders klar drücken sich deren Rechte und Pflichten in HGB (1897) § 246 aus: „Der Aufsichtsrat hat die Geschäftsführung der Gesellschaft in allen Zweigen der Verwaltung zu überwachen und sich dem Zweck von dem Gange der Angelegenheit der Gesellschaft zu unterrichten. Er kann jederzeit über diese Angelegenheiten Berichterstattung von dem Vorstande verlangen und selbst oder durch einzelne von ihm zu bestimmende Mitglieder die Bücher und Schriften der Gesellschaft einsehen sowie den Bestand der Gesellschaftskasse und die Bestände, Unternehmen, Wertpapiere und Waren untersuchen. Er hat die Jahresrechnungen, die Bilanzen und die Vorschläge der Gewinnverteilung zu prüfen und darüber der Generalversammlung Bericht erstatten. Er hat eine Generalversammlung zu berufen, wenn dies im Interesse der Gesellschaft erforderlich ist. Weitere Obliegenheiten des Aufsichtsrats werden durch den Gesellschaftsvertrag bestimmt. Die Mitglieder des Aufsichtsrats können die Ausübung ihrer Obliegenheiten nicht anderen übertragen."

den rechtlichen Bestimmungen entsteht als Nebenfolge der neuen Unternehmensform Aktiengesellschaft eine weitere Institution zur Koordination wirtschaftlicher Transaktionen: das Netzwerk. In den Aufsichtsräten treffen Direktoren unterschiedlicher Herkunftsunternehmen und Ämter aufeinander. Unabhängig von der Richtung des Anstoßes – Entsendung aus einem Vorstand oder Kooptationsbemühung des aufnehmenden Aufsichtsrates – entstehen so aus dem Zusammenspiel zwischen intentionalen Entscheidungen und zufälligem Aufeinandertreffen sukzessive personelle Verflechtungen zwischen mehr oder weniger voneinander unabhängigen Unternehmen. Im Falle einer Überlappung mit Kapitalverflechtungen entfaltet sich in der direkten (gerichteten) Personalverflechtung ein spezifisches Instrument der Unternehmenskontrolle aus. In der Folge institutionalisieren sich neben Handels- und Kapitalverflechtungen personelle Unternehmensnetzwerke, die einerseits Einfluss auf die Rollenausübung im Aufsichtsrat nehmen und andererseits auch darüber hinausgehende Funktionen erfüllen können. Um die Gelegenheitsstrukturen, die aus diesen Netzwerken erwachsen, aufzuzeigen, sind erstens die Strukturen dieser Verflechtungen nachzuzeichnen und zweitens die Positionsverteilungen der Unternehmen v. a. mit Hinblick auf die Rolle der Banken zu analysieren. Eine Untersuchung der Personalverflechtungen der deutschen Großunternehmen ist für die Betrachtung der Ausbildung ökonomischer Institutionen im Kaiserreich jedenfalls ein ganz zentrales Unterfangen.

2.5 Die Rolle der Banken im deutschen Produktionsregime

Im Mittelpunkt der vorliegenden Auseinandersetzung mit Unternehmensverflechtungen in Deutschland stehen Finanzunternehmen. Die Analyse ihrer Position und Rolle in Unternehmensnetzwerken hat eine lange Tradition. Schon in der formativen Phase des deutschen Produktionsregimes erregte der hohe Anteil von Bankiers in den Aufsichtsräten großer Aktiengesellschaften nicht nur die öffentlichen Gemüter, sondern stieß eine Welle von wissenschaftlichen Untersuchungen los (vgl. Eulenburg 1906; Hilferding 1910; Riesser 1912 [1905]). Es gibt also eine lange Tradition, Banken als anschauliches Material für die Prüfung von Kontrolltheorien heranzuziehen. Nach wie vor werden sie als eine wesentliche Säule des Kooperativen Kapitalismus in Deutschland gesehen (vgl. Windolf/Beyer 1995), wenn auch Rückzugstendenzen nicht unbemerkt bleiben (vgl. Beyer 2003; Beyer 2006).

2.5.1 Bankenmacht-Debatte

Um den Hintergrund der Debatte über die (vielfältigen) Beziehungen zwischen Bank und Industrie ausreichend zu beleuchten, wird der Stand der Forschung im Folgenden kurz zusammengefasst. Seit Hilferdings 1910 erschienener Abhandlung über die Rolle von Finanzunternehmen in der Umbruchsphase kapitalistischen Wirtschaftens ist eine hitzige Debatte darüber entbrannt, ob sich die Beziehung zwischen Industrie und Banken zum damaligen Zeitpunkt als Herrschaftsbeziehung charakterisieren lässt. Die Positionen dazu sind so unterschiedlich wie die Methoden der Untersuchung vielfältig.

Die Diskussion um die „Macht" der Banken über die Industrie betrachtet in erster Linie den ökonomischen Gesichtspunkt der Unternehmensfinanzierung. Hilferdings umstrittene These hat ihre Wurzeln in den Schriften von Karl Marx und dessen Kapitalkreislauftheorie (vgl. Marx 1970 (1867)): Finanzkapitalisten verleihen Geld, das andernfalls brach liegen würde, an „produktive Kapitalisten", gemeint sind die Industriellen, wodurch die kontinuierliche Produktion trotz verzögerter Zurückführung des Eigenkapitals aus der Warenzirkulation gesichert wird. Die Notwendigkeit der Zuführung von Fremdkapital ergibt sich aus einem wachsenden Investitionsbedarf. Die Schere zwischen dem Kapitalrücklauf aus der Warenzirkulation und dem nötigen Investitionsvorschuss für die laufende Produktion wird durch den sich verschärfenden Wettbewerb zwischen den Unternehmen immer größer. Die zunehmende Kapitalintensität der Produktion (vgl. auch Chandler 1990) erhöht die Abhängigkeit von Fremdkapital. „Die heutige Industrie wird mit anderen Worten mit einem Kapital betrieben, das weitaus größer ist, als das Gesamtkapital im Eigentum der industriellen Kapitalisten" (Hilferding 1968 [1910]: 308). Da gleichsam alle produktiven Kapitalisten von dieser Entwicklung betroffen sind, kann die zyklische Kapitalknappheit in immer geringerem Ausmaß durch Wechsel zwischen den Unternehmern kompensiert werden. Hier wird nun die Bedeutung von Banken als institutionalisierten Sammelstellen für brachliegendes Kapital deutlich (vgl. Hilferding 1968 [1910]: hier 112). Über ihre Depositenfunktion erhalten sie die Kontrolle über große Kapitalmengen, die sie in vielfältiger Weise ihrer Klientel zur Verfügung stellen können. „Die Verfügung über diese der Industrie unentbehrlichen Gelder gehört den Banken. Mit der Entwicklung des Kapitalismus und seiner Kreditorganisation wächst so die Abhängigkeit der Industrie von den Banken" (Hilferding 1968 [1910]: 308). Gesamtwirtschaftlich betrachtet macht das in industrielles Kapital umgewandelte Bankkapital, das „Finanzkapital", ein Vielfaches des Kapitals der Unternehmen aus. D. h. für die Banken, dass ein großer Anteil ihres Kapitals mit der Industrie verbunden ist, also dass sie selbst zu „industriellen Kapitalisten" werden. Es heißt aber mehr noch, dass damit Konstitutionsbedingungen für eine Macht bzw. Herrschaft der Banken über die Industrie geschaffen werden. Laut Hilferding

> „entsteht ein dauerndes Interesse der Bank an der Aktiengesellschaft, die einerseits von der Bank kontrolliert werden muß, um die richtige Verwendung des Kredits zu gewährleisten, andererseits von der Bank möglichst beherrscht werden muß, um all die gewinnbringenden finanziellen Transaktionen der Bank zu sichern" (Hilferding 1968 [1910]: 158).

Ausgeübt wird dies in Form der „Einflussnahme einer Bank auf Unternehmensentscheidungen bei Nichtbanken mit der begründeten Aussicht [...], sich auch gegen den Vorstand bzw. gegen starke Interessensgruppen im Aufsichtsrat (z. B. Großaktionäre) durchzusetzen" (Ziegler 1998: 195). Dieses an Max Webers Machtdefinition (vgl. Weber 1972 [1921]) angelehnte Konzept von Einflussnahme stellt die einseitige Interessensdurchsetzung in den Vordergrund des Arguments. Die Machtposition etabliert sich im Weiteren durch die Gläubigerposition, die Aktienbeteiligung, das Depotstimmrecht und die Aufsichtsratsverflechtung der Banken. Auf diese Punkte wird nun im Einzelnen kurz eingegangen.

Die Argumentation Hilferdings nimmt an zentraler Stelle Bezug auf die Rolle von Banken in der Unternehmensfinanzierung. Deswegen verwundert es nicht weiter, dass zahlreiche Studien den Zusammenhang zwischen Eigenfinanzierungspotential, Bankkrediten und der personellen Verflechtung zwischen Unternehmen und ihren Gläubigern aufzuzeigen versuchen. Besonders hervorzuheben sind die Arbeiten von Wixforth (vgl. Wixforth 1995) und Wellhöner (vgl. Wellhöner 1989). In jeweils neun Einzelfallstudien sind die Historiker der Frage nachgegangen, ob es sich in der Beziehung der untersuchten Unternehmen zu ihren Banken um ein Herrschaftsverhältnis handelt, bedingt durch die starke Abhängigkeit der Unternehmen von langfristigem Bankkredit. Weder für das Kaiserreich (vgl. Wellhöner 1989) noch für die Weimarer Republik (vgl. Wixforth 1995) lässt sich eine Dominanz der Banken durchgängig nachweisen. Die Höhe der Eigenfinanzierung übertrifft in der Regel die Fremdfinanzierung der Unternehmen (vgl. Tilly 1986; Wellhöner 1989; Wellhöner/Wixforth 1990). Als externe Finanzierungsquelle ist überwiegend der Kapitalmarkt von Bedeutung. Banken haben hierbei aber eine zentrale Vermittlerrolle. Zu Beginn der Weimarer Republik profitieren die Unternehmer darüber hinaus von der Hyperinflation, die ihnen die rasche Tilgung langfristiger Verbindlichkeiten ermöglicht. Fremdmittel müssen in größerem Umfang allenfalls zur Finanzierung neuer Beteiligungen im Rahmen des Konzernausbaus in Anspruch genommen werden (vgl. Wixforth 1995: 499). Hinzu kommt, dass Unternehmen in zunehmendem Maße Zugriff auf internationale Kapitalmärkte erhalten, v. a. während der Hyperinflation eröffnen sich darin Alternativen zu nationalen Banken (vgl. Wellhöner/Wixforth 1990: hier 19 f). Es kann hier allerdings zu Recht kritisiert werden, dass eine nationale Betrachtungsweise verdeckt, dass eine Abhängigkeit von ausländischen Unternehmen (häufig auch Banken) nach wie vor eine Form struktureller Abhängigkeit ist. Inländische Banken haben bei solchen Transaktionen aber nach wie vor eine wichtige Vermittlungsrolle.

Fohlin untersucht den Einfluss der Universalbanken in Bezug auf die Finanzierung von Unternehmen um die Wende vom 19. zum 20. Jahrhundert. Zwischen der Anzahl der Bankiers im Aufsichtsrat von Unternehmen und der Höhe der Bankkredite kann nur ein schwacher Zusammenhang nachgewiesen werden. Es wird jedoch gezeigt, dass der Schuldenanteil von Unternehmen mit zunehmendem Alter und Profitabilität abnimmt und mit der Größe des Unternehmens wächst (vgl. Fohlin 2002: hier 133).

Ferner zeigt Fohlin, dass der Aktienanteil der Universalbanken an deutschen Aktiengesellschaften im Zeitraum 1880 bis 1914 durchschnittlich nur 9 % beträgt (vgl. Fohlin

2006: hier 120). Die Wahrscheinlichkeit, damit Einfluss auszuüben, ist relativ gering[48]. Aufschlussreich sind dazu auch die Ergebnisse der Fallstudie von Wixforth. Alle darin untersuchten Unternehmen versuchen eine hohe Bankenbeteiligung zu verhindern und der Mehrzahl gelingt dies auch (vgl. Wixforth 1995: hier 501).

Wesentlich bedeutender als die eigene Aktienbeteiligung ist die Maklerrolle der Banken bei der Aktienemission. Wellhöner bezeichnet sie als die „wesentlichste und wohl unverzichtbarste Leistung der Banken für die industrielle Akkumulation" (Wellhöner 1989: 245). Universalbanken werden in Sachen der Unternehmensfinanzierung nur in wenigen Fällen in der Rolle von Drahtziehern gesehen und stellten ihren Einfluss viel häufiger als Implementeure von Investitionsprojekten in den Dienst der Industrie. Für einige Historiker sind die Universalbanken für den Prozess der Industrialisierung daher weniger bedeutsam gewesen als bislang angenommen (vgl. Edwards/Ogilvie 1996: hier 441).

Eine weitere Machtquelle ist das Depotstimmrecht, worunter das von einzelnen Aktieneigentümern an Banken übertragene Stimmrecht in der Generalversammlung verstanden wird. Aufgrund der mangelnden Offenlegungspflichten ist der Anteil des ausgeübten Depotstimmrechts nur zu schätzen. Die geringe Aktienrepräsentanz von Eigentümern auf Hauptversammlungen (vgl. Passow 1922) lässt darauf schließen, dass der Anteil aber durchaus hoch gewesen sein dürfte (vgl. Fohlin 2006: hier 121 ff) Unabhängig von der tatsächlichen Höhe war die Mehrheit in der Generalversammlung eine Frage der proportionalen Präsenz. Viele Aktionäre, insbesondere kleinere Aktionäre, erschienen generell nicht zu den Versammlungen. Die anwesenden Eigentümer konnten daher ihre Stimmen überproportional zu ihrem Unternehmensanteil einsetzen. Banken als Stimmrechtsvertreter solcher verstreuter Eigentümer konnten von diesem Vorteil insbesondere profitieren. Großaktionäre hingegen, wie sie im deutschen *Corporate Governance*-System häufig anzutreffen sind, nehmen ihre Kontrollrechte in der Regel selbst wahr.

In zahlreichen empirischen Untersuchungen wurde dem Phänomen Aufsichtsratspräsenz von Bankiers in Nicht-Finanzunternehmen bereits nachgegangen (vgl. Jeidels 1905; Eulenburg 1906; Ziegler 1998; Fohlin 1999; Fohlin 2006). Laut Fohlin erlangt die Bankenverflechtung erst nach der Wende zum 20. Jahrhundert quantitative Bedeutsamkeit. Zuvor sei diese nur schwach und unregelmäßig ausgeprägt gewesen (vgl. Fohlin 1999).[49] Riesser (vgl. Riesser 1912 [1905]) und Eulenburg (1906: 95) zeigen, dass der Anteil von Bankiers in Industrieaufsichtsräten danach knapp 30 % beträgt, allerdings stark nach Branchen variiert (Ziegler 1998: 201). Wixforths Fallstudie relativiert die Aussagekraft dieser Zahlen durch den Nachweis, dass im Aufsichtsrat bedeutender Unterneh-

---

48 Die Berliner Großbanken verfügten in der Regel aber über mehr Beteiligungen als z. B. Provinzbanken, was wenig überrascht (vgl. Fohlin 2006).

49 Das Hoppenstedt Handbuch der großen deutschen Aktiengesellschaften erschien erstmalig 1896. Erst ab diesem Zeitpunkt sind großangelegte systematische Vergleiche durchführbar.

men nicht immer Bankiers präsent sind (z. B. Thyssen, Hibernia, Gutehoffnungshütte). Und selbst dort, wo Bankiers im Aufsichtsrat sitzen, verteilen sich deren Mandate auf mehrere Bankinstitute, deren Interessen durchaus im Wettbewerb miteinander stehen konnten. Eine solche Interessensheterogenität schwächt die Möglichkeit zur Einflussnahme. Aufsichtsratspräsenz sei demnach nicht mehr als die Pflege der Geschäftsbeziehungen. Eine engstirnige Durchsetzung von Bankinteressen könne nicht beobachtet werden und sei im gegebenen Fall auch zum Scheitern verurteilt, da „die institutionellen Brückenköpfe" fehlen (Wixforth 1995: 505). Charakteristisch sei vielmehr eine hohe Kompromissbereitschaft auf beiden Seiten.

Wenn auch seit Hilferding zahlreiche wirtschaftsgeschichtlichen Untersuchungen die These von der Bankenmacht eingeschränkt und relativiert haben, lässt die Rolle von Banken und Bankiers in der Verflechtung der deutschen Großunternehmen doch noch einige Fragen offen. Nicht nur die durchschnittliche Anzahl von Bankiers in den Aufsichtsräten der Nicht-Finanzunternehmen ist von Interesse, auch die Position der Banken im Gesamtnetzwerk der Großunternehmen bedarf einer Untersuchung, da ihre Bedeutung erst aus dem Vergleich mit anderen Unternehmen eingeschätzt werden kann. Es ist daher ein zentrales Interesse der vorliegenden Arbeit diese strukturellen Positionen der Banken im Netzwerk systematisch nachzuzeichnen.

2.5.2 Großbanken

In der zweiten Hälfte des 19. Jahrhunderts sind im deutschen Bankgewerbe zwei gegenläufige Trends zu verzeichnen: zum einen eine nominale Expansion von Bankinstituten, zum anderen starke Konzentrationstendenzen. Mit Beginn der Hochindustrialisierung stieg die Kapitalnachfrage. Die Mittel aus der Eigen- und Privatfinanzierung sowie die beschränkte Kreditfähigkeit von Privatbanken reichte zur Finanzierung großindustrieller Unternehmungen immer weniger aus. Aktienbanken sollten als Vermittlungsinstanz zwischen Kreditgebenden und -suchenden diese Bündelung und Lenkung von Kapital größeren Volumens ermöglichen. Chandler (1990: hier 398) betont den funktionalen Charakter der Großbanken. Sie stellten das Gründungskapital für Unternehmen bereit, welches der unterentwickelte Kapitalmarkt in Deutschland nicht aufbringen konnte. Ferner befriedigten sie die erhöhte Fremdkapitalnachfrage durch Kredite. Zuvor wurde diese Universalbankenfunktion von den Privatbanken erfüllt (vgl. Wixforth/Ziegler 1997), deren Blütezeit zwischen 1850 und 1880 lag (vgl. Reitmayer 1999: hier 76). Im Zuge hoher industrieller Entwicklung erlangten die Großbanken schließlich immer mehr an Bedeutung (vgl. Tilly 1980).

Auf den anfänglichen Bankengründungsboom folgten marktbereinigende Krisen, wiederkehrender Gründungsboom und Fusionswellen. Marktführend waren in der konjunkturellen Blütephase bis zum Ausbruch des Ersten Weltkrieges neun Großbanken mit Sitz in Berlin. Ihr Bilanzvolumen stieg in der Zeit zwischen 1908 und 1913 von 46 %

auf 83 % der gesamten Bilanzsumme aller Geschäftsbanken (vgl. Hardach 1995: hier 916). Diese „Marktführer" waren die Disconto-Gesellschaft, die Bank für Handel und Industrie, die Berliner Handelsgesellschaft, die Deutsche Bank, die Dresdner Bank und die Commerzbank, der Schaaffhausen'sche Bankverein, die Nationalbank für Deutschland und die Mitteldeutsche Creditbank (vgl. Hardach 1995).

Die ersten Aktienbanken waren, sowohl was die Gründungspersonen als auch was die Kapitalseite angeht (z. B. hielt die Disconto-Gesellschaft einen Großteil der Aktien an der Bank für Handel und Industrie)[50], stark miteinander verflochten. Einige wenige einflussreiche Privatbankiers hatten die „Zeichen der Zeit" erkannt und die Initiative zur Gründung von Großbanken ergriffen, die dem Kapitalbedarf der *economies of scale and scope* gerecht wurden. Diesen Einfluss machten sie mittels Präsenz im Aufsichtsrat der neu gegründeten Banken geltend. In der ersten Gründungswelle zwischen 1848 und 1856 entstanden der Schaaffhausen'sche Bankverein (*1848), die Disconto-Gesellschaft (*1851), die Bank für Handel und Industrie (*1853), die Mitteldeutsche Creditbank (*1856) und die Berliner Handelsgesellschaft (*1856) (vgl. Pohl 1982a).

Ab etwa 1870 leitete die zweite Gründungswelle eine neue Phase im Verhältnis Großbanken zu Privatbanken ein. Die Gründungsimpulse gingen zwar nach wie vor in erster Linie von Privatbankiers aus. Die Konzentrationstendenzen im Bankwesen ließen jedoch eine immer stärker werdende Einflussnahme der Großbanken auf Provinz- und eben auch Privatbanken erkennen. Dies äußerte sich zuerst durch die Bildung von Interessensgemeinschaften, dann in Form von Übernahmen und Fusionen (vgl. Pohl 1982b: hier 272–277).[51] Die Emanzipation der Großbanken von ihren Gründern ließ sie als eigenständige Akteure agieren und langsam die Vormachtstellung übernehmen. In der zweiten Gründungswelle 1869 bis 1872 folgten nunmehr die Deutsche Bank, die Dresdner Bank, die Commerzbank und 1881 die Nationalbank für Deutschland. Charakteristisch für diese zweite Gründungswelle waren die Ausrichtung der Geschäftspolitik auf das Depositengeschäft, die Intensivierung des Gründungs- und Emissionsgeschäftes und der Ausbau internationaler Kapitalverflechtungen. Langfristig betrachtet, waren diese späteren Banken auch die erfolgreicheren.

Die Großbanken hatten nicht nur eine herausragende ökonomische Bedeutung, ihre Direktoren dominierten auch die Industrieaufsichtsräte. Wie Reitmayer feststellt, entfallen „von den 177 Mandaten, die Mitglieder der Hochfinanz[52] 1908 in den 100 größten

---

50 Die Disconto-Gesellschaft, das Frankfurter Privatbankhaus Bethmann und zwei Pariser Bankhäuser übernahmen den Großteil des Aktienkapitals der Bank für Handel und Industrie bei deren Gründung 1853 (vgl. Pohl 1982a: 182 ff u. 189).

51 So war die Bank für Handel und Industrie treibende Kraft bei der ersten Übernahme eines Privatbankhauses (A. Nieder-Hofheim) durch eine Aktienbank (vgl. Pohl 1982a: hier 182 ff u. 189).

52 Zur Hochfinanz zählt Reitmayer die Vorstandsmitglieder, persönlich haftenden Gesellschafter und Inhaber der Banken des Preußenkonsortiums (für einen Überblick vgl. Reitmayer 1999: 389 ff.).

Industrieunternehmen [...] wahrnahmen, [...] nicht weniger als 123 Mandate auf die Leiter der sechs Großbanken" (Reitmayer 1999: 60 f).[53]

Nach dem Ersten Weltkrieg und den Jahren, die auf die Kriegsfinanzierung ausgerichtet waren, wurde am Banksystem der Kaiserzeit festgehalten. In den ersten Inflationsjahren erlebte der Bankensektor eine kurzzeitige auf Spekulationen beruhende Boomphase. Mittelfristig war es jedoch als Folge der Inflation zu einer deutlichen Schwächung des Sektors gekommen: „Ende 1924 war die Bilanzsumme aller Banken auf 21 Prozent des Vorkriegsniveaus von 1913 geschrumpft" (Hardach 1995: 925). Erst kurz vor der Weltwirtschaftskrise erreichte das Bilanzvolumen annähernd wieder das Niveau von 1913. Die Großbanken jedoch konnten ihren Anteil an der Bilanzsumme in diesem Zeitraum sogar noch steigern. In der darauf folgenden Phase der relativen Stabilisierung wurde die korporatistische Regulierung durch einen Verdrängungswettbewerb abgelöst. Die Geschäftsbanken versuchten durch Fusionen ihren Marktanteil zu vergrößern. Ihre Zahl reduzierte sich von 1915 bis 1929 um ein Viertel. Wiederum waren es die Großbanken, die von der Entwicklung profitierten. Die Bedeutung der Großbanken für die deutsche Industrie war damit immens, im Grunde waren nur sie in der Lage die von Hilferding postulierte Machtposition einzunehmen.

2.5.3 Bankenkrise 1931

Die Weltwirtschaftskrise an der Wende von den 1920ern zu den 1930er Jahren erschüttert die deutsche Volkswirtschaft in dramatischer Weise. Im Jahr 1931 bricht über Deutschland eine Bankenkrise herein, in deren Folge zentrale Finanzinstitute teilverstaatlicht werden. Die Banken waren durch die Ansprüche und Rückforderungen ausländischer Gläubiger unter Druck gesetzt, die Zahlungsunfähigkeit der industriellen Kreditnehmer in Deutschland führte zu schwerwiegenden Liquiditätsproblemen. Immer stärker wurde dadurch das Vertrauen der Öffentlichkeit in die Zahlungsfähigkeit der Großbanken beeinträchtigt. Der finale Auslöser für die Krise war die Nachricht über die massiven Verluste der österreichischen Creditanstalt gefolgt von immensen Verlusten des Warenhauses Karstadt, welches die bereits zuvor anhaltende Talfahrt der Aktienkurse weiter beschleunigte. Die Aufdeckung einer spektakulären Bilanzfälschung bei der Norddeutschen Wollkämmerei (Nordwolle) erschütterte das Publikumsvertrauen endgültig. Der Vorstandvorsitzende der Nordwolle, Gustav Lahusen, hatte den maroden finanziellen Status des Unternehmens jahrelang in großem Umfang ver-

---

53 Reitmayer spricht hier von sechs Großbanken. Die Nationalbank für Deutschland, die Mitteldeutsche Creditbank sowie die Commerz- und Disconto-Bank zählt er zu den nachgeordneten Großbanken. Pohl (1982b: 288) wiederum reiht den Schaaffhausen'schen Bankverein, die Nationalbank für Deutschland und die Mitteldeutsche Creditbank hinter die anderen. In der vorliegenden Untersuchung werden alle neun Großbanken berücksichtigt, insbesondere deswegen, da sie im Zuge von Fusionswelle miteinander verschmelzen (s. weiter unten).

schleiert, um sich fortwährend Kredite zunächst von der Hausbank des Unternehmens, der Dresdner Bank, und schließlich von der Danat-Bank zu sichern. Die Verschuldung der Nordwolle gegenüber der Danat-Bank betrug 1931 dann 48 Millionen Reichsmark, das Aktienkapital der Danat-Bank betrug zu diesem Zeitpunkt nominell 60 Millionen RM. Verzweifelte Rettungsversuche vom persönlich haftenden Gesellschafter der Bank, Jacob Goldschmidt, sowie konzertierte Hilfsaktionen der Berliner Großbanken unter der Führung der Deutschen Bank konnten den Zusammenbruch letztlich nicht abwenden. Es kam zu einem Ansturm der Anleger auf die Schalter, dem die Danat-Bank nicht gewachsen war. Sie musste bis auf Weiteres schließen. Auch die Dresdner Bank geriet in Zahlungsnot. Zur Konsolidierung wurden von der Regierung drei Bankfeiertage verordnet, an denen die Schalter aller Banken geschlossen blieben (vgl. Feldman 1995; Ziegler 2006a).

Als Sanierungsmaßnahme wurden die vier Großbanken teils mehr, teils weniger unter staatliche Kontrolle gestellt. Am stärksten betroffen war die Danat-Bank, welche zunächst von einem Konsortium westdeutscher Schwerindustrieller übernommen wurde. Aber auch für die Dresdner Bank zeichnete sich nach wie vor keine Entspannung ab. Schließlich einigte man sich auf eine dreihundertprozentige, vom Reich getragene Kapitalerhöhung. Die Dresdner Bank war damit nicht nur zur größten deutschen Bank geworden, sondern auch zu 75 % in Reichsbesitz übergegangen. Der Vorgang war ferner an die Auflage einer Erneuerung des Vorstandes und des Aufsichtsrats geknüpft (vgl. Ziegler 2006a; Ziegler 2006b).

Aus Bestreben der Reichsregierung kam es 1932 zur Fusion von Dresdner und Danat-Bank. Dabei stand die neue Zusammensetzung der Leitungsorgane unter großem öffentlichem Druck. Um die Funktionsfähigkeit der Bank nicht zu gefährden, war es zwar nicht möglich, alle ehemaligen Direktoren auszuwechseln, es wurden aber diejenigen entlassen, die besonders in die öffentliche Kritik geraten waren – etwa Herbert Gutmann (bis 1931 Direktor der Dresdner Bank) und Jacob Goldschmidt (bis 1931 Geschäftsinhaber der Danat-Bank). Historiker sehen diese in erster Linie als „‚Bauernopfer' zur Wiedererlangung des Publikumsvertrauens" (Ziegler 2006c: 84). Sowohl im Vorstand als auch im Aufsichtsrat herrschte ein deutliches Ungleichgewicht zwischen Vertretern von Dresdner Bank und Danat-Bank, letztere war eindeutig unterrepräsentiert. Die entscheidenden Führungspersönlichkeiten im neuen Vorstand waren Carl Goetz, Vorstandsmitglied der Commerzbank, und Samuel Ritscher, Vorstandsmitglieder der Reichs-Kredit-Gesellschaft.

Häufig wurde den anderen Großbanken, insbesondere der Deutschen Bank, unterstellt, bewusst auf den Zusammenbruch der Danat-Bank hingearbeitet zu haben, um sie als Konkurrentin loszuwerden. Feldman hingegen sieht den bemerkenswert „desorganisierten Zustand des angeblich so hochgradig ‚organisierten Kapitalismus'" (Feldman 1995: 296) sowohl ursächlich für die Bankenkrise als v. a. auch charakteristisch für die Art und Weise ihrer Bewältigung (vgl. auch Ziegler 2006a). Die Konkurrenz der Großbanken untereinander hat ein gemeinsames Vorgehen aber sicherlich erschwert.

Skandale wie der um die Nordwolle heizten die bereits länger währende Debatte über das Versagen der Kontrollfunktion von Aufsichtsräten weiter an. Verursacht durch die z. T. ungeheure Anzahl von Aufsichtsräten in Verbindung mit der Tatsache, dass viele von diesen in den Aufsichtsräten mehrerer Unternehmen saßen, waren jene „much more capable of supporting co-operation and information flows between business partners than of overseeing the company" (Höpner/Krempel 2004: 344). Eine Konsequenz aus der Bankenkrise war daher eine Novellierung des Aktienrechts noch im Jahr 1931.[54] Um seine Kontrollfähigkeit zu gewährleisten, wurde der Aufsichtsrat zahlenmäßig auf 30 Personen begrenzt, die Obergrenze für individuelle Mandate in Aufsichtsräten wurde auf 20 festgesetzt. Eine weitere wichtige Fragestellung richtet sich folglich dahin, zu untersuchen, welchen Einfluss die Bankenkrise von 1931 und die darauf folgende Aktienrechtsnovelle auf das Netzwerk hatten.

---

54 Diese Novellierung des Aktienrechts stand aufgrund bemängelter Unterregulierung bereits länger zur Diskussion. Die Krisensituation 1931 beschleunigte nur deren Zustandekommen (Schubert/ Hommelhoff 1987).

3   Theoretische Grundlagen

Netzwerkstudien beschäftigen sich mit der Entstehung von sozialer Ordnung, den Mechanismen sozialer Koordination und dem Sozialkapital von Akteuren. Die grundsätzlichen Problemstellungen lassen sich dabei wie ein roter Faden zurück bis zu den Schriften der soziologischen Klassiker ziehen. Schon Emile Durkheim weist auf die Bedeutung sozialer Zusammenschlüsse für die moralische Ordnung ausdifferenzierter Gesellschaften hin (vgl. Durkheim 1996 [1893]). Für Simmel besteht das spezifische Wesen der Gesellschaft gerade aus einer Wechselwirkung zwischen Menschen (vgl. Simmel 1908). Und schließlich für Max Weber liegt der Sinn „sozialen Handelns" darin, dass es sich auf andere bezieht (Weber 1972 [1921]). Das Neue am Netzwerkparadigma (vgl. Stegbauer 2008) liegt allerdings darin, das Relationale zum Kern einer sozialwissenschaftlichen Erklärung zu machen, in der das Denken in Relationen an einen positivistischen Strukturbegriff gekoppelt ist. Soziale Strukturen werden nicht länger als a priori Kategorien in Form von Einkommensgruppen, Geschlecht oder ethnischer Herkunft gedacht, sondern sind nichts anders als das Netzwerk der Beziehungen zwischen den beobachteten Akteuren bzw. auf einer höheren Abstraktionsebene zwischen einzelnen Positionen. Methodisch drückt sich das im Bemühen aus, diese Strukturen empirisch fassbar zu machen, um damit letztlich individuelle Handlungsspielräume ebenso wie Kultur als soziale Praxis messen zu können.[55] Die Netzwerkforschung hat sich damit in den letzten drei Jahrzehnten zu einem innovativen und interdisziplinären Forschungsfeld entwickelt, das zunehmend auch in der deutschsprachigen Soziologie Resonanz findet. Eine gute Übersicht über den Stand deutschsprachiger Untersuchungen findet sich im Band von Stegbauer (Stegbauer 2008). Zur aktuellen Theoriediskussion über die kulturelle Wende innerhalb der Netzwerkforschung wird der Band von Fuhse und Mützel empfohlen (Fuhse/Mützel 2010).

Untersuchungen zu Unternehmensnetzwerken haben eine lange Tradition und zählen zu den elaboriertesten Anwendungsfeldern der Netzwerkforschung. Ihr Ausgangspunkt ist um die Wende vom 19. zum 20. Jahrhundert zu verorten. Das Aufkommen neuer betrieblicher Organisationsformen (wie Aktiengesellschaften) hat zahlreiche Studien motiviert, die sich insbesondere von zeitkritischen Fragen haben leiten lassen. Damit waren sie noch weit von einem relationalen Paradigma entfernt, zumeist ging es um Macht und Herrschaft in der modernen Wirtschaftsorganisation. Seit diesen ersten Studien haben sich die Forschungsinteressen in Hinblick auf Unternehmensnetzwerke einem steten Wandel unterzogen. Standen in den 1950er und 1960er Jahren weiterhin

---

55 Für eine eingehende Auseinandersetzung mit der Geschichte der Netzwerkanalyse wird auf die einschlägige Literatur verwiesen (vgl. hierzu Scott 1991; Wasserman/Faust 1999; Jansen 2003)

klassentheoretische Aspekte im Vordergrund, so erfuhr die dort vorherrschende funktionalistische Argumentation mit der Ressourcenabhängigkeitsthese eine betriebswirtschaftliche Ausformung. Durch die neo-institutionalistische Wende in Ökonomie und Soziologie in den späten 1970ern wurde die Rolle von Unternehmensnetzwerken als funktionale Marktäquivalente in den Mittelpunkt gestellt. Historisch vergleichende Untersuchungen haben zudem die Bedeutung kultureller Rahmungen und Leitbilder herausgestellt. Die 1990er Jahre rückten mit der Sozialkapitalforschung den Blick wieder verstärkt auf den individuellen Nutzen von Verflechtungen und leiteten damit eine Rückbesinnung auf die Motive und Interessen von Akteuren ein. Eine kritische Abgrenzung hiervon findet sich im Trend zu kulturellen Wende innerhalb der Netzwerkforschung. Gegenwärtig stehen sowohl narrative Konstruktionen von Wirtschaftsbeziehungen als auch dynamische Modellierungen der Evolution von Netzwerken auf der Forschungsagenda. Die einschlägige Sekundärliteratur liefert einen Überblick über einzelne Studien hierzu (Koenig et al. 1979; Mizruchi/Galaskiewicz 1993; Mizruchi 1996; Podolny/Page 1998; Borgatti/Foster 2003; Mützel 2008).

Im strukturalistischen Programm der Netzwerkanalyse, mit dem Burt den Grundstein für die Ausarbeitung eines netzwerktheoretischen Paradigmas gelegt hat (vgl. Burt 1982), werden Motive ebenso wie Handlungsressourcen von Akteure auf ihre strukturelle Einbettung zurückgeführt. Ausgehend von der Vorstellung, dass sich die Makroebene als eine relational stratifizierte Sozialstruktur beschreiben lässt, wird angenommen, dass es zur Ausbildung positionsspezifischer Interessen kommt, die den Handlungsspielraum der Akteure erweitern bzw. beschränken.[56] In Anlehnung an dieses strukturalistische Programm werden in diesem Kapitel theoretische Erklärungsmodelle zu den in Netzwerken angelegten Gelegenheitsstrukturen zusammengeführt, die jedoch in Abweichung von Burt nicht nur handlungstheoretisch, sondern auch auf der Ebene von Institutionen gedeutet werden.[57] Es finden sich darin Bezüge zur Netzwerktheorie ebenso wie zur Wirtschaftssoziologie.

Zur Systematisierung der maßgeblichen Theorien wird unterschieden zwischen solchen, die in Netzwerken systemische Phänomene sehen (institutionalistische Ansätze), und anderen, die damit Handlungschancen partikularer Akteure beschreiben (Sozialkapitalansätze). Auf der Mikroebene richtet sich der Blick auf die Unternehmen. Betrachtet man diese aus einer betriebswirtschaftlichen Perspektive, so sind alle dieje-

---

56 Die Möglichkeiten einer theoretisch fruchtbaren Verknüpfung mit bestehenden soziologischen Konzepten müsste hier weiter ausgelotet werden. Vgl. z. B. die Konzepte der „Positionsinteressen" bei Marx (Marx 1983 [1858]) und der „objektiven Interessenslage" bei Althusser (Althusser 1968) Vgl. in diesem Zusammenhang auch das Verhältnis von *modus operandi* zu *opus operatum* bei Pierre Bourdieu (Bourdieu 1979).

57 Theorien zeichnen sich dadurch aus, dass sie Erklärungen für oder Prognosen aus bestimmten „Umständen" ermöglichen. Netzwerke können hierbei sowohl erklärende oder abhängige Variable sein (für eine Systematisierung von Netzwerkansätzen in der Organisationsforschung vgl. Borgatti/Foster 2003). In der vorliegenden Untersuchung wird der Schwerpunkt sowohl auf mögliche Ursachen als auch auf die Wirkungen interorganisationaler Verflechtungen gelegt.

nigen Maßnahmen im Interesse von Unternehmen, die ihren Fortbestand sichern, also Wachstum und Profit garantieren. Ausgehend von einem Ressourcenansatz, der aus der Position eines Akteurs im Netzwerk mehr oder weniger vorteilhafte Chancen und Handlungsressourcen ableitet, ist demzufolge von zentraler Bedeutung, welche Ressourcen durch Netzwerke allgemein und im Speziellen durch Unternehmensverflechtungen zuteilwerden. In diesem Mikrozusammenhang stellt sich also die Frage nach den Gelegenheitsstrukturen, welche sich für einzelne Unternehmen oder Klassen von Unternehmen aus ihren Netzwerkpositionen ergeben. Akteursorientierte Theorien sehen in Beziehungen dieser Art Investitionen in soziales Kapital, welches den Zugang zu Ressourcen erleichtert (Abschnitt 3.1).

Auf der Makroebene gehören Unternehmensnetzwerke zu den zentralen Institutionen eines ökonomischen Systems. Theoretische Ansätze betrachten ihr Entstehen, Fortdauern und ihre Wirksamkeit als Ausprägungen typischer Organisations- und Steuerungsmechanismen (Abschnitt 3.2). Einmal etabliert stehen sie den Akteuren wie soziale Tatsachen im Durkheimschen Sinn gegenüber (vgl. Durkheim 1895). Im Kontext der vorliegenden geographischen und zeitlichen Rahmung, also Deutschland zwischen 1896 und 1933, sind sie ex post als institutionelle Säulen einer spezifischen Kapitalismusvariante zu betrachten (vgl. Hall/Soskice 2001). Aktuelle Untersuchungen unterscheiden in diesem Zusammenhang länder- und damit kulturspezifische Grundformen der Unternehmensverflechtung (vgl. Windolf/Beyer 1995). Hierarchische Verflechtungen (für Frankreich ist beispielsweise die Pyramide eine typische Form der Kapitalverflechtung) ermöglichen eine andere Gelegenheitsstruktur für Macht- und Austauschbeziehungen als egalitäre Kreisverflechtungen (z. B. Deutschland, neben Sternverflechtungen), inverse Sternverflechtungen (Großbritannien und USA) und reziproke Cliquen (typisch für japanische Kapitalverflechtungen). Solche Verflechtungsmuster können sowohl auf der Kapital- und Handels- als auch auf Personalverflechtungsebene unterschieden werden. Nationale Unterschiede werden dabei vielfach auf eine Kombination aus kulturellen Pfaden und situativen Zwängen zurückgeführt. Auf der Makroebene stellen sich dadurch Fragen nach der Funktionen, die derartige Zusammenschlüsse übernehmen, und damit nach den Effekten, die das Vorhandensein bzw. das Fehlen von Netzwerkstrukturen auf ein nationales Wirtschaftssystem ausübt.

Empirische Netzwerke folgen institutionellen Pfaden ebenso wie sich in ihnen eine Ungleichheit in sozialen Positionen und damit in der Verfügung von sozialem Kapital abbildet. Letztlich, so wird hier argumentiert, führt erst die Vereinigung beider Perspektiven in einem komplexen Gesamtbild zu einer stimmigen theoretischen Erklärung.

3.1   Netzwerke und Soziales Kapital

Akteursorientierte Ansätze gehen von der Annahme aus, dass aus einer Einbettung in persönliche Kontexte spezifische Handlungschancen entstehen. Zur Betrachtung der spezifischen Leistungen von sozialen Beziehungen hat sich dazu in der Forschung das Konzept des sozialen Kapitals etabliert (vgl. Lin 1982; Bourdieu 1983; Colemann 1988; de Graaf et al. 1988; Burt 1992; Stokman/Vieth 2006).[58] Insofern als sich durch Beziehungen Gelegenheitsstrukturen eröffnen, bringen sie dem Akteur Vorteile, insoweit als Beziehungen diesen in seinen Handlungsspielräumen einschränken, sind sie nachteilig. Beides gilt unabhängig davon, ob davon ausgegangen wird, dass diese in der Regel auf der Basis spezifischer Interessen und Erwartungen eingegangen werden oder nicht. Es sind mit dem Eingehen von Beziehungen allerdings auch spezifische Investitionskosten verbunden. Daher ist es nicht weiter verwunderlich, dass in der Netzwerkforschung die Analyse von Sozialkapital programmatisch und methodisch mit sehr unterschiedlichen Schwerpunktsetzungen weiter entwickelt wurde. Es geht dabei ja im Grunde um nichts Anderes als um die Untersuchung der direkten und indirekten Beziehungen eines Akteurs zu anderen Akteuren und deren Zusammenschau zu einer spezifischen Sozialstruktur. Das Besondere dabei ist nun, dass mit der Netzwerkanalyse ein Werkzeug zur Verfügung gestellt werden kann, mit welchem soziales Kapital messbar gemacht wird (vgl. Jansen 2003). Netzwerkstrukturen zeigen dabei an, wie viel soziales Kapital vorhanden ist und wie es sich zwischen den Akteuren verteilt (vgl. Windolf 2007). Darin äußert sich ja gerade das spezifische Vermögen einer relationalen Analyse:

„If we can locate people in […] networks, we can make some useful estimates as to who and what they know, the resources to which they have access, the social constraints on their behaviour, and how they are likely to think and act" (Wellman 1997 [1988]: 16).

3.1.1 Zum Begriff des Sozialen Kapitals

Der Begriff des Sozialkapitals hat in den letzten beiden Jahrzehnten viel Popularität erfahren. Ursprünglich verwendet Karl Marx den Kapitalbegriff zur Beschreibung von jener akkumulierten Arbeit, die im kapitalistischen Produktionsprozess in Form von Geld zu dessen Vermehrung eingesetzt wird (vgl. Marx 1988 [1890]). Die Übertragung des Kapitalbegriffs auf die Ebene sozialer Beziehungen wird auf Lyda Hanifon zurückgeführt, der unter Sozialkapital so viel wie Gemeinschaftsgeist, Mitgefühl oder auch geselligen Austausch versteht (vgl. Hanifan 1916). Diesem gemeinschaftlichen Engagement misst er eine große Bedeutung für die Entwicklung einer Gesellschaft bei. Eine breite Rezeption erfährt das Konzept aber erst durch die Arbeiten von Pierre Bourdieu (vgl. Bourdieu 1983) und James Coleman (Colemann 1988; Coleman 1990), und später durch Robert Putnam (vgl. Putnam 1995a; Putnam 1995b), wobei letzter den Begriff ab-

---

58 Das verfügbare soziale Kapital von Akteuren ist ein Maß ihrer Integration, komplementär dazu ist das Fehlen von sozialem Kapital ein Indiz von sozialer Exklusion. Das Verhältnis von Integrierten zu Exkludierten misst die Sozialintegration im Ganzen.

weichend von Bourdieu und Coleman stärker im Sinne Hanifans verwendet. Bourdieu definiert als Sozialkapital diejenigen Handlungsmöglichkeiten und Ressourcen, die sich für Akteure durch ihre Investitionen in Beziehungen mit anderen Akteuren eröffnen:

> „Das Sozialkapital ist die Gesamtheit der aktuellen und potentiellen Ressourcen, die mit dem Besitz eines dauerhaften Netzes von mehr oder weniger institutionalisierten Beziehungen gegenseitigen Kennens oder Anerkennens verbunden sind; oder, anders ausgedrückt, es handelt sich dabei um Ressourcen, die auf der Zugehörigkeit zu einer Gruppe beruhen" (Bourdieu 1983: 190 f).[59]

Soziales Kapital ist neben ökonomischem und kulturellem Kapital eine von drei Machtressourcen, auf welche die Positionierung von Individuen im sozialen Raum zurückgeführt wird. In Abgrenzung von an beruflicher Position und Einkommen orientierten Ungleichheitsansätzen entwickelt Bourdieu damit eine relationale Klassentheorie, die von einer von Gesamtumfang, relativer Struktur und zeitlicher Entwicklung des Kapitals abhängigen Korrespondenz von Positionen und Dispositionen (Habitus) ausgeht (vgl. Bourdieu 1998). Aus den sich daraus ergebenden Wechselwirkungen erklärt er die Reproduktion sozialer Ungleichheit.

Coleman hingegen definiert soziales Kapital als Funktion der Sozialstruktur, nämlich die Bedeutung konkreter persönlicher Beziehungen und von Beziehungsnetzwerken für die Herausbildung Interaktionen normierender Erwartungen und für deren Durchsetzung. Soziales Kapital entsteht, „wenn sich die Beziehungen zwischen Personen so verändern, dass bestimmte Handlungen erleichtert werden" (Coleman 1995a: 394). Insofern als Coleman das Konzept auch bereits für Beziehungen zwischen Organisationen verwendet, wird dieser Ansatz häufig in Arbeiten zum Sozialkapital von Unternehmen rezipiert. Eine diesbezügliche Weiterentwicklung findet sich bei Gabbay und Leenders. Sie definieren Sozialkapital als die Menge greifbarer bzw. virtueller Ressourcen, die unternehmerischen Akteuren durch ihre sozialen Beziehungen zufallen und förderlich für eine intendierte Zielerreichung sind (vgl. Gabbay/Leenders 1999). Die Autoren machen allerdings dreierlei Einschränkungen. Erstens wird von Sozialkapital nur im Zusammenhang mit der Erreichung von unternehmerischen Zielsetzungen gesprochen. Zweitens stellt nicht jede Beziehung soziales Kapital her. Daraus folgt drittens, dass Unternehmensnetzwerke nicht automatisch in soziales Kapital übersetzbar sind. Nur dann,

---

59 Kontrastierend die Definition von Putnam: „By social capital I mean features of social life, networks, norms, and trust, that enable participants to act together more effectively to pursue shared objectives" (Putnam 1995b: 664 f). Hier sei auf den Unterschied zwischen Sozialkapital als öffentlichem, zivilgesellschaftlichem Gut (in Anlehnung an Putnam) und Sozialkapital als privatem Gut (in Anlehnung an Bourdieu) hingewiesen. Dieser Gegensatz ist aber nicht so grundsätzlich, wie häufig angenommen. Bereits Coleman weist darauf hin, dass Sozialkapital sowohl privaten als auch öffentlichen Charakter hat (Coleman 1990). In diesem Sinne ist auch das Sozialkapitalkonzept ein Scharnier zwischen der Mikro- und Makroperspektive.

wenn für das Unternehmen aus den Beziehungen ein Nutzen erwächst, handelt es sich auch um soziales Kapital.[60] Eine wichtige Folgerung aus dieser konzeptuellen Weiterentwicklung ist dabei, dass sich die Akteure über dieses Kapital nicht notwendigerweise bewusst sein müssen, um von Sozialkapital sprechen zu können.[61] Damit thematisieren die Autoren die Intentionen, vor deren Hintergrund soziale Beziehungen innerhalb und zwischen Unternehmen geknüpft wurden. Es ist folglich keine Voraussetzung, dass das Beziehungsgefüge bereits in seiner Entstehung auf irgendwelche Vorteile aus diesen Verflechtungen hin orientiert war. Auf den Punkt gebracht: Sozialkapital kann also ein Nebenprodukt von Beziehungen sein, die primär andere bzw. zunächst keine manifesten Funktionen erfüllen.

Es gibt bereits eine breite Überblicksliteratur zu Sozialkapitalstudien (Offe/Fuchs 2001; vgl. Jansen 2003; aktuell dazu auch der Sammelband von Franzen/Freitag 2007). Ich beschränke mich daher in dieser Darstellung auf die für die Untersuchung von Unternehmensnetzwerken relevanten Quellen.[62] Zunächst ist wichtig, zwischen Beziehungsmustern und den daraus gewonnenen Ressourcen, dem sozialen Kapital, zu unterscheiden.[63] Häufig werden diese beiden Dimensionen in der Analyse sozialen Kapitals verwischt, was sicherlich auch dadurch begründet ist, dass Form und Inhalt von Beziehungen in der Beobachtung natürlich miteinander verwoben sind.

Granovetter unterscheidet zwischen zwei Grundformen von Beziehungen, *strong* und *weak ties* (vgl. Granovetter 1973).[64] Unter *weak ties* werden lose, zumeist indirekte und häufigen Fluktuationen ausgesetzte Beziehungen verstanden. *Strong ties* sind aktive, intensive und andauernde enge Beziehungen, wie sie oft innerhalb kohäsiver (häufig familiärer oder freundschaftlicher) Gruppen auftreten. Diese Unterschiede in Nähe, Intensität und Dauer in Beziehungsmustern haben spezifische Vor- und Nachteile. *Weak ties* erfordern relativ niedrige Investitionsleistungen, da die Interaktionspartner auf

---

60   Unternehmensziele lassen sich oft nicht nur auf ein Ziel hin reduzieren, sondern diese operieren mit Bündeln von Zielen. Wirken sich soziale Beziehungen positiv auf ein Unternehmensziel aus, sprechen Gabbay und Leenders von sozialem Kapital (vgl. Gabbay/Leenders 1999). In gleicher Weise können dieselben Beziehungen einer anderen Zielerreichung im Wege stehen bzw. diese erschweren, dann handelt es sich um *social liability,* wofür an dieser Stelle der Begriff der Restriktion verwendet wird.

61   Dies gilt für alle Formen des sozialen Kapitals (vgl. Jansen 2002).

62   Auch in der Managementliteratur wird die Netzwerkfähigkeit eines Unternehmens als wertvolles Gut, als soziales Kapital gesehen. Für eine Aufarbeitung dieser Literatur wird jedoch auf andere Quellen verwiesen (vgl. dazu die Literaturhinweise in Jansen 2003: 272).

63   Windolf weist auf die Wichtigkeit hin, zu unterscheiden, was soziales Kapital ist und was man damit machen kann (Windolf 2007). Diese Ansicht wird hier geteilt. Im Unterschied zu Windolf werden hier allerdings nicht die Beziehungen der Akteure als Ressourcen und damit letztlich als soziales Kapital betrachtet. Sozialkapital sind die aktivierbaren Ressourcen der Beziehungspartner, also die Gelegenheiten, welche diese Beziehungen ermöglichen. Die Beziehungen an sich sind Investitionen in Gelegenheitsstrukturen.

64   Stokeman und Vieth unterscheiden ferner vier Grundformen von Austauschbeziehungen: a. verhandlungsbasierte, b. produktive, c. reziproke, d.generalisierte (vgl. Stokman/Vieth 2006).

„Abstand" gehalten werden. Uzzi verwendet daher auch den Begriff *arm's length ties* (vgl. Uzzi 2001). Sie können daher zu einer höheren Anzahl von Akteuren aufgebaut werden. Aufgrund ihrer Anzahl ist der potentielle Wirkungsradius von schwachen Beziehungen sehr weitläufig, v. a. dann, wenn man die indirekten Kontakte über mehrere Pfadlängen mit einschließt. Man profitiert nicht nur von den eigenen Kontakten, sondern auch von den Kontakten der Kontakte. Dadurch erweisen sich *weak ties* insbesondere bei der Diffusion von Informationen und Innovationen als vorteilhaft, wie Granovetters Studie zur Stellensuche belegt (vgl. Granovetter 1974). Kurzlebige Informationen verlieren ihren Wert nach Vergabe. Aus einer Informationsperspektive sind daher generell dynamische Beziehungen vorteilhaft. Die Sender- und Empfängerperspektiven können hierbei aber voneinander abweichen (vgl. Stearns/Mizruchi 1986). Burt sieht die Stärke von *weak ties* in einem anderen Zusammenhang (vgl. Burt 1992). Soziales Kapital erschließt sich für ihn gerade durch die Exklusivität, mit der ein Akteur Verbindungen zwischen sonst unverbundenen Clustern herstellen kann. Aus den *weak ties* eines Akteurs ergibt sich demnach eine Maklerposition im Netzwerk.[65] Diese strukturelle Autonomie des Maklers, die eben aus der exklusiven Verbindung zwischen unabhängigen Clustern entsteht, ermöglicht eine strategisch günstige Position (beispielsweise bezüglich der Weitergabe von Informationen). Makler schließen strukturelle Löcher. Zugleich kontrollieren sie den Zugang zu Ressourcen. Eine Folge aus dieser Position ist, dass daraus eine Gelegenheitsstruktur für Macht und Einfluss erwächst.[66] Deren Ausmaß wird beeinflusst von der Einzigartigkeit der Position des Maklers, der Heterogenität seiner Beziehungspartner sowie den Koordinationsmöglichkeiten seiner Partner als auch den eigenen (vgl. hierzu auch Jansen 2002).

Strong ties erfordern auf der anderen Seite eine relativ hohe Investitionsleistung Daher können solche Beziehungen nur zu einer begrenzten Anzahl von Akteuren aufgebaut werden. In der Regel führen sie zu einer dauerhaften sozialen Einbettung und tragen damit die typischen Merkmale von *embedded relations* (vgl. Granovetter 1985; Uzzi 1996; Uzzi 2001).[67] Eine wesentliche Voraussetzung dafür, dass es zur Herausbildung von *embedded ties* kommen kann, sind auf Dauer angelegte Beziehungsgefüge.[68] Diese zeichnen sich oftmals durch zwei weitere Merkmale aus, durch Intensität und Multiplexität. *Embeddedness* erweist sich für die Organisation von Tauschprozessen insbesondere dann als bedeutsam, wenn

---

65 Der Makler ist der klassische „Fremde" (vgl. Simmel 1908). Er gehört keiner Gruppe vollständig an, ist durch keine *strong ties* gebunden, sondern ist ein „Wandler" zwischen den Welten".
66 Vgl. hierzu Simmels Diskussion der Position des lachenden Dritten (vgl. Simmel 1992 [1908]-b).
67 Das Konzept der sozialen Einbettung *(embeddedness)* wird in Kapitel 3.2. noch ausführlicher erläutert werden.
68 Empirische Befunde weisen darauf hin, dass „embeddedness was difficult to develop in the absence of a patterned social structure that interpreted mixed signals and transferred beliefs, values, and resources among firms" (Uzzi 1996: 579).

„[…] economic exchange becomes embedded in a multiplex relationship composed of economic investments, friendship, and altruistic attachments. The longer the relationship lasts
the richer it becomes in debits and credits, creating an opportunity-rich social structure"
(Uzzi 1996: 681).

Die Verflechtungen der Wirtschaft sind in einem wesentlichen Ausmaß multiplex, da
die Repräsentanten der Organisationen (als Wirtschaftselite) in vielerlei Kontexten
aufeinander treffen. *Strong ties* können sich folglich nicht nur über eine interorganisationale, sondern auch über eine interpersonelle Vernetzung herausbilden. Die Auf-
rechterhaltung ökonomischer Beziehungen über eine längere Dauer „bereichert" diese
wiederum und schafft den Akteuren reichhaltige Gelegenheitsstrukturen. Eine weitere
wesentliche Unterscheidung zwischen *strong* und *weak ties* zeigt sich damit hinsichtlich
unterschiedlicher Chancen auf Stabilität. Das ist nicht nur darauf zurückzuführen, dass
durch erhöhte Investitionen die aus der Vernetzung gewonnenen Ressourcen außer-
ordentlich wertvoll für die Akteure sind, sondern kommt auch daher, dass in starken
Beziehungen kontinuitätssichernde soziale Zwänge wirksam werden. *Strong ties* tragen
schließlich das Potential in sich, Solidarität und Vertrauen zu stiften. Sie können damit
zur Entstehung von kooperativen Strukturen beitragen. Insofern in solchen Kontexten Probleme auftreten, werden eher gemeinsame Strategien zu ihrer Lösung gesucht,
als dass die *Exit*-Option gewählt wird (vgl. Hirschman 1974). Daher werden *embedded
relations* auch immer wieder in Zusammenhang mit Lösungen des Kollektivgutdilem-
mas genannt (vgl. Nollert 2005).[69] Vertrauen beinhaltet auch, dass in diesen Kanälen
„wertvolle" (*Insider*-)Informationen weitergegeben werden (vgl. Uzzi 1996). Dies fördert
wiederum die Stabilität von starken Beziehungen. Allerdings sind diese Informationen
innerhalb eines solchen engen Kreises den meisten Mitgliedern zugänglich. Dadurch
sind die Beziehungen zu den anderen Mitgliedern in Bezug auf den allgemeinen In-
formationszugewinn oftmals redundant. Häufig wird dies als Nachtteil von starken Beziehungen gesehen (vgl. Granovetter 1973; Granovetter 1974). Grundsätzlich bewerten
embeddedness-Ansätze die Auswirkung sozialer Einbettung auf den Erfolg von Unternehmen positiv. Der Opportunität der wechselseitigen Koordination stehen allerdings
auch mögliche negative Folgen einer sozialen (und kognitiven) Schließung gegenüber.

„[…] organizational networks operate in an embedded logic of exchange that promotes
economic performance through interfirm resource pooling, cooperation, and coordinated
adaption but that also can derail performance by sealing off firms in the network from new
information or opportunities that exist outside the network" (Uzzi 1996: 675).

---

69 Die Intensität sozialer Beziehungen ist zugleich in der Spieltheorie der Ansatzpunkt für die Lösung
    des Gefangenendilemmas: Je intensiver die Beziehung, umso höher die Chance auf Vertrauen und
    Kooperation (mehr dazu weiter unten in Kapitel 3.2).

Eine einseitige Einbettung, *overembeddedness*, kann paradoxerweise wieder zu einer Einschränkung von Informationsflüssen führen, nämlich dann, wenn ein bestimmter Schwellenwert überschritten wird.[70] Ob Gelegenheitsstrukturen günstig oder ungünstig sind, bemisst sich demnach am relativen Grad der Einbettung.

Dadurch, dass sehr eng gewebte Beziehungsnetze auf einen engen Akteurskreis zugeschnitten sind, bergen sie noch andere Risikofaktoren. *Embedded relations* drohen auseinanderzufallen, wenn zentrale Verbindungsglieder in unvorhergesehener Weise ausscheiden (dann kommt es zu *broken ties*) oder Akteure durch Marktrationalisierungen einfach verschwinden (Uzzi 2001: 227). Die Pflege von informalen Beziehungen ist neben der Pflege von vertraglich geregelten Beziehungen für Unternehmen unabhängig von den daraus entstehenden Kosten zweifellos von Nutzen, darin sind sich im Wesentlichen alle Autoren einig. Eine für alle Kontexte gleichermaßen zutreffende Wertung dieser Grundformen lässt sich aber nicht durchführen. Starke Beziehungen haben zwar deutlich mehr Nutzen steigernde Vorteile gegenüber schwache Beziehungen, sie bergen aber auch höhere Risiken. Empirischen Untersuchungen zufolge, scheint für Unternehmen daher ein Gleichgewicht im Verhältnis von engen und losen Beziehungen optimal zu sein (vgl. Uzzi 2001). Bevor es mit dem Abschnitt zu den Sozialkapitalressourcen weitergeht, werden die Unterschiede zwischen *weak* und *strong ties* in der folgenden Tabelle (s. Tabelle 2) nochmals idealtypisch gegenübergestellt.

Tabelle 2   Grundtypen sozialer Beziehungen

	Weak ties	Strong ties
Investitionen:	niedrig	Hoch
Häufigkeit:	niedrig	Hoch
Intensität:	niedrig	hoch
Wirkungsradius:	weitläufig	eingeschränkt
Dauer:	kurzfristig	langfristig
Ressourcen:	kurzlebige Informationen, *Brokerage*	Insider-Informationen, Vertrauen, Solidarität, Macht und Einfluss
Risiken:	*exit*	*over-embeddedness*

Quelle: Eigene Zusammenstellung (in Anlehnung an Granovetter 1973; Bourdieu 1983; Uzzi 2001; Windolf 2007)

---

70 „An organization's network position, network structure, and distribution of embedded exchange relationships shape performance such that performance reaches a threshold as embeddedness in a network increases" (Uzzi 1996: 675).

3.1.2 Sozialkapital-Ressourcen aus Unternehmensverflechtung

Sozialkapital ist das zentrale Schlüsselkonzept, durch das sich die vielfältigen ressourcenorientierten Theoriestränge zur Erklärung dyadischer Netzwerkbeziehungen systematisieren lassen. Ich will nun der Frage nachgehen, welches Sozialkapital durch Unternehmensnetzwerke gewonnen werden kann. In empirischen Studien werden unterschiedliche Motive hinter Verflechtungsbestrebungen sowohl individueller als auch kollektiver Akteure genannt und verschiedentliche Folgen thematisiert. Bisherige Untersuchungen zu Unternehmensverflechtung schließen zwar analytisch nicht ausnahmslos explizit an die Sozialkapitaltheorie an, sie greifen aber wesentliche Elemente davon auf, da in der Regel eine oder mehrere der in diesem Zusammenhang diskutierten Ressourcen im Mittelpunkt der Argumentation stehen. Anreize zur personellen Verflechtungen werden diskutiert als Gelegenheitsstrukturen für a) Information, b) Macht und Einflussnahme, c) Vertrauen und d) Solidarität.[71] Auf diese werde ich nun im Einzelnen näher eingehen.

a. Information

Informationen sind nicht ausschließlich in Hinblick auf Wissensinhalte von Relevanz, sondern auch insofern als sie eine grundlegende Aufmerksamkeit, wechselseitige Kritik sowie eine Imitation von Praktiken ermöglichen. In zahlreichen Ansätzen wird daher der Zugang zu Informationen als eine essentielle Funktion von Verflechtungen betrachtet (vgl. Koenig et al. 1979; Mizruchi 1996). Bereits Hayek betrachtet den wechselseitigen Informationsaustausch als das grundlegende Problem jeder Wirtschaftsverfassung überhaupt, dessen Lösung nicht allein durch das einmalige Sammeln aller Informationen erreicht werden kann, sondern nur durch ständige Interaktion „Wissender" (vgl. Hayek 1945). Geht die neoklassische Wirtschaftstheorie noch davon aus, dass es sich in diesen Informationsprozessen lediglich um einen Austausch von Preisinformationen handelt, sieht die neue Wirtschaftssoziologie die soziale Einbettung wirtschaftlicher

---

71 Diese Klassifikation ist das Ergebnis einer Synthese aus unterschiedlichen Beiträgen, die zur Erfassung der Dimensionen sozialen Kapitals ansetzen. Jansen unterscheidet sechs „Inhalte" sozialen Kapitals (vgl. Jansen 2002; Jansen 2003): 1) Solidarität, 2) Rechtssicherheit (Vertrauen in die Geltung universalistischer Normen), 3) Information, 4) Macht und *Brokerage*, 5) Selbstorganisationsfähigkeit und 6) Einfluss. Nach Offe und Fuchs wiederum umfasst Sozialkapital drei Dimensionen (vgl. Offe/Fuchs 2001): 1) Aufmerksamkeit, 2) Vertrauen und 3) Vernetzung. Parallel dazu spricht Uzzi (1996) von drei *embedded relations* spezifischen Ressourcen: 1) Vertrauen, 2) Zugang zu wertvollen Informationen und 3) gemeinsame Problemlösungsstrategien. Interessant ist auch der Vergleich mit Ostrom (vgl. Ostrom 1990) und Hall und Soskice (vgl. Hall/Soskice 2001), welche die Möglichkeit 1) zu Informationsaustausch, 2) zu *Monitoring* und 3) zur Sanktionierung unkooperativen Verhaltens als die drei spezifischen Aufgaben kooperationsfördernder Institutionen hervorheben. In der vorliegenden Klassifikation werden aus analytischen Erwägungen Aufmerksamkeit, Information und Problemlösungsorientierung unter a) gereiht. Macht und *Brokerage* werden unter b) eingeordnet. Rechtssicherheit wird unter c) thematisiert. Selbstorganisationsfähigkeit kommt als Ressource sowohl unter a) als auch unter c) zur Sprache.

Abbildung 2 Die Dimensionen sozialen Kapitals

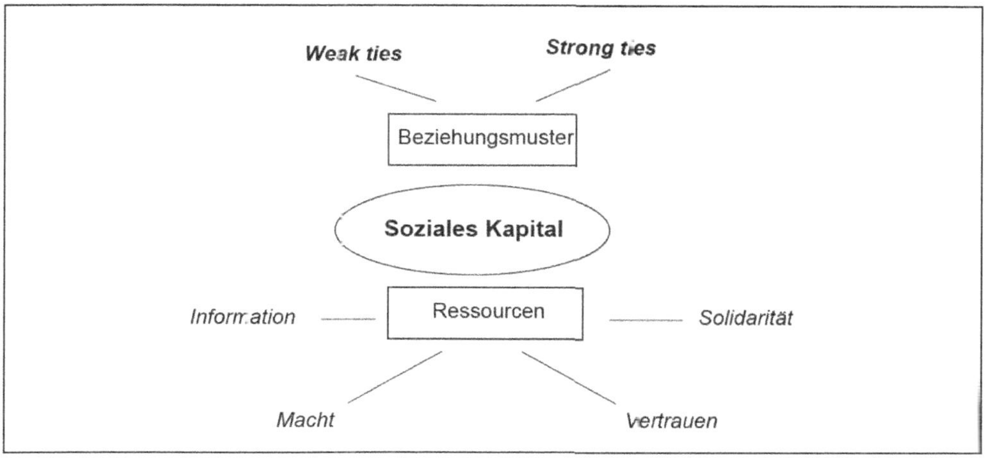

Eigene Darstellung (in Anlehnung an Granovetter 1973; Uzzi 2001; Jansen 2002)

Akteure als bestimmende Größe für wirtschaftliches Handeln schlechthin (Polanyi 1941; Granovetter 1985, ausführlich hierzu s. Kapitel 3.2).

Durch das Aufeinandertreffen von Managern im Aufsichtsrat werden Unternehmen als potentielle neue Tauschpartner sichtbar (vgl. Pfeffer/Salancik 1978). Oftmals wird daraus eine Chance auf Koordination und Kooperation von Unternehmen zu deren wechselseitigem Vorteil abgeleitet, z. B. durch die Minimierung von Transaktionskosten (vgl. das Reciprocity-Model bei Koenig et al. 1979).[72] „Thus firms are seen as placing directors where they can best help the company maintain important economic connections" (Koenig et. al. 1979: 176). Nicht nur für die Entsendung von Direktoren in unternehmensfremde Aufsichtsräte lassen sich so Motive anführen, unter Informations- und Beratungsgesichtspunkten gibt es auch gute Gründe für die Wahl (Kooptation) von Direktoren in den eigenen Aufsichtsrat. Als Leiter anderer Unternehmens verfügen diese über hochspezifisches Wissen und diese *chunking and expert rationality* lässt Aufsichtsräte zu Co-Managern werden (Uzzi 2001: 217). Aus dieser Perspektive liegt im gegenseitigen Tausch von Spezialwissen die besondere Stärke von Unternehmensverflechtungen (vgl. Uzzi 1996): „Social relations make information credible and interpretable, imbuing it with qualities and value beyond what is at hand" (Uzzi 1996: 678). Allerdings bleiben Unterschiede hinsichtlich der Qualität der getauschten Ressourcen bestehen. Betrachtet man den Austausch von Informationen als Selektionsprozess, dann bleibt bestimmtes Wissen weiterhin engen Kontakten vorbehalten. Eine vertrauensbasierte Informations-

---

72 Koenig et. al. unterscheiden vier heuristische Idealtypen zur Erklärung von Personalverflechtung (vgl. Koenig et al. 1979): das *Management Control Model,* das *Reciprocity Model,* das *Finance Control Model* und das *Class Hegemony Model.* Sie werden im Laufe des Kapitels diskutiert.

weitergabe reduziert das Risiko opportunistischen Verhaltens, während in durch Preise gesteuerten Austauschbeziehungen das Vorenthalten bestimmter Informationen eine wesentliche Strategie in der Verfolgung opportunistischer Ziele ist. Mit zunehmender Enge der Beziehung werden die „wertvolleren" Informationen weitergeben bzw. Informationen solcher Natur, die informelle Lernprozesse voraussetzen *(tacit knowledge)*. Die Güte einer Information bekommt damit wiederum eine relationale Qualität (vgl. Powell 1990). An einigen Beispielen lässt sich das veranschaulichen: Liegen beispielsweise voneinander abweichende Informationen vor, so wird deren Zuverlässigkeit immer zugleich auch in Evaluation ihrer Quellen abgewogen.[73] Durch *strong ties* können aber noch Informationen einer ganz anderen Qualität befördert werden, nämlich Kritiken. Solche tragen zur Ausbildung einer gemeinsamen Problemlösungsorientierung bei. In dem Falle, dass zwischen Unternehmen z. B. bei der Abstimmung von Produkteigenschaften Probleme auftreten, können bei wechselseitigem Feedback Lösungen rascher identifiziert und notwendige Entscheidungsprozesse zur Verbesserung bzw. Adaption schneller durchgeführt werden. Das Funktionieren solcher Feedbackschleifen setzt jedoch das Vertrauen auf ein grundsätzliches Wohlwollen voraus, denn nur unter dieser Bedingung entsteht die Bereitschaft, Fehler frühzeitig zu artikulieren, *Voice* zu tätigen und auf die *Exit*-Option zu verzichten (vgl. Hirschman 1974).[74]

> „[…] joint problem-solving arrangements supplant the simple exit/stay response of markets by enabling actors to work through problems on the fly and to innovate; thereby they enrich the network with new solutions and combinations of ideas" (Uzzi 1996: 679).

Eine wechselseitige Transparenz und Berechenbarkeit optimiert folglich die jeweilige Leistungsfähigkeit und Innovationskraft, wofür zahlreiche Studien zu regionalen Netzwerken Belege liefern (vgl. zu den ‚industrial districts' Marshall 1919; Constant 1987; vgl. zu Innovationsnetzwerken Camagni 1991; Herden 1992; Aydalot 2006). Aus dieser Informations- und Kommunikationsperspektive sind Verflechtungen damit zu den positiv verbundenen Netzwerken zu zählen.[75]

b. Kontrolle, Einfluss und Macht
Im Aktienrecht sowie in den Statuten des Gesellschaftsvertrages werden Überwachung und Kontrolle als die zentralen Aufgaben des Aufsichtsrates festgelegt. *Monitoring*-An-

---

73 Wie Uzzi hervorhebt, wird durch den Austausch relevanter Informationen für die Ressourcenalloka-
     tion ein pareto-optimaler Zustand generiert (vgl. Uzzi 2001: hier 225).
74 Der Kontrollcharakter der *Voice*-Option wird im Abschnitt (b) diskutiert.
75 Zu negativ verbundenen Netzwerken zählen Tauschnetzwerke, darin steigert sich die Macht der
     Akteure mit dem Mangel an Alternativen der verbundenen Akteure. Abgesehen von theoretischen
     Implikationen für die Interpretation ist es notwendig, den Unterschied zwischen positiv und nega-
     tiv verbundenen Netzwerken auch im Untersuchungsdesign ausreichend zu berücksichtigen (vgl.
     Bonacich 1987).

sätze betrachten Aufsichtsräte daher ausgehend von deren primärer Funktion, der In-
teressenwahrung der Aktionäre: „The principal function of the board remains that of
providing governance structure protection for the stockholder" (Williamson 1987: 317).
Wie bereits im letzten Kapitel ausführlich diskutiert wurde, ermöglichen die Informa-
tions- und Kontrollrechte des Aufsichtsrates Chancen der strategischen Einflussnahme
auf Geschäftsentscheidungen. Der Aufsichtsrat bildet dabei eine institutionelle Schnittstelle, durch die zwischen den Interessen von Aktionären bzw. ihren gewählten Vertretern und dem Vorstand der Unternehmen (mit deren spezifischen intraorganisationalen
Interessen) sowie darüber hinaus den unternehmerischen Eigeninteressen der Mandatsträger vermittelt werden kann. Eine Amtsausübung, in der die Träger ihre eigenen
Interessen verfolgen, ist ihnen zwar untersagt, Interessenskonflikte sind de facto aber
unvermeidlich. Gerade Unternehmensnetzwerke eröffnen dabei nun die Aussicht auf
eben jenes de jure „Verbotene", nämlich Gelegenheit zur interorganisationalen Einflussnahme, denn der Aufsichtsrat eröffnet eine Option auf Kritik (*Voice*-Option) und mit
dieser können die Entscheidungen der Organisation beeinflusst werden (vgl. Hirsch-
mann 1974): *Voice* hat Kontrollcharakter (Windolf 1994: 84). Ihre Institutionalisierung
gehört bereits zur intraorganisationalen Funktion von Aufsichtsräten. Die Kontrollinteressen von Aufsichtsräten können aber über die manifeste Kontrollfunktion des Aufsichtsrates hinausgehen. Da Unternehmensnetzwerke die *Voice*-Funktion gegenüber
der *Exit*-Funktion verstärken, entstehen Gelegenheitsstrukturen zur wechselseitigen
Kontrolle von Unternehmen (vgl. Powell 1996). Allerdings sind Netzwerke nicht automatisch auf *Voice* hin ausgerichtet. Es gibt auch *Exit*-Netzwerke (vgl. Hirschman 1974;
Rooks et al. 2000). Im *Voice*-Netzwerk befinden sich die Kooperationspartner, im *Exit*-
Netzwerk die „Alternativpartner". Tritt der Fall ein, dass sich die aktuellen Kooperationspartner nicht mehr bewähren, können letztere „aktiviert" werden. Dabei ist die
Androhung von *Exit* ein gebräuchliches Drohmittel in der Ausübung von *Voice*. Je nachdem in welchem Verhältnis *Voice*- und *Exit*- Strukturen eines Netzwerks zueinander
stehen, lässt sich damit auch das Ausmaß von Kooperation und Konkurrenz sehen.

Was aber sind Motive für Unternehmen überhaupt eine wechselseitige Kontrolle
anzustreben? Ressourcenabhängigkeitstheorien gehören zu den Ansätzen, welche die
Forschung zu Unternehmensverflechtung wesentlich beeinflusst haben. Ihr Erklärungsansatz ist systemischer Natur und gibt Aufschluss über Verflechtungsmotive (vgl.
Koenig et al. 1979; Mizruchi 1996). Als soziale Systeme, die in unsicheren Umwelten
leben, sind Unternehmen abhängig von spezifischen Ressourcen anderer Unternehmen,
was diese untereinander zu Rivalen um Ressourcen macht und bei asymmetrischen Ab-
hängigkeitsverhältnissen zu Machtungleichgewichten führt (vgl. Pfeffer 1987).[76] Die Sicherstellung der Organisationsinteressen ist für Unternehmen eine existentielle Frage.

---

76 Für die Machtverteilung zwischen Unternehmen sind nach Pfeffer und Salancik v. a. drei Faktoren
    ausschlaggebend (vgl. Pfeffer/Salancik 1978; Pfeffer 1987). Erstens wie dringend die Ressource eines
    Unternehmen A von einem Unternehmen B benötigt wird, zweitens wie frei Unternehmen A über

In unsicheren Umwelten sind sie daher gezwungen, sich mit solchen Unternehmen, die derartige Ressourcen zur Verfügung stellen, in irgendeiner Form zu koordinieren. Koordination wird dabei als Kontrolle von Abhängigkeit verstanden. Ein Mandat in den Aufsichtsräten Ressourcen bietender Unternehmen ist in diesem Zusammenhang eine strategische Alternative zur vertikalen Integration, bei der die Unsicherheit durch eine Systemintegration (z. B. durch Fusion) reduziert wird (vgl. Pfeffer/Salancik 1978; Koenig et al. 1979; Mizruchi 1996).[77]

In Ressourcenabhängigkeitstheorien geht es also um die Kontrolle von Interessen. Es wird argumentiert, dass Unternehmensnetzwerke die Folgen von Ressourcenabhängigkeit mindern, da sie eine Gelegenheitsstruktur für Kontroll- und Machtbeziehungen zwischen Unternehmen schaffen. Die hierbei relevante Machtquelle ist die „Kontrolle von Kontingenz" (Windolf 2005: 41), diese eröffnet die Chance die eigenen Interessen durchzusetzen (Weber 1972 [1921]). Die Chance auf Einflussnahme kann auf vier Grundlagen gestellt werden: Gewalt, Manipulation, Überzeugung und Autorität (vgl. Wrong 1980). Inwieweit können Aufsichtsräte diese für sich einsetzen? Aufsichtsräte besitzen formale Autorität und Autorität durch Reputation. Ihr Expertenwissen und ihr je nach Position unterschiedlicher Grad der Informiertheit befähigen sie dazu, andere zu überzeugen. Mit ihrer Position sind auch variable Manipulationschancen verknüpft. Eine moderate Form der Gewalt können Aufsichtsräte durch ihre strukturelle Machtposition ausüben, als Kollektiv entscheiden sie über die Bestellung des Vorstandes eines Unternehmens. Die Chancen auf Einflussnahme durch Aufsichtsräte sind demnach vielfältig, ebenso sind es die dahinter stehenden Motive. Ob es um eine Nachfrage nach Rohstoffen, Maschinen, Energie, Kapital u. a. geht, variiert je nach Branche und Position in der Fertigungskette des jeweiligen Unternehmens. Aus der Perspektive des nachfragenden Unternehmens ist das Interesse an einer Verflechtung in jedem Fall verständlich. Aber auch das Unternehmen, das die Ressource zur Verfügung stellt, hat ein Interesse an deren weiterer Verwertung, an einer gesicherten Abnahme der Produkte. Die Richtung der Einflussnahme lässt sich daher nicht einheitlich danach zuordnen, ob es sich um ein Sender- bzw. Empfängerunternehmen handelt. Hierbei gibt es u. a. auch nationale Unterschiede (vgl. Windolf/Nollert 2001). Für das zweigliedrige deutsche *Corporate-Governance*-System ist der Nachweis von Sendungen eines Vorstandes eines Unternehmens in den Aufsichtsrat eines anderen Unternehmens allerdings ein häufig verwendeter Indikator für eine Kontrollbeziehung bzw. Einflussnahme (vgl. Windolf/Beyer 1995).

Bei der Angewiesenheit von Unternehmen auf finanzielles Kapital handelt es sich um einen speziellen Fall von Ressourcenabhängigkeit. Aufgrund einer als generalisier-

---

die Verteilung der Ressource verfügen kann und drittens inwiefern Unternehmen A eine Monopolstellung innehat, das heißt, inwieweit Unternehmen B alternative Tauschoptionen erwägen kann.

77 Häufig angeführte Nachteile von vertikaler Integration sind, dass ab einer bestimmten Konzerngröße die Grenznutzenerträge aufgrund steigender Kontrollkosten und wachsenden Risiken unternehmerischer Fehlentscheidungen wieder abnehmen (vgl. Coase 1937; Schmoller 1978 [1900]; Chandler 1990).

tem Tauschmedium unbeschränkten Konvertibilität stellt dieses Kapital die wichtigste Ressource überhaupt dar. Die Verflechtungsinteressen zwischen Finanz- und Nicht-Finanzunternehmen können dabei doppelt begründet werden. Im Finanzkontrollmo-dell wird ein ähnliches Argument entwickelt wie schon bei Hilferding (vgl. Hilferding 1910, siehe auch Kapitel 2; zum Finanzkontrollmodell siehe Koenig et al. 1979). Banken leisten als Kreditgeber, Vermittler am Kapitalmarkt und nicht zuletzt als Eigentümer einen wesentlichen Beitrag zur Finanzierung von Unternehmen. Das Machtungleichge-wicht in der Frage der Unternehmensfinanzierung bietet die Chance sich in Unterneh-mensnetzwerken entsprechend zu platzieren. Ein weiterer Mechanismus, der Bankiers eine Position in Unternehmensaufsichtsräten sichert, ist ihr Depotstimmrecht in den Hauptversammlungen der Unternehmen. Mit den Stimmen der vertretenen Aktionäre können sie sich selbst oder ihre Vertrauenspersonen in die Aufsichtsräte wählen. Zum einen liegen die Beweggründe der Bankiers hierfür in der Investitionskontrolle, „a me-thod by which the financial institution can keep an eye on its investement" (Koenig et al. 1979: 176), und damit in der bankeigenen Existenzsicherung. Durch eine Kredit-vergabe ist die Bank ja an das langfristige Schicksal des Unternehmens gebunden. Zum anderen handelt es sich um eine Einflussnahme auf unternehmerische Strategien und damit um eine Konkurrenzsicherung gegenüber anderen Finanzunternehmen. Ein-flussnahme heißt in beiden Fällen, dass sich die Bank in Hinblick auf Unternehmens-entscheidungen im kontrollierten Unternehmen gegen den Vorstand bzw. gegen starke Interessensgruppen im Aufsichtsrat (z. B. Großaktionäre) durchsetzen kann (vgl. Ziegler 1998). Jüngere vergleichende Untersuchungen zu *Corporate Governance* stützen das Finanzkontrollmodell (vgl. Hall/Soskice 2001). *Network monitoring* ist in Koordinierten Marktwirtschaften insofern wichtig als für eine Finanzierung durch „geduldiges Kapital" das Fehlen einer Unternehmenskontrolle über die Finanzmärkte und einer (ausschließ-lichen) Orientierung an der Profitabilität charakteristisch ist. Den Zugang zu den nö-tigen Insiderinformationen erhalten Kapitalgeber über Netzwerke. Netzwerkkontrolle ist in diesem Erklärungsmodell ein funktionales Äquivalent zur Finanzmarktkontrolle.

Des Weiteren können Verflechtungen zwischen Banken und Industrie auch aus einer einfachen Lesart des Ressourcenabhängigkeitsmodells heraus erklärt werden. Unter-nehmen streben danach, die aus der Kapitalabhängigkeit erwachsenen Risiken zu mi-nimieren, daher wählen sie Direktoren von Finanzunternehmen in ihre Aufsichtsräte, um sich den Zugang zu den Darlehen der Bank zu sichern. Verflechtungen sind folglich eine Kooptationsstrategie der Industrie (vgl. Burt 1979; Mizruchi et al. 1995). Oder Un-ternehmen entsenden Vorstandsmitglieder in den Aufsichtsrat der Bank, wodurch es ihnen unter Umständen gelingt, dort eigene Interessen einzubringen. In Großbritan-nien ist diese Form der Vernetzung nicht untypisch (vgl. Windolf/Beyer 1995).

Unabhängig von der Art der Ressource und der Richtung der Einflussnahme spricht das Ressourcenabhängigkeitsmodell für eine stabile Verflechtungsstruktur. Umweltun-sicherheit wird nur dann reduziert, wenn Beziehungen zwischen Unternehmen über einen längeren Zeitraum aufrechterhalten werden. Empirische Untersuchungen liefern dazu bislang allerdings keine eindeutige Bestätigung (vgl. Mizruchi et al. 1995). Verschiedene nationale Analysen zu *broken-ties,* also unterbrochenen Verflechtungen, beobachten einzig für Deutschland eine anteilsmäßig hohe Erneuerung dieser Beziehungen (Schreyögg/Pappenheim-Tockhorn 1995 für Deutschland, Stearns/Mizruchi 1986 für die USA, Ornstein 1984 für Kanada, Stokman/Van der Knoop/Wasseur 1988 für die Niederlande).[78] Andere Untersuchungen sprechen eher für regionale Netzwerke und weniger für firmenspezifische Verflechtungen (Koenig et.al. 1979 für die USA). Eine Ausnahme stellen Untersuchungen zu Finanzunternehmen dar. Die Stabilität der Verflechtungen zwischen Finanz- und Nicht-Finanzunternehmen konnte bereits mehrfach belegt werden (Palmer 1983, Stearns/Mizruchi 1986). Oftmals wird dabei eine Asymmetrie der Strukturen beobachtet, was auf einseitige Abhängigkeiten hindeutet. Im Längsschnitt erweisen sich also insbesondere asymmetrische Kontrollbeziehungen als äußerst stabil.

Erklärungsansätze deuten personelle Verflechtungen überwiegend als Gelegenheitsstrukturen zur Kontrolle und Einflussnahme auf Unternehmensentscheidungen. Kontrastierend hierzu steht das *Management-Control-Model* (Koenig et al.1979). Darin wird von der Idealsituation des Managerkapitalismus ausgegangen, in der das Unternehmenseigentum völlig in Streubesitz übergegangen ist. Folglich wird die Unternehmenskontrolle ohne externe Einflüsse allein vom Management ausgeübt. Die Wahl des Aufsichtsrats erfolgt nach Belieben, meist zu Beratungszwecken und nach solchen informellen Rekrutierungsmechanismen, welche die Managerherrschaft weiter stabilisieren.[79] Personelle Verflechtung führt so allenfalls zur Herstellung von Unternehmenskontakten. Insofern entstehen Unternehmensnetzwerke zufällig und sind letztlich auch bedeutungslos, da die Unternehmensentscheidungen ausschließlich vom Management getroffen werden. „Since managers enjoy huge informational advantages because of their full-time status and inside knowledge, the participating board easily becomes an instrument of the management" (Williamson 1987: 317).[80] Aus personellen Verflechtungen zwischen Aufsichtsräten sind darin weder Gelegenheitsstrukturen für Kontrollbeziehungen, noch eine Form der Einflussnahme auf Unternehmen abzuleiten.

---

78 Stearns/Mizruchi (1986) unterscheiden zwischen direkter und funktionaler Stabilität und weisen darauf hin, dass das Ressourcenabhängigkeitsmodell nur die Verflechtung zwischen spezifischen Branchen (funktionale Stabilität) und nicht zwischen identischen Unternehmen (direkte Stabilität) prognostiziert.

79 Die geringe Bedeutung von Aufsichtsräten im Allgemeinen und von Verflechtungen im Besonderen wird in diesem Zusammenhang auch auf die technokratische Struktur moderner Unternehmen zurückgeführt. Nach Galbraith werden die richtungsweisenden Entscheidungen dort von den Expertengruppen („Technokraten") und nicht von Managern getroffen (vgl. Galbraith 1970).

80 Williamson merkt dazu aber unmittelbar an, dass damit natürlich implizit die Gefahr verbunden ist, dass die Kontrollfunktion des Aufsichtsrates im Interesse der Eigentümer ad absurdum geführt wird. Insbesondere gilt dies für das US-amerikanische One-Board-System. Ausführlich zu Agency-Problemen wird verwiesen auf Jensen und Meckling (Jensen/Meckling 1976).

c. Vertrauen

Vertrauen ist bereits im Kontext des *embeddedness*-Ansatzes als eine netzwerkspezifi-sche Ressource thematisiert worden. Generell gilt natürlich ein gewisses Maß an Ver-trauen als grundlegende Basis für jedwede Transaktionen. Vertrauen in ökonomische Austauschbeziehungen beschreibt die Überzeugung von *ego,* dass der oder die *alteri* nicht kalkulierend und aus Eigeninteresse auf Kosten von *ego* handeln würde/n (Uzzi 2001: 214). Im Optimalfall nehmen *alteri* ökonomische Nachteile in Kauf, um *ego* in schwierigen Situationen zu unterstützen. Somit erleichtern vertrauensbasierte Bezie-hungen den freiwilligen und eigen initiierten Austausch von faktorspezifischen Res-sourcen und Informationen (vgl. Williamson 1986). Aufgrund dieser besonderen Voraussetzungen wird Vertrauen vielfach als der charakteristische Steuerungsmechanis-mus in *embedded relations* betrachtet.[81]

Vertrauen ist eine Ressource des Akteurs, weil sie ihn handlungsfähig macht. Darüber hinaus ist Vertrauen ein „sozialer Mechanismus, der die Brücke zwischen vergangenen Erfahrungen und einer kontingenten Zukunft schlägt" (Holzer 2006: 13). Dass es aber zur Vertrauensbildung kommt, ist dabei aus einer systemischen Perspektive sehr vor-aussetzungsreich. Zunächst ist Vertrauen in wenig institutionalisierten Austauschpro-zessen bedeutsam, da dort der Grad an Unsicherheit noch hoch ist. Luhmann folgend wird Unsicherheit durch eine einfache Formel verringert: die Reduktion von Komplexi-tät (vgl. Luhmann 2000). Komplexität ist gekoppelt an die Freiheitsgrade des Handelns. Durch ihre Einschränkung auf normierte Verhaltenserwartungen (Rollen) werden die Freiheitsgrade für den Akteur in der interpersonalen Interaktion reduziert. Bilden wie-derum „belohnte" Erwartungen die Projektionsfläche für zukünftige Interaktionen, ge-schieht dies auf der Grundlage von Vertrauen, womit „im Akt des Vertrauens […] die Komplexität der zukünftigen Welt reduziert [wird]" (Luhmann 2000 [1968]: 24).[82] Ver-trauen stellt damit nicht nur interpersonale Erwartungssicherheit her, es überbrückt auch ein generelles Problem der Handlungsbewertung. Es lässt sich nämlich nicht ein-fordern, sondern nur durch Vorleistungen auf der Basis eigenen Vertrauens gewinnen. Am Beginn jeder neuen Beziehung werden spezifische vertrauenswirksame Erwar-tungsstrukturen aufgebaut. Dabei findet eine Übertragung der Erwartungen und Ge-legenheiten aus den bestehenden in die neuen Beziehungen statt. Die Bewertung einer Handlung nach Erfolg oder Misserfolg in Bezug auf die Erfüllung der Erwartungen von

---

81 Beispielsweise gilt das deutsche Produktionsregime als kooperations- und vertrauensbasierte Vari-ante des Kapitalismus (vgl. Abelshauser 2001, Hall/Soskice 2001), mehr dazu in Kapitel 3.2.

82 „Das Problem des Vertrauens besteht nämlich darin, dass die Zukunft sehr viel mehr Möglichkeit enthält, als in der Gegenwart aktualisiert und damit in die Vergangenheit überführt werden können. Die Ungewissheit darüber, was geschehen wird, ist nur ein Folgeproblem der sehr viel elementareren Tatsache, dass nicht alle Zukunft Gegenwart und damit Vergangenheit werden kann. Die Zukunft überfordert das Vergegenwärtigungspotential des Menschen. Und doch muss der Mensch in der Ge-genwart mit einer solchen, stets überkomplexen Zukunft leben. Er muss also seine Zukunft laufend auf das Maß seiner Gegenwart zurückschneiden, Komplexität reduzieren" (Luhmann 2000: 14).

ego kann immer erst nach erfolgter Handlung vorgenommen werden. *Egos* Initiative ist somit einerseits Handlungsvoraussetzung, andererseits aber auch dem Risiko ausgesetzt, enttäuscht zu werden. Im positiven Fall besteht die Chance, dass nach Ablauf einer Periode, in der sich Transaktionen bewähren, eine anhaltend kooperative Grundhaltung eingenommen wird (vgl. auch Uzzi 1996: 679). Vertrauen ist dabei zunächst interpersonales Vertrauen und Emergenzphänomen eines spezifischen Interaktionsprozesses. Vertrauensbeziehungen sind daher affektiv, diffus, partikular und auf persönliche Eigenschaften bezogen (vgl. Luhmann 2000: hier 33 f in Referenz auf Parsons 1951).[83]

Die „Bedeutung konkreter persönlicher Beziehungen und die Strukturen solcher Beziehungen [...] bei der Vertrauensbildung und Verhinderung von betrügerischem Verhalten" wird auch im *embeddedness*-Ansatz hervorgehoben (Granovetter 2000: 184 f). Der Schlüsselgedanke liegt dabei in der Annahme, dass sich in dauerhaften Wirtschaftsbeziehungen interpersonales Vertrauen in interorganisationales Vertrauen transformieren lässt. Das Hauptrisiko wirtschaftlicher Tauschprozesse, die Gefahr opportunistischen Verhaltens, wäre damit gebannt (vgl. auch den Abschnitt zur Transaktionskosten- und Spieltheorie in Kapitel 3.2). Je komplexer das Interaktionsgefüge ist, desto höher ist der Bedarf an systemischem Vertrauen. Gerade moderne, ausdifferenzierte Gesellschaften stoßen hierbei schnell an ihre Grenzen. Damit sich nämlich personengebundenes Vertrauen in Systemvertrauen wandeln kann, müssen bestimmte Voraussetzungen erfüllt sein. Eine Bedingung ist, dass sich das beobachtete System bewährt, es als funktionierend erfahren wird. Vertrauen baut sich dann als sich bestätigende Erfahrung eines institutionalisierten und entpersönlichten Ablaufs auf. Luhmann verwendet dafür den Begriff des institutionalisierten Vertrauens (Luhmann 2000: 64). Im *embeddedness*-Ansatz ist die Entwicklung von Vertrauensbeziehungen als ein Übergang von losen *arm's-length ties* zu engen *embedded ties* beschrieben. Den besten Nährboden für das Wachsen von Vertrauensbeziehungen stellen daher langfristig angelegte Interaktionszusammenhänge dar.[84] Diese schaffen Vertrauen unter den Marktteilnehmern und senken das Transaktionskostenniveau (mehr dazu in Kapitel 3.2). Sozialen

---

83 Parsons entwickelt in seinem pattern-variable Schema eine Typologie traditionaler und moderner Beziehungen. Vertrauensbeziehungen lassen sich nach der Charakterisierung durch Luhmann eher dem traditionalen Beziehungstyp zuordnen (Parsons 1951).

84 „Anders ist die Lage, wenn solche Interdependenzen schon bestehen, wenn sie als bekannt vorausgesetzt werden können, wenn die Beteiligten zusammen in einem ihnen vertrauten System leben, über das nicht weiter geredet zu werden braucht, das vielmehr stillschweigend als alltägliche Verständnisgrundlage alle Kommunikation trägt. [...] In sozialen Zusammenhängen, die so strukturiert sind, nämlich durch relative Dauer der Beziehung, wechselnde Abhängigkeiten und ein Moment der Unvorhersehbarkeit ausgezeichnet sind, findet man einen günstigen Nährboden für Vertrauensbeziehungen. Es herrscht das Gesetz des Wiedersehens. Die Beteiligten müssen einander immer wieder in die Augen blicken können. Das erschwert Vertrauensbrüche [...]. Es scheint mithin, dass soziale Systeme, die durch ihre Struktur interner Interdependenz in besonderem Maß auf wechselseitiges Vertrauen angewiesen sind, zugleich auch bessere Voraussetzungen für die Entstehung von Vertrauen schaffen" (Luhmann 2000: 45 f).

Netzwerken kommt hierbei eine bedeutsame Rolle zu (vgl. Stokman/Vieth 2006). Bewähren sich die Verflechtungen für die Unternehmen, schafft das Gelegenheitsstrukturen für Vertrauensnetzwerke.

Dies lässt sich in folgender Weise am Gegenstand erläutern: Der Aufsichtsrat ist eine „Schöpfung" der Aktienrechtsnovelle von 1861 bzw. 1870.[85] Die Einsetzung von Personen in Ämtern wie dieses sind ein „Vorschuss auf den Erfolg im Voraus auf Zeit und auf Widerruf" und damit bereits ein Ausdruck für Vertrauen (Luhmann, 2000: 31).[86] Es kommt hinzu, dass es sich dabei zu den Untersuchungszeitpunkten um eine relativ junge Institution handelt. Die Einsetzung von Personen als Aufsichtsräte ist ein Vertrauensbeweis, der den Mandatsträgern von Seiten der Hauptversammlung bzw. der exekutiven Leitungsorgane entgegengebracht wird. Erfüllen diese die an sie gerichteten Erwartungen, und das anhaltend, vermag sich eine Vertrauensbeziehung zwischen Unternehmen und Mandatsträgern entwickeln. Kommunikation ist dabei eine unerlässliche Bedingung für diese interorganisationalen Vertrauensbildungsprozesse. Durch die Schaffung einer Arena, in der wichtige Interaktionspartner regelmäßig und kontinuierlich zusammentreffen ist eine wesentliche Bedingung der Möglichkeit für das Wachsen von Vertrauenskapital gegeben. Neben dem Informationsaustausch und Möglichkeiten zur Einflussnahme schaffen personelle Verflechtungen auch eine Gelegenheitsstruktur personales Vertrauen in ein Vertrauen zu transformieren, das sich in Unternehmensnetzwerken institutionalisiert. Das Vertrauen stabilisiert sich dabei über kontinuierliche Rückkopplungsschleifen, die Rückmeldungen darüber geben, ob es gerechtfertigt ist, weiterhin zu vertrauen (vgl. Luhmann 2000: 37). Bewähren sich personelle Verflechtungen, wird Vertrauenskapital angehäuft und das Vertrauen in die Personen überträgt sich auf die Institution an sich. Eine notwendige Voraussetzung hierzu ist wiederum Stabilität. Erst durch stabile Beziehungsgefüge entstehen Gelegenheitsstrukturen für vertrauensstiftende Vergemeinschaftungsprozesse sowohl zwischen Unternehmen und Aufsichtsrat als auch unter Unternehmen bzw. Personen (vgl. Gambetta 1988; Bradach/ Eccles 1989).

Wie lassen sich die Effekte von Vertrauen als einer spezifischen Form sozialen Kapitals sammeln? Bei Coleman wird Vertrauenswürdigkeit annähernd gleichbedeutend mit Sozialkapital verwendet: „eine Gruppe, deren Mitglieder vertrauenswürdig sind und sich gegenseitig stark vertrauen, [wird] sehr viel mehr erreichen können als eine vergleichbare Gruppe, der diese Vertrauenswürdigkeit und das Vertrauen fehlt" (Coleman 1995a: 394). Institutionen, die eine vertrauensbasierte Grundlage entwickeln können, werden daher „erfolgreicher" sein. Aus der Perspektive eines rationalen Kalküls liegt

---

85 Beim Aufsichtsrat in der Fassung des Aktienrechts von 1870 handelt es sich um die Fortsetzung des 1861 vorgesehenen Verwaltungsrates (s. Allgemeines Deutsches Handelsgesetzbuch in der Fassung von 1861). Seit der Aktienrechtsnovelle von 1884 ist eine personelle Trennung zwischen Aufsichtsrat und exekutiver Leitung eines Unternehmens (Vorstand) verpflichtend festgelegt.
86 Neben der Einsetzung in Ämter gilt dies nach Luhmann auch für Kapitalkredit (vgl. Luhmann 2000).

der Nutzen der Vertrauensressource darin, dass Vertrauen die Transaktionskosten strategischer Kontrolle reduziert und mehr Handlungsflexibilität ermöglicht. Das lässt sich noch zuspitzen zu: Kontrolle ist zwar gut, Vertrauen ist aber besser.[87] Der Aufbau von Vertrauen ist in Konkurrenzstrukturen allerdings nicht unproblematisch (Akerlof 1970) und mit hohen Kosten verbunden. Durch *embedded ties* können sich aber moralische Standards wie Fairness herausbilden, die es gar nicht erst zu einem „Gebrauchtwagendilemma" kommen lassen. Solche Norm- und Wertbildungsprozesse fördern wiederum die Beteiligung von Akteuren an reziprokem oder generalisiertem Austausch (vgl. Granovetter 1992; Stokman/Vieth 2006: 283), ebenso wie in bestimmten Kontexten Reziprozität zur Norm werden kann (vgl. Gouldner 1960; Blau 1968). Dadurch vermag es zu *win-win* Situationen und daraus resultierenden komparativen Wettbewerbsvorteilen kommen: „The primary outcome of governance by trust was that it promoted access to privileged and difficult-to-price resources that enhance competitiveness but that are difficult to exchange in arm's-length ties" (Uzzi 2001: 215). Dies wird insbesondere auch dann relevant, wenn die Unsicherheit hoch ist und „decision cues [...] socially defined" sind (Uzzi 2001: 216). Reziproke Erwartungsstrukturen und kooperationsbasierte Ressourcenallokation sind sowohl die Investitionen in als auch der Nutzen aus *embedded ties*. Weitere Benefits sind eine Erwartungssicherheit, die nicht den Marktfluktuationen unterworfen ist, Empathie und altruistisches Verhalten (vgl. Bateson 1985), die Bereitstellung nicht effizienz-orientierter Selektionsmechanismen und eine rasche Anpassung an Nischensegmente.

d. Solidarität

Mit der vierten und letzten Ressource wird die personale Partikularität sozialen Kapitals thematisiert. Denn von einem soziologischen Standpunkt aus kann die reine Zweckrationalität hinter personellen Verflechtungen auch hinterfragt werden.[88] Das hat zweierlei Gründe. Zum einen kann das Rekrutierungsmuster partikularistischer Natur sein. Es mögen also nicht (nur) rationale Überlegungen im Interesse des Unternehmens für die Verflechtungsstruktur verantwortlich sein. Bestehende soziale Beziehungen bzw. Affinitäten können für das Zustandekommen von Verflechtungen maßgeblicher sein als das Organisationsinteresse. Diesbezüglich wird im Zusammenhang mit Aufsichtsrats-

---

87 So betrachtet Fukuyama die Abwesenheit von Vertrauen als „Steuer", die alle Erscheinungsformen wirtschaftlichen Handelns belegt (vgl. Fukuyama 1995). *Diverse Coporate*-Governance Skandale der letzten Jahre (z. B. Enron, Lehman Brothers) weisen aber darauf hin, dass Vertrauen allein nicht vor Betrug schützen kann (vgl. Windolf 2003).

88 Die Rationalität von Verflechtungen kann durch eine weitere Überlegung in Frage gestellt werden: Haben sich Netzwerkstrukturen einmal etabliert, verselbstständigen sich die in sozialen Interaktionsprozessen wirksamen Mechanismen. Es entstehen durch Verflechtungen Gelegenheitsstrukturen, die neben den Organisationsinteressen auch individuelle Interessen der Akteure (z. B. Prestige oder Reputation durch den „Ritterschlag" zum Aufsichtsrat) heranreifen lassen. Dies ist insofern bedeutsam, als die Akteursinteressen mit den Organisationsinteressen nicht unbedingt übereinstimmen müssen. Erstere entwickeln unter Umständen eine Eigendynamik, die letzteren entgegensteht.

verflechtung häufig auch von einem *old boys network* gesprochen. Gemeint damit sind exklusive Netzwerke der Oberschicht, die zumeist auf studentische Männerfreundschaften (z. B. Universitätsjahrgänge) zurückgehen und sich später auf interorganisationaler Ebene (in Wirtschaft und Politik) wechselseitig Vorteile verschaffen. Folgt man dieser Argumentation, dann ist soziales Kapital nicht (nur) eine Wirkung, sondern in erster Linie eine Bedingung für das Entstehen von Unternehmensnetzwerken.

Als Ursachen für partikulare Rekrutierungsmechanismen werden die Veränderungen der Klassenbildungsprozesse im sich entwickelnden Kapitalismus gesehen. Mills spricht in der Charakterisierung des modernen Kapitalismus generell von einer Verschmelzung der privaten Eigentümer und der einflussreichen Manager zu einer neuen Wirtschaftselite (vgl. Mills 1956). Personelle Verflechtungen über Aufsichtsräte können dabei als eine Zusammenführung von homogenen Elementen („Managern") aus heterogenen Kreisen („Unternehmer") betrachtet werden (vgl. Simmel 1992 [1908]-a). Folglich wird von Unternehmensnetzwerken häufig auf eine Verflechtung der Wirtschaftselite geschlossen. Vorderhand verringern Elitenetzwerkmechanismen die Initiierungskosten von Netzwerken. Im so genannten *Class Hegemony Model*, welches insbesondere von Useem aufgegriffen und weiterentwickelt wurde (vgl. Useem 1984), wird im Weiteren argumentiert, dass Unternehmensverflechtung die Loyalität der führenden Eliten zu kollektiven Zielen (z. B. ihren Verhaltenskodex gegenüber Arbeitnehmern) und damit soziale Kohäsion stärkt. Netzwerkmechanismen übernehmen dabei die Kontrolle von individuell Unkontrollierbarem. Sie fördern die Bewahrung mechanischer Solidarität in ausdifferenzierten sozialen Gebilden. Dieser Kontrollmechanismus der Wirtschaftselite steht in einem Einzelinteressen übergreifenden Klasseninteresse. Es handelt sich um eine Form der Herrschaftssicherung durch Selbstkontrolle.[89]

„Constant interaction leads to a common view of reality, common definitions of ethical conduct, and consensus on goals among the highest members of the [...] elite. [...] Powerful people on the boards of almost all of the key corporations are seen as cooperating consciously (or unconsciously through their shared assumptions about proper behaviour), to insure that no company breaks too seriously the unwritten rules of acceptable corporate conduct. [...] Supporters of this model do not see the significance of interlocks primarily in terms of specific connections between individual firms, but rather as a more diffuse set of social relations which result in the maintenance of power by upper class corporate officials" (Koenig et.al 1979: 177).

---

89 Das *Class Hegemony Model* bezieht sich seinem Ursprung nach in erster Linie auf den US-amerikanischen Raum. Empirische Untersuchungen belegen, dass in den USA nicht nur soziale Ungleichheit im Allgemeinen, sondern im Besonderen auch die Ungleichverteilung von privatem Unternehmenseigentum besonders ausgeprägt ist (Domhoff 1967: 40). Auf die daraus wirksamen Klasseninteressen ist auch die Bezeichnung des Modells zurückzuführen.

Diese vielschichtigen Gelegenheitsstrukturen für soziale Affinitäten zwischen den personellen Akteuren tragen einerseits zur Identitätsstiftung bei (vgl. Simmel 1992 [1908]-a), andererseits sind sie auch Vergemeinschaftungsprozessen förderlich (vgl. Weber 1972 [1921]). Insofern als soziale Netzwerke bei der Gestaltung von Normen als bedeutsam gelten (vgl. Stokman/Vieth 2006), kann über die Verflechtung der Wirtschaftselite ein gemeinsamer Wirtschaftskodex hergeleitet und aufrecht erhalten werden. Netzwerke verstanden als Formen der Vergemeinschaftung, die soziale Integration[90] schaffen und zugleich eine Organisationsform mit hohem Steuerungspotential darstellen, sind auch der Gegenstand von institutionalistischen Erklärungsansätzen. Mit dieser Perspektive wird sich das nächste Unterkapitel beschäftigen.

3.2   Netzwerke und institutionelle Organisationsformen

Die Sozialwissenschaften haben es sich zur wesentlichen Aufgabe gemacht, Bewältigungsstrategien wiederholter sozialer Situationen zu analysieren. Damit werden die institutionellen Grundlagen der Gesellschaft betrachtet. Die Ökonomie gehört dabei neben Politik, Wissenschaft, Recht zu den elementaren Teilbereichen eines gesellschaftlichen Systems. Ihre Funktion ist die Sicherstellung der Bedürfnisbefriedigung (vgl. Parsons 1951; Luhmann 1984). Aus funktionalistischer Sicht muss es zu einer Ausformung spezifischer Institutionen kommen, welche die in den einzelnen gesellschaftlichen Teilbereichen notwendige Funktionserfüllung übernehmen (vgl. Merton 1968 [1949]).

Das ökonomische System, wie wir es vorfinden, basiert auf dem Prinzip des Tausches. Der Inhalt und die Struktur, nach der sich Tauschhandlungen vollziehen, sind zunächst kontingent. Im Zentrum ökonomischer wie soziologischer Ansätze steht daher auch die Koordination von Transaktionen, also Tauschprozessen, die mit einer wechselseitigen Übertragung der Kontrolle über wertvolle (meist knappe) Ressourcen verbunden sind. Wirtschaftliche Prozesse können dabei durch unterschiedliche institutionelle Mechanismen gesteuert werden. Man spricht auch von *Governance*- bzw. Steuerungsformen. Märkte, Netzwerke und Hierarchien zählen in diesem Zusammenhang zu den zentralen wirtschaftlichen Organisationsformen (vgl. Powell 1990). Sie unter-

---

90 Auch in Hinblick auf die Sozialintegration spielen natürlich individuelle soziale Kontakte eine Rolle. „Die wichtigsten Bedingungen für die Sozialintegration über die Interaktion sind die [...] Folgen der [...] Kontrolle über allgemein interessierende Ressourcen, Kompetenzen, soziale Akzeptanz und die Verfügung über Gelegenheiten der Anknüpfung und Verfestigung von Kontakten. Die wichtigsten Folgen der Sozialintegration durch Interaktion sind der Erwerb [...] von sog. sozialem Kapital, die Aktivierbarkeit von interessanten Ressourcen, die sich aus der Einbettung in soziale Netzwerke ergibt" (Esser 2000a: 274). In diesem Zusammenhang wird die Ambiguität des Sozialkapitalkonzepts, das sowohl für Makro- (Putnam 1995) als auch für Mikroanalysen (Bourdieu 1983) herangezogen wird, nochmals deutlich.

scheiden sich dadurch, dass die wesentlichen Akteure darin unterschiedlichen Logiken der Koordination folgen. Über den *one best way*, Tauschprozesse zu organisieren, gibt es heftige Kontroversen. Rollt man den ideengeschichtlichen Hintergrund der Argumente auf, kommt man nicht umhin eine Diskussion über die Konstitutionsbedingungen sozialer Ordnung zu führen. Utilitaristische Ansätze (und darauf beruhend Rational-Choice Theorien) setzen den *homo oeconomicus,* also den durch Eigeninteresse geleiteten Akteur, als Handlungsprämisse. Seit Smith argumentieren Ökonomen damit, dass die Verfolgung des Eigeninteresses von Akteuren den größten gesamtgesellschaftlichen Nutzen bringt. Die „unsichtbare Hand des Marktes" würde die Gesellschaft quasi von alleine ordnen (vgl. Smith 1979 [1776]). Aber selbst Smith erkennt bereits, dass Märkte (und Verträge) ohne institutionelle Regulierung (oder „Moral") versagen (vgl. Smith 1759).

Hier wird zunächst einmal erörtert, ob und wie ein über die Selbstregulation des Marktes hinausgehender Steuerungsbedarf von Tauschprozessen soziologisch begründet werden kann. Die hinreichende Ordnungsleistung des Nutzenkalküls rationaler Egoisten wird von den vorgestellten Theorien in Frage gestellt. Gemeinsam argumentieren diese, dass Erfolg und Nicht-Erfolg von Tauschprozessen von institutionellen „Vorleistungen" abhängig sind. Mit Fokus auf Unternehmen als den zentralen ökonomischen Organisationseinheiten bedeutet das, dass deren Handeln demzufolge in institutionelle Strukturen eingebettet ist.[91]

Unternehmensnetzwerke sind aus entwicklungstheoretischer Sicht das Ergebnis einer institutionellen Ausdifferenzierung innerhalb des Subsystems Wirtschaft (vgl. Kapitel 2). Sie gehen zurück auf die organisationale Etablierung von Aktiengesellschaften als neue Unternehmensform. Aktienrechtlich manifestiert sich dabei die Funktion von Aufsichtsräten im Sinne einer Kontrolle im Aktionärsinteresse. Unternehmensverflechtungen sind vorderhand daher nicht mehr als ein „Nebenprodukt" und weisen keine manifesten Funktionen auf.[92] Es lassen sich aber sowohl aus der allgemeinen soziologischen Theorie als auch aus wirtschaftssoziologischen Ansätzen Annahmen über latente Funktionen,[93] die zu einer Institutionalisierung von Unternehmensnetzwerken geführt haben, ableiten.

---

91 Tausch als soziale Praxis ist viel älter als die kapitalistische Produktionsweise. Daher gab es natürlich bereits vor dem Aufkommen von Unternehmen institutionelle Strukturen zur Steuerung von Tauschprozessen.

92 Eine Ausnahme bildet die gerichtete Verflechtung, die eine Kapitalverflechtung begleitet. Diese wird häufig unmittelbar als ein Instrument zur Unternehmenskontrolle eingesetzt (vgl. Kapitel 2).

93 Zum Ansatz einer funktionalen Analyse siehe Merton (Merton 1968 [1949], Kap. III). Soziale Strukturen haben nach funktionalistischer Theorie spezifische Funktionen, also beobachtbare (systemerhaltende) objektive Folgen. „Manifest functions are those objective consequences contributing to the adjustment or adaptation of the system which are intended and recognized by participants in the system. Latent Functions, correlatively, being those which are neither intended nor recognized" (Merton 1968 [1949]: 105).

Im Weiteren müssen die Gründungsmotive von Institutionen und deren Funktionalität zu einem

Der Schwerpunkt des ersten Abschnitts liegt auf Fragen nach dem Regulationsbe-darf moderner Gesellschaften und dem Regulationspotential von Institutionen, die hier als Durkheim'sches Gesellschaftsproblem gefasst werden. Anschließend werden die in-stitutionalistischen Ansätze der Historischen Schule der Nationalökonomie, der Neue Institutionalismus und der Soziologische Institutionalismus herausgegriffen[94], die so-wohl die unternehmerische Perspektive als auch die gesellschaftliche Makroebene be-leuchten. Diese Theorien(bündel) geben funktionale und sozio-kulturelle Erklärungen für die Institutionalisierung von Netzwerkstrukturen und Aufschluss über ihre Effekte. Ferner lassen sie Rückschlüsse über unterschiedliche Integrations- und Steuerungsme-chanismen innerhalb eines (nationalen) ökonomischen Systems zu.

3.2.1 Regulationsbedarf „organischer" Gesellschaften

Am Ende des 19. Jahrhunderts lässt Emile Durkheim mit einer Klage über die pathologi-schen Formen gesellschaftlicher Zustände aufhorchen (vgl. Durkheim 1996 [1893]). Die sozialen Organisationsformen und die moralischen Grundlagen der modernen unter dem Primat der Ökonomie stehenden Gesellschaft würden auseinanderklaffen. Man-gelndes Kollektivgefühl, verursacht durch die Individualisierung und Pluralisierung der Lebensvollzüge, hätte fatale Folgen für eine stabile Identität der Individuen. Kon-kurrenzverhältnisse führten zur Atomisierung und sozialen Desintegration, Isolation unterbinde das Entstehen solidarischer Gefühle. Im Begriff der Anomie fasst er die Pro-blematik zusammen: Es fehlt an Regulierung.

---

bestimmten Zeitpunkt nicht zwangsläufig übereinstimmen (vgl. dazu Schmoller 1978 [1900] weiter unten). Auf dieses Phänomen wurde bereits von Thomas und Znaniecki ausführlich hingewiesen, obgleich natürlich in einem anderen Kontext: „Although all the new [Polish peasant cooperative] in-stitutions are thus formed with the definite purpose of satisfying certain specific needs, their soci-al function is by no means limited to their explicit and conscious purpose. As we have said already, every one of these institutions [...] is not merely a mechanism for the management of certain values but also an association of people, each member of which is supposed to participate in the common activities as a living, concrete individual. Whatever is the predominant, official common interest upon which the institution is founded, the association as a concrete group of human personalities unofficially involves many other interests; the social contacts between its members are not limited to their common pursuit, though the later, of course, constitutes both the main reason for which the association is formed and the most permanent bond which holds it together. Owing to this combi-nation of an abstract political, economic or rather rational mechanism for the satisfaction of specific needs with the concrete unity of a social group, the new institution is also the best intermediary link between the peasant primary-group and the secondary national system" (Thomas/Znaniecki 1974 [1918]: 1426 f.). Der Hinweis auf den intermediären zwischen Mikro- und Makroebene vermittelnden Status von neuen Institutionen sei hier insbesondere hervorgehoben.

94 Abweichend von Hall und Taylor (Hall/Taylor 1996) wird der Begriff des Neuen Institutionalismus hier mit Verweis auf die neue institutionalistische Richtung innerhalb der Ökonomie verwendet (mehr dazu in Kapitel 3.2.3).

Die zentrale Herausforderung moderner Gesellschaften bestünde nun darin, soziale Integration herzustellen (vgl. hierzu auch Ferdinand Tönnies' Dichotomie von Gemeinschaft und Gesellschaft (vgl. Tönnies 1887)). Und mehr noch, dieses Bedürfnis nach „Einheit" beträfe nicht nur Individuen als solche, sondern v. a. auch Organisationen und Kollektive im ökonomischen Bereich ebenso wie in jedem anderen. Auf diese Weise sind letztlich auch die Marktbeziehungen betroffen. Durkheims Argumentation ist damit im Wesentlichen eine Kritik an Spencer und dessen Auffassung von Solidarität (vgl. Spencer 1889). Letzterer erkennt in der sozialen Solidarität keinen Gruppenzusammenhang mehr, sondern allein die

„spontane Übereinstimmung der individuellen Interessen[…]. Die Gesellschaft wäre, mit einem Wort, nur die Zusammenfassung von Individuen, die die Produkte ihrer Arbeit austauschen, ohne dass im eigentlichen Sinne ein soziales Handeln diesen Austausch regelt" (Durkheim 1996 [1893]: 259).

Durkheim bezweifelt das und setzt fort, „wenn das Interesse die Individuen auch näher bringt, so doch immer nur für einige Augenblicke; es kann zwischen ihnen nur ein äußerliches Band knüpfen."

Ihm zufolge kann soziale Integration nur über die Erneuerung eines Kollektivgefühls, über Solidarität erreicht werden. Der modernen Gesellschaft fehlt es allerdings an solcher substanziellen Solidarität. Solidarität entsteht allgemein dadurch, dass die gesellschaftliche Organisationsform mit dem vorherrschenden „Moraltypus", dem normativen Fundament, übereinstimmt. Der zentrale Kitt moderner Gesellschaften erwächst zunächst aus deren arbeitsteiliger Organisation (vgl. Durkheim 1996 [1893]). Durch eine steigende wechselseitige Abhängigkeit kommt es in Ablösung der mechanischen Solidarität segmentärer Gesellschaften zur Ausbildung einer organischen Solidarität. Allerdings führt die Arbeitsteilung auch dazu, dass Personen (bzw. Organisationen), die ähnliche Funktionen erfüllen, zu Konkurrenten werden. Überlässt man diese Konkurrenzverhältnisse der Selbstregulation durch das Eigeninteresse, wird es also durch keinen institutionellen Regulierungsrahmen „aufgefangen", verursacht es anomische Nebeneffekte wie Desintegration, soziale Konflikte, Wirtschaftskrisen (vgl. dazu auch die Studie zum Selbstmord in Durkheim 1973 [1897]).

Für Durkheim ist das beschriebene Problem der sozialen Ordnung nicht über die individuelle Rationalität zu lösen. Die Wurzel der Moral liegt im Kollektivgefühl. So heißt es,

„was aber die Einheit der organisierten Gesellschaft wie eines jeden Organismus ausmacht, ist der spontane Konsensus der Parteien, ist die innere Solidarität. […] Man spricht von der Notwendigkeit, daß das Ganze auf die Teile reagiere, aber dazu muß diese Gesamtheit erst existieren, d. h. die Teile müssen schon untereinander solidarisch sein, damit das Ganze sich seiner selbst bewusst wird und als solches reagiert" (Durkheim 1996 [1893]: 429).

Dieses Kollektivgefühl ist in „organisierten" Gesellschaften, also in Gesellschaften, die in Organe zersplittert sind, verloren gegangen.[95] Es fehlen normative Rahmungen, die Individuen gehen nur noch ihren Einzelinteressen nach und zerstreuen sich. Durchsetzungskraft, das ist ein zentraler Punkt der Argumentation, erlangen Akteure allerdings erst durch den Zusammenschluss zu einer Gruppe.

Die Organisation komplexer Gesellschaften über die Arbeitsteilung reicht hierzu nicht aus. Es muss sich eine „neue Moral" bilden. „Wenn in allen diesen Fällen die Arbeitsteilung nicht die Solidarität erzeugt, dann deshalb, weil die Beziehungen der Organe nicht geregelt sind, weil sie in einem Zustand der Anomie verharren" (Durkheim 1996 [1893]: 437). Die Gesellschaft bedarf also einer zusätzlichen Form der Regulierung. Die implizite Grundfrage, die sich bei Durkheim stellt, ist die, was diesen Prozess der Kooperation zwischen organisch arbeitsteilig organisierten Einheiten in Gang setzen kann. Solidarität betrachtet er konkret als eine Folge von Soziabilität. Sie baut also auf die Fähigkeit eines Individuums auf, Beziehungen zu anderen herzustellen und zu erhalten. Danach fragend, was die (moralische) Entwicklung einer Gesellschaft ausmacht, sieht Durkheim als zentralen Faktor

> „die Zahl der untereinander in Beziehung stehenden Individuen und ihre materielle und moralische Nähe, d. h. das Volumen und die Dichte der Gesellschaft. Je zahlreicher sie sind und je mehr sie aus der Nähe aufeinander einwirken, desto kräftiger und desto rascher reagieren sie aufeinander; desto intensiver wird folglich das soziale Leben" (Durkheim 1996 [1893]: 404).

Daraus ist abzuleiten, dass die Beschaffenheit der tatsächlichen sozialen Strukturen demnach ein Maßband für den Grad der Integration und Solidarität ist. In der arbeitsteiligen Gesellschaft ist die berufliche Tätigkeit die für das Individuum folgenstärkste Differenzierung. Das durch die zentrifugalen Kräfte der Arbeitsteilung gefährdete Kollektivgefühl, der Geist der Zusammengehörigkeit, kann nach Durkheim nur über den

---

95   „Wir können also verallgemeinert sagen, daß das Kennzeichen der Moralregeln darin besteht, die fundamentalen Bedingungen der sozialen Solidarität auszudrücken. Recht und Moral sind die Gesamtheit der Bande, die uns untereinander und mit der Gesellschaft verbinden, die aus einer Masse von Individuen ein kohärentes Aggregat werden lassen. Moralisch ist, könnte man sagen, alles, was Quelle der Solidarität ist, alles, was den Menschen zwingt, mit dem anderen zu rechnen, seine Bewegungen durch etwas anderes zu regulieren als durch die Triebe seines Egoismus, und die Moralität ist um so fester, je zahlreicher und stärker diese Bande sind. Hiermit sieht man, wie ungenau es ist, Moralität durch die Freiheit zu definieren, wie man es oft getan hat; sie besteht viel eher aus einem Zustand der Abhängigkeit. Sie dient keineswegs dazu, den Menschen zu emanzipieren, ihn aus dem ihn umgebenden Milieu zu lösen, sondern hat im Gegenteil die wesentliche Aufgabe, aus ihm einen integrierten Teil eines Ganzen zu machen und ihm folglich etwas von der Freiheit seiner Bewegung zu nehmen. [...] vielmehr ist der Mensch nur insofern ein moralisches Wesen, als er in der Gesellschaft lebt, da die Moralität darin besteht, mit einer Gruppe solidarisch zu sein, und sich wie diese Solidarität verändert" (Durkheim 1996 [1893]: 468 f.).

Beruf wieder hergestellt werden. Eine gesellschaftliche Organisation in Berufsverbänden (Korporationen) betrachtet er daher als eine zunehmend wichtige Quelle von Solidarität und Moral.[96] Zusammenschlüsse zwischen Berufsgruppen würden den verlorenen Solidaritätssinn wieder reaktivieren und die Konkurrenzverhältnisse regulieren.[97] Allerdings setze die Entfaltung sozialer Integrationskraft persönliche Kontakte voraus. Über die Verbände heißt es,

> „sie bestehen ja heute aus Leuten, die nichts miteinander gemeinsam haben, die untereinander nur oberflächliche und sporadische Beziehung aufnehmen und sich gegenseitig eher als Rivalen und Feinde betrachten denn als Kollegen. Sobald sie aber so viele Dinge gemeinsam hätten, sobald es gelänge, die Beziehungen zwischen ihnen und der Gruppe, der sie angehören, enger und dauerhafter zu machen, würde daraus ein bisher fast unbekanntes Gefühl der Solidarität erwachsen und das moralische Klima in der beruflichen Lebenssphäre, das heute so frostig und fremd auf die Mitglieder wirkt, würde sich zwangsläufig verbessern. [. .] Das soziale Gewebe, dessen Maschen so gefährlich locker geworden sind, würde wieder straff werden und sich in seiner ganzen Breite festigen" (Durkheim 1973 [1897]: 452 f). Denn die einzige Macht, die dazu dienen könnte, den individuellen Egoismus zu drosseln, ist die Macht der Gruppe; die einzige, die dazu in der Lage ist, den Egoismus der Gruppen zu drosseln, ist die Macht einer anderen Gruppe, die diese einschließt' (Durkheim 1996 [1893]: 476).[98]

Die Schlüsselprobleme des soziologischen Ansatzes von Durkheims sind also die Mechanismen zur Steuerung von (ökonomischen) Interaktionen bei zunehmender wechselseitiger Abhängigkeit und abnehmender persönlicher Vertrautheit der Akteure (vgl. auch Meier 1987). Eine Lösung hierfür liegt (über die organische Solidarität hinaus) in der integrativen Wirkung von sozialen Zusammenschlüsse. Auf diesen beruht sozusagen das moralische, also normative Fundament der arbeitsteilig organisierten Gesell-

---

96 „[...] für jeden Beruf [gibt] es eine Berufsmoral. [...] Es gibt für jede bestimmte Gattung von Funktionären gemeinsame Sitten und Bräuche, die keiner von ihnen brechen kann, ohne von der Korporation getadelt zu werden. [...] die Regeln der beruflichen Moral sind genauso zwingend wie die anderen [des Repressivrechts, Anm. K. K.]. Sie verpflichten das Individuum zum Handeln im Hinblick auf Ziele, die nicht seine Ziele sind, zu Konzessionen, zu Kompromissen, zur Berücksichtigung höherer Interessen als seiner eigenen. Selbst dort, wo die Gesellschaft völlig auf der Arbeitsteilung beruht, löst sie sich folglich nicht in einer Wolke von isolierten Atomen auf, zwischen denen es nur äußerlich und vorübergehende Kontakte geben kann. Die Mitglieder sind vielmehr untereinander durch Bande verbunden, die weit über diese allzu kurzen Augenblicke hinausgehen, in denen sich der Austausch vollzieht ' (Durkheim 1996 [1893]: 284).
97 „Die Rolle der Solidarität besteht nicht darin, die Konkurrenz zu unterdrücken, sondern diese zu mäßigen" (Durkheim 1996 [1893]: 434).
98 Durkheim erkennt in der Wirkung der Gruppensolidarität auch den Ursprung von Normen und sozialen Regeln.

schaft (weiterführend hierzu vgl. Putnam 1995a).[99] Zwar spricht Durkheim dabei von Verflechtungen innerhalb von Berufsorganisationen, dennoch erkennt Ouchi in diesem Solidaritätskonzept die analytische Grundlage für Netzwerksteuerung als eigenständigem ökonomischen Organisationsprinzip (vgl. Ouchi 1980), wie sie weiter unten noch diskutiert werden wird.[100]

3.2.2 Regulationspotential von Zusammenschlüssen

Vertreter der Historischen Schule der Nationalökonomie argumentieren ähnlich, insofern als sie die Bedeutung von Institutionen für die Volkswirtschaft hervorheben. Sie betonen, dass es aufgrund der stetigen Wechselwirkung verschiedenster sozialer Kräfte zur Erreichung eines harmonischen ökonomischen Zusammenwirkens einer institutionellen Koordination bedürfe. Ebenso wie Zusammenschlüsse von Berufsorganisationen zum interorganisationalen Interessensausgleich beitragen, haben beispielsweise personelle Verflechtungen oder auch Kartelle[101] eine volkswirtschaftlich harmonisierende Wirkung (vgl. auch Nollert 2005). Besonders hervorgehoben wird dies von Gustav von Schmoller. Dieser schätzt die Folgen der Atomisierung wirtschaftlicher Akteure ähnlich kritisch ein wie einige seiner sozialwissenschaftlichen Zeitgenossen. Als Reaktion auf die Laissez-faire Ideologien des 19. Jahrhunderts entwickelt er ein ordnungspolitisches Programm, das auf einem evolutionären Institutionalismus beruht. Der rational kalkulierende *homo oeconomicus* sei nicht die Ausgangsbedingung, sondern das Ergebnis gesellschaftlicher und sittlich-moralischer („institutioneller") Wandlungsprozesse seit dem Spätmittelalter (vgl. Schmoller 1978 [1900]; vgl. dazu auch Plumpe 1999). In Anlehnung an Durkheim argumentiert er, dass es als Folge der Arbeitsteilung nicht nur zu einer zunehmenden Abhängigkeit der Glieder einer Gesellschaft voneinander kommt, sondern auch Konflikte und Reibungen zunehmen (vgl. Schmoller 1918). Gleichsam erkennt er in der Arbeitsteilung den „Antrieb zum sittlichen Fortschritt", der die Ge-

---

99   Putnam verwendet zur Beschreibung des normativen Integrationspotentials von Zusammenschlüssen den Begriff „Sozialkapital". Dieser Begriff wird dabei (im Gegensatz zu seiner Verwendung in Abschnitt 3.1) stärker als öffentliches Gut und weniger als individuelle Kapitalressource betrachtet.

100 Ouchi unterscheidet Märkte, Bürokratien und Clans als eigenständige Organisationsformen, wobei für Clans hier der Netzwerkbegriff verwendet wird (vgl. Ouchi 1980). In der quantitativen Netzwerkanalyse sind Clans ein Konzept zur Bezeichnung von spezifischen Teilgruppen (vgl. Wasserman/ Faust 1999).

101 „Das Kartell ist eine vertragliche Verbindung von Unternehmen zwecks Regulierung des Wettbewerbs, wobei die beteiligten Unternehmen ihre rechtliche Selbständigkeit behalten und unter Umständen ihre wirtschaftliche Selbständigkeit zum Teil aufgeben" (Bussmann 1963: 11). Beispielsweise handelt es sich um Absprachen über den Produktionsabsatz v. a. in Bezug auf Gebiet, Menge und Preis. Kartelle sollten einen neuen Regulierungsrahmen herstellen und bildeten damit eine „Brücke" zum mittelalterlichen Zunftwesen (vgl. Kleinwächter 1883; vgl. dazu auch Henning 1996). Gegner kritisieren allerdings die in Kartellen keimenden Tendenzen zur monopolistischen Beherrschung des Marktes und, damit verbunden, die Nachteile für Konsumenten (vgl. Liefmann 1927).

sellschaft vor die zwingende Herausforderung stellt, neue institutionelle Rahmenbedingungen zu schaffen.[102]

Die Historische Schule der Nationalökonomie bestreitet die Möglichkeit einer reinen, empirielosen Wirtschaftstheorie (vgl. Knies 1853; vgl. dazu auch Weber 1988 [1922]). Bei Gustav Schmoller ist der Ausgangspunkt des Denkens das ökonomische Handeln von Kollektiven. Unter der Annahme, dass nationale Institutionengefüge historisch unterschiedlich gewachsen sind, könne daher nur eine besondere „historische Methode" die singuläre Bedingtheit einer Nationalökonomie erfassen. In seiner Allgemeinen Volkswirtschaftslehre betrachtet Schmoller gesellschaftliche Institutionen und Organe als „Kristallisationen" des sittlichen Lebens (vgl. Schmoller 1978 [1900]).[103] Die spezifische institutionelle Struktur sei ein Indikator für die Leistungsfähigkeit einer Volkswirtschaft (vgl. Plumpe 1999).

> „Der historische Fortschritt des wirtschaftlichen Lebens wird gewiß zunächst in besserer Produktion und Versorgung der Menschen mit wirtschaftlichen Gütern bestehen; aber er wird nur gelingen mit besseren Institutionen, mit immer komplizierteren Organbildungen" (Schmoller 1978 [1900]: 64).

Nicht nur Interessenszusammenschlüsse, auch Aktiengesellschaften werden explizit als Innovationen in diesem Sinne angeführt.

> „Es sind die großen Fortschrittsideen und die sittlichen Ideale, die in den Institutionen sich niederschlagen. Alle großen Epochen des Fortschrittes, auch die des volkswirtschaftlichen, knüpfen an die Reform der sozialen Institutionen, an neue Organbildungen, wie z. B. neuerdings an die Genossenschaften, Gewerkvereine, Aktiengesellschaften, Kartelle, an die Fabrik- und Arbeitsgesetzgebung, an die Versicherungsorganisationen an" (Schmoller 1978 [1900]: 64).

Institutionen befriedigen dabei v. a. zwei menschliche Grundbedürfnisse, den Gerechtigkeitssinn zum einen, soziale Integration zum anderen. Schmoller kritisiert in diesem Zusammenhang den Liberalismus für die Auffassung, dass die Bindung durch Institutionen durch ein System freier Verträge abgelöst werden könne. Seiner Ansicht nach

---

102 „Durch sie [die Arbeitsteilung; Anm. K. K.] kommen alle Glieder einer Gesellschaft in immer größere Abhängigkeit voneinander, dadurch wächst aber auch die Vergesellschaftung, die soziale Solidarität; oft wachsen freilich auch die Konflikte und Reibungen; aber zuletzt müssen die Lösungen gefunden, die richtigen Verbindungen hergestellt werden. Insofern liegt in der Arbeitsteilung der Antrieb zum sittlichen Fortschritte, zu immer besseren Institutionen" (Schmoller 1918: 81).

103 Vgl. die Parallelen zum soziologischen Institutionalismus von Berger und Luckmann (vgl. Berger/ Luckmann 1969). Die Autoren argumentieren für eine prozesshafte Transformation von „Sedimentbildungen" aus subjektiven Erfahrungen zu intersubjektiv anerkannten Institutionen. Institutionen sind also die faktischen „Kristallisationen" vergangener Interaktionen zu tradierten Interaktionsmustern.

bedürfen vertragliche Regelungen im rechten Maße einer Wechselwirkung mit festen institutionellen Formen. Letztere seien schließlich bewährte Muster zur Bewältigung „praktischer Verhältnisse", die dazu dienten den

> „Frieden in der Gesellschaft zu sichern, die widerstreitenden Kräfte zu versöhnen und zu bändigen, die ungeschulten zu erziehen und in übereinstimmende Bahnen zu führen, die einzelnen Individuen zu gewissen Kraftzentren zu vereinigen" (Schmoller 1978 [1900]: 65).

Korporationen, Unternehmungen und Aktiengesellschaften zählen dabei Schmollers Ansicht nach zu den wichtigsten Organen des wirtschaftlichen Lebens. Unregulierte Konkurrenzverhältnisse werden aufgrund ihrer desintegrativen Folgen für die Volkswirtschaft kritisiert (vgl. Schmoller 1906). Ähnlich wie Durkheim das freie Spiel der Marktkräfte als Ursachen für periodische Störungen und Krisen sieht, spricht Schmoller sich für eine Regulierung und Konzentration der Wirtschaft aus. Die Unüberschaubarkeit des Marktes führe ansonsten dazu, dass der Produktion „jeder Zügel und jede Regel" fehle (Durkheim 1996 [1893]: 439).[104] Ökonomischen Verflechtungen werden positive Effekte auf die volkswirtschaftliche Entwicklung zugeschrieben. Ihre Funktion liegt in der Abwendung von ruinösen Konkurrenzkämpfen und anarchischen Zuständen, sie wirken sozialintegrativ. Kartelle bieten dafür ein gutes Beispiel: Durch die Organisation der Unternehmen erwachsen Kostenvorteile für die Produktion und Absatzvorteile am Markt. Die Historische Schule schafft damit das theoretische Fundament für die Leitidee des „organisierten Kapitalismus":[105] die Regulierung von Konkurrenz.

Der Verweis auf die Bedeutung beruflicher Zusammenschlüsse (Korporationen) für die Formation gesamtgesellschaftlicher Koordinationsprozesse wird später als ein zentraler Argumentationsbestandteil im Korporatismus-Ansatz weitergeführt. Darin wird ein Bild wirtschaftlicher Prozesse gezeichnet, das von einer stetigen Wechselwirkung verschiedenster sozialer Kräfte ausgeht, die einander als Interessensgruppen gegenüberstehen. Korporatismus beschreibt dabei ein Merkmal der politischen Kultur eines Landes, durch welches der Interessensausgleich zwischen verschiedenen Interessensgruppen auf der Basis von Aushandlungsprozessen zwischen kollektiven Repräsentanten (Verbänden) erreicht wird. Verbänden werden hierbei wichtige makroökonomische und sozialpolitische Funktionen zugeschrieben. Ihre Einbeziehung in politische Ent-

---

104 Durkheims Hinweis, dass durch die Verschmelzung von (globalen) Märkten für die Erzeuger die Bedürfnisse der Konsumenten nicht mehr überschaubar sind, lässt sich ökonomisch als Problem der Steuerung von Angebot und Nachfrage formulieren (vgl. Durkheim 1996 [1893]: 438 f.). Die Bedürfnisse werden hierbei als gegeben betrachtet, durch eine Regulierung soll es lediglich zu einer Abstimmung der Produktion kommen. Dabei spielen dreierlei Momente eine Rolle: a) die Produzenten müssen über Informationen zu den Bedürfnissen der Konsumenten verfügen, b) die Produzenten respektieren diese Bedürfnisse und c) die Produktion wird durch normative Regelungen beschränkt (vgl. auch Meier 1987: 81).

105 Zum Konzept des „Organisierten Kapitalismus" wird auf Kapitel 2 verwiesen (vgl. dazu Hilferding 1915; Winkler 1974).

scheidungsprozesse, so ist die normative Annahme, vergrößert das politische Steuerungsvermögen einer Gesellschaft. Daher werden korporative Strukturen auch als nationale Wettbewerbsvorteile betrachtet (siehe dazu u. a. Shonfield 1965).[106] Verbände können politisch im Sinne einer öffentlichen Kontrolle instrumentalisiert werden, wie Lehmbruch hervorhebt (vgl. Lehmbruch 1974), andererseits sind sie aber auch Ausdruck für die Selbstregulierungsfähigkeit der Interessengruppen. Aus soziologischer Perspektive ist ihr Regulierungspotential die Antwort auf die Regulierungsbedürftigkeit der Gesellschaft, es kommt ihnen demzufolge eine bedeutende Rolle für die Ordnung der Gesellschaft zu.

Eine zunehmende Kohäsion zwischen Gruppenmitgliedern führt dabei nicht nur zu mehr Gruppenintegration, sondern auch zu einer gesteigerten Organisationsmacht (vgl. Olson 1968; Offe/Wiesenthal 1980). Kollektive Organisation ist damit zugleich auch immer eine Machtquelle gegenüber Nicht-Gruppenmitgliedern.[107] Im Falle von Unternehmen führen Allianzen mit Konkurrenten (wie in Kartellen) zu einer Marktschließung. Mit der Regulation nach innen sind demnach auch Exklusionsprozesse verbunden. Derartige Zusammenschlüsse sperren den Marktzugang für „neue" Konkurrenten, was wiederum die Ungleichheit und Desintegration auf der Mikroebene erhöhen kann.

3.2.3 Markt, Netzwerk, Hierarchie: komplementäre Organisationsformen

Der Einfluss der Historischen Schule der Nationalökonomie auf sozio-ökonomische Theorien lässt sich über den amerikanischen Institutionalismus bis zum Neuen Institutionalismus und der aktuellen *Governance*-Debatte nachverfolgen (vgl. Veblen 1913; Schumpeter 1926; Plumpe 1999; Lütz 2006).

Gemein ist diesen Ansätzen eine gewisse Skepsis gegenüber der (neo-)klassischen Wirtschaftstheorie und ihrer einseitigen Fokussierung auf den *homo oeconomicus*. Öko-

---

106 Der Korporatismusbegriff geht zurück auf Mihail Manoïlescu, der in so bezeichneten „neoständischen" Tendenzen ein Grundphänomen wirtschaftlicher Entwicklungen im 20. Jahrhundert zu erkennen glaubt (vgl. Manoïlescu 1934). Wiederentdeckt und populär wurde er aber erst durch Philippe C. Schmitter (vgl. Schmitter 1974) und Gerhard Lehmbruch (vgl. Schmitter/Lehmbruch 1979; Schmitter/Lehmbruch 1982). Der Begriff wird seitdem allerdings in der Diskussion sehr heterogen verwendet. Neben der Problematik der Interessensorganisation wird unter Korporatismus auch die Frage öffentlicher (im Gegensatz zu privater) Kontrolle wirtschaftlicher Prozesse thematisiert, wobei insbesondere die Rolle des Staates Erörterung findet (vgl. Winkler 1976). Die konkreten Mechanismen, durch welche öffentliche Kontrolle ausgeübt wird, bleiben allerdings vage (vgl. Meier 1987).

107 Die Reproduktion von Machtungleichgewichten innerhalb von Figurationen ist das Thema von Norbert Elias' Etablierten-Außenseiter-Figuration (vgl. Elias/Scotson 2002). Elias beschäftigt sich zwar mit Nachbarschaftsgemeinden, seine Idee, dass mit verschiedenen Positionen in sozialen Figurationen verschiedene Machtpotentiale verbunden sind, lässt sich jedoch auf andere Bereiche übertragen.

nomische Koordinationsprobleme ergeben sich „evolutionär" und verlangen nach institutionellen Lösungen (vgl. Schotter 1981).[108] Wirtschaftliche Prozesse seien dadurch in eine Vielzahl nicht-marktförmiger Institutionen eingebettet. Das grundlegende ökonomische Problem besteht dabei in der Koordination von Tauschprozessen. Darunter werden Transaktionen verstanden, die mit einer wechselseitigen Übertragung der Kontrolle über wertvolle bzw. interessante Ressourcen verbunden sind. Der Schlüsselgedanke des Neuen Institutionalismus ist hierbei, dass dabei der Tausch von Ressourcen nicht nur mit den unmittelbaren Kosten des Kontrollverlustes verbunden ist, sondern auch die Transaktion an sich Kosten erzeugt.[109] Die Grundlage eines jeden Tauschs ist das Interesse, also der erwartete Nutzen an der Transaktion. Ob ein Tausch zustande kommt oder nicht, hängt daher vom Verhältnis des Nutzens zu den Kosten bzw. dem Tauschrisiko ab. Die Koordination von Tauschprozessen kann dabei unterschiedliche institutionelle Konfigurationen oder sogenannte *Governance*formen annehmen.[110] Netzwerke gelten in der *Governance*-Forschung als spezifischer Koordinationsmechanismus (vgl. Lütz 2006).

In seinen Grundzügen geht der Neue Institutionalismus auf William Coase zurück (vgl. Coase 1937). Zum Durchbruch gelangten dessen Ideen jedoch erst später im Transaktionskostenansatz. Mit der theoretischen Konzeption von Unternehmen als eigenständigen betrieblichen Organisationseinheiten leistete Coase einen bedeutenden Beitrag für die Organisationsforschung. Er geht, zugespitzt, von der Frage aus, warum der Unternehmer einen Betrieb braucht und wieso demnach Märkte allein nicht ausreichen. Nach klassischer ökonomischer Sicht besteht die Gesellschaft ja nur aus einer Vielzahl von einzelnen Anbietern und Nachfragern, die sich zueinander in vollständiger Konkurrenz befinden. Coase gelangt zu der Auffassung, dass Märkte und Betriebe alternative Organisationsformen des Tausches darstellen. Gegen die klassisch-orthodoxe Idealisierung des Marktes und eine auf diese Weise auf den Preismechanismus verengte Ökonomie wendet er ein, dass darin zumeist die in ökonomischen Transaktionen bestehenden Interdependenzen zwischen den Marktteilnehmern aufgrund der variierenden Faktorspezifität (Investitionstiefe) der Transaktionsgüter vernachlässigt und die damit zusammenhängenden Kosten unterschätzt werden.

Diese Überlegungen werden im Transaktionskostenansatz wieder aufgegriffen (vgl. Williamson 1975; Williamson 1985). Der Erfolg des Preismechanismus setzt vollständige Konkurrenz bei vollständiger Information voraus. Beide Prämissen sind in der Regel

---

108 Mit diesem Problemlösungsbias erinnert die *Governance*-Diskussion an die (ältere) Theorie politischer Steuerung (vgl. Mayntz 2004; Lütz 2006). Allerdings liegt darin der Schwerpunkt weniger auf politischen Motiven als auf der Koordination kollektiven Handelns.

109 Das Transaktionskonzept geht zurück auf den amerikanischen Institutionalisten John Commons (vgl. Commons 1924).

110 Der Begriff *Corporate Governance* wird auf Williamson zurückgeführt (Williamson 1985, Kap. 12). Er bezeichnet damit institutionelle Regelungen in und zwischen Unternehmen, die der Verringerung von Transaktionskosten dienen (vgl. auch Lütz 2006).

nicht gegeben. Tatsächlich sind die Fähigkeiten in einer komplexen Umwelt, alle relevanten Informationen aufzunehmen und zu verarbeiten beschränkt und/oder mit hohen Kosten verbunden. Daher ist die Entscheidungsgrundlage immer nur begrenzt rational, sie unterliegt einer *bounded rationality*. In diesem Zusammenhang verweist die Transaktionskostentheorie auch auf die Gefahr opportunistischen Verhaltens. Für Williamson, den Begründer des Neuen Institutionalismus, ist die Bewältigung von Risiko und die Eindämmung von Opportunismus das bedeutsamste Koordinationsproblem in wirtschaftlichen Tauschprozessen (vgl. Williamson 1985). Ex-ante entstehen zwischen potentiellen Transaktionspartnern bereits Kosten durch die Herstellung von Kontakten, den Vergleich von Anbietern und die Anbahnung und Ausarbeitung von Verträgen, die im beiderseitigen Interesse stehen. Mit der Auslegung von Vertragsinhalten und der Überwachung ihrer Einhaltung sind im Weiteren Transaktionskosten verbunden (vgl. Berghoff 1992; vgl. dazu auch Münzel 2006). Der Schlüsselgedanke des Neuen Institutionalismus ist nun, dass die Einbettung von Transaktionen in organisatorische bzw. institutionelle Strukturen diese Kosten reduziert. Institutionen sind in diesem Sinne als gesellschaftlich anerkannte Spielregeln zu verstehen, die wechselseitige Abhängigkeiten strukturieren und damit Erwartungsunsicherheiten gegenüber dem Interaktionspartner verringern (vgl. North 1990).

In wirtschaftlichen Transaktionen müssen nach Williamson drei Schwellen bewältigt werden: die Koordination von a) Unsicherheit, b) der Frequenz der Interaktion und c) der spezifischen Investitionen. Die Bewältigung von Unsicherheit ist die kritischste Schwelle (vgl. Williamson 1986: 105). In diesem Zusammenhang betrachtet Williamson Märkte und betriebliche Organisationsstrukturen („Hierarchien") als zwei polare Steuerungsmechanismen, die jeweils unterschiedliche Strategien zur Überwindung von Unsicherheit und Kontingenz entwickeln. Je nach Beschaffenheit des Transaktionsgutes und je nach Häufigkeit der Transaktion können unterschiedliche ökonomische Organisationsformen effizient sein. Und Unternehmen stehen unter dem Druck jeweils die Organisationsform mit den geringsten Transaktionskosten, d.h. mit den geringsten Kosten der sozialen Organisation der Produktion zu wählen.[111] Häufige Transaktionen und Transaktionen mit hoher Faktorspezifität (also solche, die hohe und schwer transferierbare Investitionen voraussetzen) werden eher in hierarchisch organisierten und integrierten Einheiten (Betrieben) organisiert, einfache und investitionsarme Transaktionen werden auf den Markt ausgelagert. Unternehmen sind als Organisationen in bei-

---

111 Der organisationale Imperativ für Unternehmen liegt nach Williamson in „organize transactions so as to economize on bounded rationality while simultaneously safeguarding them against the hazards of opportunism" (Williamson 1986: 178). Richtungsweisend schlägt er folgendes vor: „1. Non-specific transactions, either occasional or recurrent, are efficiently organized by markets. 2. Occasional transactions that are non-standardized stand most to benefit from adjudication. 3. A transaction-specific governance structure is more fully developed where transactions are (a) recurrent, (b) entail idiosyncratic investment, and (c) are executed under greater uncertainty" (Williamson 1986: 122).

den Tauschsystemen aktiv (vgl. Williamson 1985).[112] Als Marktakteure werden sie von Wettbewerbs- und Preismechanismen gesteuert, die sich nach legalen Regeln über formale Verträge organisieren. Verträge können jedoch nicht alle Kontingenzen berücksichtigen oder jegliches opportunistische Verhalten ausschließen (ex post ergeben sich neue Transaktionskosten). Für dauerhaft notwendige Transaktionen sieht Williamson daher Vorteile in einer „internen" Organisation. Dies kann auf zweierlei Ebenen geschehen: durch die interne Hierarchie (geregelt in Arbeitsverträgen) und durch die vertikale Integration im Unternehmen (geregelt in Eigentumsverhältnissen). Daraus erwachsen an Verfügungsrechte gekoppelte spezifische Erwartungen, die Anreiz- und Kontrollmechanismen unterliegen. Aufgrund eines spezifischen Zusammenwirkens von Informationsasymmetrien und Interessenskonflikten innerhalb eines Unternehmens (so genannten *Principal-Agent*-Problemen) erzeugen interne Hierarchien allerdings hohe Kontrollkosten (vgl. Jensen/Meckling 1976; Fama/Jensen 1983).

Reicht aber eine Dichotomie zwischen Markt und Hierarchie aus, um alle Organisationsformen von Tauschbeziehungen zu erfassen? Die Tatsache, dass marktübliche Verträge bis zu einem gewissen Grade unvollständig bleiben – je mehr, desto komplexer die Transaktion, die sie regeln – wird bereits in der neoklassischen Vertragstheorie berücksichtigt (vgl. Macnail 1978).[113] Verträge setzen häufig nur flexible Rahmenbedingungen und haben in Bezug auf einzelne Transaktionen einen mehr oder weniger großen Ermessensspielraum. Dies kann nur im Kontext von Vertragsrechten unter Berücksichtigung stiller informeller Vereinbarungen und dem Vertrauen darauf, dass man in Prozessen wechselseitigen Aushandelns zu einem Konsens gelangen wird, funktionieren. Werden Vereinbarungen rundweg losgelöst von konkreten Verträgen und bloß auf der Grundlage von Beziehungen getroffen, spricht man von *relational contracting*. Der Code zur Erzielung von Vereinbarungen sind hierbei weder die Preissignale noch hierarchische Anweisungen, sondern die kooperative und loyale Grundhaltung auf der Basis greifbarer Beziehungen. Durch wiederholte Gelegenheiten des Zusammentreffens, geteiltes Wissen und/oder Vertrauensbeziehungen können Transaktionskosten soweit gesenkt werden, dass es auch bei niedriger Interessenkonvergenz zu einer Tauschbeziehung kommt (vgl. auch Esser 2000b). Es handelt sich dabei aber weder um eindeutig marktförmige noch um hierarchische Koordinations- und Steuerungsmechanismen, sondern aus der Sicht der Transaktionskostentheorie um Mischformen.

---

112 Bekannt und vielfach in diesem Zusammenhang zitiert ist auch Richardsons *bon mot* von Unternehmen als „Inseln koordinierter Planung in einem Meer von Marktbeziehungen" (vgl. Richardson 1972).

113 Vgl. den bereits von Durkheim getroffenen Hinweis auf die nicht-vertraglichen Elemente von Verträgen. „Das soziale Handeln entfaltet seine Wirkungen aber nicht nur außerhalb von vertraglichen Regelungen, sondern wirkt sich auch auf das Zusammenspiel dieser Vertragsbeziehungen untereinander aus; denn nicht alles ist vertraglich beim Vertrag" (Durkheim 1996 [1893]: 267).

Im Kontext der Diskussion um derartige Mischformen wird nun häufig der Netzwerk-begriff eingeführt.[114] In der Literatur werden die positiven Effekte von Netzwerkstrukturen auf die Minderung von Transaktionskosten vielfach in Bereichen hervorgehoben, wo es um den Tausch von intangiblen, also preislich nicht kalkulierbaren Gütern geht (vgl. Milgrom/Roberts 1992; Klein 1996; Bajari/Tadelis 2001; Baker et al. 2002; Poppo/Zenger 2002; Levin 2003; Corts/Singh 2004). Z. B. wird in reziproken Beziehungsnetzen die Vorhersagbarkeit von Transaktionen auf der Basis von Vertrauensverhältnissen erhöht und damit werden nicht zuletzt Kontrollkosten reduziert. *Relational contracting* bleibt in der ökonomischen Theorie allerdings ein schwer fassbarer Begriff. Es kann komplementär oder als Substitut für Marktkoordination und hierarchische Organisation stehen. Die Initiierung der Beziehung ebenso wie die Aushandlung einer Vereinbarung setzen dabei v. a. Eigeninitiative voraus. Dahinter steckt die Logik eines „wiederholten Spiels", das – einmal gewählt – forthin Unterstützung findet. *Relational contracting* kann daher im Grunde nur in fortdauernden und reziproken Beziehungsstrukturen funktionieren, aus denen wechselseitige Verpflichtungen erwachsen.[115] Die Austauschverhältnisse bei gemischtspezifischen Transaktionen stehen unter besonderen Handlungslogiken. Williamson betrachtet beispielsweise Netzwerkstrukturen, die aus personellen Verflechtungen zwischen Aufsichtsräten resultieren, als effizientes Kontrollinstrument. „The board of directors thus arises endogenously, as a means by which to safeguard the investments of those who face a diffuse but significant risk of expropriation because the assets in question are numerous and ill-defined and cannot be protected in a well-focused, transaction-specific way" (Williamson 1985: 306). Die wechselseitigen Erwartungen von Unternehmen untereinander können höchst unterschiedlich sein, meist bleibt ein Teil davon diffus. Aufsichtsratsverflechtungen können dieses Koordinationsproblem zunächst dadurch lösen, dass sie eine dauerhafte Beziehung zwischen Unternehmen herstellen, auf deren Basis wechselseitig Vereinbarungen getroffen werden können. Betriebswirtschaftliche Netzwerkansätze setzen häufig ähnlich an, wenn sie die Vorteile von Personalverflechtungen als strategische Allianzen im

---

114 In der Literatur findet sich ferner das staatliche Verbandswesen oder auch das Konzept von Gemeinschaft als dritte Option (vgl. Streeck 1985; Wiesenthal 2000). Mehr dazu weiter unten.

115 Die Reziprozitätsnorm als universelles und wichtiges Element einer Kultur stellt in Anschluss an Gouldner zwei Minimalanforderungen an Handlungen (vgl. Gouldner 1960): 1) die Verpflichtung zur Hilfe gegenüber jenen, die geholfen haben, 2) das Recht der Helfer auf Schutz vor Verletzung von jenen, denen geholfen wurde. Blau leitet daraus für seine Konzeption sozialer Austauschbeziehungen ab, dass freiwillige soziale Handlungen fortgesetzt werden, solange sie durch die Reaktionen anderer belohnt werden, und eingestellt werden, wenn die erwarteten Reaktionen nicht eintreffen (vgl. Blau 1968).

Allerdings ist im Kontext der Netzwerkkoordination darauf hinzuweisen, dass Reziprozitätserwartungen dort in der Regel eher unspezifisch sind (vgl. Windolf 2007). Die Betrachtung reziproker Strukturen ist von daher relevant, als sie anzeigt, wo der Zugang zu Ressourcen einseitig und wo dieser wechselseitig ist, weil sich damit auch immer Statusdifferenzen und Machtungleichgewichte andeuten.

Kontext hochspezifischer Aufgaben bei hoher Umweltinstabilität anpreisen (vgl. Picot/ Reichwald 1994).

In diesem Zusammenhang lässt sich die berechtigte Frage aufwerfen, ob Kooperation und Effizienzmaximierung zwingend im Widerspruch zueinander stehen, wie die Abgrenzung vom Marktprinzip suggerieren könnte. Untersuchungen aus der Spieltheorie, deren Gegenstand die Voraussetzungen sind, unter denen zwischen Nutzen maximierenden Akteuren Kooperation bzw. Opportunismus zu erwarten ist, bestreiten das.[116] Im Experiment konnte nachgewiesen werden (vgl. Axelrod 1984), dass kooperative Strukturen helfen Kollektivgutprobleme zu lösen. Auf Märkten scheitert die Zusammenarbeit zwischen Unternehmen am gegenseitigen Misstrauen und mangelnder Information, es entsteht ein „Konkurrenzdilemma" (vgl. Nollert 2005). Opportunismus erweist sich dabei jedoch nur als kurzfristig von Vorteil, langfristig schadet er der Reputation und ist irrational. Kooperative Zusammenarbeit indes erzeugt *increasing returns* für alle (führt also zu *two winner games*) und ist in fortdauernden Beziehungen handlungs- und systemrational betrachtet die klügste Strategie.

Kann man daher schlussfolgern, dass sich zwischen rationalen Akteuren Kooperation von alleine einstellen wird? Spieltheoretiker behaupten dies. Allerdings sind hier zwei Faktoren ausschlaggebend: zum einen der aus der Kooperation erwachsende Nutzen, und zum anderen der aus einem „Verrat" erwachsende langfristige Schaden. In langfristigen Interaktionszusammenhängen wird Kooperation daher als rationale Strategie angesehen (vgl. Ostrom 1990). Darin verlagert sich das individuelle Interesse auf den Erwerb und Erhalt von Reputation an sich. Daher werden Akteure eine institutionelle Einbettung von Interaktionen, die eine transparente Weitergabe von Reputation

---

116 Die Spieltheorie beschäftigt sich mit der typisierenden Modellierung und Analyse strategischer Situationen. Es gelten die Grundannahmen sozialen Handelns. Das heißt, das Ergebnis von Handlungen unterliegt nicht dem Einfluss und der Kontrolle eines einzelnen Akteurs, sondern die Akteure sind wechselseitig voneinander abhängig. Das Handeln vollzieht sich darüber hinaus in einer Konstellation der doppelten Kontingenz, deren sich die Akteure auch bewusst sind. Diese Annahmen werden im Prozess der Interaktion berücksichtigt. Im Weiteren wird postuliert, dass es sich bei den Akteuren um rationale Egoisten handelt, die ausschließlich an Nutzenmaximierung orientiert sind. Daraus folgt, dass Akteure geneigt sind, diejenigen Handlungen auszuführen, die den größten Nutzen haben. Alle individuellen Wahlen haben aber kollektive Folgen für das Spiel. Strategiekombinationen, die für alle Akteure den besten Nutzen erzielen, werden als pareto-optimale Gleichgewichte betrachtet. Sie aufzufinden, ist die „Lösung" des Spiels.

In der Literatur werden drei Grundkonstellationen strategischer Situationen identifiziert: das Problem der Koordination, soziale Dilemmatasituationen und Konflikte (vgl. Diekmann 1991; Güth/ Kliemt 1995). Eine der Bekanntesten unter diesen strategischen Situationen innerhalb der Spieltheorie ist das so genannte Gefangenendilemma. Zwei Akteure müssen sich unabhängig voneinander zwischen den Strategien Kooperation und Verrat entscheiden. Zwar ist der individuelle Nutzen bei Verrat von *ego* und Kooperation von *alter* am höchsten, ein Gleichgewicht wird allerdings erst im Falle der Kooperation von sowohl *ego* als auch *alter* erreicht. In letzterem Fall ist der kollektive Nutzen am höchsten. Das Auffinden institutioneller Regelungen, die aus pareto-inferioren zu pareto-optimalen Gleichgewichten führen, zählt nach Esser zu den wichtigsten Aufgaben der Soziologie (und der Volkswirtschaft) (vgl. Esser 2000b: 51).

und Vertrauen ermöglicht, als förderlich betrachten. Personelle Verflechtungen zwischen Unternehmen erweisen sich gerade in diesem Zusammenhang als vorteilhaft, da derartige Netzwerke als intermediäre Institutionen verstanden werden können, die zwischen Unternehmen vermitteln und damit deren Konkurrenzdilemma lösen helfen.[117]

Eine Reduktion von sozialem Austausch auf zwei distinkte Koordinationsformen erscheint empirisch daher nicht haltbar. Auch wenn der Transaktionskostenansatz mittlerweile fester Bestandteil der Organisationsforschung ist, so wird Williamsons Dichotomisierung zwischen Markt und Hierarchie doch kritisiert. Markt und Hierarchie stellen eher alternative Handlungslogiken (im Sinne von normativen Präskriptionen) dar als reale soziale Interaktionen in Reinform (vgl. Hollingsworth/Boyer 1997). Nach Wiesenthal erklärt sich daraus auch die Popularität des Netzwerkbegriffs, da jener die in der Realität vorzufindende Ambivalenz sozusagen verinnerlicht (vgl. Wiesenthal 2000). In einer kritischen Auseinandersetzung mit dem Transaktionskostenansatz betrachten Sozialwissenschafter Netzwerke nicht mehr als Mischform (vgl. Powell 1990), sondern als eigenständige Organisationsform. Verflechtungen eröffnen eine Gelegenheitsstruktur für ökonomische Transaktionen, die weder durch Märkte und Verträge noch durch vertikale Integration erreichbar wären. Sie reduzieren Komplexität und Unsicherheit der Umwelt in Bezug auf *bounded rationality* und Opportunismus der Akteure durch wechselseitiges Vertrauen in gewachsene Beziehungen. Gemeinschaftliche Elementen wie Reziprozität und Vertrauen fördern wiederum die Ausbildung kooperative Strukturen. Darüber hinaus reagieren Netzwerke flexibler auf Marktveränderungen als vertikale Zusammenschlüsse. In der Terminologie des Transaktionskostenansatzes: Eine strukturelle Einbettung in Netzwerken führt zu einer Senkung von Transaktionskosten.[118] Das alles sind Gründe für Powell Netzwerke als einen alternativen Steuerungsmechanismus zu betrachten. Ihre Austauschlogik unterscheidet sich immerhin wesentlich von derjenigen in Märkten. Je dichter die Strukturen, umso günstiger die Bedingungen der Möglichkeit für die Ausbildung verbindlicher wechselseitiger Erwartungen (vgl. Marsden 1981: 1210). Weder ausschließlich normativ, noch ausschließlich vertraglich geregelt, stif-

---

117 „Dank einer Personalverflechtung können zwei rechtlich unabhängige Unternehmen eine Vertrauensbasis aufbauen und im Falle einer Kollision oder eines Kartells ihr Verhalten koordinieren. Von daher liegt es auf der Hand, dass Personalverflechtungen genauso wie informelle soziale Kontakte zwischen Konkurrenten [...] dazu beitragen, die beiden Optionen ruinöser Preiskampf [...] und Ausbeutung durch den Kartellpartner [...] zu verhindern" (Nollert 2005: 25).
   Allerdings gibt es in der Spieltheorie auch Ansätze, deren Ergebnisse in eine völlig andere Richtung gehen, nämlich dahin dass sich eigennützige Akteure in der Endrunde eines Spiels von kooperativem Verhalten abwenden (vgl. Jackson/Wolinsky 1996). Netzwerkanalytische Befunde widersprechen dem generell und veranlassen zu der Annahme, dass Eigennutz kein genuines Attribut von Akteuren ist, sondern erst durch bestimmte „Spielstrukturen" gefördert wird (Padgett/Ansell 1993: 1308).
118 Gegenüber hierarchischer Organisation wie z. B. in Fusionen sind Netzwerke auch aus betriebswirtschaftlicher Sicht global flexibler und verursachen weniger Transaktionskosten (vgl. Jorde/Teece 1990; Henzler 1992; Gilroy 1993).

ten sie über geteilte Wissens- und Deutungsbestände und über ein Bündel impliziter Verpflichtungen Solidarität. Komplementäre Stärken gewährleisten dabei Kontinuität.

Netzwerke formen Gelegenheitsstrukturen für eine Gemeinschaftsorientierung, die zudem ein „leistungssteigerndes Additiv" für jeglichen Modus sozialer Interaktion, die „Schmier" im Getriebe bilden (vgl. Wiesenthal 2000).[119] Wiesenthal argumentiert darum generell dafür, Markt, Netzwerk und Hierarchie[120] als genuin hybride Koordinationsformen zu betrachten, in denen jeweils ein Mechanismus dominiert. Koordination am Markt verlangt beispielsweise zur Leistungsmaximierung externe Ressourcen wie Reputation und Vertrauen auf die Einhaltung der „üblichen" Standards und Regeln. Netzwerkstrukturen können dazu einen Beitrag leisten. Eine ausgeprägte soziale und kognitive Schließung innerhalb von engen Beziehungsnetzwerken isoliert allerdings von externen Koordinationsmechanismen und kann im weniger erfreulichen Fall zu einem „Realitätsverlust" führen. Das Risiko, von Entwicklungen und Innovationen abgeschnitten zu werden, ist hoch. Die ökonomischen Tauschprozessen inhärente Rationalität (der Marktgedanke) vermag hier für einen Ausgleich sorgen. Hierarchische Organisationen haben wiederum das Problem, verändernde Umweltbedingungen nur langsam zu adaptieren. Hinzukommende Netzwerkmechanismen gewähren diesbezüglich auf unbürokratische Weise Zugang zu wertvollen Informationen und Adaptionsstrategien.

Aufgrund der Schwächen einzelner isolierter Koordinationsmechanismen sieht Wiesenthal daher einzig im kombinierten Auftreten von *Governance*-Formen eine Chance zur Leistungs- und Effizienzoptimierung. Die jeweiligen „Additive wirken als Mechanismen der negativen Rückkopplung" (Wiesenthal 2000: 57). Andererseits sind natürlich auch negative Wechselwirkungen zwischen *Governance*-Typen vorstellbar, wenn beispielsweise Unternehmensnetzwerke Märkte untergraben oder staatliche Ge-

---

119 Tönnies unterscheidet Gemeinschaft und Gesellschaft, um moderne von vormodernen gesellschaftlichen Organisationsformen abzugrenzen (vgl. Tönnies 1887). Mechanische und organische Solidarität sind bei Durkheim parallel dazu verlaufende Klassifikationen von gesellschaftlichen Integrationsmechanismen (vgl. Durkheim 1996 [1893]). Die hier vorgestellten *Governance*formen weisen diesbezüglich ebenfalls gewisse Parallelen auf. So könnte man die beiden Typen Markt und Hierarchie dem Pol Gesellschaft zuordnen und in ihrer Wirksamkeit durch Durkheims organische Solidarität erklären. Netzwerke als *Governance*form haben durch ihren häufig reziproken Charakter ein traditionales Element, wie es durch Tönnies' Gemeinschaftsbegriff beschrieben wird, andererseits spricht gerade die Komplementarität der Stärken von Netzwerkpartnern gegen eine mechanische Solidarität. Der Definition von Weber folgend, beruhen Traditionen auf Regeln, die weit in die Vergangenheit zurückreichen und aufgrund dieser Tatsache nicht geändert werden können (vgl. Weber 1972 [1921]). Das trifft auf Netzwerke aber gerade nicht zu. Sie beruhen auf interpersonalen Beziehungen, in denen man sich jederzeit auf Änderung verständigen kann. Darauf beruht gerade ihre Flexibilität. Wiesenthal verwendet aber interessanterweise in seiner Klassifikation anstelle des Netzwerkbegriffs den der Gemeinschaft (vgl. Wiesenthal 2000).

120 Genau genommen spricht Wiesenthal von „Markt", „Gemeinschaft" und „Organisation" (vgl. Wiesenthal 2000). Die Unterscheidung deckt sich inhaltlich allerdings mit den hier verwendeten Begriffen „Markt", „Netzwerk" und „Hierarchie". Eine gute Übersicht über Steuerungsformen in der Literatur findet sich darüber hinaus in Kenis und Schneider (vgl. Kenis/Schneider 1996).

setzgebung wirtschaftliche Verflechtungstendenzen verhindert (vgl. Lütz 2006). Die typische Gestalt eines nationalen Wirtschaftssystems, sei es auf Makro, Meso- und Mikroebene, zeigt sich dann in den spezifischen Kombinationen dieser Koordinationsformen.

Zur besseren Übersicht sind die drei Organisationsformen von Tauschbeziehungen in der folgenden Tabelle (s. Tabelle 3) noch einmal gegenübergestellt. Die soziale Situation des Tausches wird hier modellhaft und typisiert dargestellt. Allerdings wird davon ausgegangen, dass sich individuelles Verhalten in der konkreten sozialen Praxis jeweils an einem spezifischen Sinngehalt (vgl. Weber 1972 [1921]), also gewissen Zielen orientiert und bestimmten Maximen, also Codes und Selektionsmechanismen folgt. Die hier idealtypisch skizzierten Modelle haben jeweils unterschiedliche Effekte auf der Makro- und auf der Mikroebene, die ebenfalls angezeigt werden.

Netzwerke sind kooperationsfördernde Institutionen. Sie können Tauschprozesse dadurch sowohl erleichtern als auch erschweren. Im Positiven erfüllen sie drei Aufga-

Tabelle 3   Überblick über Organisationsmodelle von Tauschbeziehungen

	Markt	Netzwerk	Hierarchie
Tauschgrundlage:	Wettbewerb	informale Beziehung	Abhängigkeit
Idealtypische Annahmen:	vollkommene Konkurrenz perfekte Information	komplementäre Stärken	norm- und weisungs- gebundenes Verhalten
Koordinationsressource:	offener anonymer Zugang	Soziabilität	Mitgliedschaft
Koordinationslogik:	zielorientiert (Nutzenmaxi- mierung)	nicht (an sich) zielorientiert	zielorientiert (Organisa- tionsziel)
Beziehung:	symmetrisch unabhängig	symmetrisch reziprok	asymmetrisch abhängig
Tauschgüter:	kalkulierbare standardisier- bare Güter	diffus	vertragliche Leistung
Code:	Preis	Vertrauen	Anweisung
Mechanismus:	Bargaining	Vorleistung	Autorität/Monopol
Tauschpräferenzen:	Komplementär	kooperativ	formalisiert
Investitionen:	Unspezifisch	diffus	spezifisch
Makroeffekte			
Stärken:	Innovationseffizienz	Integration	Stabilität
Risiken:	Krise u. Überakkumulation	Ausgrenzung	Monopolbildungen
Mikroeffekte			
Stärken:	hohe Flexibität	Bündelung von Ressourcen	Monopolbildungen
Risiken:	Opportunismus	Irrationalität hohe Koordinationskosten	Rückständigkeit Niedrige Flexibilität

Quelle: Eigene Zusammenstellung (in Anlehnung an Powell 1990; Wiesenthal 2000; Nollert 2005; Lütz 2006).

ben: Sie geben die Möglichkeit a) zu Informationsaustausch, b) zu *Monitoring* und c) zur Sanktionierung unkooperativen Verhaltens (vgl. Ostrom 1990). Opportunitäten ergeben sich dadurch, dass Unternehmensnetzwerke durch die Bündelung von Ressourcen u. a. positiven Einfluss auf die Weitergabe und Adaption von Strategien beispielsweise zur Abwehr feindlicher Übernahmen oder auf die eigene Übernahmeaktivität nehmen (vgl. Davis 1991; Haunschild 1993). Unthematisiert bleiben jedoch häufig die hohen Koordinationskosten für die Organisation, die sowohl in der Initiierungsphase sowie in der Vereinbarungsphase als auch in der Überwachungsphase von Netzwerken anfallen (vgl. Nollert 2005). Restriktionen entstehen ferner dadurch, dass Loyalitätsbeziehungen die Tauschpartner aneinander binden, auch wenn die Transaktionen irrational werden. Darüber hinaus ist die Effektivität von Netzwerken von strukturellen Randbedingungen abhängig. Man sollte annehmen, dass mit der wachsenden Größe des Netzwerks auch der Koordinationseffekt und der Nutzen für alle Beteiligten ansteigen. Allerdings gilt auch in Netzwerken das „eherne Gesetz der Oligarchie" (vgl. Michels 1911). Die Koordinationskosten wachsen exponentiell mit der Zahl der Netzwerkmitglieder an und dadurch wird der Transaktionskostengewinn ab einer kritischen Schwelle von den Koordinationskosten überkompensiert (vgl. Scharpf 1993; dazu auch Nollert 2005).

Makroansätze innerhalb der *Corporate-Goverance* Diskussion wie der *Varieties-of-Capitalism*-Ansatz (vgl. Hall/Soskice 2001) heben den Wettbewerb der ökonomischen Steuerungsmechanismen auf eine international vergleichende Ebene. Ähnlich wie bei Schmoller (vgl. Schmoller 1978 [1900]) wird die Existenz national variierender „Spielarten" des Kapitalismus durch deren singuläre historische Bedingtheit begründet. Im Folgenden werden zwei Varianten unterschieden.[121] In liberalen Marktwirtschaften wird das Koordinationsproblem am Markt über Vertragsbeziehungen gelöst. In koordinierten Marktwirtschaften sind Märkte und Vertragsbeziehungen zwar nach wie vor ein wichtiges Element, Unsicherheit und Kontingenz wird darüber hinaus durch ein Bündel kooperationsfördernder Institutionen wie Eigentumskonzentration und langfristig orientierter Finanzierungen verringert. Im internationalen Vergleich rückt insbesondere die Rolle des rechtlich-politischen Systems in den Vordergrund (vgl. La Porta et al. 1997; 1998; 1999; Fligstein 2005). Dieses erweist sich als wesentlich für die kognitive Legitimierung und Implementierung von kohärenten Steuerungsmechanismen. In Hinblick auf personelle Netzwerke im untersuchten Zeitraum stehen Kooperation fördernde (Deutschland) hemmenden (USA) Verordnungen gegenüber (Abelshauser 2001; Windolf 2006). Unternehmensnetzwerke bilden sich auch in liberalen Marktwirtschaften. In der koordinierten Marktwirtschaft spielt die Netzwerkorganisation allerdings eine größere Rolle als in den anderen. Charakteristisch für jene sind eben solche In-

---

121 Dem Steuerungsprinzip „Hierarchie" entspricht auf der Makroebene die totale vertikale Integration der Wirtschaft im Staatseigentum, wie es in Ansätzen im etatistischen System Frankreichs zu beobachten wäre. Im Grunde müsste diese Fortführung in einem größeren Ausmaß erläutert werden, als dies in diesem Rahmen möglich ist. Es handelt sich um idealtypische Vereinfachungen.

stitutionen, die kooperativen Mechanismen folgen. Diese finden sich in koordinierten Marktwirtschaften dann nicht nur in einem einzelnen, sondern in vielen verschiedenen aneinander anschlussfähigen gesellschaftlichen Teilsystemen (z. B. im Ausbildungs- und Beschäftigungssystem, der Corporate-*Governance*-Struktur u. a.). Auf dieser institutionellen Grundlage ermöglichen Netzwerke nicht nur den an reziproker Koordination beteiligten Akteuren komparative Wettbewerbsvorteile, sondern es bilden sich national wirksame komplementäre Stärken zwischen Institutionen heraus. Folgende Tabelle (s. Tabelle 4) stellt die hier wesentlichen Unterscheidungskategorien zwischen liberalen und koordinierten Marktwirtschaften nebeneinander (vgl. bereits Kapitel 2).

Tabelle 4   Makro- Zuordnung der Steuerungsprinzipien

	Markt	Netzwerk
Ideengeschichtlich	Liberalismus	Pluralismus
Nationale Variante	Liberale Marktwirtschaft	Koordinierte Marktwirtschaft
Leitbild	Wettbewerb	Kooperation, Selbstregulation
Eigentum	Gestreut	Konzentriert
Kontrolle	Markt für Unternehmenskontrolle	Institutionelle Eigentümer
Finanzierung	Kapitalmarkt	Eigenfinanzierung, Banken
Governance-**Orientierung**	Shareholder-Value	Stakeholder-Value
Kapitalverflechtung	Niedrig	Hoch
Personalverflechtung	Niedrig	Hoch
Komparative Wettbewerbsvorteile	Bei radikalen Innovationen	Bei inkrementellen Innovationen

Quelle: Eigene Zusammenstellung (nach (Franks/Mayer 1995; Windolf/Beyer 1995; La Porta et al. 1997; Abelshauser 2001; Hall/Soskice 2001; Fligstein 2005)

Diese vergleichende Perspektive blendet damit bereits kulturelle Formen und Muster auf der Makroebene ein, in die ökonomische Transaktionen eingebettet sind. Innerhalb solcher nationaler Pfade wird Kontinuität dadurch gesichert, dass im Zuge von Ausdifferenzierungs- und Anpassungsprozessen vorhandene Institutionengefüge zu Selektionsinstanzen werden und damit die institutionelle Reproduktion steuern (vgl. Hall/Soskice 2001).[122]

---

122 „[...] the relevant institutions will be those that allow them to coordinate on equilibrium strategies that offer higher returns to all concerned" (Hall/Soskice 2001: 10).

3.2.4 Netzwerke als übergreifende Organisationsform

Sozialwissenschaftlich orientierte Ansätze, zu denen auch der *Variety-of-Capitalism*-Ansatz zählt, fordern demzufolge eine noch stärkere Orientierung an der institutionellen Einbettungen von ökonomischen Prozessen (vgl. Granovetter 1985). Am Neuen Institutionalismus wird kritisiert, dass die Einbettung ökonomischer Transaktionen in kulturelle Formen und Muster ausgeblendet bleibt (vgl. auch Uzzi 2001). Weder Markt noch Hierarchie, noch Netzwerk sind als *Governance*-Formen nicht auch kulturell bedingten und historisch gewachsenen Leitbildern verpflichtet, die sich in der Gestalt von Institutionen objektivieren. Nicht zuletzt die Rechtsordnung, um diese als besonders anschauliches Beispiel herauszugreifen, übt eine spezifische Ordnungsgewalt aus (vgl. La Porta et al. 1997; Fligstein 2005). Diese Rahmenbedingungen können wesentlichen Einfluss darauf nehmen, welche Koordinationsform als die Effizienteste und was überhaupt erst als Transaktionskosten wahrgenommen wird. Bedingt durch die Verschränkung sozialer Institutionen tragen bestehende sozio-kulturelle Kontexte schließlich zur Senkung bzw. Erhöhung von Transaktionskosten bei.

Das Konzept struktureller Einbettung *(social embeddedness)* hat seit Polanyi in der wirtschaftssoziologischen Forschung viel Widerhall gefunden (vgl. Polanyi 1944). Allerdings werden unter demselben Begriff häufig sehr unterschiedliche Sachverhalte subsumiert. Auf einer Makroebene ist im oben beschriebenen *Variety-of-Capitalism*-Ansatz ausgeführt, was unter struktureller Einbettung zu verstehen ist. Granovetter war einer der ersten, der anhand dieses Konzepts eine stärker soziologische Kritik am Neuen Institutionalismus übte (vgl. Granovetter 1985; Granovetter 1992). Es geht ihm darum, die allgemeinen Prinzipien zu entdecken, die etwas über den Einfluss der Sozialstruktur und kollektiven Handelns auf die Entstehung ökonomischer Institutionen aussagen. Granovetter hält die Zurückführung von Institutionen auf rationale und auf Eigennutzen basierende Aushandlungsprozesse für unzureichend, vernachlässigt diese Sichtweise doch grundlegende soziologische Annahmen wie die Verfolgung nicht-ökonomischer Ziele (z. B. Macht oder Anerkennung) (Granovetter 1985).[123] Angeregt durch die Fragestellung des Neuen Institutionalismus, welche Transaktionen moderner kapitalistischer Gesellschaften auf Märkten vollzogen und welche hierarchisch organisierten Firmen zugeordnet werden können, entwickelt er ferner die These, dass ökonomisches Handeln (wie jedes soziales Handeln) in andauernde Netzwerke sozialer Beziehungen eingebettet ist. Granovetters eigenes Konzept struktureller Einbettung basiert dabei auf der konkreten Struktur solcher sozialen Beziehungen.[124] Damit nimmt er eine Zwischenposition

---

123 Das Motiv der Nutzenmaximierung kann aber durchaus auch für nicht-ökonomische Ziele unterstellt werden. Somit lässt sich diese Kritik am Rational-Choice Ansatz relativieren.

124 Für eine Klassifikation des Konzepts der Eingebettetheit in vier verschiedene Typen wird verwiesen auf Zukin und DiMaggio (vgl. Zukin/DiMaggio 1990). Die Autoren unterscheiden neben struktureller Eingebettetheit ferner eine kognitive, kulturelle und politische Form von *embeddedness*.

ein zwischen einer atomistischen ökonomischen Theorie, welche von „untersozialisier-
ten" Individuen ausgeht, die nach rationalen Kosten-Nutzen-Erwägungen agieren, und
einer „soziologistischen" Perspektive, die vom „übersozialisierten" Individuum ausgeht,
dessen Grundanlagen einmal in Frühsozialisation geformt, in Normen und Sitten auf
Dauer festgelegt sind. In der kritisierten Idealisierung von Marktmechanismen durch
die neoklassische Theorie wird angenommen, dass Atomisierung die Voraussetzung für
vollkommenen Wettbewerb darstellt. Akteure verfolgen demnach ihr ökonomisches
Eigeninteresse und lassen sich ausschließlich durch Preise im Markthandeln leiten. Die
Internalisierung normativer Verhaltensstandards gewährleiste einen ordnungsgemäßen
Ablauf der Transaktionen. Die Kosten von abweichendem opportunistischem Verhalten seien allerdings hoch, der Transaktionen fehle eine vertrauensbasierte Grundlage.
Sowohl der untersozialisierte als auch der übersozialisierte Ansatz lösen Granovetter
zufolge den Akteur aus seinem unmittelbaren sozialen Kontext heraus (vgl. Granovetter 1985). Im Unterschied zum Neuen Institutionalismus sieht Granovetter ökonomische Institutionen nicht einfach als „Antworten" auf ökonomische Notwendigkeiten,
sondern von in Netzwerke eingebetteten Akteuren „konstruiert". Programmatisch erschließt er mit dieser Perspektive ein Arbeitsprogramm für eine *neue* Wirtschaftssoziologie. Deren Ziel soll sein, ökonomische Institutionen als das, was sie sind, nämlich
als soziale Konstruktionen (vgl. Berger/Luckmann 1969) zu entlarven, die sich durch
permanente Reproduktion stabilisieren (vgl. Granovetter 1992). Auch die Transaktionen, die dem Markt unterliegen, werden entgegen Williamsons (vgl. Williamson 1975)
reduktionistischer Argumentation von sozialen Beziehungen überlagert. Das Verhalten
der Akteure, so die Annahme, wird von der Struktur der sozialen Beziehungen, in welchen sie eingebettet sind, beeinflusst. In diesem Punkt überschneidet sich Granovetters
embeddedness-Ansatz mit Burts struktureller Handlungstheorie (vgl. Burt 1982, vgl.
oben Kap. 3.1). Wesentlich ist an diesem Argument, dass Netzwerke Strukturen bereit-
stellen, die unabhängig von anderen Motiven oder Zielen der Akteure einflussreich sind.

Im Gegensatz zum Neuen Institutionalismus in Anlehnung an Williamsons knüpft
der Soziologische Institutionalismus demnach weniger vorweg daran an, welche Koordinationsprobleme es zu bewältigen gilt, sondern vollzieht eine pragmatische Wende.
Er folgt der Annahme, dass sich die Bedeutung von sozialen Beziehungen aus ihrem
Gebrauch durch die beteiligten Akteure ergibt. Netzwerke haben demnach keine fest-
gelegte Koordinationsfunktion an sich, sondern dienen dem, wozu sie (im Einzelfall)
gebraucht werden. Ihr Entstehungszusammenhang muss dabei auch nicht mehr unbedingt mit der aktuellen Funktionalität übereinstimmen. Häufig handelt es sich allerdings um eine Übertragung und Fortführung kultureller Muster aus bewährten
vorangegangen Interaktionen (vgl. Bourdieu 1979).[125] Wiederholungen in der Praxis

---

125 Die Perspektive auf Netzwerke als das Verhalten beeinflussende soziale Einbettungen weist in ih-
    rer Bedingtheit durch konkrete Beziehungen Anknüpfungspunkte zu Bourdieus' klassenspezifi-
    schem Habitus-Konzept auf. Mit dem Habitusbegriff sind ja eben jene intersubjektiven Denk- und

führen dazu, dass es durch soziale Einbettungen wie in personellen Verflechtungen zur wechselseitigen Konstitution eines Bezugsrahmens kommt. Wird der Sinn dieser Praxis auch situativ unterschiedlich wahrgenommen, handelt es sich dabei um soziale Konstruktionen, deren Auswirkungen real sind.[126] Die entstandenen Strukturen schaffen Gelegenheitsstrukturen für ökonomische Transaktionen. Und diese wären gerade deswegen weder allein durch Märkte und Verträge noch durch vertikale Integration erreichbar, da ihr Gebrauch nicht feststehend ist, sondern sich situationsadäquat an neue Bedürfnisse anpassen kann. Aufsichtsratsverflechtungen zwischen Unternehmen werden von Granovetter mit Verweis auf Useem (vgl. Useem 1979) und Domhoff (vgl. Domhoff 1971) explizit als Beispiel dafür angeführt, dass die Beziehungsebene auch in marktgesteuerte Bereiche, wie z. B. Handelsverflechtungen, eingreifen kann. Das Netzwerk ist aus dem Grund die „dehnbarste" der besprochenen Organisationsformen, weil sie ihre Wirksamkeit übergreifend entfaltet.

Wahrnehmungsschemata gemeint, deren (Re-)Produktion (unter Berücksichtigung eines gewissen Interpretationsspielraums) spezifische soziale Kontexte charakterisiert. Daran gekoppelt ist eine wechselseitige Erwartungshaltung, die zur Wiederholung ermuntert. Ist ein bestimmtes Verhalten der Stabilisierung der Interaktion förderlich, nimmt es die Gestalt eines bewährten Musters an (vgl. Bourdieu 1979). Als habitualisierte Formen des Austausches verfestigen sich konkrete Interaktionen zu Strukturen. Gesellschaftliche Strukturen werden also Bourdieu zufolge nicht über abstrakte Normen wirksam, sondern über die Internalisierung in direkter Interaktion übernommener Muster.

126 „If men defines situations as real, they are real in their consequences" (Thomas/Thomas 1928: 572).

4 Zur Studie

Im Kontext der Beschäftigung mit interorganisationalen Netzwerken breitet sich ein mehrdimensionales Forschungsfeld aus. Der Gegenstand der vorliegenden Arbeit ist dabei auf Unternehmensnetzwerke, die sich aus Aufsichtsratsverflechtungen ergeben, eingegrenzt. Die Untersuchungseinheiten bilden Aktiengesellschaften und die betrachteten Relationen sind personelle Verflechtungen der Unternehmen über gemeinsame Direktoren (Aufsichtsräte und Vorstände). Auf dieser Datengrundlage werden soziale Strukturen zwischen den Unternehmen untersucht. Hier nicht weiter untersucht werden andere Formen der Unternehmensverflechtung wie Handelsverflechtungen (Warentausch bzw. Tausch von Dienstleistungen) oder auch Kapitalverflechtungen (Aktienbeteiligungen) (vgl. Scott 1991).

4.1 Forschungsfrage

Freie Märkte sind keine universellen Steuerungsmechanismen für ökonomische Transaktionen, auch nicht in den *economies of scale and scope* Nicht selten lassen sich funktionale Marktäquivalente beobachten, welche das ökonomische Geschehen wirksam koordinieren (vgl. Hall/Soskice 2001). In nicht-liberalen Marktwirtschaften zählen Netzwerke zu einem solchen funktionalen Äquivalent. Als solche übernehmen sie die Aufgabe, Unsicherheiten zu kontrollieren und Unternehmen an wandelnde Umweltbedingungen anzupassen. Dies geschieht dadurch, dass Netzwerke Handlungsspielräume gestalten, indem sie Akteure in Systeme fortlaufender sozialer Beziehungen einbetten, die kontingente Informationsströme freisetzen. Auf diese Weise reduzieren Netzwerke die Komplexität der Umwelt. Durch die Einbettung kommt es zu einer partikularistischen Selektion. Für manche Unternehmen erhöhen sich die Gelegenheitsstrukturen interessante Umweltressourcen zu kontrollieren. Ferner aktivieren Unternehmensnetzwerke, wie sie hier untersucht werden, durch die Chance Entscheidungen einer Organisation beeinflussen zu können die Option *Voice* und verstärken zwischen den Unternehmen damit die *Voice*-Funktion gegenüber der *Exit*-Funktion.[127] Netzwerke vermögen in diesem Zusammenhang das Vertrauensproblem zwischen Unternehmen und

---

127 Der Aufsichtsrat eines Unternehmens ist eine Form der Institutionalisierung von *Voice*. Dadurch, dass mit der Option *Voice* die Entscheidungen einer Organisation beeinflusst werden können, kommt deren Kontrollcharakter zum Vorschein. Relevant in Hinblick auf die personelle Verflechtung zwischen Unternehmen ist, dass die Kontrollinteressen von Aufsichtsräten über die manifeste Kontrollfunktion des Aufsichtsrates hinausgehen können.

damit deren „Konkurrenzdilemma" zu lösen (vgl. Nollert 2005). Vor dem Hintergrund
aktueller Entwicklungen auf den Finanzmärkten ist das eine hochbrisante Tatsache. Aus
heutiger Sicht wird ein ökonomisches System mit einer ausgeprägten Netzwerkstruktur
als koordinierte Marktwirtschaft klassifiziert. Die Dichte von interorganisationalen Verflechtungen ist darin höher als in liberalen Marktwirtschaften (vgl. Hall/Soskice 2001).
Nach dem aktuellen Forschungsstand existieren nationale Unterschiede nicht nur hinsichtlich des Grades der Kapitalverflechtungen, also der Eigentumsverhältnisse, sondern auch im Hinblick auf die personellen Verflechtungen (vgl. Windolf 1994; Windolf
1997; Windolf/Nollert 2001). Eines der Schlüsselmerkmale des deutschen Kapitalismusmodells ist ein enges Netzwerk zwischen Großunternehmen, aus welchem reziproke
Koordinations- und Kontrollbeziehungen abgeleitet werden (vgl. Ziegler 1983; Windolf/
Beyer 1995; Nollert 2005). Verflechtungen werden darin vielfach als strategische Allianzen gedeutet. Die enge Kopplung von Personal- und Kapitalverflechtungen formiert
eine Struktur, von der in der Literatur häufig unter der Bezeichnung Deutschland AG
(vgl. Shonfield 1965; Adams 1994) oder Rheinischer Kapitalismus (vgl. Albert 1991) die
Rede ist.

Wie verschiedene Studien gezeigt haben, lassen sich manche grundlegenden Unterschiede in nationalen kapitalistischen Wirtschaftsordnungen bereits auf die Industrialisierungsperiode zurückführen (vgl. u. a. Gerschenkron 1962; Lazonick/O'Sullivan
1997; Jackson 2001; Beyer 2006; Windolf 2006). In Deutschland haben insbesondere die
ökonomischen Umbrüche im Kaiserreich und in der Weimarer Republik eine Reihe in
ihrer Funktion komplementärer Institutionen entstehen lassen, die im 20. Jahrhundert
Persistenz bewiesen haben (vgl. Abelshauser 2001). Wesentliche Charakterzüge dieser
nationalen Spielart werden dort angelegt bzw. gelangen in diesem kritischen, von vielen einschneidenden Krisen durchzogenen Zeitraum zur Blüte (vgl. Abelshauser 2001;
Jackson 2001). Erst kürzlich veröffentlichte Untersuchungen, die aus dem Projektkontext der vorliegenden Arbeit hervorgegangen sind, zeigen, dass es sich dabei auch in
Bezug auf die Formation des Netzwerkes personeller Verflechtung um eine Schlüsselphase handelt (vgl. Windolf 2006; Windolf 2007). Diese Blütezeit ist zeitlich zwischen
Ausbruch des Ersten Weltkrieges bis zum Ende der Weimarer Republik zu verorten. Die
Logik nationaler Kapitalismusvarianten greift bereits zu diesem Zeitpunkt. Nicht nur
in den Leitbilder und den rechtlichen Rahmenbedingungen sind bedeutsame Abweichungen zu anderen Volkswirtschaften zu erkennen, auch informale Strukturen, wie
sie durch Personalverflechtungen zwischen Unternehmen beschrieben werden, unterscheiden sich bereits voneinander. So weist eine Gegenüberstellung des deutschen
mit dem US-amerikanischen Unternehmensnetzwerk auf substanzielle Unterschiede
hin, die sich nicht allein durch Ausdifferenzierungsprozesse erklären lassen. Die Struktur des Unternehmensnetzwerks deutscher Großunternehmen webt sich in der Untersuchungsperiode deutlich dichter als das US-amerikanische. Vor allem kommt es in
Deutschland in den 1920er Jahren zu einer immensen Intensivierung der Verflechtung,
für die es in den USA keine Entsprechung gibt (vgl. Windolf 2006). Erklärungen hierfür

müssen notwendigerweise bei den jeweiligen situativen historischen Konstellationen ansetzen. Die erwähnten Studien zeichnen sich dadurch aus, dass sie dieser wichtigen Agenda komparativer Netzwerkforschung Rechnung tragen. Eine historische Institutionenforschung beschäftigt sich gezwungenermaßen mit nach bestimmten Kriterien eingegrenzten Ausschnitten der Vergangenheit. Als Kritik an einer solchen Forschungsrichtung ist manchenorts der Vorwurf der Beliebigkeit, Irrelevanz und Unbelegbarkeit formuliert worden. In Anlehnung an Mayntz ist hierbei zu betonen, dass es nicht darum gehen kann, historische Singularitäten darzustellen (vgl. Mayntz 2002). Vielmehr will eine historische Institutionenforschung zu verallgemeinerbaren Ergebnissen kommen. Aufgrund der Komplexität dieser Art Fragestellungen und der häufig bedingten Aussagekraft des verfügbaren historischen Materials gelingt dies allerdings vielfach nur über die Herstellung von plausiblen Argumentationsketten.

Bei der vorliegenden Studie handelt sich um einen Beitrag zur Debatte über die Strukturmerkmale des deutschen Produktionsregimes, der bisherige Arbeiten um einige grundlegend neue Gedanken bereichern will. Es sollen die strukturellen Besonderheiten der personellen Verflechtung zwischen den großen Aktiengesellschaften, eine jener erwähnten Kerninstitutionen, in der kritischen Zeitspanne ihrer Formation identifiziert und dahinterliegende „Handlungslogiken" aufgedeckt werden. Das Ziel liegt darin, in Form einer theoriegeleiteten empirischen Untersuchung Einblicke in die Prozesshaftigkeit der Entwicklung der personellen Verflechtungen (sowohl im Querschnitt als auch im Längsschnitt sowie in Form einer Einzelfallanalyse) zu gewinnen. Wie Windolf zeigen konnte, sind einige der bis Ende der 1990er Jahre typischen Merkmale des deutschen Produktionsregimes bereits in seiner Formationsphase zu erkennen (vgl. Windolf 2006). Eine anhaltende Verdichtung der Netzwerkstrukturen und die sukzessive Integration einer größeren Anzahl von Unternehmen sind ein Indiz dafür, dass sich personelle Verflechtung als Koordinationsmechanismus im deutschen Kapitalismus bereits früh und nachhaltig etabliert hat. Warum es gerade die 1920er Jahre sind, wird noch zu erläutern sein. Soweit von anderer Seite aufgeschlüsselt wurde, „gefror" in diesem Zeitraum das Prinzip der „Regulierten Konkurrenz" zu dem das weitere 20. Jahrhundert hindurch prägenden Modell des deutschen Kapitalismus. Diese Entwicklung wird hier nachgezeichnet.

Die Struktur der Personalverflechtung zwischen Unternehmen folgt im Gegensatz zu formalen intraorganisationalen Strukturen keiner rechtlichen Satzung.[128] Das Netzwerk in der beobachteten Aggregatform konnte von keinem einzelnen Akteur geplant oder willentlich beeinflusst werden. Es bleibt als Institution zu verstehen, die sowohl prozesshaft aus den Entscheidungen oder Strategien der einzelnen Akteure als auch aus dem

---

128 Es wird hier nicht bestritten, dass es auch informelle intraorganisationale Strukturen gibt (vgl. Mayo 1949). Der Gegensatz, auf den hier hingewiesen werden soll, ist lediglich, dass die Kompetenzen und damit die Positionen von Akteuren (in diesem Fall Personen) in der intraorganisationalen Hierarchie über Arbeitsverträge festgeschrieben werden.

Leitbild und den Restriktionen eines vorangegangenen Institutionengefüges erwachsen ist. In seiner Gesamtheit betrachtet ist es ein Emergenzphänomen vieler individueller Entscheidungen von Direktoren darüber, Mandate in Aufsichtsräten von anderen Unternehmen anzunehmen. Damit schwingt in den entstandenen Strukturen auch ein Zufallsmoment mit. Es ist daher unwahrscheinlich einen Faktor oder eine Kombination aus Faktoren zu identifizieren, welche die Struktur des Netzwerks in seiner Gesamtheit determinieren, aber Teilstrukturen des Netzwerk sollten sich durch die Betrachtung der adäquaten Faktoren erklären lassen (vgl. auch Jansen 2003: 271). Das dieser Arbeit zugrunde liegende Interesse ist im Wesentlichen darauf ausgerichtet, jene Variablen zu identifizieren, die dem durch diese Art der Analyse erklärbaren Teil der Unternehmensverflechtung in Deutschland zugrunde liegen, und Gründe für die positive Selektion von Unternehmen und die Stabilisierung der Beziehungen anzugeben.[129]

Netzwerke erzeugen soziales Kapital. An diese Betrachtung schließen sich Fragen nach der Verteilung der Netzwerkpositionen an. Auf der Mikroebene hat Windolf nicht nur nachgewiesen, dass sich das im Netzwerk erzeugte Sozialkapital vermehrt hat, sondern auch, dass soziales Kapital ebenso ungleich verteilt ist wie ökonomisches Kapital (Windolf 2007). Im Zentrum der Analyse stehen die relationalen Beziehungen der Finanzunternehmen im Netzwerk der großen Aktiengesellschaften. In der Diskussion um die Rolle der Banken im Netzwerk der personellen Verflechtung, wie sie seit mehr als hundert Jahren geführt wird, wird vorwiegend eine theoretische Erklärung ins Feld geführt: die Institutionalisierung von Strukturen zur Finanzkontrolle (s. hierzu Kapitel 2). Die ausführliche Diskussion netzwerktheoretischer Ansätze hat darüber hinaus aber veranschaulicht, dass es eine Vielzahl alternativer Erklärungen für Verflechtungen gibt (s. hierzu Kapitel 3). Ihre Kenntnis soll in die Interpretation der beobachteten Strukturen mit einfließen. Den Blick auf die Banken gerichtet, werden die personellen Verflechtungen im Übergang von einer familienkapitalistisch zu einer kooperativ organisierten Ökonomie beleuchtet werden. Darüber hinaus werden auch andere Branchen betrachtet, beispielsweise ob eine Synchronizität von ökonomischer Reifephase und der Verschiebung der zentralen Netzwerkpositionen hin zu den neuen Industrien nachgewiesen werden kann. Neben den zentralen Fragen zu allgemeinen Strukturmerkmalen wird untergeordnet noch speziellen Fragestellungen nachgegangen. Dazu gehören Fragen danach, ob das Netzwerk der Großunternehmen bereits zum damaligen Zeitpunkt

---

129 Die Verwendung dieser evolutionstheoretischen Terminologie geschieht in Anlehnung an eine historische Unternehmensforschung in der Tradition von Werner Plumpe, der in der Rekonstruktion von so genannten unternehmerischen Evolutionsprozessen, also unternehmerischen Variationen, Leitbild orientierten Selektionen und Institutionalisierungsprozessen die notwendige Aufgabe seiner Zunft sieht (vgl. Plumpe 1998). Wichtig für den vorliegenden Zusammenhang ist ferner die Auffassung, dass die Handlungsspielräume von Unternehmen „durch die soziale Organisation Unternehmung und deren Geschichte sowie die Ressourcenverfügbarkeit und die Umweltkonstellationen bestimmt und limitiert [sind]" (Plumpe 1998: 5).

die für die spätere Deutschland-AG charakteristische *Core*-Peripherie Struktur hat und
wenn ja, welche Akteure sich darin verorten lassen.

Die vorliegende Untersuchung will insbesondere einen vertiefenden Einblick in
die strukturelle Einbettung der neun Berliner Großbanken geben, die zu dieser Zeit
knapp 90 % des Bilanzvolumens deutscher Geschäftsbanken kontrollieren (Hardach
1995: 916).[130] Dazu werden die Positionen der Großbanken im Netzwerk nachgezeichnet,
außerdem werden eingehende Entsendungen von Industrievorständen in ausgewählte
Bankaufsichtsräte untersucht. Aktienbanken, wie es die Großbanken sind, haben dieselben Organe wie andere Aktiengesellschaften auch. Sie werden von einem Direktorium
geleitet, von einem Aufsichtsrat kontrolliert und sind im Besitz von Anteilseignern. Der
theoretische Schluss von der Aufsichtsratspräsenz auf Kontrolle und auf Durchsetzung
von Eigeninteressen gilt gleichermaßen für einen denkbaren Anteil von Industriellen
im Aufsichtsrat der Banken. Hilferdings Überlegungen werden damit aber quasi umgekehrt. Eine Frage, die sich in diesem Zusammenhang stellt, ist, wie sich die Aufsichtsräte der Großbanken zusammensetzen. Und schließlich sollen die Auswirkungen der
Aktienrechtsnovellierung von 1931 und der Fusionen der Großbanken 1929 (Deutsche
Bank und Disconto-Gesellschaft) und 1932 (Dresdner Bank und Danat-Bank) auf das
Netzwerk untersucht werden.

4.2 Erhebung und Datengrundlage

Die vorliegende Untersuchung wertet Daten über die Personalverflechtung deutscher
Großunternehmen aus.[131] Es handelt sich um eine Querschnittsanalyse der jeweils größ-
ten deutschen Aktiengesellschaften zu vier Zeitpunkten: 1896, 1914, 1928 und 1933.[132] Die
Daten ermöglichen damit die Analyse eines partiellen Netzwerks (vgl. Barnes 1972) der
Großunternehmen.[133] Es wurde eine Primärerhebung durchgeführt, an deren Anfang

---

130 Zu den Berliner Großbanken werden die Deutsche Bank, die Dresdner Bank, die Disconto-Gesell-
    schaft, der Schaaffhausen'sche Bankverein, die Berliner Handelsgesellschaft, die Darmstädter Bank,
    die Nationalbank, die Commerzbank und die Mitteldeutsche Creditbank gerechnet. Zur Gründungs-
    und Fusionsgeschichte der Banken im Einzelnen s. Kapitel 7 (vgl. auch Pohl 1982b: hier 272–277).

131 Darüber hinausgehende Beziehungen wie Kapitalverflechtungen bzw. private Kontakte zwischen
    Managern werden allenfalls an Einzelbeispielen betrachtet.

132 Das von der Deutschen Forschungsgemeinschaft geförderte Projekt „Regulierte Konkurrenz. Un-
    ternehmensverflechtung in Deutschland, USA und Frankreich" stand unter der Leitung von Paul
    Windolf und war international vergleichend angelegt. Der Erhebungszeitraum für Deutschland be-
    gann 2002 und endete 2005. Bei der Wahl der Untersuchungszeitpunkte waren wesentliche his-
    torische Zäsuren der damaligen Zeit ausschlaggebend wie Erster Weltkrieg, Weltwirtschaftkrise,
    Bankenkrise und Machtübernahme der Nationalsozialisten (vgl. auch Windolf 2006). Die Datener-
    hebungen zu den USA und Deutschland sind parallel dazu von 2001 bis 2007 verlaufen. Der Erhe-
    bungszeitraum zu Frankreich begann 2004.

133 Barnes (Barnes 1972) versteht unter einem partiellen Netzwerk in Abgrenzung zu einer Vollerhebung
    ein nach bestimmten Selektionskriterien ausgewähltes Teilnetzwerk. Im vorliegenden Fall wurde

ein dreistufiges Auswahlverfahren stand.[134] Zunächst wurde eine Synopse aus verfügbaren Unternehmenslisten zu den jeweils größten Aktiengesellschaften angefertigt (für
1887 sowie 1907 siehe Kocka/Sigrist 1979; für 1907 und 1938 siehe Fiedler 1999). Jene Listen wurden anschließend systematisch um solche Unternehmen erweitert, deren Aktienkapitalhöhe zu den vier Untersuchungszeitpunkten den festgelegten Schwellenwert
überschritt. Zum ersten Zeitpunkt der Untersuchung (1896) wurden Unternehmen ab
einer Grundkapitalhöhe von 5 Millionen Mark, für die folgenden Untersuchungszeitpunkte ab 10 Millionen (Reichs-)Mark aus den Hoppenstedt Handbüchern ergänzt. Im
dritten und letzten Schritt wurden die Listen um als historisch bedeutsam ausgewie-
sene Personengesellschaften, z. B. Familienunternehmen wie Krupp (vgl. Wellhöner
1989) oder Privatbanken (vgl. Reitmayer 1999) erweitert. Als Quellendokumente für
die Erfassung der Exekutivorgane (Vorstände) und Kontrollorgane (Aufsichtsräte) der
Aktiengesellschaften dienten die Hoppenstedt Handbücher der deutschen Aktiengesellschaften, die erstmals 1896 erschienen (siehe Hoppenstedt 1896; 1914; 1929; 1934). Die
Datensammlung zu den Personengesellschaften sowie im Weiteren die Identifikation
und Typisierung der Aufsichtsräte der Großbanken erforderte darüber hinaus auf einer
breiten Literaturgrundlage weitverstreute Hinweise zusammenzutragen. Es wurden
dazu Erhebungen in Lexika, zeitgeschichtlichen Werken und auch über Internetsuche
durchgeführt. Ferner wurden Bilanzdaten und ökonomische Kennzahlen des Teilnetz-
werks der hundert größten Unternehmen ausgewertet. Die Daten dazu sind ebenfalls
den Hoppenstedt Aktienhandbüchern entnommen. Die Kennzahlen unterliegen eigenen Berechnungen.

Ausgehend von den erstellten Unternehmenslisten, in welchen jedem Unternehmen
für jedes Jahr eine Identifikationsnummer (ID) zugewiesen wurde, wurden die Aktienhandbücher nach Positionen von Direktoren im Unternehmen (differenziert nach Vorständen und Aufsichtsräten) und weiteren verfügbaren Informationen (Titel, Profession,
Herkunftsunternehmen) systematisch ausgewertet. Für als übereinstimmend identifizierte Direktoren wurden im weiteren Verlauf sich deckende Personen-IDs vergeben.
Die so entstandenen Rohdatensätze liefern Informationen über die Anzahl der Positionen der Personen in den Unternehmen.

Die im Weiteren vorgenommenen Analysen basieren auf Berührungsmatrizen
zwischen Unternehmen. Über den Zwischenschritt von *Personen* × *Unternehmen* Er-
eignismatrizen (Beispielmatrize 1), welche die Mitgliedschaft der Direktoren in den
Unternehmensorganen erfassen, wurden solche *Unternehmen* × *Unternehmen* Berüh-

---

nicht das Gesamtnetzwerk aller Aktiengesellllschaft erfasst, sondern nach einem noch zu erläutern-
den Größenkriterium selektiert.
134 Handbücher gelten in der Netzwerkanalyse als Sekundärdatenquellen (vgl. Jansen 2003). Bei der
elektronischen Erfassung und Zusammenstellung der Daten handelt es sich allerdings um eine (zeit-
aufwendige) Primärerhebung.

Tabelle 5   Beispiel Rohdatensatz

ID	Name	Position	Unternehmen
1	AalstC. J. K.	2	Phoenix AG für Bergbau und Hüttenbetrieb
2	Abel	2	Märkisches Elektricitätswerk (MEW)
3	AbelJulius	1	IG Farbenindustrie
4	AbrahamJac.	2	Berliner Kindl Brauerei
6	AbshagenOtto	1	Deutsche Bank
5	AbsJosef	2	Braunkohlenwerke Roddergrube

Anmerkung: In Spalte 1 der Tabelle ist die Identifikationsnummer der Person n Spalte 2 angeführt. Die Spalte 3 erfasst die Position der Person im Unternehmen (Spalte 4). Vorstände sind mit 1, Aufsichtsräte mit 2 codiert. Es handelt sich um einen Auszug aus dem Rohdatensatz von 1928.

rungsmatrizen (Beispielmatrize 2) erstellt, die eine Vernetzung von Unternehmen durch Direktoren anzeigen.[135]

In den Berührungsmatrizen wird erfasst, welche Unternehmen über eine gemeinsame Mitgliedschaft in Vorständen und Aufsichtsräten verbunden sind.

Tabelle 6   Beispielmatrize 1: Personen in Unternehmen

	Phoen x	MEW	IG Farben	Kindl Brauerei
AalstC. J. K.	1	0	0	0
Abel	0	1	0	0
AbelJulius	0	0	1	0
AbrahamJac.	0	0	0	1

Anmerkung: In dem abgebildeten Ausschnitt ist eine fiktive *two-mode* Ereignismatrize abgebildet, in der die Aufsichtsrat- oder Vorstandspräsenz von Personen in Unternehmen (in unterschiedlichen Matrizen) festgehalten werden.

---

135 Man unterscheidet in der Netzwerkanalyse zwischen *one-mode* und *two-mode* Netzwerken. Unter *one-mode* Netzwerken versteht man eine Menge an Kanten, die zwischen einer identischen Menge von Knoten hergestellt wird. Sie werden in einer Berührungsmatrize erfasst. *Two-mode* Netzwerke hingegen bilden Beziehungen zwischen Knoten aus disjunkten Mengen ab, beispielsweise Mitgliedschaftsverhältnisse von Individuen in Organisationen. Sie werden in einer Ereignismatrize erfasst. *Two-mode* Netzwerke lassen sich über Matrixoperationen in *one-mode* Netzwerke transformieren. Dabei wird für die eine Teilmenge von Knoten paarweise berechnet, zu wie vielen identischen Knoten der anderen Teilmenge diese verlinkt sind (vgl. Wasserman/Faust 1994). Beispielsweise werden durch diese Transformation Berührungsmatrizen erzeugt, die a) darstellen können, welche Organisationen wie stark durch Individuen miteinander vernetzt sind, und b), welche Individuen mit welchen anderen Individuen über wie viele Organisationen verbunden sind.

Tabelle 7   Beispielmatrize 2: Gemeinsame Direktoren in Unternehmen

	Phoenix	MEW	IG Farben	Kindl Brauerei
Phoenix	–	2	3	0
MEW	0	–	0	1
IG Farben	3	0	–	0
Kindl Brauerei	0	1	0	–

Anmerkung: In dem abgebildeten Ausschnitt ist eine fiktive *one-mode* Berührungsmatrize abgebildet, in der gemeinsame Aufsichtsräte oder Vorstände von Unternehmen (in unterschiedlichen Matrizen) festgehalten werden.

Für jeden Erhebungszeitpunkt wurden drei Relationstypen unterschieden und drei dazugehörige Matrizen angefertigt. Das Netzwerk der *ungerichteten* Beziehungen bildet sich auf der Basis der Beziehungen, die Aufsichtsräte zwischen Unternehmen herstellen, und beschreibt die symmetrische Relation „haben gemeinsame Aufsichtsräte". In der Auswertung werden diese als Aufsichtsrat-zu-Aufsichtsrat Verflechtungen bezeichnet. Das Netzwerk der *gerichteten* Beziehungen erfasst alle Beziehungen, welche durch Entsendung eines Vorstandes eines Unternehmens in den Aufsichtsrat eines anderen Unternehmens hergestellt werden. Es beschreibt die nicht-symmetrische Relation „entsendet einen Vorstand in den Aufsichtsrat von". In der Analyse werden diese als Vorstand-zu-Aufsichtsrat Verflechtungen bezeichnet. Das Netzwerk der *summierten* Beziehung erfasst alle Beziehungen zwischen Unternehmen und lässt sich als die symmetrische Relation „sind personell verflochten" beschreiben. Die Richtung der Verflechtung bleibt in letzterer Betrachtung unberücksichtigt. Die Unterscheidung zwischen *gerichteten* und *ungerichteten* Beziehungen basiert auf der theoretischen Annahme, dass Vorstände, die Aufsichtsratmandate in anderen Unternehmen einnehmen, ein intentionales *gerichtetes* Eigeninteresse zum Ausdruck bringen im Gegensatz zu indirekten, möglicherweise zufälligen Verflechtungen durch ungerichtete Aufsichtsrat-zu-Aufsichtsrat Beziehungen (vgl. Windolf 2006; Windolf 2007).

Die Daten geben Aufschluss über drei Ebenen der Untersuchung. Erstens sind Informationen darüber zugänglich, welche Direktoren über mehrere (multiple) Positionen Beziehungen zwischen Unternehmen herstellen. Zweitens zeigen die Daten auf, zwischen welchen Unternehmen Verbindungen bestehen. Und drittens ermöglichen sie die Analyse des Gesamtnetzwerkes. Dies soll an einem Schaubild verdeutlich werden (Abbildung 3).

Die im Zuge dieser Erhebung gewonnenen Daten bilden die Grundlage, auf der die weiteren Auswertungen beruhen. Die Fallzahlen zu den vier Erhebungszeitpunkten sind an dieser Stelle in einer Tabelle zusammengefasst (Tabelle 8). Die Anzahl an erfassten Unternehmen erhöht sich sukzessive. Darin spiegelt sich der Umstand wider, dass in den späteren Jahren immer mehr Aktiengesellschaften unter das Größenkriterium fallen. Unter „verbundenen Unternehmen" werden jene Aktiengesellschaften verstan-

Abbildung 3   Untersuchungsebenen

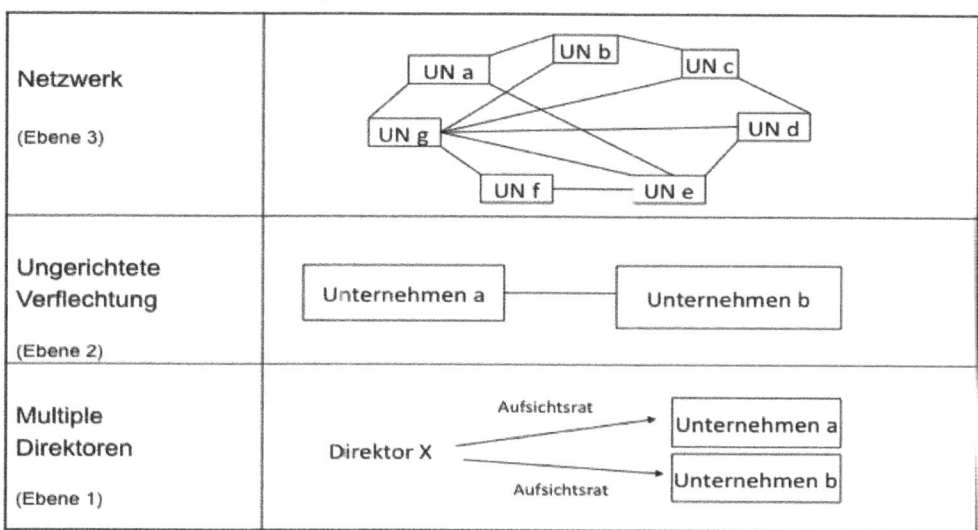

den, die mindestens eine Beziehung zu einem weiteren Unternehmen haben. Diese bilden das Netzwerk der personellen Verflechtung. Die Variation der Größe des partiellen
Netzwerkes zu den verschiedenen Erhebungszeitpunkten wurde in der Auswertung in
der Verwendung standardisierter Maßzahlen ausreichend berücksichtigt. Als Software
für die Netzwerkanalysen wurden Ucinet 6.0 (Borgatti et al. 2002) und PNet (Wang et al.
2009) verwendet.

Tabelle 8   Fallzahlen und Erhebungszeitpunkte im Querschnitt

Jahr	Unternehmen	Positionen in Unternehmen	Verbundene Unternehmen	Isolierte Unternehmen
1896	212	1665	156	56
1914	346	4112	321	25
1928	377	8169	366	11
1933	405	6303	389	16

Quelle: Hoppenstedt 1896, 1914, 1929 und 1934.

Anmerkung: Grundlage der Auswertungen in den folgenden Kapiteln sind die verbundenen Unternehmen.

Ausgehend von diesen Stichjahren wurden auch die Vergleichszeiträume für die Längsschnittuntersuchung gewählt. Die Stabilität der dyadischen Beziehungen im Netzwerk
wird zwischen jeweils zwei Zeitpunkten (Ausgangsjahr – Zieljahr) untersucht. Die Analyse betrachtet ausschließlich die Teilmengen derjenigen Unternehmen, die zu beiden

Zeitpunkten erhoben wurden.[136] Da das Unternehmenssample zwischen den Jahren variiert, wurden zunächst Synopsen angefertigt, welche die jeweils sich in zwei Stichjahren deckenden Unternehmen erfassten. Im ersten Zeitraum zwischen 1914 und 1928 konnten 180 Unternehmen berücksichtigt werden. In dem darauf folgenden Zeitraum (1928–1933) erhöht sich die Anzahl der Gesellschaften deutlich (N = 313 Unternehmen), da der Abstand zwischen den Jahren wesentlich kürzer ausfällt und folglich auch weniger Firmen von Insolvenz, Übernahme oder Fusion betroffen waren. An dieser Stelle erfolgt ein kurzer Überblick über die Fallzahlen:

Tabelle 9   Fallzahlen und Erhebungszeitpunkte im Längsschnitt

	Synopse 1914–1928	Synopse 1928–1933
Unternehmen (N)	180	313
Vergleichszeitraum	15 Jahre	5 Jahre

Quelle: Hoppenstedt 1896, 1914, 1929 und 1934.

Durch eine mehrfach aufgegliederte Betrachtung der Daten können differenzierte Aussagen über die Stabilität getroffen werden. Erstens werden die Beziehungen in den Zieljahren 1928 und 1933 in stabil fortgeführte und neu hinzugekommene Beziehungen unterteilt, zweitens wird ausgehend von der Aktivität im Ausgangsjahr erhoben, wie viele von den damals bestehenden Beziehungen weggebrochen *(broken ties)* sind.

4.3   Operationalisierung

Die Analyse sozialer Netzwerke ermöglicht es, dyadische Verflechtungen einer zuvor festgelegten Menge von Akteuren sowohl in ihrer Aggregatgestalt als Gesamtnetzwerk zu betrachten als auch mit Blick auf die Wichtigkeit einzelner Akteure oder Gruppen von Akteuren zu untersuchen. Diese Betrachtungsweisen werden in den Auswertungen in beide Richtungen ausgeschöpft, um den aufgeworfenen Fragen nach sozialem Kapital, Kontrolle und Macht sowie nach Integrations- und Koordinationspotentialen nachzugehen.

Die Mikrofragestellung richtet ihren Blick auf das soziale Kapital, das den einzelnen Akteuren aus dem Netzwerk erwächst. Es kann über die Anzahl der hergestellten

---

136 Mögliche Diskontinuitäten der Netzwerkzusammensetzung haben vielfältige Ursachen. Zu den Hauptgründen zählen spätere Gründungszeitpunkte, Liquidationen und verzweigte Fusionen. Aber auch eine Verringerung der Aktienkapitalhöhe ist nicht auszuschließen. Da sich die Grundgesamtheit in der Längsschnittuntersuchung in Kapitel 6 von der Querschnittsanalyse in Kapitel 5 unterscheidet, ist folglich auch eine Abweichung in den Ergebnissen möglich.

Beziehungen operationalisiert werden, welche sich zu mobilisierenden Ressourcen, zu Gelegenheitsstrukturen addieren lassen. Dabei wird angenommen, dass sich die durch soziale Beziehungen bereitgestellten Ressourcen in andere Kapitalformen transformieren können (zur Transformierbarkeit der Kapitalsorten vgl. auch Bourdieu 1983). Als Kriterium zur Typisierung verschiedener Gelegenheitsstrukturen wird auf Granovetters Unterscheidung zwischen starken und schwachen Beziehungen zurückgegriffen, die durch Merkmale wie Intensität und Dauer voneinander abgegrenzt werden (vgl. Granovetter 1973). Zu den *weak ties* werden Einfachverflechtungen gerechnet, die vergleichsweise geringe Chancen haben auf Dauer bestehen zu bleiben. Es können sich darin nach wie vor Informationsnetzwerke abbilden. *Strong ties* zeichnen sich durch Mehrfachverflechtungen und langfristige, stabile Beziehungen aus. Diese tragen die Chance auf Kooperations- und Vertrauensbeziehungen in sich. Eine hohe Stabilität spricht unabhängig von der Stärke der Beziehung dafür, dass die durch eine Vernetzung gewonnenen Ressourcen so wertvoll für die Akteure sind bzw. die Akteure über ausreichend Einfluss verfügen, dass Beziehungen auch über längere Zeiträume und trotz damit verbundener Kosten aufrechterhalten werden können. Kontrollchancen und Chancen auf Einflussnahme, die ebenfalls für starke Beziehungen sprechen, lassen sich an gerichteten Verflechtungen operationalisieren (vgl. Windolf/Nollert 2001). Solche Kontrollbeziehungen bzw. Beziehungen mit asymmetrischen Einflusschancen gelten als stabiler als reine Informationsbeziehungen (vgl. Stearns/Mizruchi 1986). Chancen auf Einflussnahme werden damit im Besonderen über eine (stabile) gerichtete positionale Zentralität operationalisiert. Folglich wird eine Intensivierung der gerichteten Verflechtungen als eine Ausweitung von Kontrollchancen gedeutet. Macht wird dem folgend als die Chance der eigenen Interessensdurchsetzung durch eine spezifische Verbindung von Gelegenheitsstrukturen operationalisiert (vgl. Weber 1972 [1921]; Wrong 1980; Ziegler 1998). Im Zusammenhang mit der Stärke von Beziehungen ist neben den nachgewiesenen Mehrfachverflechtungen insbesondere die Reziprozität der gerichteten Verflechtungen von Relevanz. Durch reziproke Beziehungen lassen sich in Abgrenzung zu einseitigen Einflusschancen auf Wechselseitigkeit ausgerichtete Beziehungsstrukturen, insbesondere Chancen auf Koordination und Kontrolle zum wechselseitigen Vorteil, operationalisieren (theoretisch hierzu vgl. Gouldner 1960; Blau 1968; Adloff/Mau 2005).

Die Makrofragestellungen richten ihren Blick auf die Integration der Großunternehmen, auf ihre Einbettung im Querschnitt wie im Längsschnitt, und damit verbunden, auf das Steuerungspotential von Unternehmensnetzwerken. Betrachtet wird hierzu die Unternehmensgröße. Wächst diese, dann nimmt mit der Anzahl von Akteuren (bis zu einem kritischen Punkt) auch die Chance auf Koordination zu. Operationalisiert wird die Makrostruktur durch Berechnungen zur Dichte und Fragmentierung des Netzwerks. Es wird davon ausgegangen, dass je höher die Dichte der Verflechtung ist, desto größer die Wahrscheinlichkeit einer Kooperation sein wird. Das Koordinationspotential wird ferner über die Stabilität der Beziehungen operationalisiert. Erst auf der Basis von wiederkehrenden Interaktionen kann es zur Ausbildung eines normativen Rahmens

kommen, der Tauschprozesse koordiniert. Und schließlich können die Intentionalitäts-
anteile des Netzwerks ebenso an seiner Stabilität beurteilt werden (Mintz/Schwartz 1985;
Stearns/Mizruchi 1986; Schreyögg/Papenheim-Tockhorn 1995).

4.4   Hypothesen

Das Hauptziel der vorliegenden Studie ist ein erweiterter Einblick in Zusammenhänge,
welche die Formation des Unternehmensnetzwerkes im Deutschen Kaiserreich und der
Weimarer Republik maßgeblich geprägt haben. An dieser Stelle werden nun die die vorliegende Untersuchung leitenden Hypothesen formuliert, deren empirische Überprüfung in Kapitel 5 beginnt.

   Die Aggregatstruktur der Verflechtung ist weitgehend erschlossen (vgl. Windolf
2006; Windolf 2007). Wie wir wissen, kommt es in Deutschland zu einer kontinuierlichen Verdichtung von Verflechtungen, die allerdings zwischen den Jahren 1928 und
1933 wieder zurückgeht. Aus der strukturellen Erwägung heraus, dass die Position der
Unternehmen durch die Aktivität ihrer Direktoren bestimmt ist, wird erwartet, dass
dieser Rückgang der Dichte auf die rechtliche Begrenzung von Aufsichtsratsmandaten
zurückzuführen ist *(Hypothese 1)*. Dies wird in der Längsschnittanalyse indirekt über
die Effekte der Verringerung der Personen in den Aufsichtsräten geprüft.

   Der Schwerpunkt der Untersuchung liegt auf der Verteilung der Netzwerkpositionen. Es wird angenommen, dass die Unterschiede in der ökonomischen Bedeutsamkeit
von Unternehmen auch Auswirkungen auf die Attraktivität von Aufsichtsratspositionen
haben. Nicht alle Unternehmen verfügen über das gleiche ökonomische Prestige. Ebenso wenig gilt das für potentielle Träger von Mandaten, also potentielle Aufsichtsräte.
Mit den Positionen im Unternehmensnetzwerk sind in ebensolcher Weise unterschiedlich große Chancen auf Macht und Prestige verknüpft. Was heißt das für die Banken?
Da Bankdirektoren nicht nur naheliegende Motive (wie Kontrolle etc.) haben, in Aufsichtsräte zu gehen, und manche Unternehmen auch mit Nachdruck auf ihre Anwesenheit hinarbeiten (z. B. wegen der Chance auf Kapitalzugang), wird angenommen,
dass Banken, insbesondere die Großbanken, zu den Profiteuren des Netzwerks zählen
(Hypothese 2). Diese Hypothese knüpft an die Argumentation Hilferdings an, der davon
ausgeht, dass sich Bankenmacht über die Position der Banken im Aufsichtsrat der Großindustrie institutionalisiert (vgl. Hilferding 1910). Daher sollten die Banken im sozialen
Gefüge der Unternehmensverflechtung höchst zentrale Positionen einnehmen. Es wird
aber nicht nur angenommen, dass sie mehr soziales Kapital aus den Verflechtungen
ziehen, sondern insbesondere mehr Gelegenheitsstrukturen für Kontrollbeziehungen.
Das heißt, Banken entsenden mehr Direktorien in Aufsichtsräte als andere Unternehmen. Denn die Bankiers sind aus soziologischer Sicht ja „Kontrolleure" mit starkem
Eigeninteresse, schließlich haben sie sich durch Kredite und Anleihen langfristig an das
Schicksal der Unternehmen gebunden.

Core-Peripherie Strukturen sind typische Merkmale von Netzwerken einer bestimm-ten Größe. Es wird daher angenommen, dass solche Subgruppenstrukturen auch im Netzwerk der personellen Verflechtungen der Großunternehmen aufgefunden werden können. Der *Core* ist dabei das Informations- und Kontrollzentrum des Netzwerks. In diesem Zusammenhang wird weiter erwartet, dass Banken bzw. Großbanken den *Core* dominieren und dass es innerhalb des *Core* mehr Reziprozität (Überkreuzverflechtun-gen) als zwischen *Core* und Peripherie gibt *(Hypothese 3)*.

Netzwerke sind in Koordinierten Marktwirtschaften eine tragende Säule. Sie über-nehmen wichtige Funktionen. Daher ist anzunehmen, dass obgleich vielleicht nicht schon bei der Genese, aber so doch zumindest bei der Reproduktion eines Großteils der Beziehung intentionale Mechanismen wirksam werden. Intentionalität und Stabili-tät sind in vielen Fällen miteinander verknüpft. Es wird daher angenommen, dass sich das Netzwerk großteils stabil verhält *(Hypothese 4)*. Folgt man dieser Argumentation weiter, wird vermutet, dass Banken, deren Verflechtungen intendierte institutionsbe-zogene Beziehungen darstellen sollten, eine stabilere Verflechtungsstruktur als Nicht-Finanzunternehmen aufweisen *(Hypothese 5)*.

Diese ersten Hypothesen beziehen sich auf das Netzwerk im Allgemeinen. So oder ähnlich wurden sie in anderen Studien für andere Zeitpunkte und/oder Länder bereits untersucht. Für Deutschland wird darüber hinaus eine neue Datengrundlage bereitge-stellt. Der Schwerpunkt dieser Untersuchung richtet sich in diesem Rahmen auf eine differenzierte Betrachtung von Finanzunternehmen. Die Großbanken werden als maß-gebliche Gruppe innerhalb der Banken gesehen, deren Verflechtungen gesondert zu un-tersuchen sein werden.

Im Zusammenhang mit den großen Bankenfusionen 1929 (Deutsche Bank und Dis-conto-Gesellschaft) und 1932 (Dresdner Bank und Danat-Bank) sollte aufgrund des damit verbundenen Zugewinns an ökonomischer Bedeutsamkeit eine Zentralisierung des Netzwerks erwartet werden. Die Gründe für die Fusionen sind allerdings derart unterschiedlich und (insbesondere für die Fusion zwischen Dresdner Bank und Da-nat-Bank) von massiven Krisenerscheinungen begleitet, so dass die Studien hier nur explorativen Charakter haben kann. Diese Ambivalenz der Erwartung gilt in gleichem Maße für die Stabilität der Beziehungen. Mit Fusionen ist in der Regel eine Zusam-menführung und Teilerneuerung der Organe verbunden, was Diskontinuitäten in dy-adischen Beziehungen mit sich bringen kann. Allerdings erhalten die verbleibenden Banken auch eine größere Bedeutung, was das Interesse an Kontinuität stärken könnte.

Die vertraute Argumentation nimmt an, dass sich Bank-Industrie Verflechtungen in erster Linie über die Entsendung von Bankdirektoren in Industrieaufsichtsräte voll-ziehen werden. Die institutionelle Einflussnahme von Banken auf Nicht-Finanzun-ternehmen über gerichtete Beziehungen wäre demnach einseitig. Mit Blick auf die Aufsichtsräte der Großbanken ist von keiner Einflussnahme durch Nicht-Finanzunter-nehmen auszugehen. Bezüglich der Frage nach der Unternehmenskontrolle heißt das, dass Banken allenfalls durch Eigentümer, nach den Gründungsdokumenten sind das

meist andere Banken, „beherrscht" werden. Mit anderen Worten, in den Aufsichtsräten
der Banken werden keine (oder kaum) Vertreter von Nicht-Finanzunternehmen erwartet *(Hypothese 6)*.

Die Beziehungen zwischen Banken und Industrie können jedoch auch aus einer anderen Argumentationslogik heraus betrachtet werden. Ein Aspekt, der nämlich nicht
übersehen werden darf, ist die Bankenkonkurrenz. Diese mag sich als struktureller Vorteil für Industrieunternehmen erweisen. Es lassen sich daher folgende Gegenthesen formulieren: Industrielle im Aufsichtsrat der Großbanken können einerseits als potentielle
Schuldner mit einem ausgeprägten Interesse an der Kontrolle „ihrer" Banken betrachtet
werden. Dies ist, die These Hilferdings auf den Kopf stellend, durch deren spezifische
Rolle in der Unternehmensfinanzierung zu erklären. Andererseits drückt sich in (direkt
gleichsam wie in indirekt) reziproken Verflechtungsstrukturen ein charakteristisches
Merkmal des deutschen Kapitalismus aus, nämlich Unternehmenskontrolle auf Gegenseitigkeit. Nicht nur lässt sich das durch das integrative Potential von Netzwerken als Institution erklären, sondern es dokumentiert auch den Widerspruch zwischen Kontrolle
im Sinne von Einflussnahme und Kontrolle im Sinne von Überwachung. Wechselseitigkeit schließt eine einseitige Einflussnahme aus, Überwachung setzt eine zuvor getroffe-
ne „Vereinbarung" voraus, deren Einhaltung durchaus wechselseitig im Auge behalten
werden kann, also Koordination. Für die Struktur des Netzwerks leiten sich daraus folgende Annahmen ab. Im Fall der „Schuldnerkontrolle" würde das bedeuten, dass die
Wahrscheinlichkeit, dass ein Vorstand in den Aufsichtsrat der Banken entsendet wird,
vom Verschuldungsgrad des Unternehmens abhängt *(Hypothese 7)*. Betrachtet man personelle Verflechtungen zwischen Unternehmen hingegen komplementär zu zahlreichen
weiteren Koordinationsmechanismen des „organisierten Kapitalismus", spricht von den
wenigen zur Verfügung stehenden Variablen vieles für einen Zusammenhang zwischen
der Unternehmensgröße und der Position im Aufsichtsrat der Großbanken *(Hypothese 8)*. Netzwerke wechselseitiger Koordination „maßgeblicher Unternehmen" zeichnen schließlich den deutschen Kapitalismus ex post gerade aus.

4.5 Aufbau und Vorgehensweise

Die empirische Untersuchung erstreckt sich über drei Kapitel, deren Aufbau hier skizziert wird. Detaillierte methodische Hinweise finden sich in den jeweiligen Abschnitten der Auswertung. Diese beginnt bei einem Querschnittsvergleich in Kapitel 5, dem
schließt sich ein Längsschnittvergleich in Kapitel 6 an. Kapitel 7 schließlich ist der ver-
tieften Einzelfallanalyse der Großbanken gewidmet.

Untersuchung im Querschnitt (Kapitel 5)
Die empirische Untersuchung zur Verflechtung der Großunternehmen beginnt mit
einer explorativen Visualisierung. In der weiteren Auswertung werden Strukturmerk-

male des Netzwerks auf der Aggregatebene (Dichte, Fragmentierung u. a.) und der Ebene von Unternehmen (Zentralität) beschrieben. Zu den allgemeinen Merkmalen des Netzwerkes gehört auch die Zusammensetzung der Direktoren in den Unternehmen. In Hinblick auf die spezifische Fragestellung wird dazu ein Überblick über die Anzahl von Bankiers (Aktien- und Privatbanken) in den Aufsichtsräten gegeben. Die Untersuchung der Verteilungsstruktur des relationalen Kapitals zwischen einzelnen Unternehmen erfolgt sowohl deskriptiv als auch hypothesenprüfend durch Anwendung statistischer Testverfahren, die indirekt auch den Einfluss der Großbanken bewerten. Den Abschluss der Querschnittsuntersuchung bildet die *Core*-Peripherie Analyse, in der regionale Ungleichheitstrukturen, also Gruppenzentralitäten betrachtet werden. An die Beschreibung der *Core*-Peripheriestruktur wird wieder eine statistische Prüfung der Hypothesen zur Zusammensetzung des *Cores* und der dahinterliegenden sozialen Parameter angeschlossen.

Untersuchung im Längsschnitt (Kapitel 6)
In der Literatur zu *broken-tie* Analysen gilt die Stabilität von dyadischen Verbindungen als ein Indiz für dahinter liegende soziale, in diesem Fall interorganisationale Motive (vgl. Koenig et al. 1979; Stearns/Mizruchi 1986).[137] In Kapitel 6 wird daher die Stabilität des Unternehmensnetzwerkes untersucht. Es wird danach gefragt, ob die beobachteten Beziehungen prinzipiell stabil sind, und wenn ja, wie stabil. Ein hoher Anteil von über die Zeit konservierten Beziehungen zwischen Unternehmen ist ein Signal für eine stabile Netzwerkstruktur, eine hohe Erneuerungsrate hingegen ein Zeichen für deren Fragilität. Zunächst werden die Stabilitätsstrukturen für die Teilmenge der innerhalb der untersuchten Zeitspannen sich deckenden Unternehmen beschrieben und dabei zwischen stabilen, neuen und weggebrochenen Beziehungen unterschieden. Nach einem deskriptiven Gruppenvergleich werden zur Hypothesenprüfung statistische Testverfahren herangezogen. Im Zuge der Stabilitätsanalyse wird der mögliche Zusammen-

---

137 Die bevorzugte Vorgehensweise bei *broken-tie* Analysen ist die Untersuchung, ob eine durch Tod oder Ausscheiden eines Direktors unterbrochene Beziehung zwischen Unternehmen unmittelbar wieder rekonstruiert wird. Dabei werden meist interorganisationale Theorien, die von einer Rekonstituierung ausgehen, gegen klassentheoretische Ansätze getestet, welche jenes in Zweifel ziehen (s. Koenig/Gogel/Sonquist 1979; Stearns/Mizruchi 1986). *Broken-ties* werden je nach Studie sehr unterschiedlich operationalisiert und untersucht. Die Ergebnisse können hier nicht im Einzelnen diskutiert werden, beziehen sie sich doch auch auf komplett andere Länder und Zeiträume. Es bleibt nur festzuhalten, dass sich in Untersuchungen zu Unternehmensverflechtungen in Deutschland prinzipiell mehr Stabilität nachweisen lässt als in Untersuchungen zu den USA und Kanada (vgl. Schreyögg/Papenheim-Tockhorn 1995: hier 126). Dies lässt Rückschlüsse auf die Kooperationsstruktur zwischen deutschen Unternehmen zu und belegt damit die These von Chandler (vgl. Chandler 1990).
Durch die Datenstruktur sind der Analyse enge Grenzen gesetzt. Es ist hervorzuheben, dass im Unterschied zu anderen Studien Stabilität hier (neben der Analyse erhalten gebliebener Beziehungen) über die Anzahl bzw. den Anteil an *broken-ties* und nicht über deren Rekonstituierung operationalisiert wird. Für den Gruppenvergleich sind diese Daten ausreichend.

hang zwischen der Reduzierung von Beziehungen (und damit auch dem Rückgang der
Dichte des Netzwerks) und der zahlenmäßigen Beschränkung der Aufsichtsratsmandate
untersucht, nämlich indirekt über den Einfluss der Verkleinerung der Aufsichtsräte auf
die fortgeführten Beziehungen. Dabei wird nicht nur die Kohärenz der Verflechtungsmuster zu den rechtlichen Vorgaben (Aufsichtsratsgröße, Zahl der Positionen im Netzwerk) betrachtet, sondern auch deren Auswirkungen auf die Position der Banken. Beide
Zeiträume, sowohl der von 1914 bis 1928 als auch der von 1928 bis 1933, werden abschließend nochmals in einer gemeinsamen Zusammenschau bewertet.

Einzelfallanalyse der Großbanken (Kapitel 7)
Eine Untersuchung zur Institutionalisierung von Finanzkontrolle der Großunternehmen hat insbesondere die Großbanken zu berücksichtigen. Einer solchen Einzelfallanalyse widmet sich Kapitel 7. Zunächst wird die Position der Großbanken im Netzwerk
(Zentralitäten) einzeln herausgegriffen und dem Netzwerk im Querschnitt gegenübergestellt. Dazu wird auch die Anzahl der Personen im Direktorium und Aufsichtsrat
betrachtet. Dem Querschnittsvergleich schließt sich die Untersuchung der Stabilität
dyadischer Beziehungen im Längsschnitt an, wie schon in Kapitel 6 für das Netzwerk
insgesamt. Darauf folgt der Abschnitt zur Zusammensetzung der Aufsichtsräte der
Großbanken, in welchem auch die Hypothese zur sozialen Schließung geprüft wird.
Zum Abschluss wird nochmals die Ebene der Direktoren betrachtet. Es werden die Positionen von Personengruppen im Netzwerk verglichen. Dabei wird die Aktivität der Direktoren der Banken mit anderen Aufsichtsräten verglichen und es werden allgemeine
Rückschlüsse über Netzwerkspezialisten gezogen, welche Motive hinter den Mustern
der Vernetzung offen legen.

5 Das Netzwerk der Großunternehmen

5.1 Explorative Visualisierung

Die empirische Untersuchung zur Verflechtung der Großunternehmen beginnt mit einer explorativen Visualisierung der betrachteten Netzwerkfigurationen. Als eine Art „Gestaltanalyse" gehört die Visualisierung sozialer Strukturen zu den zentralen Aufgaben und Leistungen sozialer Netzwerkanalyse (vgl. Wellman 1997 [1988]). Visualisierung ist im Kontext sozialwissenschaftlicher Forschung daher kein Selbstzweck. Vom Standpunkt einer erklärenden Soziologie aus betrachtet, steht dahinter immer die Bemühung emergente Muster sozialer Beziehungen aufzudecken (vgl. Weber 1964/1921). Eine explorative Visualisierung hat gegenüber einer meist sehr abstrakt bleibenden Strukturbeschreibung den Vorteil, auf einen Blick grundlegende Informationen zur Struktur von Netzwerken zu vermitteln. Mittlerweile stellt die gängige Software hoch entwickelte Verfahren zur Verfügung, die relativ schnell darüber Aufschluss geben, ob Netzwerkdaten überhaupt strukturell interessante Eigenschaften haben oder nicht. Visualisierung kann dabei als erster Schritt einer explorativen Datenanalyse angewendet werden (vgl. Freeman 2005).[138] Die hier in den Graphen als schwarze Punkte dargestellten Knoten sind Unternehmen und die Kanten (dargestellt als graue Linien) ihre personellen Verflechtungen.

Es folgt nun eine graphische Einzeldarstellung der Vergleichsjahre und der Verflechtungstypen (Aufsichtsrat-zu-Aufsichtsrat sowie Vorstand-zu-Aufsichtsrat). Aus der Visualisierung für 1896 ist zu erkennen, dass die Verflechtungen zwischen Aufsichtsräten das Netzwerk noch in mehrere unverbundene Subgraphen (Komponenten) teilen. Das ändert sich aber während des Untersuchungsverlaufs. 1928 gibt es überhaupt nur eine einzige zusammenhängende Komponente. Die größte Komponente von 1896, rechts im Graphen zu sehen, ähnelt in ihrer Struktur entfernt der eines Sterns mit stark verflochtenen Unternehmen in der Mitte und weniger verflochtenen Unternehmen am Rand. Mehrere kleine Komponenten, die vorwiegend aus dyadischen Beziehungen bestehen, sind links außen zu erkennen.

---

138 Bei einer Visualisierung handelt es sich um die isomorphe Abbildung numerischer Werte in ein graphisches System. Es stehen mehrere unterschiedliche mathematische Wege zur Auswahl, um soziale Beziehungen räumlich darzustellen. Algorithmusbasierte Verfahren übersetzen soziale Nähe in die entsprechende räumliche Nähe. Direkt verbundene und auf mehreren Pfaden erreichbare Akteure werden dabei beispielsweise näher aneinandergereiht als nur indirekt über lange Pfaddistanzen erreichbare Akteure. Zu solchen Verfahren zählt der hier verwendete *spring embedder* (vgl. Freeman 2005).

Aus der graphischen Darstellung sind sowohl eine zahlenmäßige Vergrößerung als auch eine Verdichtung der Verflechtung von 1896 bis 1914 zu erschließen. Die Anzahl der Unternehmen sowie die Beziehungen in der größten Komponente nehmen zu und die Zahl kleinerer Komponenten hat sich verringert. Ferner zentrieren sich einige Unternehmen in der Mitte des Graphen. Das bedeutet, sie teilen mit mehr anderen Unternehmen ihre Aufsichtsräte als diejenigen am äußeren Rand.

Abbildung 4   Unternehmen und Aufsichtsrat-zu-Aufsichtsrat Verflechtungen 1896

Anmerkung: Die Punkte im Graphen bilden Unternehmen ab, die Linien deren personelle Verflechtung. Hier wurde ein *spring embedder*-Verfahren angewendet.

Abbildung 5   Unternehmen und Aufsichtsrat-zu-Aufsichtsrat Verflechtungen 1914

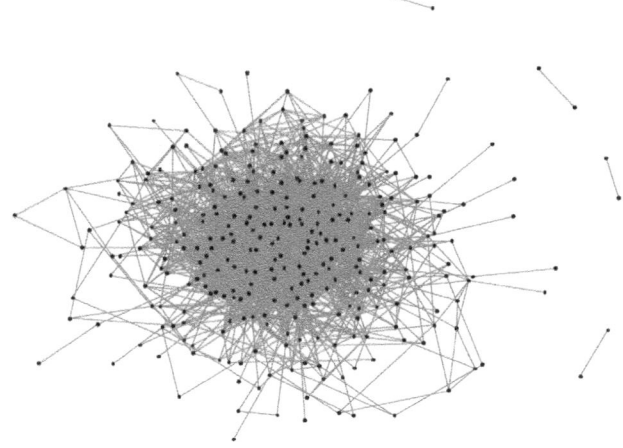

Anmerkung: Die Punkte im Graphen bilden Unternehmen ab, die Linien deren personelle Verflechtung. Hier wurde ein *spring embedder*-Verfahren angewendet.

In den Graphen von 1928 und 1933 können die abgebildeten Beziehungen bereits kaum noch isoliert voneinander betrachtet werden. Dies ist ein Hinweis auf eine Steigerung der Aktivität. Darüber hinaus deutet sich zu beiden Zeitpunkten eine Klumpung von Unternehmen in der Mitte des Graphen an. Graphisch ähneln die Unternehmensverflechtungen 1933 stark jenen von 1928.

Abbildung 6   Unternehmen und Aufsichtsrat-zu-Aufsichtsrat Verflechtungen 1928

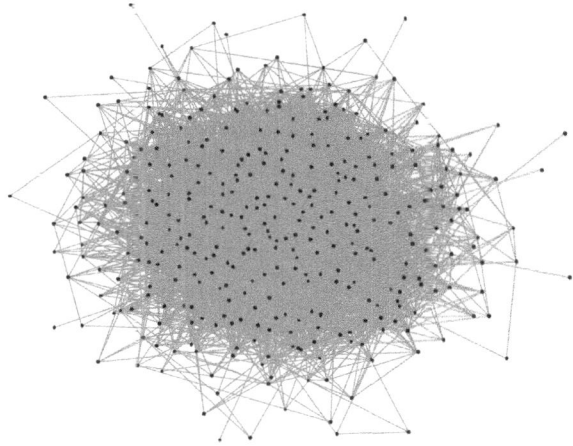

Anmerkung: Die Punkte im Graphen bilden Unternehmen ab, die Linien deren personelle Verflechtung. Hier wurde ein *spring embedder*-Verfahren angewendet.

Abbildung 7   Unternehmen und Aufsichtsrat-zu-Aufsichtsrat Verflechtungen 1933

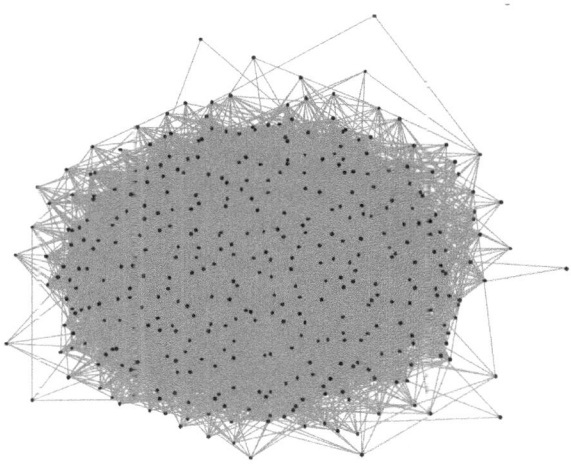

Anmerkung: Die Punkte im Graphen bilden Unternehmen ab, die Linien deren personelle Verflechtung. Hier wurde ein *spring embedder*-Verfahren angewendet.

Die Betrachtung ist auf verbundene Unternehmen eingegrenzt (vgl. Tab. 8 in Kapitel 4). Eine Differenzierung nach ungerichteten und gerichteten Verflechtungen hat zur Folge, dass Unternehmen, die ausschließlich über eine dieser Formen der Verflechtung ins Netzwerk integriert sind, in der jeweils anderen Einzelbetrachtung isoliert, also unverbunden sind. Solche partiell isolierten Unternehmen bleiben in der betroffenen graphischen Darstellung ausgespart. Folgende Tabelle (s. Tabelle 10) gibt zu deren zahlenmäßigem Ausmaß jedoch einen Überblick. In der Betrachtung der Gesamtverflechtung wird diese partielle Isolation wieder aufgehoben.

Tabelle 10   Partiell isolierte Unternehmen (absolut und anteilig)

	1896 (N = 156)	1914 (N = 321)	1928 (N = 365)	1933 (N = 388)
bei Aufsichtsrat-zu-Aufsichtsrat Verflechtungen	20 12.8 %	15 4.7 %	2 0.5 %	4 1.0 %
bei Vorstand-zu-Aufsichtsrat Verflechtungen	45 28.8 %	85 26.5 %	36 9.9 %	49 12.6 %

Partiell isolierte Unternehmen gibt es vermehrt bei den Vorstand-zu-Aufsichtsrat Verflechtungen. Da gerichtete Verflechtungen im Untersuchungsverlauf zunehmen, verringert sich der Anteil der partiell Isolierten allerdings deutlich.

Selbst wenn man die partielle Isolation der Vorstand-zu-Aufsichtsrat Verflechtungen berücksichtigt, illustriert die graphische Darstellung, dass diese gegenüber den Aufsichtsrat-zu-Aufsichtsrat Verflechtungen durchweg fragmentierter bleiben.

Der Graph von 1896 zeigt eine verlängert sternförmige Verflechtung. Es gibt wenige Unternehmen, deren Vorstände mehrere Positionen in Aufsichtsräten anderer Unternehmen einnehmen. Diese sind vergleichbar mit Sternmittelpunkten in der Mitte des Graphen positioniert. Bei der Mehrzahl der Unternehmen wird ein Vorstand maximal in ein oder zwei Unternehmen entsendet. Im Graphen zeigen sich diese Beziehungen als (mehr oder weniger verlängerte) Strahlen. Um den Akteur mit den meisten Verflechtungen als ein Beispiel herauszugreifen, die Berliner Handelsgesellschaft (BHG) bildet den Sternmittelpunkt mit den meisten „Strahlen". Verbunden ist sie unter anderen mit der AEG und der Mannesmann AG.

1914 gibt es nicht nur mehr Unternehmen im Sample, diese entsenden auch mehr Vorstände in andere Unternehmen, die Verflechtungsaktivität steigt an, wie die verstärkte graue Grundierung des Graphen andeutet. Bis 1928 kommt es dann zu einer sukzessiven Verdichtung der gerichteten Beziehungen. Allerdings ist das Netzwerk nach wie vor fragmentiert.

Vergleicht man 1928 mit 1933, so wird die Struktur des Netzwerks der Vorstand-zu-Aufsichtsrat Verflechtungen etwas „lichter". Unterschiede zeigen sich auch in der Anzahl kleinerer Komponenten. Die Fragmentierung des Netzwerks nimmt bis 1933 wieder zu.

Abbildung 8   Unternehmen und Vorstand-zu-Aufsichtsrat Verflechtungen 1896

Anmerkung: Die Punkte im Graphen bilden Unternehmen ab, die Linien derer personelle Verflechtung. Hier wurde ein *spring embedder*-Verfahren angewendet.

Abbildung 9   Unternehmen und Vorstand-zu-Aufsichtsrat Verflechtung 1914

Anmerkung: Die Punkte im Graphen bilden Unternehmen ab, die Linien deren personelle Verflechtung. Hier wurde ein *spring embedder*-Verfahren angewendet.

Abbildung 10   Unternehmen und Vorstand-zu-Aufsichtsrat Verflechtung 1928

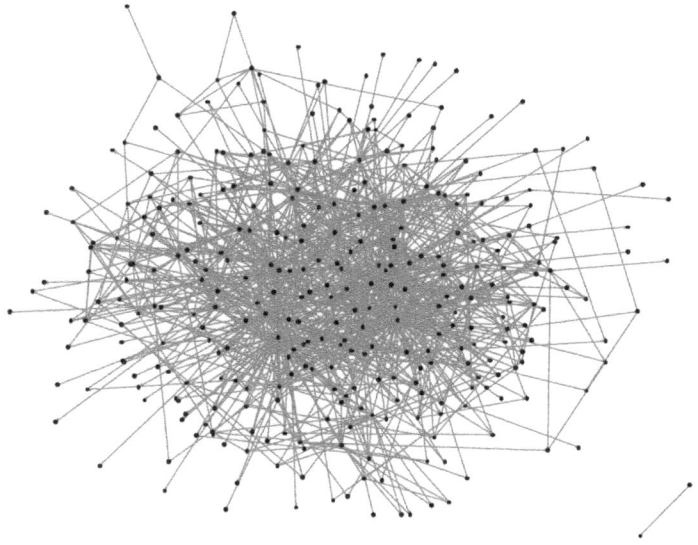

Anmerkung: Die Punkte im Graphen bilden Unternehmen ab, die Linien deren personelle Verflechtung. Hier wurde ein *spring embedder*-Verfahren angewendet.

Abbildung 11   Unternehmen und Vorstand-zu-Aufsichtsrat Verflechtung 1933

Anmerkung: Die Punkte im Graphen bilden Unternehmen ab, die Linien deren personelle Verflechtung. Hier wurde ein *spring embedder*-Verfahren angewendet.

5.2   Die emergente Struktur personeller Verflechtung

Mit der explorativen Visualisierung sollte ein erster Eindruck von Form und Gestalt der personellen Verflechtung der deutschen Aktiengesellschaften vermittelt werden. Damit ist bereits ein guter Einstieg für die systematische Analyse der charakteristischen Struktureigenschaften des Netzwerks gegeben worden. Im Zuge dieser Auswertung werden Strukturmerkmale auf der Aggregatebene und der Ebene von Unternehmen und Direktoren nun nacheinander beschrieben.

5.2.1 Aggregatstrukturen

Ein grundlegendes Maß für die Kohäsion innerhalb von Netzwerken ist die Dichte. Dabei werden auf der Ebene des Gesamtnetzwerkes die zwischen den verbundenen Unternehmen realisierten Beziehungen betrachtet. Mathematisch wird die Dichte der Verflechtung als das proportionale Verhältnis der realisierten Beziehungen zu allen möglichen Beziehungen definiert (vgl. Wasserman/Faust 1999: hier 101 und 314 ff).[139] Die möglichen Werte reichen von Null bis Eins bzw. bis 100 %. Eine Dichte von Null besagt, dass kein Akteur mit einem anderen betrachteten Akteur im Netzwerk in Relation steht, eine Dichte von 100 % hingegen bedeutet, dass jeder Akteur mit jedem anderen verbunden ist. Abbildung 12 zeigt die Entwicklung der Einfachverflechtungen zwischen deutschen Großunternehmen von 1896 bis 1933, insgesamt ebenso wie getrennt nach Aufsichtsrat-zu-Aufsichtsrat und Vorstand-zu-Aufsichtsrat Verflechtungen.

Die Dichte des Netzwerkes der personellen Verflechtungen ist absolut betrachtet nicht ausgesprochen hoch. Bis 1928 lässt sich allerdings ein kontinuierlicher Anstieg feststellen. Die Unternehmensvernetzung in der Form von personellen Verflechtungen hat im Untersuchungszeitraum zugenommen. Das Netzwerk verdichtet sich trotz einer Verdopplung der Netzwerkgröße, was sich nur durch einen deutlichen Anstieg der Aktivität der Unternehmer erklären lässt. Ferner wird offensichtlich, dass sich die Verdichtung über Aufsichtsrat-zu-Aufsichtsrat Verflechtungen vollzieht. Der Anteil der Vorstand-zu-Aufsichtsrat Verflechtungen verdoppelt sich im Untersuchungszeitraum zwar ebenfalls, er bleibt jedoch gegenüber Ersteren verhältnismäßig gering. Schließlich

---

139 „The density of a graph is the proportion of possible lines that are actually present in the graph. It is

the ratio of the number of lines present, L, to the maximum possible. The density of a graph, which

we denote by Δ, is calculated as $\Delta = \dfrac{L}{g(g-1)/2} = \dfrac{2L}{g(g-1)}$ " (Wasserman/Faust 1999: 101). Hinweis: g steht hier für die Anzahl der der Knoten im Netzwerk, und $2L$ ist äquivalent zur Summe der

Verbindungen aller Knoten $\sum_{i=1}^{g} C_D(r_i)$.

Abbildung 12   Verflechtung zwischen deutschen Aktiengesellschaften
                  (Dichte in Prozent)

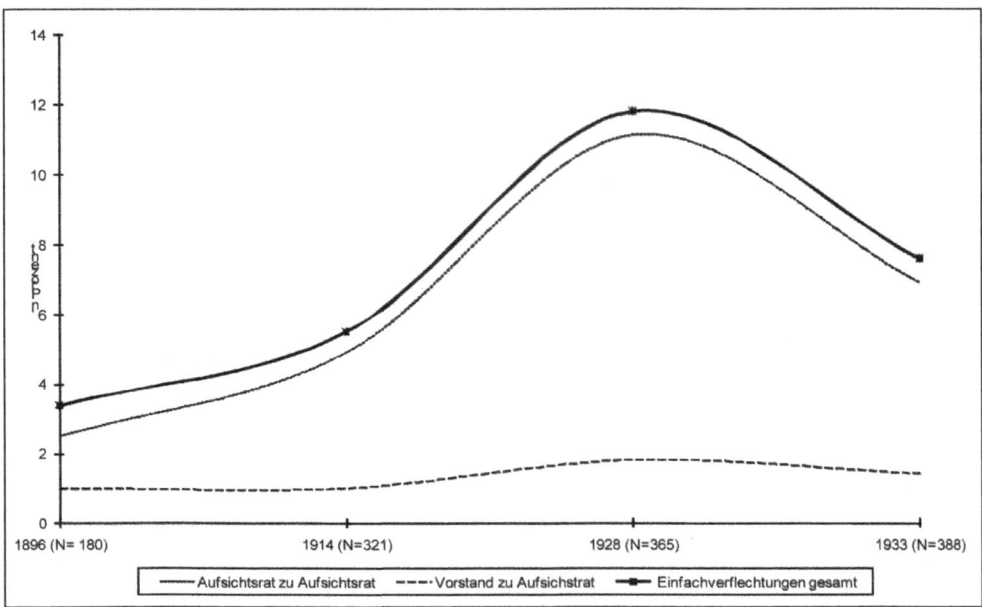

Anmerkungen: Unter der Dichte wird das proportionale Verhältnis der realisierten zu den möglichen Beziehungen im Netzwerk verstanden (vgl. Wasserman/Faust 1999).

ist von 1928 bis 1933 wieder ein deutlicher Rückgang der Verbindungen zwischen Unternehmen zu erkennen.

In großen Netzwerken wird die Verbundenheit von Akteuren leicht unterschätzt. Insbesondere eine ausschließliche Betrachtung der Dichte kann zu einer Fehlschätzung der tatsächlichen Kohäsion führen (vgl. Friedkin 1981). Festinger et al. heben in diesem Zusammenhang den Einfluss kohäsiver Subgruppen hervor (vgl. Festinger et al. 1950: hier 94). Da bei den untersuchten Netzwerken die Größe variiert, wird in Anlehnung an Friedkin neben der Dichte eine Kombination aus fünf weiteren Strukturmerkmalen betrachtet (vgl. Friedkin 1981: hier 43 f). Die Verbundenheit des Netzwerkes wird am Anteil der wechselseitig verbundenen Akteure *(reachability),* am durchschnittlich kürzesten Pfad zwischen zwei beliebigen Akteuren *(geodesic),* am längsten ‚kürzesten Pfad‘ *(diameter)* zwischen beliebigen Akteuren, am Anteil keiner Triade zugehöriger Akteure und schließlich an der Anzahl der im Netzwerk vorfindbaren Triaden ermittelt. In folgender Tabelle (s. Tabelle 11) sind die Friedkin-Maße ergänzend zur Dichte für alle vier Untersuchungszeitpunkte zusammengefasst.

Betrachtet man die Verbundenheit, spannen die personellen Verflechtungen zwischen den großen Aktiengesellschaften ein relativ engmaschiges Netzwerk auf. Gut drei Viertel aller Unternehmen sind bereits 1896 miteinander verbunden, ab 1928 ist die Ver-

Tabelle 11   Kohäsionsmaße im Überblick (nach Friedkin)

	1896 (N = 156)	1914 (N = 321)	1928 (N = 365)	1933 (N = 388)
Verbundenheit	72.8 %	96.3 %	100 %	100 %
Durchschnittliche *Geodesic* (in Pfadlängen)	3.5	2.7	2.1	2.3
Diameter (in Pfadlängen)	9.0	7.0	4.0	5.0
Akteure nicht involviert in Triaden* %	31.4 %	13.1 %	2.2 %	4.4 %
Durchschnitt Anzahl Triaden*	7.7	114.7	680.9	254.3

* Grundlage der Berechnung sind die symmetrisierten dichotomen Beziehungen zwischen den Unternehmen. Die Richtung der Beziehung wird damit nicht berücksichtigt.

Anmerkungen: Die Verbundenheit gibt den Anteil der Akteure an, die im Netzwerk füreinander erreichbar sind, der *Geodesic* die durchschnittliche kürzeste Pfadlänge zwischen zwei beliebigen Akteuren, der *Diameter* die längste kürzeste Pfadlänge im Netzwerk. Triaden, also drei Akteure, die wechselseitig miteinander verbunden sind, beschreiben die kleinste Subgruppenstruktur im Netzwerk (vgl. Friedkin 1981).

bundenheit vollständig. Das heißt, es gibt nur eine einzige Komponente (auf der Grundlage der Gesamtverflechtungen). Die Pfadlängen zwischen den Akteuren verkürzen sich. Ferner nimmt der Anteil der in Triaden involvierten Unternehmen deutlich zu. Die durchschnittliche Anzahl der Triaden nimmt sogar multiplikativ zu, zumindest bis 1928. Alles in allem wird das Netzwerk kohäsiver und das Integrationspotential nimmt zu.[140]

---

140 Mit steigender Netzwerkgröße kommt es generell zu einer Zunahme der Verbundenheit, einer Verkürzung des durchschnittlich längsten und durchschnittlich kürzesten Pfades sowie einer Zunahme des durchschnittlichen Anteils von in Triaden involvierten Akteuren und der durchschnittlichen Anzahl von Triaden im Netzwerk (vgl. Friedkin 1981). Auch die erweiterten Kohäsionsmaße sind also (in nicht-linearem Ausmaß) von der Netzwerkgröße abhängig. Um Bedenken in Bezug auf die Vergleichbarkeit von Netzwerken unterschiedlicher Größe auszuräumen, wurden die Daten mit zufallsgenerierten Netzwerken verglichen. Eine Übersicht über die entsprechenden Kohäsionsmaße für Zufallsgraphen findet sich in Tabelle 40 im Anhang. In Anlehnung an Friedkin (1981) wurden nach Monte Carlo Prozedur Zufallsgraphen gleicher Größe und Dichte wie die beobachteten Graphen erzeugt. Verglichen mit solchen Zufallsgraphen hat das Netzwerk der personellen Verflechtung deutscher Aktiengesellschaften eine niedrigere Verbundenheit und die Pfade zwischen den Akteuren sind länger. Das gilt insbesondere für 1896. Der Durchmesser des Zufallsgraphen ist um bis zu drei Pfadlängen kürzer. Unterschiede gibt es auch in der Subgruppenstruktur. Die durchschnittliche Anzahl an beobachteten Triaden ist deutlich höher als erwartet. Es können im Netzwerk also viele Subgruppen beobachtet werden. Jedoch sind nicht alle Akteure in gleichem Ausmaß darin involviert. Gegenüber einer zufälligen Netzwerkstruktur gibt es 1914 1928 und noch 1933 Akteure, die keiner Triade angehören. Dies ist ein Hinweis darauf, dass es „regionale" Unterschiede im Netzwerk gibt. Nicht alle Unternehmen sind also in gleicher Weise integriert. Zum Verfahren s. auch Erdös/ Rényi 1960.

Die Standardabweichung der Dichte und die *degree*-Zentralisierung zählen zu Strukturmerkmalen, die Aufschluss über die Varianz unter den Unternehmen in Bezug auf die beobachteten Verflechtungen geben (vgl. Wassermann/Faust 1999: hier 182).[141] Beide Werte sind 1896 relativ niedrig, was für wenig Heterogenität zwischen den Unternehmen spricht.[142] Sie erhöhen sich jedoch tendenziell im Untersuchungszeitraum. 1896 liegt der Wert für die Zentralisierung bei 10 %. Das Maximum wird 1928 mit einer Zentralisierung von etwas über 30 % erreicht. Interessant sind allerdings die Unterschiede zwischen ausgehenden und eingehenden gerichteten Verflechtungen. Es besteht deutlich mehr Heterogenität zwischen den Unternehmen in Bezug auf die Entsendung von Vorständen als in Hinblick auf die Kooptation von Vorständen. Allgemein liegt die Zentralisierung gerichteter Verflechtungen unter dem Wert der ungerichteten Verflechtungen. Die folgende Tabelle (s. Tabelle 12) fasst die genannten Maße für die verschiedenen Verflechtungstypen zu allen vier Jahren zusammen.

Mit Blick auf die Aggregatstruktur spannt sich somit in Deutschland bereits am Beginn des 20. Jahrhunderts ein eng geknüpftes Netzwerk personeller Verflechtungen auf. Damit bestätigen die Ergebnisse nochmals die Untersuchung von Windolf, der darüber hinaus zeigen konnte, dass die Dichte der Verflechtung im Vergleich von Deutschland mit den USA bis 1914 relativ ähnlich ist, in den USA allerdings auf diesem niedrigen Niveau stagniert (vgl. Windolf 2006). In Deutschland weist sowohl die graphische Betrachtung der Netzwerkstrukturen als auch die Auswertung der Strukturdaten auf eine Verdichtung personeller Verflechtungen zwischen den großen Aktiengesellschaften hin, die 1928 ihren Höhepunkt erfährt. Bis dahin hat sich ein kohäsives Unternehmensnetzwerk herausgebildet.

---

141 Die Dichte eines Graphen ist, mathematisch betrachtet, zugleich der auf die Netzwerkgröße standardisierte Mittelwert der Aktivität der einzelnen Knoten. Eine Dichte von 30 % sagt beispielsweise aus, dass jeder Knoten im Durchschnitt zu 30 % aller anderen Knoten im Netz in Verbindung steht. In der Standardabweichung der Dichte drückt sich die standardisierte Abweichung der Aktivität der einzelnen Knoten vom berechneten Mittelwert, der Dichte, aus. Hohe Werte der Standardabweichung sprechen für viel Varianz in der Aktivität der Knoten, niedrige für wenig. Damit ist die Standardabweichung ein gängiger Indikator für die Netzwerkzentralisierung. Die *degree*-Zentralisierung ist ein weiteres Streuungsmaß, das niedrig ist, solange kein einzelner Akteur heraussticht. Ein Graph ist maximal zentralisiert, wenn er sternförmig strukturiert ist. Das heißt, ein Akteur im Zentrum hat zu allen anderen Akteuren an der Peripherie eine Verbindung, diese untereinander jedoch keine. In diesem Fall erlangt der Graph den maximalen Zentralisierungswert von eins bzw. 100 %. Hat der Graph die Form einer Clique, haben also alle Akteure gleichen Anteil an den Verbindungen untereinander, ist keine Zentralisierung zu beobachten. Der Index hat dann den Minimalwert von Null. (Vgl. zu beiden Wasserman/Faust 1999: 180 f).
142 Ein Zufallsgraph würde in diesem Fall eine deutlich heterogenere Struktur aufweisen.

Tabelle 12   Dichte und Zentralisierung des Netzwerks nach Jahren
und Beziehungstypen

	1896 (N=156)	1914 (N=321)	1928 (N=365)	1934 (N=388)
	Einfachverflechtungen gesamt			
Dichte	3.4 %	5.5 %	11.8 %	7.6 %
Standardabweichung	0.18	0.23	0.32	0.26
Degree-Zentralisierung	10.3 %	24.0 %	32.6 %	31.4 %
	Aufsichtsrat-zu-Aufsichtsrat Verflechtungen			
Dichte	2.6 %	4.9 %	11.1 %	6.9 %
Standardabweichung	0.16	0.22	0.31	0.25
Degree-Zentralisierung	8.5 %	22.7 %	31.2 %	22.4 %
	Vorstand-zu-Aufsichtsrat Verflechtungen			
Dichte	1 %*	1 %*	1.8 %*	1.4 %*
Standardabweichung	0.07	0.07	0.09	0.08
Zentralisierung ausgehender Beziehungen	7.3 %	13.3 %	22.5 %	22.1 %
Zentralisierung eingehender Beziehungen	4.0 %	4.2 %	4.3 %	2.7 %

*Anmerkung: Bei den Vorstand-zu-Aufsichtsrat Verflechtungen werden die Beziehungen nur in die Sende-Richtung gezählt.

Hohe Werte der Standardabweichung sprechen für viel Varianz in der Aktivität der Knoten, niedrige für wenig. Die *degree*-Zentralisierung ist ein weiteres Streuungsmaß, das niedrig ist, solange kein einzelner Akteur heraussticht. Ein maximal zentralisierter Graph hat einen Zentralisierungswert von 100 %.

5.2.2 Akteursstrukturen

Eine Verdichtung auf der Aggregatebene muss bei gleichzeitiger Zunahme der Netzwerkgröße von einer Steigerung der Aktivität der Netzwerkakteure begleitet sein (vgl. Friedkin 1981). Betrachtet man die Bausteine, aus welchen das Netzwerk aufgespannt wird, also die beobachteten Beziehungen, zu den vier Untersuchungszeitpunkten, ist tatsächlich eine sukzessive Erhöhung der Anzahl der Beziehungen zwischen Aktiengesellschaften festzustellen (Tabelle 13). Das gilt für Aufsichtsrat-zu-Aufsichtsrat Verflechtungen ebenso wie für Vorstand-zu-Aufsichtsrat Verflechtungen. Zwischen 1914 und 1928 ist der Anstieg am Höchsten. Bei dieser Zunahme handelt es sich nicht nur um den Aufbau neuer dyadischer Verflechtungen zwischen Unternehmen. Auch der Anteil an Mehrfachverflechtungen unten den Beziehungen erreicht gleichsam 1928 einen Höhepunkt. Beinahe jede zweite ungerichtete Beziehung zwischen Unternehmen wird dann über mehr als einen gemeinsamen Aufsichtsrat hergestellt. Ab 1928 werden auch

Mehrfachentsendungen von Vorständen in Aufsichtsräte anderer Unternehmen häufiger. Zum gleichen Zeitpunkt erreichen Überkreuzverflechtungen zwischen Unternehmen, also die reziproke Entsendung von Vorständen in den jeweils anderen Aufsichtsrat, eine strukturell größere Bedeutung. Bis 1933 nimmt dann die Anzahl insbesondere der Aufsichtsrat-zu-Aufsichtsrat Verflechtungen wieder ab.

Tabelle 13   Beobachtete Verflechtungen 1896–1933

	AR-AR	davon dichotom	davon mehrfach*	VO-AR	davon dichotom	davon mehrfach*	davon reziprok° (%)	verbundene Unternehmen (N)
1896	377	313	17.%	136	129	5.1 %	1 %	156
1914	3219	2530	21.4 %	543	497	8.5 %	1.5 %	321
1928	10 862	7344	32.4 %	1385	1182	14.7 %	6.1 %	365
1933	6924	5177	25.2 %	1219	1026	15.8 %	5 %	388

Anmerkung: Hier werden Verflechtungen zwischen Unternehmen betrachtet und demnach für beide Unternehmen nur einmal gezählt. Abweichend davon wir jede Verflechtung als Beziehung zweimal, da für jedes Unternehmen einzeln gezählt.

* Anteil der multiplen Verflechtungen an allen Verflechtungen

° Werte für reziproke Verflechtungen (Überkreuzverflechtungen) beziehen sich nur auf die Vorstand-zu-Aufsichtsrat Beziehungen

Parallel verlaufend zur Verdichtung des Netzwerks und zur Steigerung der Aktivität sind auch Veränderungen innerhalb der Unternehmen festzustellen. Es kommt zu einer Vergrößerung der Aufsichtsräte. Und das ist nicht die einzige Veränderung. Durch eine Zählung der Mandate der einzelnen Direktoren (in Vorständen und Aufsichtsräten) lässt sich zeigen, dass immer mehr Direktoren mehrere Positionen im Netzwerk einnehmen (vgl. dazu bereits Windolf 2006). Solche Personen, die über multiple Netzwerkpositionen verfügen, werden als Netzwerkspezialisten oder *big linker* bezeichnet (Ziegler 1983: 100, 125 ff. und 182; Münzel 2006: 63). Multiple Direktoren stellen durchschnittlich zweieinhalb so viele Beziehungen her wie der Durchschnitt an Direktoren insgesamt. Eine Aufschlüsselung nach der Anzahl der Positionen im Netzwerk zeigt darüber hinaus eine deutliche Abstufung zwischen den multiplen Direktoren untereinander. Liegt der Anteil von Direktoren mit mehr als einer Position im Netzwerk durchwegs zwischen 20 % und 25 %, beträgt dieser für Direktoren mit mehr als fünf Positionen bereits weniger als vier Prozent (s. Tabelle 14). Erst bei letzteren spricht man im eigentlichen Sinne von „Netzwerkspezialisten".

Eine geringe Zahl von Direktoren hat in diesem Netzwerk also eine große Anzahl von Positionen. Diese Netzwerkspezialisten bringen in die Aufsichtsräte und Vorstände soziales Kapital in großem Umfang ein. Allerdings entstehen durch den zeitlichen Aufwand, den die Reisen zu den Sitzungen, ihre Vorbereitung und schließlich ihre Durchführung mit sich bringen, und den damit verbundenen „Krafteinsatz" solcher Mandate

Tabelle 14   Anzahl multipler Direktoren* im Vergleich

Anzahl Positionen		1896	1914	1928	1934
	> 1	198	605	1115	973
	> 2	62	257	538	459
	> 3	29	135	315	252
	> 4	13	92	213	180
	> 5	6	61	153	119
	> 6	4	47	122	93
	> 7	2	35	99	78
	> 10		12	56	38
	> 15		3	18	14
	> 20		2	10	3
	> 30			2	
$\bar{x}$ Positionen je Direktor		1.24	1.42	1.58	1.63
$\bar{x}$ Positionen je multipler Direktor		2.58	3.18	3.69	3.50
$\bar{x}$ Größe Vorstand		2.9	4.0	5.4	3.6
$\bar{x}$ Größe Aufsichtsrat		6.6	9.3	16.5	11.9
$\sum$ Direktoren (Vorstände und Aufsichtsräte)		1342	3103	5174	3867
$\sum$ Positionen (gesamt)		1665	4112	8169	6303
$\sum$ Unternehmen (gesamt)**		212	346	376	404

Anmerkung: In der Tabelle werden die absolute Anzahl an Beziehungen sowie Mittelwerte ($\bar{x}$) und Summen ($\sum$) der Beziehungen angeführt.

*Als multiple Direktoren werden Personen bezeichnet, die mehr als eine Position in den untersuchten Unternehmen einnehmen.

** Isolierte Unternehmen sind hier inkludiert. Das hat zur Folge, dass die Mittelwerte etwas niedriger sind als wenn nur verbundene Unternehmen betrachtet werden.

Kosten, die sowohl für die betroffenen Personen als auch die betroffenen Unternehmen im Einzelfall eine Abwägung der Investitionsbereitschaft erforderlich erscheinen lassen.

Der Anstieg von Positionen und Direktoren im Netzwerk (v. a. zwischen 1914 und 1928) zeigt, dass diese Investitionsbereitschaft eindeutig vorhanden ist. Er ist selbst unter Berücksichtigung der steigenden Netzwerkgröße (also gemessen an der Anzahl der Unternehmen) überproportional. Der Rückgang der Verflechtungen (und der Dichte) im Unternehmensnetzwerk nach 1928, der sich auch in einer sowohl absoluten als auch relativen Verringerung von multiplen Direktoren widerspiegelt, vollzieht sich im Anschluss an eine Gesetzesänderung im Bereich der *Corporate Governance*. Wie schon in Kapitel 2 ausgeführt, war die Bankenkrise von 1931 ein Auslöser für eine Aktienrechtsnovelle, in deren Zuge die Anzahl von Mandaten auf maximal 20 pro Person und die

Größe des Aufsichtsrates auf maximal 30 Personen beschränkt wurde. Es ist plausibel, von einem Zusammenhang mit dem Schwund an „Netzwerkspezialisten" bis 1933 auszugehen, auch wenn es sich hierbei noch um eine ungeprüfte Erklärung handelt.

Eine Untergruppe unter den Vorständen bilden Direktoren von Aktien- und Privatbanken, die in dieser Arbeit eine besondere Berücksichtigung finden. Hierzu wird ein Überblick über ihr Vorkommen in den betrachteten Aufsichtsräten gegeben (s. Tabelle 15). Ihr Anteil an allen Aufsichtsräten bleibt bis 1928 zwischen acht und neun Prozent. Sofern man den Rückgang zwischen 1928 und 1933 vernachlässigt, handelt es sich um einen konstanten, aber keinesfalls dominanten Anteil von Bankiers in den Aufsichtsräten der großen Aktiengesellschaften. Grenzt man die Betrachtung auf solche Unternehmen ein, die überhaupt Vertreter von Finanzunternehmen in ihre Aufsichtsräte kooptiert haben, wird die Bedeutung der Bankiers substantieller. Dort pendelt ihr Anteil um den doppelten Wert. Absolut betrachtet steigert sich ihre Anzahl von noch 86 Bankiers im Jahr 1896 auf über 500 im Jahr 1928 und reduziert sich danach wieder deutlich.

Tabelle 15   Überblick über Bankiers in Aufsichtsräten

	1896	1914	1928	1933
Bankiers im Auf-sichtsrat	86	248	547	389
Anteil an allen Aufsichtsräten	9 %	8 %	9 %	4 %
Anteil an Aufsichts-räten mit Bankiers	20 %	16 %	13 %	14 %
$\bar{x}$ **in Banken**	0.3 *(0.7)* in 30 Unternehmen	0.9 *(1.3)* in 47 Unternehmen	2.1 *(2.9)* in 59 Unternehmen	1.6 *(1.9)* in 57 Unternehmen
$\bar{x}$ **in Großbanken**	0.2 *(0.4)* in 9 Unternehmen	0.8 *(0.8)* in 9 Unternehmen	1.6 *(1.7)* in 7 Unternehmen	1.5 *(1.0)* in 4 Unternehmen
$\bar{x}$ **in Nicht-Banken**	0.6 *(1.0)* in 126 Unternehmen	0.8 *(1.3)* in 248 Unternehmen	1.4 *(1.6)* in 306 Unternehmen	0.9 *(1.2)* in 331 Unternehmen
$\bar{x}$ **Alle Unternehmen**	0.6 *(1.0)* in 156 Unternehmen	0.8 *(1.3)* in 295 Unternehmen	1.5 *(1.9)* in 365 Unternehmen	1.0 *(1.3)* in 388 Unternehmen

Hinweis: Kursive Werte in Klammern sind die Standardabweichungen zu den angeführten Mittelwerten.

Die durchschnittliche Anzahl von Bankiers im Aufsichtsrat erhöht sich allgemein, betrachtet man Unterschiede zwischen Unternehmen weisen die Daten auch auf eine zunehmende intrasektorale Verflechtung im Bankensektor hin. 1896 sind in den Nicht-Finanzunternehmen mehr Bankvertreter als in den Banken, 1914 sind dann keine Unterschiede mehr festzustellen und schließlich ab 1928 sitzen in den Bankaufsichtsräten deutlich mehr Bankiers.

5.3 Das Netzwerkkapital der Unternehmen

Im letzten Abschnitt wurde die Struktur des Netzwerks gesamt betrachtet. Der folgende Abschnitt zum Netzwerkkapital widmet sich den beobachteten Beziehungen und ihrer Verteilung zwischen einzelnen Unternehmensgruppen. Darin wird der Frage nachgegangen, ob es die Banken sind, die die Verdichtung des Netzwerks personeller Verflechtung im Untersuchungszeitraum vorantreiben, oder andere Faktoren.

Durch eine spezifische Positionierung im Netzwerk häuft sich soziales Kapital an, das wiederum vielseitige Gelegenheitsstrukturen hervorbringt. Die Verteilung der Beziehungen unter den Unternehmen strukturiert den Zugang zu den verschiedenen Sozialkapital-Ressourcen. Direkte Verflechtungen spannen also das Netzwerk auf, aus dem ein Unternehmen unmittelbar Ressourcen schöpfen kann. In der Analyse sozialer Netzwerke ist die korrekte Terminologie zur Beschreibung solcher Aktivität die Zentralität, zu deren Bestimmung verschiedene Verfahren entwickelt worden sind (vgl. Wasserman/Faust 1999: hier 169 ff). Eine nahe liegende Methode, die Zentralität eines Akteurs zu bestimmen, besteht darin, dessen Beziehungen zu zählen. Den Wert, den man dadurch erhält, bezeichnet man als *degree* (vgl. Wasserman/Faust 1999). Um aufzeigen, wie sich die Investitionen in das Netzwerk zwischen den Unternehmen verteilen, wird in drei Schritten vorgegangen: Zunächst werden für jeden Untersuchungszeitpunkt die *degree*-Verteilungen für Aufsichtsrat-zu-Aufsichtsrat und Vorstand-zu-Aufsichtsrat Verflechtungen betrachtet. Bei den Vorstand-zu-Aufsichtsrat Verflechtungen wird nochmals zwischen eingehenden *(indegree)* und ausgehenden Beziehungen *(outdegree)* unterschieden. Gerichtete Verflechtungen sind zwar seltener, jedoch gegenüber ungerichteten Verflechtungen ist die Intentionalität auf der Akteursebene in ihrem Fall unbestritten. Sowohl hohe *indegrees* als auch hohe *outdegrees* markieren Unternehmen, die entweder über wertvolle und nachgefragte Ressourcen verfügen bzw. sich solche durch Kooptation und Verflechtung sichern möchten. Darüber hinaus werden in der Literatur gesteigerte Kontrollchancen häufig mit hohen *outdegrees* operationalisiert (vgl. Windolf/Beyer 1995; Windolf/Nollert 2001). Die Verteilung dieses Kapitals ist ein zentrales sozialstrukturelles Merkmal. Als Kennzahl für die Ungleichverteilung von Vermögen und ökonomischem Kapital werden in der Wohlfahrtsökonomie üblicherweise Gini-Koeffizienten eingesetzt (vgl. Gini 1921). Diese werden hier als Maß für die Verteilungen der Investition in Netzwerkbeziehungen übernommen, im übertragenen Sinne wird von „Netzwerkkapital" gesprochen. Der anschließende Vergleich der Mittelwerte in Zentralität und Prestige der Banken mit dem Gesamtnetzwerk beleuchtet die Verteilung des sozialen Kapitals zwischen den für die Fragestellung bedeutsamen Gruppen. Dadurch wird auch die Verteilung von Gelegenheitsstrukturen in Hinblick auf Netzwerk-Ressourcen zwischen diesen Gruppen offen gelegt. Schließlich werden für alle Jahre in multivariaten Verfahren Determinanten für die Anzahl von Aufsichtsrat-zu-Aufsichtsrat Verflechtungen sowie von eingehenden und ausgehenden Vorstand-zu-Aufsichtsrat Verflechtungen identifiziert. Abhängige Variable ist jeweils die Anzahl der

Beziehungen. Bei dieser handelt es sich um eine Zählvariable. Da im Falle der vorliegenden Daten die Anzahl der Beziehungen extrem schief verteilt ist, ist die notwendige Voraussetzung für das lineare Regressionsmodell verletzt. Um dennoch multivariate Analysen durchführen zu können, wird auf spezielle Regressionsverfahren zurückgegriffen (Long/Freese 2001). Eine für den vorliegenden Fall adäquate Modellierung ist die Poisson-Regression.[143]

5.3.1 Beginnende Verflechtung – 1896

Zum ersten Untersuchungszeitpunkt beginnt das Netzwerk erst zaghaft Gestalt anzunehmen. Gegenüber den drei weiteren Vergleichsjahren sind erst wenige Beziehungen zwischen Unternehmen realisiert. Aber dennoch ist bereits für dieses Jahr ein durchgängiges Strukturmerkmal festzustellen, das sich bereits in der Aggregatstruktur abgezeichnet hat: Die Investitionen in das Netzwerk sind zwischen den Unternehmen sehr ungleich verteilt. Das beginnt schon bei den Aufsichtsrat-zu-Aufsichtsrat Verflechtungen, ihre Verteilung ist im ersten Untersuchungsjahr deutlich asymmetrisch (Gini-Koeffizient: 0.56). Die meisten Unternehmen sind nur in geringem Ausmaß über gemeinsame Aufsichtsräte mit anderen Unternehmen verbunden. Immerhin kann aber eine Minderheit von Unternehmen beobachtet werden, welche deutlich aktiver ist (bis über 20 Verflechtungen). Mehrfachverflechtungen kommen vor, sind aber selten.

Die Vorstand-zu-Aufsichtsrat Verflechtungen werden getrennt nach ausgehenden und eingehenden Beziehungen betrachtet. Vorstände nehmen im Netzwerk nur in geringem Ausmaß Mandate in den Aufsichtsräten anderer Unternehmen ein. Die Verteilung der *outdegrees* ist in dieser Hinsicht noch deutlich ungleicher als bei den Aufsichtsrat-zu-Aufsichtsrat Verflechtungen. Viele Unternehmen haben gar keine ausgehenden gerichteten Verflechtungen. Darüber hinaus entsendet kaum ein Unternehmen mehr als einen Direktor in den Aufsichtsrat eines anderen Unternehmens. Der Gini-Koeffizient für ausgehende Vorstand-zu-Aufsichtsrat Verflechtungen liegt bei 0.81. Die Verteilung der eingehenden gerichteten Verflechtungen ähnelt der der ausgehenden Verflechtungen. Die Mehrzahl der Unternehmen kooptiert keine Vorstände aus ande-

---

143 Häufigkeitsvergleiche werden in der Regel über die Binomialverteilung geprüft. Sind deren Voraussetzungen verletzt, stellen Poisson-Modelle eine Alternative dar. Das loglineare Poisson-Modell gehört zur Familie der linearen Modelle und basiert auf der Annahme, dass die abhängige Variable y poissonverteilt ist. Die Modellgleichung (vgl. Agresti 1996: hier 80) gibt den logarithmierten Mittelwert μ von y aus und hat die Form $\log \mu = \alpha + \beta_x$ bzw. $\mu = exp\,(\alpha + \beta_x) = e^a (e^\beta)^x$

Das heißt, in der Poisson-Regression wird ausgehend von den beobachteten Werten die Wahrscheinlichkeit des Ereignisses „Verflechtung" (y) konditional zu den unabhängigen Variablen „Branche" (x) u. a. geschätzt. Die Häufigkeit für eine Beobachtung i wird auf der Grundlage des in der Poisson-Verteilung geschätzten Mittelwerts μ_i berechnet. Das Modell kann als Einfluss der unabhängigen Variablen auf den bedingten Mittelwert der abhängigen Variable interpretiert werden (Long/Freese 2001).

ren Großunternehmen des Samples. Es kann allerdings nicht ausgeschlossen werden, dass es sich bei einigen Aufsichtsräten um Vorstände von kleinen und mittleren Unternehmen handelt, die nicht in der Datenerhebung erfasst wurden.[144] Die beobachteten *indegrees* sind dann wieder deutlich gleichmäßiger über die Unternehmen verteilt als *outdegrees* (Gini-Koeffizient: 0.65).

Vor dem Hintergrund der beobachteten Ungleichverteilung der Positionen im Netzwerk ist es von zentralem Interesse herauszufinden, welche Unternehmen besonders aktiv in Netzwerkkapital investieren, sei es direkt über ihre Vorstände oder indirekt über die Kooptation besonders aktiver Aufsichtsräte. In Zusammenhang mit dieser die Studie leitenden Fragestellung richtet sich der Blick in erster Linie auf die Banken. Unterscheiden sich diese diesbezüglich vom restlichen Netzwerk, und wenn ja, inwiefern? Es wird angenommen, dass Banken im Netzwerk zentrale Positionen einnehmen und ihre ökonomische Machtstellung durch Investitionen in soziales Kapital ausweiten.

Ein Vergleich der Gruppenmittelwerte zeigt, dass sich für Banken in der Tat höhere Mittelwerte ihrer Netzwerkaktivität ausmachen lassen. Sie entsenden v. a. deutlich mehr Vorstände in die Aufsichtsräte anderer Unternehmen (s. *outdegrees* in Abbildung 13). Auch im Verhältnis von ausgehenden zu eingehenden Verflechtungen bestätigt sich die Vermutung, dass Banken stärker aktiv Kontrollchancen wahrnehmen als Kontrolle zulassen. Differenziert man innerhalb der Gruppe der Banken nochmals zwischen Großbanken und Banken ohne Großbanken offenbart sich die exponierte Stellung der Großbanken im Netzwerk der deutschen Aktiengesellschaften. Die neun Großbanken haben durchschnittlich nicht nur doppelt so viele Aufsichtsrat-zu-Aufsichtsrat Verflechtungen, sie entsenden sechsmal so viele Direktoren in die Aufsichtsräte anderer Unternehmen als die anderen Unternehmen (im Mittelwertvergleich). Die restlichen Banken unterscheiden sich abgesehen von höheren *outdegrees* nur wenig vom Netzwerkschnitt. Es ist also in Betracht zu ziehen, dass die höhere Netzwerkaktivität der Banken weniger ein Bankeneffekt als ein Großbankeneffekt ist.

Die folgende multivariate Analyse dient der Prüfung der Hypothesen zur Ungleichverteilung der Positionen im Netzwerk. Es wird dazu der Einfluss verschiedener Unternehmensmerkmale auf a) die Anzahl der Positionen der Aufsichtsräte eines fokalen Unternehmens in den Aufsichtsräten anderer Unternehmen *(degree)*, b) die Anzahl der Positionen, die fokale Vorstände in den Aufsichtsräten anderer Unternehmen einnehmen *(outdegree)*, und c) die Anzahl der Positionen, die Vorstände anderer Unternehmen im fokalen Aufsichtsrat einnehmen *(indegree)*, untersucht. Spezifiziert wird zunächst

---

144 Kapitel 7 gibt eine detaillierte Analyse der Zusammensetzung der Großbankenaufsichtsräte. In der darin vorgenommenen Typisierung stehen neben Angehörigen anderer Unternehmen, ehemalige Direktoren, die in den Aufsichtsrat gewechselt sind, Träger politischer Ämter und Arbeitnehmervertreter. Eine nicht zu vernachlässigende Gruppe im Aufsichtsrat sind oftmals auch die Eigentümer. Hierzu liegen jedoch keine Daten vor. Das regelmäßige Antreffen von Juristen in den Aufsichtsräten, einer Berufsgruppe, die auch eine sachverständige Stellvertreterfunktion ausfüllt, ist in diese Richtung zu deuten, ebenso wie Bankiers eine Rolle als Depotstimmrechtsvertreter wahrnehmen können.

Abbildung 13   Zentralität, Einfluss und Prestige 1896 (Gruppenmittelwerte)

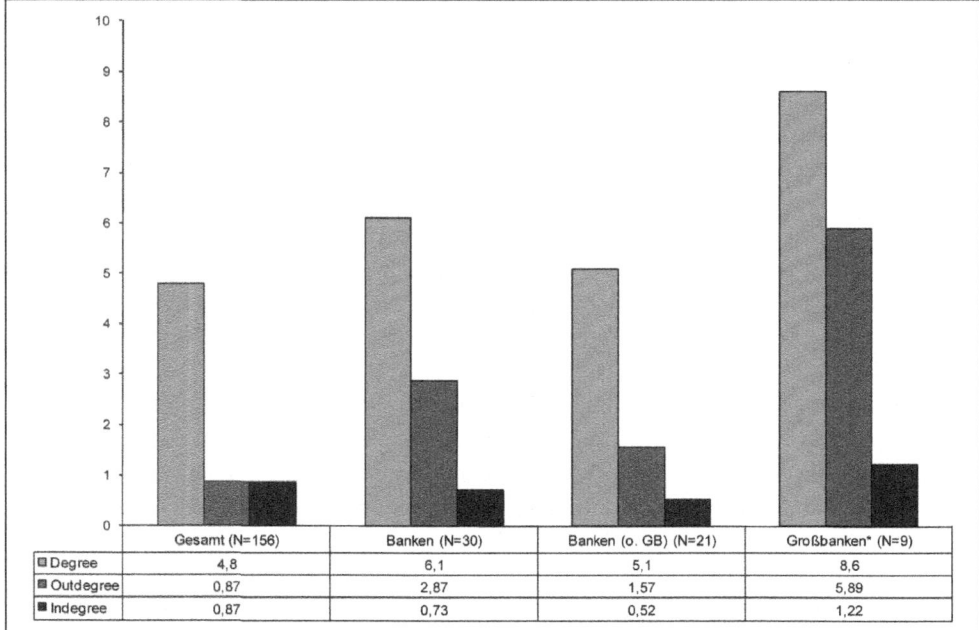

	Gesamt (N=156)	Banken (N=30)	Banken (o. GB) (N=21)	Großbanken* (N=9)
▣ Degree	4,8	6,1	5,1	8,6
▣ Outdegree	0,87	2,87	1,57	5,89
▪ Indegree	0,87	0,73	0,52	1,22

Anmerkungen: Die Fallzahl (N) bezieht sich auf die Anzahl der berücksichtigten Unternehmen, in den Balken sind aller-dings die durch die Unternehmen realisierten Beziehungen abgebildet. Mit den Balken *‚Degree'* (hier hellgrau) werden dabei Mittelwerte für Aufsichtsrat-zu-Aufsichtsrat Verflechtungen, mit *‚outdegree'* (hier mittelgrau) Mittelwerte für ausgehende Vorstand-zu-Aufsichtsrat Verflechtungen und mit *‚indegree'* (hier dunkelgrau) Mittelwerte für eingehende Vorstand-in-Aufsichtsrat Verflechtungen abgebildet.

* Zu den Großbanken zählen 1896 Deutsche Bank, Disconto-Gesellschaft, Schaaffhausen'scher Bankverein, Dresdner Bank, Commerzbank, Berliner Handelsgesellschaft sowie Darmstädter Bank, Nationalbank und Mitteldeutsche Credit-anstalt.

der Einfluss der Branche, hierbei interessieren v. a. die Banken. Es werden aber auch andere für die Industrialisierung bedeutende Branchen wie die Metallindustrie und Bergbau (alte Industrien) sowie die Chemische Industrie und Elektrizitätswerke (neue Industrien) betrachtet.[145] Im nächsten Schritt werden der Einfluss der Größe des Unter-nehmens (Bilanzsumme) und der Anzahl der Personen in den relevanten Direktorien untersucht. Ferner wird ein Zusammenhang zwischen der Aktivität eines Aufsichts-rates und der Anzahl darin sitzender Bankiers geprüft.[146] Eine multivariate Analyse des

---

145 Die Brancheneffekte wurden dazu erst isoliert berechnet (Branchenmodell) und anschließend um die im Weiteren genannten Variablen zu Gesamtmodellen erweitert. Nur im Falle einer nennenswer-ten Erklärungskraft werden die Ergebnisse der Branchenmodelle im Text kommentiert, vollständige Regressionstabellen finden sich jeweils unter der angeführten Tabellennummer im Anhang.

146 Um den trivialen Schluss von der Anwesenheit eines Bankdirektors der Sampleunternehmen auf die Erhöhung gerichteter Verflechtungen zu vermeiden, wurden für die Identifizierung der Bankiers zu-sätzliche historische Quellen herangezogen. (vgl. u. a. Reitmayer 1999)

Großbankeneffektes ist aufgrund der zu kleinen Gruppengröße nicht durchführbar. Ihr Einfluss kann aber indirekt ermittelt werden. Dazu wird ein Kontrollmodell berechnet, in welchem die Großbanken aus der Dummyvariable „Bank" herausgefiltert werden. Verschwindet der Bankeneffekt, ist das ein Beleg für den Effekt der Großbanken auf die abhängige Variable.

Die folgende Abbildung (s Abbildung 14) gibt einen Überblick über die Effektstärke der verschiedenen Variablen zur Erklärung ungerichteter Verflechtungen im Jahr 1896. Da die Branchenmodelle nur einen geringen Erklärungswert haben, werden hier Gesamtmodelle jeweils mit bzw. ohne Großbanken gegenübergestellt. Charakteristisch für unser erstes Untersuchungsjahr ist, dass große Unternehmen tendenziell weniger Verflechtungen haben. Die Größe und die Zusammensetzung des Aufsichtsrates erhöhen hingegen den Erwartungswert an Verflechtungen. Es ist zu beachten, dass das Modell durch Einschluss einer Variable an Erklärungskraft gewinnt, die einen deutlichen Bank-

Abbildung 14   Determinanten für Degree-Zentralität 1896

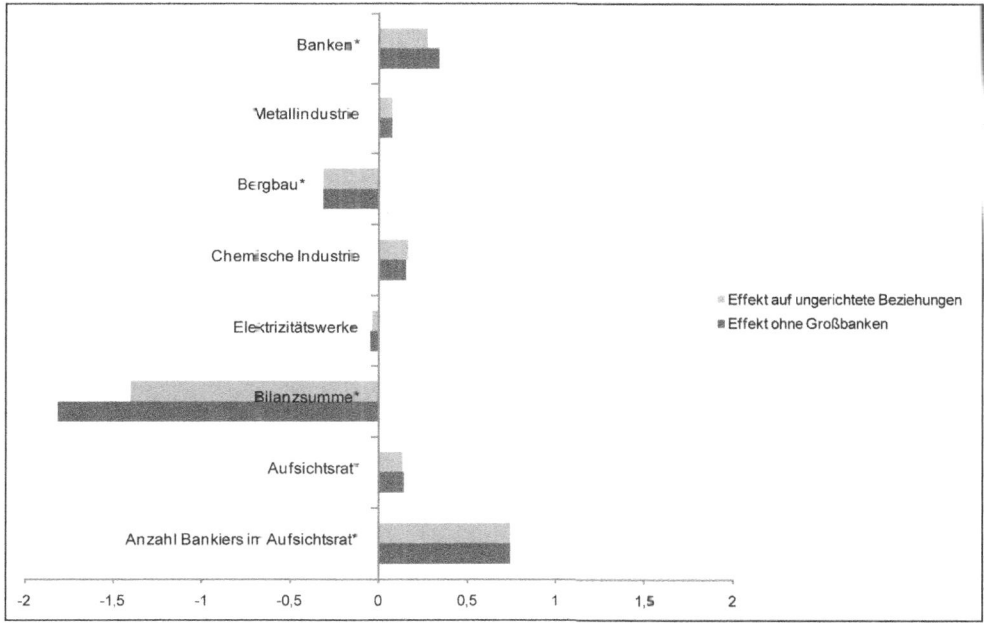

Es sind hier Effektstärken (β-Koeffizienten) abgebildet, die auf der Basis von Poisson-Regressionsverfahren berechnet wurden. Helle Balken kennzeichnen die Effektstärken, wenn alle Unternehmen berücksichtigt werden, dunkle Balken die Effektstärken für die Kontrollmodelle ohne Großbanken. Positive Koeffizienten bedeuten, dass Unternehmen mit diesem Merkmal einen höheren Verflechtungsmittelwert haben bzw. die Wahrscheinlichkeit für Unternehmen mit diesem Merkmal mehr Verflechtungen zu haben höher ist; negative Koeffizienten bedeuten, dass die Wahrscheinlichkeit mit einem Anstieg in der Ausprägung der Variable geringer wird. Signifikante Zusammenhänge sind mit einem Stern (*) gekennzeichnet. Die Branchen sind dummykodiert, ihre Referenzkategorie sind alle anderen Branchen. Ferner werden hier nur Gesamtmodelle verglichen. Eine Variablenübersicht (Tabelle 4ˉ) sowie die vollständige Regression (Tabelle 42), in der Branchen- und Gesamtmodelle nebeneinander stehen, finden sich einschließlich aller Modellparameter im Anhang.

bezug aufweist: Mit jedem zusätzlichen Bankier im Aufsichtsrat erhöht sich der zu erwartende Mittelwert an ungerichteten Verflechtungen zwischen Unternehmen. Ebenso
haben Banken an sich signifikant mehr Verflechtungen als die Referenzgruppe, die sich
aus den nicht ins Modell integrierten Branchen zusammensetzt. Der Bankeneffekt ist
mit und ohne Großbanken signifikant, kontrolliert nach den Variablen im Gesamtmo-
dell fällt er allerdings geringer aus als im Branchenmodell.

Welche Merkmale haben Unternehmen, die signifikant mehr Vorstände in Aufsichtsräte entsenden können? Welche Zusammenhänge stehen hinter dem Umstand, dass
dem Druck der Nachfrage nach Aufsichtsratspositionen mancher Unternehmen signi-

Tabelle 16   Determinanten für Outdegree-Zentralität 1896 (Poisson Regressionen°)

	Vorstände in Aufsichtsräten			
	Modell 1	Modell 2	Kontrolle 1	Kontrolle 2
Branchenzugehörigkeit [++]				
Banken	1.717***	1.399***		
Banken ohne Großbanken			0.402	−0.290
Metallindustrie	−0.690	−0.711	−0.690	−0.876*
Bergbau	0.266	0.274	0.266	0.292
Chemische Industrie	−0.882	−0.875	−0.882	−0.830
Elektrizitätswerke	0.777	0.696	0.777	0.541
Größe: Bilanzsumme (in Mrd. RM)		0.222		0.356
Direktorium (N): Vorstand		0.071***		0.277***
Konstant	−0.777***	−0.952***	−0.777***	−1.531***
N	139	139	130	130
Mc Fadden's Pseudo R^2 [°°]	0.23	0.24	0.04	0.11
LL(0)	−219.53	−219.53	−118.89	−118.89
LR chi²(df)	99.05	107.53	10.60	27.11
df	5.00	7.00	5.00	7.00
Prob > chi²	0.00	0.00	0.06	0.00

*** p-Wert ≤ 0.01 ** p-Wert ≤ 0.05 * p-Wert ≤ 0.1 (zweiseitiger Test)

° Positive Koeffizienten bedeuten, dass Unternehmen mit diesem Merkmal einen höheren Verflechtungsmittelwert
haben bzw. die Wahrscheinlichkeit für Unternehmen mit diesem Merkmal mehr Verflechtungen zu haben höher ist.

°° McFadden's Pseudo R^2 misst den Erklärungswert des Modells. Dieser Modellparameter bezieht sich auf die Pseudo-
Likelihood Funktion und ist daher nur bedingt mit dem R^2 aus der OLS-Regression vergleichbar. Die Werte liegen im
Bereich 0 bis 1. Je näher der Wert bei 1 liegt, desto höher ist der Erklärungswert des angepassten Modells gegenüber
dem Nullmodell.

[++] Referenzkategorie: alle anderen Branchen

fikant nachgeben und der Aufsichtsrat erweitert wird. Die multivariaten Analyseergebnisse zur Erklärung der Vorstand-zu-Aufsichtsrat Verflechtungen sind sowohl in den Branchen- als auch in den Gesamtmodellen eindeutig und bezeichnend. Banken entsenden signifikant mehr Direktoren in die Aufsichtsräte anderer Unternehmen unabhängig von der Größe des Unternehmens und der Anzahl der Direktoren. Der Effekt geht in diesem Fall aber ausschließlich auf die Großbanken zurück. Filtert man diese aus der Dummyvariable „Bank", verschwindet der Effekt und die Erklärungskraft des Modells verringert sich deutlich. Über den erwähnten Zusammenhang hinaus hat v. a. die Größe des Direktoriums Einfluss auf die Anzahl entsendeter Direktoren. Je mehr Vorstände ein Unternehmen hat, umso höher der Erwartungswert an gerichteten Verflechtungen.

Eingehende gerichtete Verflechtungen sind Ausdruck einer grundlegenden Attraktivität, die eine Mitgliedschaft im Aufsichtsrat entweder für den eintretenden Vorstand

Abbildung 15   Determinanten für Indegree-Zentralität 1896

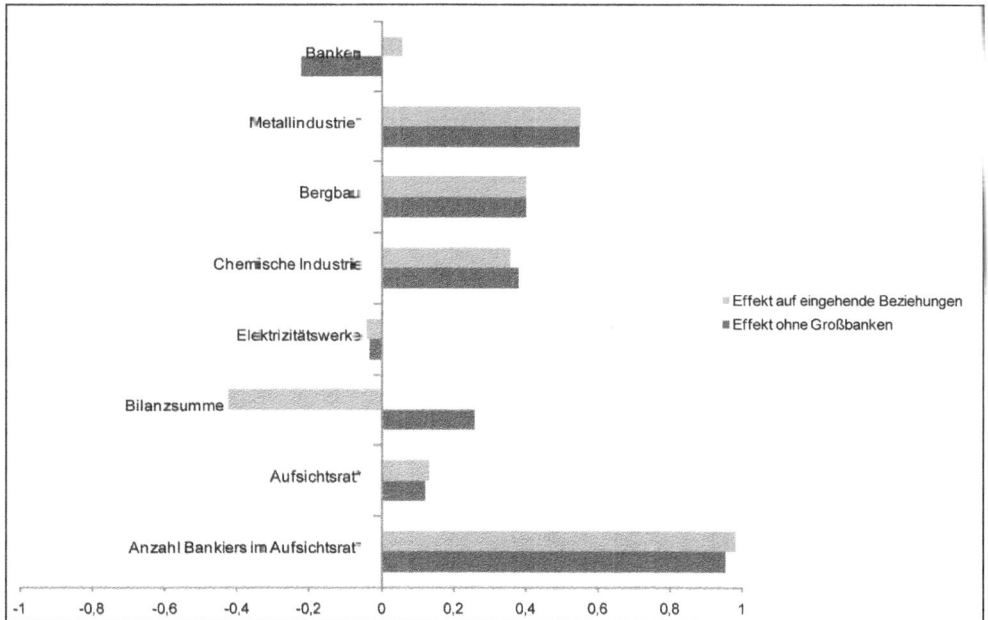

Es sind hier Effektstärken (β-Koeffizienten) abgebildet, die auf der Basis von Poisson-Regressionsverfahren berechnet wurden. Helle Balken kennzeichnen die Effektstärken, wenn alle Unternehmen berücksichtigt werden, dunkle Balken die Effektstärken für die Kontrollmodelle ohne Großbanken. Positive Koeffizienten bedeuten, dass Unternehmen mit diesem Merkmal einen höheren Verflechtungsmittelwert haben bzw. die Wahrscheinlichkeit für Unternehmen mit diesem Merkmal mehr Verflechtungen zu haben höher ist; negative Koeffizienten bedeuten, dass die Wahrscheinlichkeit mit einem Anstieg in der Ausprägung der Variable geringer wird. Signifikante Zusammenhänge sind mit einem Stern (*) gekennzeichnet. Die Branchen sind dummykodiert, ihre Referenzkategorie sind alle anderen Branchen. Es werden hier nur Gesamtmodelle verglichen. Eine Variablenübersicht (Tabelle 41) sowie die vollständige Regression (Tabelle 43), in der Branchen- und Gesamtmodelle nebeneinander stehen, finden sich einschließlich aller Modellparameter im Anhang.

oder für das aufnehmende Unternehmen interessant macht. Es erscheint einerseits plausibel davon auszugehen, dass eine höhere Attraktivität eines Unternehmens zu mehr Investitionsbereitschaft in diese Form sozialen Kapitals führt. Im *indegree* drückt sich damit die Popularität bzw. das Prestige eines Unternehmens aus. Diese Unternehmen können andererseits eine Vergrößerung ihrer Aufsichtsräte auch gezielt an Kooptationsbemühungen knüpfen.

Welche Merkmale von Unternehmen wecken nun ein Interesse in ihre Aufsichtsräte Vorstände zu entsenden? Betrachtet man die gerichteten Verflechtungen aus dem Blickwinkel des fokalen Aufsichtsrats, dann erklärt ein Branchenmodell allein erneut relativ wenig. Eingehende gerichtete Beziehungen sind zum einen von der Größe des Aufsichtsrates und zum anderen v. a. von der Anzahl der Bankiers im Aufsichtsrat abhängig. Mit jedem zusätzlichen Bankier im Aufsichtsrat erhöht sich der zu erwartende Mittelwert an eingehenden Verflechtungen zwischen Unternehmen. Hinsichtlich der Banken ist kein eindeutiger Effekt festzustellen. Weder haben sie signifikant mehr noch haben sie weniger eingehende Verflechtungen. Es wurde erwartet, dass Banken eingehende Verflechtungen zu vermeiden trachten. Weder in den Gesamtmodellen noch in den Kontrollmodellen sind die Koeffizienten allerdings signifikant negativ. Von allen untersuchten Branchen hat allein die Metallindustrie einen signifikant höheren Erwartungswert an eingehenden Beziehungen, was als Signal für ihr Prestige gedeutet werden kann.

5.3.2 Wachstum und Strukturbildung – 1914

Zwischen 1896 und 1914 steigert sich sowohl die Netzwerkaktivität als auch die Intensität der Verflechtungen. Es werden von den untersuchten Unternehmen mehr Beziehungen eingegangen. Auf Ebene der Personen erhöht sich die durchschnittliche Anzahl der Positionen von Aufsichtsräten in anderen Aufsichtsräten, auf der Ebene der Unternehmen erhöht sich die Anzahl der Verflechtungen. Dadurch wird auch mehr soziales Kapital verfügbar, an seiner Verteilung hat sich allerdings wenig geändert. Nach wie vor haben viele Unternehmen wenige Beziehungen, wenige Unternehmen haben viele Beziehungen. Dies gilt für die Aufsichtsrat-zu-Aufsichtsrat Verflechtungen ebenso wie für die Vorstand-zu-Aufsichtsrat Verflechtungen.

Die Ungleichverteilung der ungerichteten Verflechtung bleibt hoch (Gini-Koeffizient: 0.58). Vergleicht man ferner die Anzahl der Unternehmen, zu denen Verbindungen aufgespannt werden (dichotomisierte Verflechtungen), mit der Anzahl der Verflechtungen insgesamt, fällt auf, dass es bei Aufsichtsrat-zu-Aufsichtsrat Verflechtungen zu einer leichten Zunahme von Mehrfachverflechtungen gekommen ist. Im Vergleich zum ersten Zeitpunkt der Untersuchung kommt es 1914 vermehrt zu Entsendungen von Vorständen in die Aufsichtsräte von Unternehmen. Die Ungleichverteilung der ausgehenden gerichteten Beziehungen hat sich dabei sogar leicht erhöht (Gini-Koeffizient: 0.86). Nur ein Teil der Unternehmen baut Beziehungen dieser Art auf und davon wieder nur ein

Bruchteil zu mehr als zwei Unternehmen. Es gibt allerdings auch solche Unternehmen, bei denen sich gerichteten Beziehungen konzentrieren (mit 20 Verflechtungen oder mehr). Neben Großbanken und bedeutenden Privatbanken sind das u. a. die AEG, die Berliner Elektrizitätswerke und die Deutsche Waffen- und Munitionsfabrik.

Interessante Erkenntnisse liefert der Blick auf die Kooptation von Vorständen in Aufsichtsräte. Die Vorstände verteilen sich im Vergleich zu den ausgehenden gerichteten Beziehungen deutlich breiter auf die Unternehmen, in deren Aufsichtsräte sie kooptiert werden (Gini-Koeffizient: 0.63). Zwar hat gut ein Drittel der Unternehmen keine eingehenden gerichteten Beziehungen, bei den restlichen zwei Dritteln ist aber nicht jene bei ausgehenden Beziehungen beobachtbare Konzentration festzustellen. Offensichtlich haben mehr Unternehmen ausreichend Prestige oder Ressourcen, die ihren Aufsichtsrat attraktiv machen, als für eine breite Anzahl an Unternehmen Anreize bestehen, in die Entsendung von Vorständen zu investieren.

Abbildung 16   Zentralität, Einfluss und Prestige 1914 (Gruppenmittelwerte)

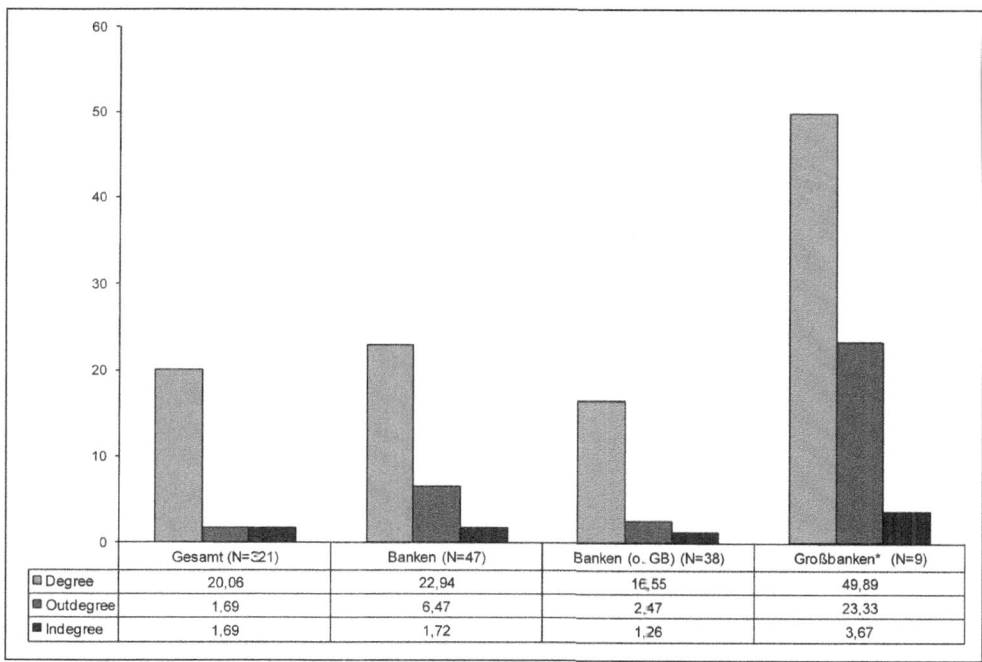

	Gesamt (N=321)	Banken (N=47)	Banken (o. GB) (N=38)	Großbanken* (N=9)
Degree	20,06	22,94	16,55	49,89
Outdegree	1,69	6,47	2,47	23,33
Indegree	1,69	1,72	1,26	3,67

Anmerkungen: Die Fallzahl (N) bezieht sich auf die Anzahl der berücksichtigten Unternehmen, in den Balken sind allerdings die durch die Unternehmen realisierten Beziehungen abgebildet. Mit den Balken ,*Degree*' (hier hellgrau) werden dabei Mittelwerte für Aufsichtsrat-zu-Aufsichtsrat Verflechtungen und ,*outdegree*' (hier mittelgrau) Mittelwerte für ausgehende Vorstand-zu-Aufsichtsrat Verflechtungen und mit ,*indegree*' (hier dunkelgrau) Mittelwerte für eingehende Vorstand-in-Aufsichtsrat Verflechtungen abgebildet.

* Zu den Großbanken zählen 1914 Deutsche Bank, Disconto-Gesellschaft, Schaaffhausen'scher Bankverein, Dresdner Bank, Commerzbank, Berliner Handelsgesellschaft sowie Darmstädter Bank, Nationalbank und Mitteldeutsche Creditanstalt.

Die Position der Banken zeigt sich wieder im Gruppenvergleich. Es bestätigen sich darin die Ergebnisse der Strukturanalysen. Die Aktivität im Netzwerk nimmt zu. Was die Verteilung des sozialen Kapitals anbelangt, ist ein „Fahrstuhleffekt" zu beobachten. An der Ungleichverteilung ändert sich wenig. Der proportionale Abstand der Großbanken in der Verflechtungsintensität zu den übrigen Unternehmen erhöht sich sogar, markanterweise v. a. bei den ausgehenden gerichteten Verflechtungen. Großbanken gehören also zu Unternehmen, die vergleichbar viel in Kontrollchancen investieren.

Mögliche Determinanten für die Verteilung des sozialen Kapitals unter den Unternehmen werden auch für 1914 wieder durch multivariate Verfahren geprüft. Da zur Erklärung der Aufsichtsrat-zu-Aufsichtsrat Verflechtungen auch 1914 Branchenmodelle allein wenig aussagekräftig sind, betrachten wir hier wieder Gesamtmodelle. Im Vergleich zu Elektrizitätswerken, Chemischer Industrie und Bergbau, bei denen positive Effekte zu beobachten sind, haben Banken signifikant weniger Verflechtungen als an-

Abbildung 17   Determinanten für Degree-Zentralität 1914

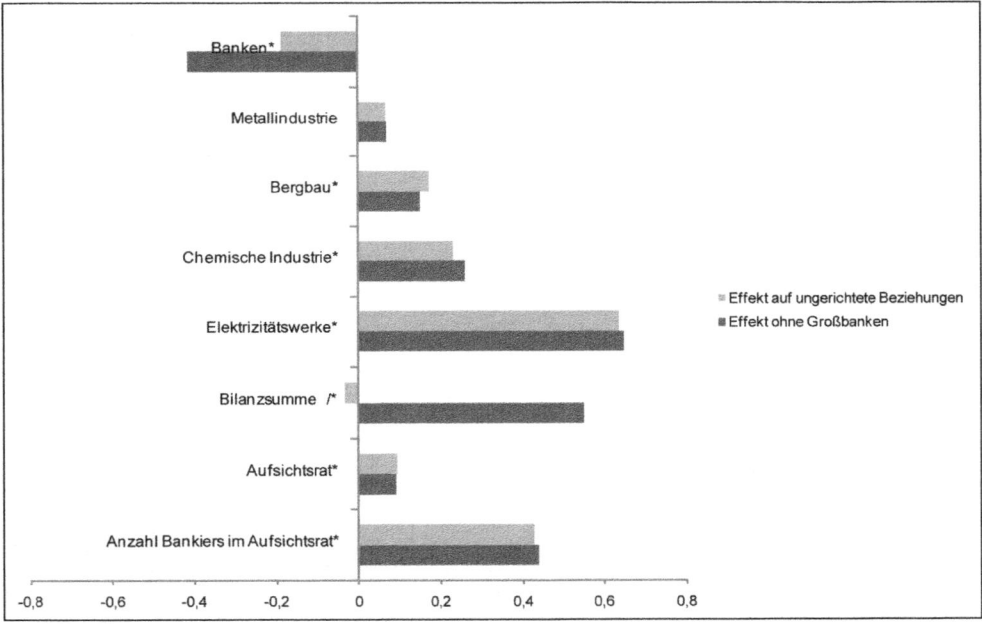

Es sind hier Effektstärken (β-Koeffizienten) abgebildet, die auf der Basis von Poisson-Regressionsverfahren berechnet wurden. Helle Balken kennzeichnen die Effektstärken, wenn alle Unternehmen berücksichtigt werden, dunkle Balken die Effektstärken für die Kontrollmodelle ohne Großbanken. Positive Koeffizienten bedeuten, dass Unternehmen mit diesem Merkmal einen höheren Verflechtungsmittelwert haben bzw. die Wahrscheinlichkeit für Unternehmen mit diesem Merkmal mehr Verflechtungen zu haben höher ist; negative Koeffizienten bedeuten, dass die Wahrscheinlichkeit mit einem Anstieg in der Ausprägung der Variable geringer wird. Signifikante Zusammenhänge sind mit einem Stern (*) gekennzeichnet. Ist nur eines der Vergleichsmodelle signifikant, ist das Nicht-Signifikante je nach Reihenfolge mit einem Kreis (°) vor oder hinter einem Balken (/) markiert. Die Branchen sind dummykodiert, ihre Referenzkategorie sind alle anderen Branchen. Es werden hier nur Gesamtmodelle verglichen. Eine Variablenübersicht (Tabelle 44) sowie die vollständige Regression (Tabelle 45), in der Branchen- und Gesamtmodelle nebeneinander stehen, finden sich einschließlich aller Modellparameter im Anhang.

dere Unternehmen. Den am Stärksten ins Gewicht fallenden Effekt auf die Anzahl un-gerichteter Verflechtungen hat, wie sich zeigt, die Anzahl von Bankiers im Aufsichtsrat. Die Größe des Unternehmens gemessen an der Bilanzsumme hat nur in dem Fall der Nichtberücksichtigung von Großbanken (Kontrollmodell) einen signifikanten positi-ven Effekt.

Da nur für eine kleine Gruppe von Unternehmen ausreichend Anreize bestehen, in die Entsendung von Vorständen zu investieren, ist es natürlich besonders interessant herauszufinden, für welche Unternehmen diese Form sozialen Kapitals attraktiv ist. Bei

Tabelle 17   Determinanten für Outdegree-Zentralität (Poisson Regressionen°)

	Vorstände in Aufsichtsräten			
	Modell 1	Modell 2	Kontrolle 1	Kontrolle 2
Branchenzugehörigkeit [++]				
Banken	1.912***	0.501***		
Banken ohne Großbanken			0.458***	−0.366
Metallindustrie	−0.123	−0.170	−0.123	−0.108
Bergbau	−0.049	−0.054	−0.049	−0.079
Chemische Industrie	−0.332*	−0.266	−0.332*	−0.086
Elektrizitätswerke	0.637***	0.739***	0.637***	1.049***
Größe: Bilanzsumme (in Mrd. RM)		1.307***		1.458***
Direktorium (N): Vorstand		0.054***		0.145***
Konstant	−0.031	−0.324***	−0.031	−0.869***
N	283	283	274	274
Mc Fadden's Pseudo R^2 [°°]	0.21	0.42	0.02	0.17
LL(0)	−1023.61	−1023.61	−538.65	−538.65
LR chi²(df)	422.09	866.23	19.64	186.03
df	5.00	7.00	5.00	7.00
Prob > chi²	0.00	0.00	0.00	0.00

*** p-Wert ≤ 0.01 ** p-Wert ≤ 0.05 * p-Wert ≤ 0.1 (zweiseitiger Test)

° Positive Koeffizienten bedeuten, dass Unternehmen mit diesem Merkmal einen höheren Verflechtungsmittelwert haben bzw. die Wahrscheinlichkeit für Unternehmen mit diesem Merkmal mehr Verflechtungen zu haben höher ist.

°° McFadden's Pseudo R^2 misst den Erklärungswert des Modells. Dieser Modellparameter bezieht sich auf die Pseudo-Likelihood Funktion und ist daher nur bedingt mit dem R^2 aus der OLS-Regression vergleichbar. Die Werte liegen im Bereich 0 bis 1. Je näher der Wert bei 1 liegt, desto höher ist der Erklärungswert des angepassten Modells gegenüber dem Nullmodell.

[++] Referenzkategorie: alle anderen Branchen

der Betrachtung der 1914 in Aufsichtsräte entsendeten Vorstände ist ein deutlicher Brancheneffekt nachweisbar. Vor allem Banken aber auch Elektrizitätswerke haben signifikant höhere Erwartungswerte an gerichteten Verflechtungen. Der Vergleich mit dem Kontrollmodell zeigt, dass die Stärke des Bankeneffekts auf die Großbanken zurückzuführen ist. Bei Banken ohne Großbanken ist der Effekt zwar signifikant, aber deutlich schwächer. Im Kontrollmodell verliert sich schließlich sogar der Bankeneffekt, wenn nach der Größe des Unternehmens und der Anzahl der Personen im Vorstand kontrolliert wird. Der Anstieg der Modellgüte geht auf den Einfluss der Bilanzsumme zurück. Jeder Anstieg der Bilanzsumme um eine Milliarde Reichsmark erhöht den Erwartungswert an gerichteten Verflechtungen um das Zweieinhalbfache. Ohne Großbanken verliert das Modell zur Erklärung der ausgehenden Vorstand-zu-Aufsichtsrat Verflechtungen relativ zum Modell mit Großbanken jedoch an grundlegender Erklärungskraft.

Abbildung 18   Determinanten für Indegree-Zentralität 1914

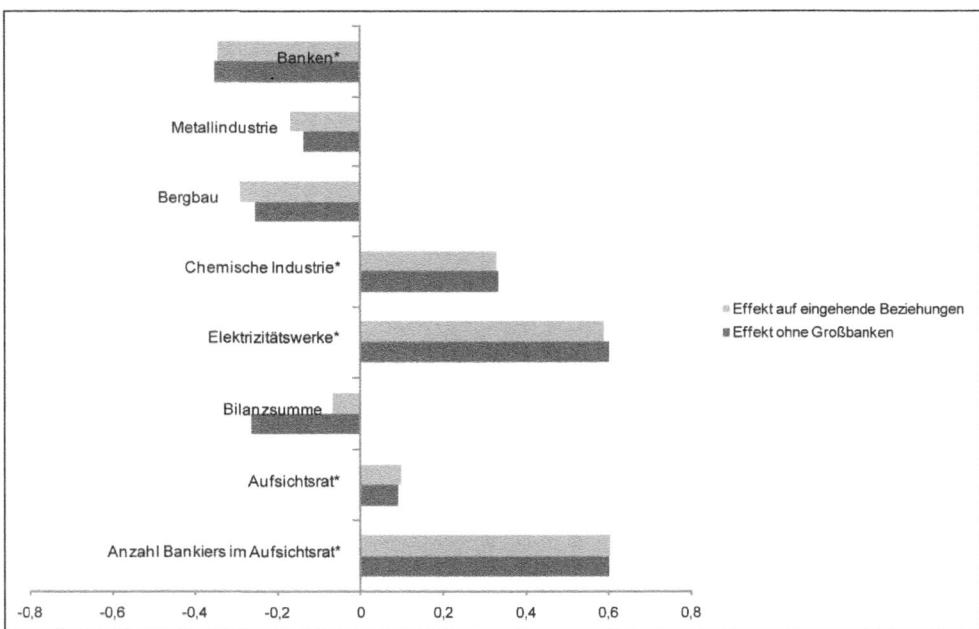

Es sind hier Effektstärken (β-Koeffizienten) abgebildet, die auf der Basis von Poisson-Regressionsverfahren berechnet wurden. Helle Balken kennzeichnen die Effektstärken, wenn alle Unternehmen berücksichtigt werden, dunkle Balken die Effektstärken für die Kontrollmodelle ohne Großbanken. Positive Koeffizienten bedeuten, dass Unternehmen mit diesem Merkmal einen höheren Verflechtungsmittelwert haben bzw. die Wahrscheinlichkeit für Unternehmen mit diesem Merkmal mehr Verflechtungen zu haben höher ist; negative Koeffizienten bedeuten, dass die Wahrscheinlichkeit mit einem Anstieg in der Ausprägung der Variable geringer wird. Signifikante Zusammenhänge sind mit einem Stern (*) gekennzeichnet. Die Branchen sind dummykodiert, ihre Referenzkategorie sind alle anderen Branchen. Es werden hier nur Gesamtmodelle verglichen. Eine Variablenübersicht (Tabelle 44) sowie die vollständige Regression (Tabelle 46), in der Branchen- und Gesamtmodelle nebeneinander stehen, finden sich einschließlich aller Modellparameter im Anhang.

Welche Merkmale von Unternehmen wecken im Jahr 1914 ein Interesse in ihre Aufsichtsräte Vorstände zu entsenden? Ein Effekt der Branchenzugehörigkeit ist nur in geringem Ausmaß nachweisbar, daher werden hier wiederum nur Gesamtmodelle betrachtet (s. Abbildung 18). Kontrolliert nach der Größe, der Anzahl der Aufsichtsräte und der Bankiers in den Aufsichtsräten haben Banken signifikant niedrigere Erwartungswerte. Sie kooptieren seltener Direktoren aus den Sampleunternehmen. Anders sieht das bei den neuen Industrien aus. Elektrizitätswerke und die Chemische Industrie haben signifikant höhere Erwartungswerte an eingehenden Entsendungen. Sie sind also entweder deutlich attraktiver für andere Unternehmen oder einfach kooptationsbereiter. Den größten Beitrag zur Erklärung von eingehenden gerichteten Verflechtungen liefern wieder die Anzahl der Personen allgemein und die Anzahl der Bankiers in den Aufsichtsräten. Die Signifikanz der letzteren Variable geht natürlich auch darauf zurück, dass die Bankiers zu einem guten Teil Direktoren der Banken im Sample sind und sich in diesem Zusammenhang der signifikant höhere *outdegree* der Banken widerspiegelt. Banken sind folglich weniger Empfänger als vielmehr Sender gerichteter Verflechtungen und der damit verbundenen Gelegenheitsstrukturen.

5.3.3 Am Höhepunkt der Expansion – 1928

Im Jahr 1928 ist das Netzwerk am Höhepunkt der Expansion. Zu keinem Untersuchungszeitpunkt werden zwischen deutschen Aktiengesellschaften mehr personelle Verflechtungen eingegangen. Die Investitionen in diese Form sozialen Kapitals sind dabei zwischen den Unternehmen nach wie vor sehr ungleich. Auf den ersten Blick vermittelt der Zugewinn an Breite in der Verteilung zwar den Eindruck einer größeren Partizipation. Absolut betrachtet mag das sogar stimmen, mehr Unternehmen verflechten sich über ihre Aufsichtsräte mit mehr Unternehmen. Einzelne Unternehmen (wie die Gelsenkirchner Bergwerks AG) weisen sogar über 400 Aufsichtsrat-zu-Aufsichtsrat Verflechtungen auf. Ein Vergleich von summierten und dichotomisierten Verteilungen zeigt, dass dies v. a. auf eine Steigerung der Mehrfachverflechtungen zurückzuführen ist (so hat auch die Gelsenkirchener Bergwerks AG ihre 402 Verflechtungen „nur" zu 153 Unternehmen). Nur wenige Unternehmen sind allerdings so stark vernetzt. Der Gini-Koeffizient der ungerichteten Verflechtungen liegt bei 0.53.

Eine Steigerung der Netzwerkaktivität ist auch bei der Entsendung von Vorständen in die Aufsichtsräte anderer Unternehmen erkennbar. Allerdings handelt es sich bei den Unternehmen mit einer größeren Zahl ausgehender gerichteter Verflechtungen nach wie vor nur um einen Bruchteil der größten Aktiengesellschaften (Gini-Koeffizient: 0.81). Neben den Großbanken gehören zu diesen die Vereinigten Stahlwerke, die Gelsenkirchener Bergwerks AG sowie die Rheinisch-Westfälischen Elektrizitätswerke und noch andere. Die Verteilung der eingehenden gerichteten Beziehungen ist demgegenüber wieder deutlich breiter. Unternehmen, die keinen Vorstand aus den Sampleunternehmen im Aufsichtsrat haben, liegen zahlenmäßig gleichauf mit solchen, die einen oder zwei Vorstände kooptieren. Eingehende gerichtete Verflechtungen verteilen sich auch 1928 folglich deutlich homogener auf die Aktiengesellschaften (Gini-Koeffizient: 0.52) als ausgehende Verflechtungen. Es hat sich zu einem strukturellen Sediment verfestigt, dass mehr Unternehmen hinreichend „attraktiv" für Vorstände anderer Unternehmen sind als Unternehmen bereit sind, in die Aussendung von Vorständen zu investieren.

Ist das Netzwerk 1896 noch nicht ausgeprägt genug, um die Veränderungen bis 1914 eindeutig zu bewerten, so zeigt sich doch, dass es zwischen 1914 und 1928 zu einer Ausbildung und Festigung von Strukturmerkmalen kommt. Zwar ist die Zeit bis 1928 eine Phase der Expansion, es kommt zu einer allgemeinen Zunahme der Verflechtungsintensität, an der Struktur der Verteilung der Investitionen in das Netzwerkkapital ändert sich aber nichts Grundlegendes. Es gibt also nun mehr Unternehmen, die mehr Vorstände aus den Unternehmen des Samples kooptieren. Die durchschnittliche Aktivitätssteigerung wird dabei allerdings weiterhin von einem „Fahrstuhleffekt" begleitet. In Bezug auf die Verteilung der meist mit intentionalen Kontrollchancen verbundenen gerichteten Verflechtungen sind die Strukturen gefestigt. Die Verteilungsstruktur zwischen eingehenden und ausgehenden Entsendungen ist gegenläufig. Nach wie vor haben mehr Unternehmen ausreichend „Prestige" im Sinne von attraktiven Ressourcen, als Anreize für Unternehmen bestehen, in die Entsendung von Vorständen zu investieren.

In Hinblick auf die durchschnittliche Netzwerkaktivität ist 1928 kaum ein Unterschied zwischen Banken und dem Netzwerk im Ganzen festzustellen (s. Abbildung 19). Es bestätigt sich im Vergleich der Mittelwerte aber die exponierte Position der Großbanken im Netzwerk. Gegenüber 1914 haben sich die absoluten Abstände zu den anderen Gruppen weiter erhöht. Die Großbanken gehören zu denjenigen Unternehmen, die durch ihre personellen Verflechtungen weite Teile des Netzwerks umspannen und dadurch überdurchschnittlich viel soziales Kapital besitzen. Anhaltend hoch sind auch ihre ausgehenden gerichteten Verflechtungen. Sie gehören nach wie vor zu den Unternehmen mit vergleichbar hohen Investitionen in Kontrollchancen.

Der Vergleich der Gruppenmittelwerte deutet weiter auf einen Großbankeneffekt hin. Determinanten für die Verteilung des sozialen Kapitals unter den Unternehmen werden schließlich wieder durch multivariate Verfahren ermittelt. Dabei unterscheiden sich die Ergebnisse der statistischen Auswertungen nur in geringem Ausmaß von denen aus 1914. Da auch 1928 Branchenmodelle allein wenig aussagekräftig zur Erklärung der Aufsichtsrat-zu-Aufsichtsrat Verflechtungen sind, betrachten wir hier wieder Gesamtmodelle (s. Abbildung 20). Den größten Beitrag zur Erklärung von ungerichteten Verflechtungen geben die Anzahl der Aufsichtsratsmitglieder sowie die Anzahl der Bankiers in den Aufsichtsräten. Kontrolliert um diese Unternehmensmerkmale sind es eher die alten Industrien, die auffallend viele Verflechtungen aufweisen. Dies überrascht nach den Megafusionen der 1920er Jahre im Bergbau und Stahlwesen wenig (z. B. Vereinigte Stahlwerke), diese Argumentation könnte aber genauso gut für die Chemische Industrie

Abbildung 19 Zentralität, Einfluss und Prestige 1928 (Gruppenmittelwerte)

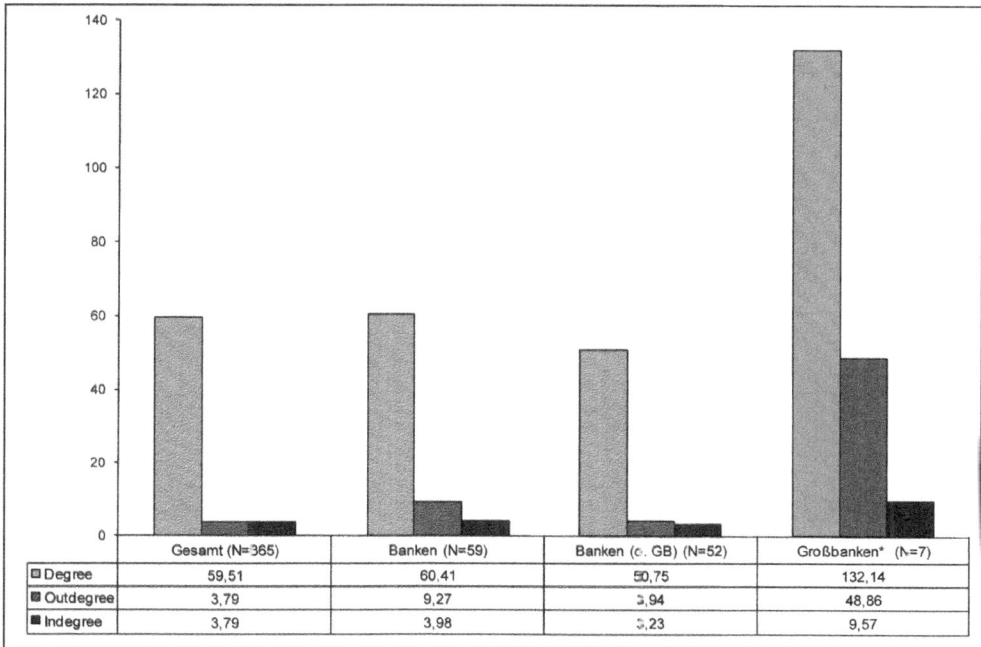

	Gesamt (N=365)	Banken (N=59)	Banken (o. GB) (N=52)	Großbanken* (N=7)
Degree	59,51	60,41	50,75	132,14
Outdegree	3,79	9,27	3,94	48,86
Indegree	3,79	3,98	3,23	9,57

Anmerkungen: Die Fallzahl (N) bezieht sich auf die Anzahl der berücksichtigten Unternehmen, in den Balken sind allerdings die durch die Unternehmen realisierten Beziehungen abgebildet. Mit den Balken *‚Degree'* (hier hellgrau) werden dabei Mittelwerte für Aufsichtsrat-zu-Aufsichtsrat Verflechtungen, mit *‚outdegree'* (hier mittelgrau) Mittelwerte für ausgehende Vorstand-zu-Aufsichtsrat Verflechtungen und mit *‚indegree'* (hier dunkelgrau) Mittelwerte für eingehende Vorstand-in-Aufsichtsrat Verflechtungen abgebildet.

* Zu den Großbanken zählen 1928 Deutsche Bank, Disconto-Gesellschaft, Schaaffhausen'scher Bankverein, Dresdner Bank, Commerzbank, Berliner Handelsgesellschaft sowie Danat-Bank (Fusion aus Darmstädter- mit Nationalbank).

herangezogen werden (z. B. IG Farben), deren Verflechtungen unauffällig bleiben. Banken haben überraschenderweise signifikant weniger ungerichtete Verflechtungen, die Effektstärke wird durch Ausschluss der Großbanken allerdings etwas vergrößert.

Auf der Grundlage des ausgewerteten Materials lassen sich ausgehende Vorstand-zu-Aufsichtsrat Verflechtungen 1928 nachweislich durch Brancheneffekte erklären (s. Tabelle 18). Unabhängig von der Unternehmensgröße und der Anzahl der Direktoren haben Banken, die Metallindustrie, Bergbau und Elektrizitätswerke gegenüber allen anderen Branchen signifikant höhere Erwartungswerte an gerichteten Verflechtungen und nehmen damit höhere Kontrollchancen wahr. Als ein erneuter Beleg für einen Großbankeneffekt ist dabei zu deuten, dass sich die Stärke des Bankeneffekts im Kontrollmodell deutlich verringert. Die Großbanken entsenden mehr Direktoren in die Aufsichtsräte anderer Unternehmen als andere Banken. Außerdem erhöht sich 1928 die Modellgüte des gerichteten Modells erstmals deutlich durch Einschluss der Anzahl von Vorständen. Die gerichtete Netzwerkaktivität des Unternehmens wird durch Vergrößerung des Vor-

Abbildung 20   Determinanten für Degree-Zentralität 1928

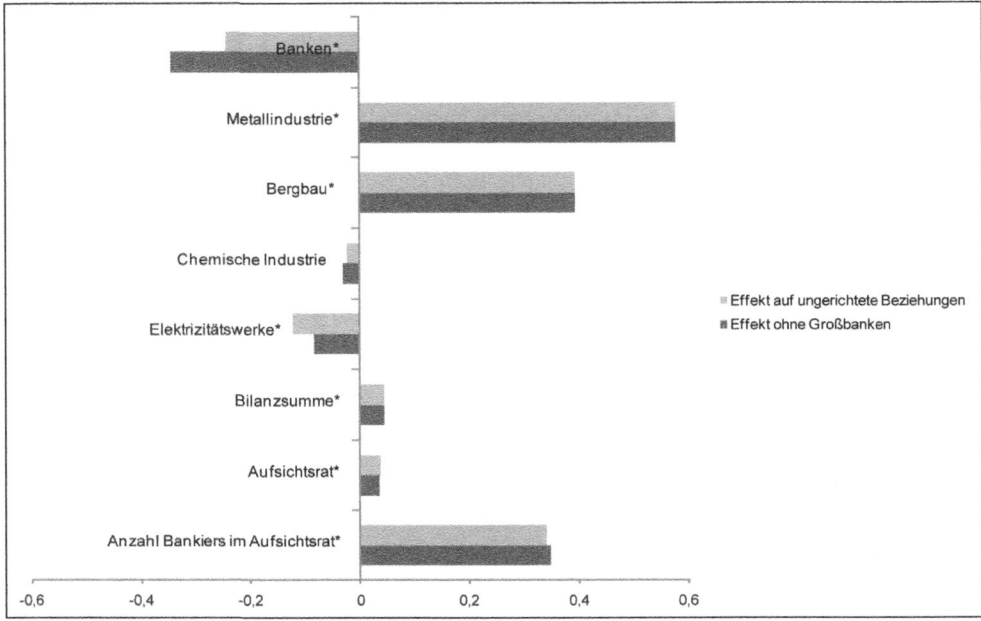

Es sind hier Effektstärken (β-Koeffizienten) abgebildet, die auf der Basis von Poisson-Regressionsverfahren berechnet wurden. Helle Balken kennzeichnen die Effektstärken, wenn alle Unternehmen berücksichtigt werden, dunkle Balken die Effektstärken fór die Kontrollmodelle ohne Großbanken. Positive Koeffizienten bedeuten, dass Unternehmen mit diesem Merkmal einen höheren Verflechtungsmittelwert haben bzw. die Wahrscheinlichkeit für Unternehmen mit diesem Merkmal mehr Verflechtungen zu haben höher ist; negative Koeffizienten bedeuten, dass die Wahrscheinlichkeit mit einem Anstieg in der Ausprägung der Variable geringer wird. Signifikante Zusammenhänge sind mit einem Stern (*) gekennzeichnet. Die Branchen sind dummykodiert, ihre Referenzkategorie sind alle anderen Branchen. Es werden hier nur Gesamtmodelle verglichen. Eine Variablenübersicht (Tabelle 47) sowie die vollständige Regression (Tabelle 48), in der Branchen- und Gesamtmodelle nebeneinander stehen, finden sich einschließlich aller Modellparameter im Anhang.

standes weiter gesteigert. Dies kann als plausibles Indiz dafür betrachtet werden, dass an diesem Punkt der Expansionsphase des Netzwerks Direktoren mit ihren Aufsichtsratspositionen zunehmend an die Grenzen ihrer Kapazität stoßen.

Da Branchenmodelle zur Erklärung eingehender Vorstand-in-Aufsichtsrat Verflechtungen 1928 wenig beitragen, werden hier wieder Gesamtmodelle betrachtet (s. Abbildung 21). Die Unterschiede zwischen Unternehmen in Bezug auf eingehende gerichtete Verflechtungen gehen wie auch schon in den Vergleichsjahren in erster Linie auf die Anzahl der Bankiers im Aufsichtsrat zurück, worin sich die höheren *outdegrees* der Banken spiegeln. Interessant ist wieder der Blick auf die untersuchten Branchenzusammenhänge. Banken weisen als einzige Branche signifikant weniger Kooptationen von Vorständen auf. Erneut bestätigt sich die Annahme, dass die Chancen der Einflussnahme auf Bankaufsichtsräte durch die Vorstände der Sampleunternehmen geringer ausfallen. Die

Tabelle 18   Determinanten für Outdegree-Zentralität (Poisson Regressionen°)

	Vorstände in Aufsichtsräten			
	Modell 1	Modell 2	Kontrolle 1	Kontrolle 2
Branchenzugehörigkeit ++				
Banken	1.775***	1.513***		
Banken ohne Großbanken			0.920***	0.759***
Metallindustrie	1.038***	0.975***	1.038***	0.836***
Bergbau	0.957***	1.138***	0.957***	1.082***
Chemische Industrie	0.483***	−0.288*	0.483***	−0.749***
Elektrizitätswerke	1.106***	1.318***	1.106***	1.268***
Größe: Bilanzsumme (in Mrd. RM)		0.116***		0.093***
Direktorium (N): Vorstand		0.046***		0.056***
Konstant	0.451***	0.068	0.451***	0.086
N	36	361	354	354
Mc Fadden's Pseudo R^2 °°	0.14	0.29	0.07	0.22
LL(0)	−2267.41	−2267.41	−1555.02	−1555.02
LR chi²(df)	625.45	1336.48	223.95	679.74
df	5.00	7.00	5.00	7.00
Prob > chi²	0.00	0.00	0.00	0.00

*** p-Wert ≤ 0.01 ** p-Wert ≤ 0.05 * p-Wert ≤ 0.1 (zweiseitiger Test)

° Positive Koeffizienten bedeuten, dass Unternehmen mit diesem Merkmal einen höheren Verflechtungsmittelwert haben bzw. die Wahrscheinlichkeit für Unternehmen mit diesem Merkmal mehr Verflechtungen zu haben höher ist.

°° McFadden's Pseudo R^2 misst den Erklärungswert des Modells. Dieser Modellparameter bezieht sich auf die Pseudo-Likelihood Funktion und ist daher nur bedingt mit dem R^2 aus der OLS-Regression vergleichbar. Die Werte liegen im Bereich 0 bis 1. Je näher der Wert bei 1 liegt desto höher ist der Erklärungswert des angepassten Modells gegenüber dem Nullmodell.

++ Referenzkategorie: alle anderen Branchen

anderen untersuchten Branchen weisen signifikant positive Effekte auf, v. a. in Elektrizitätswerken sitzen deutlich öfter Direktoren aus den Großunternehmen des Samples als zu erwarten wäre.

Abbildung 21   Determinanten für Indegree-Zentralität 1928

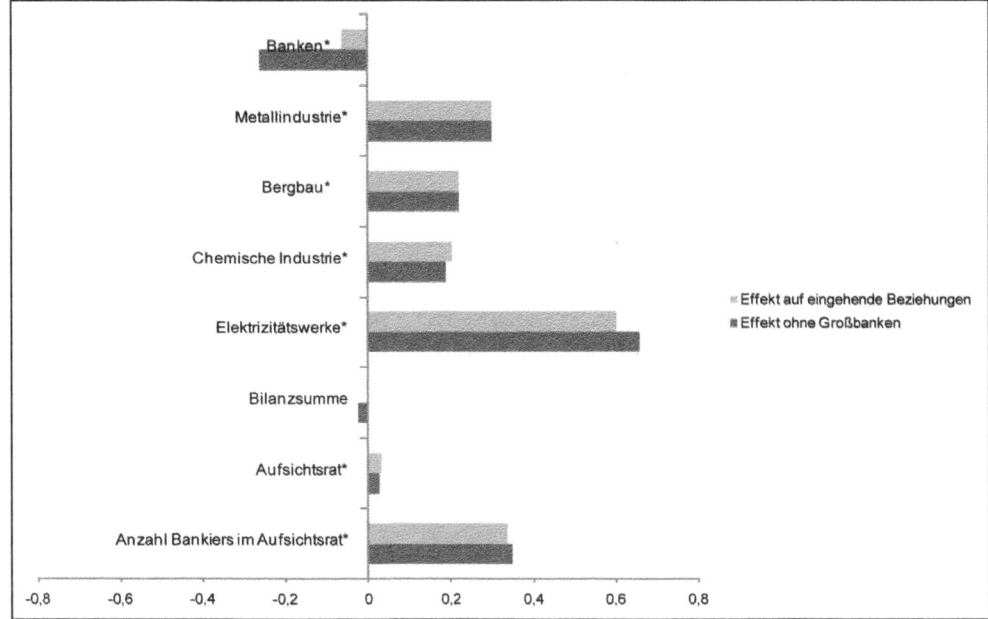

Es sind hier Effektstärken (β-Koeffizienten) abgebildet, die auf der Basis von Poisson-Regressionsverfahren berechnet wurden. Helle Balken kennzeichnen die Effektstärken, wenn alle Unternehmen berücksichtigt werden, dunkle Balken die Effektstärken für die Kontrollmodelle ohne Großbanken. Positive Koeffizienten bedeuten, dass Unternehmen mit diesem Merkmal einen höheren Verflechtungsmittelwert haben bzw. die Wahrscheinlichkeit für Unternehmen mit diesem Merkmal mehr Verflechtungen zu haben höher ist; negative Koeffizienten bedeuten, dass die Wahrscheinlichkeit mit einem Anstieg in der Ausprägung der Variable geringer wird. Signifikante Zusammenhänge sind mit einem Stern (*) gekennzeichnet. Die Branchen sind dummykodiert, ihre Referenzkategorie sind alle anderen Branchen. Es werden hier nur Gesamtmodelle verglichen. Eine Variablenübersicht (Tabelle 47) sowie die vollständige Regression (Tabelle 49), in der Branchen- und Gesamtmodelle nebeneinander stehen, finden sich einschließlich aller Modellparameter im Anhang.

5.3.4 Etablierung von Netzwerkstrukturen – 1933

Die Visualisierung des Gesamtnetzwerkes hat ebenso wie die Analyse der Netzwerkstruktur Hinweise darauf gegeben, dass die wesentlichen Merkmale des Netzwerks 1928 ausgereift sind. Dies lässt strukturelle Ähnlichkeiten zwischen 1933 und 1928 erwarten.

Die grundsätzliche Form der Verteilung des Netzwerkkapitals bleibt von der Verringerung der Verflechtungsintensität zwischen 1928 und 1933, die mit dem Rückgang der Netzwerkdichte nachgewiesen wurde, auch tatsächlich unberührt. Bei den Aufsichtsrat-zu-Aufsichtsrat Verflechtungen ist aber eine leichte Tendenz zur mehr Homogenität feststellbar: Mehr Unternehmen haben Mehrfachverflechtungen, netzwerkaktivere Unternehmen reduzieren ihre Beziehungen sichtbar (Gini-Koeffizient: 0.49). Wie sieht es 1933 mit der Investition in ausgehende gerichtete Verflechtungen aus? Im Vergleich zu 1928 ist 1933 ein leichter Rückgang in der Entsendung von Vorständen in die Aufsichtsräte von anderen Unternehmen festzustellen. So sind z. B. Unternehmen, die mehr als drei Vorstände in die Aufsichtsräte anderer Unternehmen entsenden, weniger geworden. Die Ungleichverteilung bleibt konstant (Gini-Koeffizient: 0.80). Eine Erklärung hierfür liefern Fusionsprozesse, die Unternehmen und ihre Organe verschmelzen lassen. Eine andere Erklärung sind die für die Unternehmen entstehenden Kosten (personale Investitionen, Verschärfung der Kontrollpflichten). Möglicherweise haben sich diese gegenüber dem erwarteten Nutzen (Beschaffung von Informationen, Durchsetzung eigner Interessen u. a.) erhöht. Plausibel erscheint im Zusammenhang mit dem Vertrauensverlust nach der Banken- und Wirtschaftkrise aber auch ein Rückgang der Bereitschaft von Unternehmen, Vorstände aus anderen Unternehmen in die eigenen Aufsichtsräte zu kooptieren. Gehen ausgehende Vorstand-zu-Aufsichtsrat Verflechtungen zurück, sind zwangsläufig auch weniger eingehende Vorstand-in-Aufsichtsrat Verflechtungen zu beobachten. Unternehmen, die mehrere Vorstände aus den Sample-Unternehmen kooptieren, werden wieder weniger. Aus der Perspektive der kooptierenden Unternehmen kann der Rückgang als gezieltere Selektion betrachtet werden. Der Wert dieses sozialen Kapitals erführe damit sowohl für die Sender als auch für die Empfänger eine Steigerung. Der Gini-Koeffizient der eingehenden gerichteten Verflechtungen bleibt konstant bei 0.52.

In ihrer Gesamtheit betrachtet vermittelt die Verteilung der Investitionen in das Netzwerkkapital zwischen Unternehmen 1933 aber nur leichte Veränderungen gegenüber 1928 und damit den Eindruck von gefestigten Netzwerkstrukturen. Trotz der allgemeinen Verringerung der Verflechtungsaktivität hat sich an der Verteilung des sozialen Kapitals zwischen Großbanken, Banken ohne Großbanken und dem durchschnittlichen Unternehmen nichts verändert. Die Großbanken gehören zu denjenigen Unternehmen, die durch personelle Verflechtungen nach wie vor weite Teile des Netzwerks umspannen, in Netzwerkkapital investieren und dadurch potentiellen Zugang zu überdurchschnittlich vielen Netzwerkressourcen erhalten. Dies gilt vorwiegend für ihre ausgehenden gerichteten Verflechtungen. Großbanken gehören nach wie vor zu den Unternehmen, die vergleichbar hohe Kontrollchancen wahrnehmen können.

Interessant ist insbesondere die Frage, ob im ausgeschöpften Datenmaterial Hinweise zu finden sind, welche die Reduktion der Beziehungen zu erklären vermögen. Die Verringerung der Netzwerkaktivität folgt zeitlich auf gesetzliche Beschränkungen im *Corporate-Governance* Bereich. Es ist vorstellbar, dass Unternehmen unterschiedlich darauf reagieren und es zu einer Verschiebung des sozialen Kapitals zwischen einzelnen Unternehmensgruppen (z. B. Branchen) kommt. Oder sind es nach wie vor dieselben Variablen, welche die *Degree*-Verteilungen erklären? Wie für die vorhergehenden Zeitpunkte werden zur Überprüfung dieser Fragen multivariate Analyseverfahren angewendet.

Für die Aufsichtsrat-zu-Aufsichtsrat Verflechtungen können 1933 kaum andere Erklärungszusammenhänge als 1928 festgestellt werden. Es werden auch hier Gesamtmodelle abgebildet (s. Abbildung 23), aus denen hervorgeht, dass die Anzahl der Aufsichtsratmitglieder sowie die Anzahl der Bankiers in den Aufsichtsräten den größten Beitrag

Abbildung 22   Zentralität, Einfluss und Prestige 1933 (Gruppenmittelwerte)

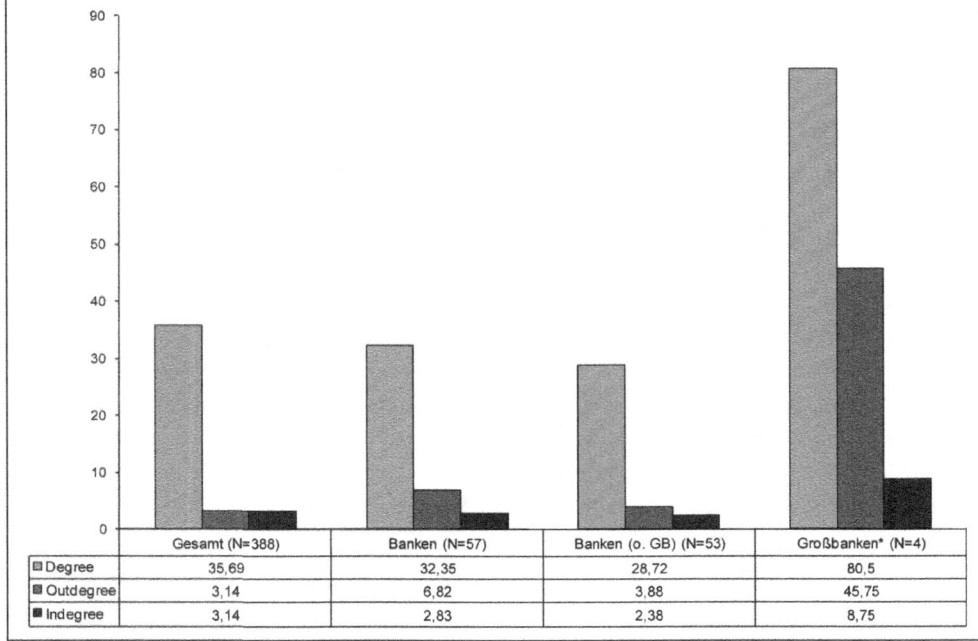

	Gesamt (N=388)	Banken (N=57)	Banken (o. GB) (N=53)	Großbanken* (N=4)
Degree	35,69	32,35	28,72	80,5
Outdegree	3,14	6,82	3,88	45,75
Indegree	3,14	2,83	2,38	8,75

Anmerkungen: Die Fallzahl (N) bezieht sich auf die Anzahl der berücksichtigten Unternehmen, in den Balken sind allerdings die durch die Unternehmen realisierten Beziehungen abgebildet. Mit den Balken *‚Degree'* (hier hellgrau) werden dabei Mittelwerte für Aufsichtsrat-zu-Aufsichtsrat Verflechtungen, mit *‚outdegree'* (hier mittelgrau) Mittelwerte für ausgehende Vorstand-zu-Aufsichtsrat Verflechtungen und mit *‚indegree'* (hier dunkelgrau) Mittelwerte für eingehende Vorstand-in-Aufsichtsrat Verflechtungen abgebildet.

* Zu den Großbanken zählen 1933 Deutsche Bank, Dresdner Bank, Commerzbank sowie Berliner Handelsgesellschaft.

zur Erklärung von ungerichteten Verflechtungen geben. Die Unterschiede in der Anzahl der Positionen sind demnach auch 1933 v. a. auf unterschiedlich große Aufsichtsräte zurückzuführen. Für diesen Untersuchungszeitpunkt erlangt dies eine besondere Bedeutsamkeit, da die rechtlichen Beschränkungen im Zuge der Aktienrechtsreform 1931 ja gerade die Größe des Aufsichtsrates betreffen. Mit dem Blick auf sektorale Zusammenhänge verfestigt sich das Bild, dass Banken durchschnittlich weniger und sowohl alte als auch neue Industrien durchschnittlich stärker in ungerichtete Verflechtungen involviert sind als Unternehmen anderer Branchen.

Auch die Betrachtung der ausgehenden Vorstand-zu-Aufsichtsrat Verflechtungen bringt keine grundsätzlich neuen Erkenntnisse. In der folgenden Tabelle stehen Branchenmodelle und Gesamtmodelle nebeneinander (s. Tabelle 19). Dort angeführte multivariate Zusammenhangsanalysen weisen für 1933 wieder auf einen ausgeprägten Bankeneffekt hin. Jedoch haben auch Metallindustrie, Bergbau, Chemische Industrie und Elektrizitätswerke gegenüber den übrigen Branchen signifikant höhere Erwar-

Abbildung 23   Determinanten für Degree-Zentralität 1933

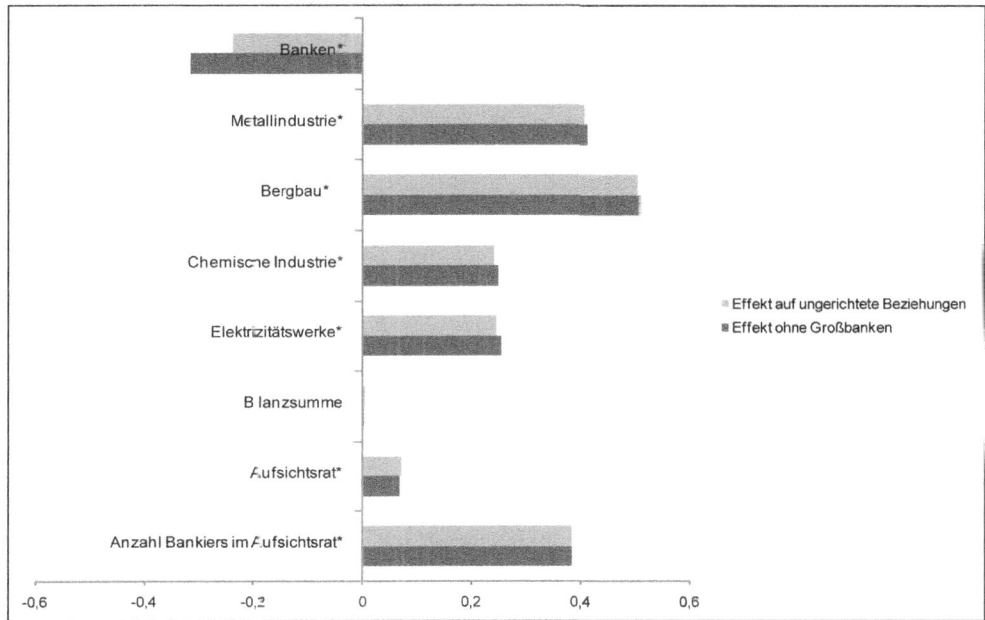

Es sind hier Effektstärken (β-Koeffizienten) abgebildet, die auf der Basis von Poisson-Regressionsverfahren berechnet wurden. Helle Balken kennzeichnen die Effektstärken, wenn alle Unternehmen berücksichtigt werden, dunkle Balken die Effektstärken für die Kontrollmodelle ohne Großbanken. Positive Koeffizienten bedeuten, dass Unternehmen mit diesem Merkmal einen höheren Verflechtungsmittelwert haben bzw. die Wahrscheinlichkeit für Unternehmen mit diesem Merkmal mehr Verflechtungen zu haben höher ist; negative Koeffizienten bedeuten, dass die Wahrscheinlichkeit mit einem Anstieg in der Ausprägung der Variable geringer wird. Signifikante Zusammenhänge sind mit einem Stern (*) gekennzeichnet. Die Branchen sind dummykodiert, ihre Referenzkategorie sind alle anderen Branchen. Es werden hier nur Gesamtmodelle verglichen. Eine Variablenübersicht (Tabelle 50) sowie die vollständige Regression (Tabelle 51), in der Branchen- und Gesamtmodelle nebeneinander stehen, finden sich einschließlich aller Modellparameter im Anhang.

tungswerte. Die Kontrollmodelle zeigen, dass sich der Effekt ohne Großbanken etwas abschwächt. Aber es sind wiederum v. a. die Unterschiede in der Größe des Unternehmens und der Anzahl der Direktoren im Vorstand, die neben einem branchenspezifischen Zusammenhang die unterschiedlichen Investitionen in Kontrollchancen erklären. In Hinblick auf diese Ergebnisse unterscheidet sich das Netzwerk 1933 gegenüber 1928 nur im Ausmaß der Aktivität. Daraus lässt sich der Schluss ziehen, dass der Rückgang von ausgehenden Verflechtungen keine Gruppe im Besonderen, sondern alle Unternehmen gleichermaßen trifft. Die geringere Erklärungskraft gegenüber 1928 (Pseudo R^2 von 0.22 im Vergleich zu 0.29 im Vollmodell) deutet aber auf die Möglichkeit hin, dass nun andere, nicht erfasste Zusammenhänge dominanter sind. In erster Linie ist hier auf die besondere Rolle von Kapitalverflechtungen für das deutsche Produktionsregime hinzuweisen. Die Zeit der Krise ist auch eine Zeit von engeren Kapitalverflechtungen und Fusionen (vgl. Fiedler 2002).

Tabelle 19   Determinanten für Outdegree-Zentralität (Poisson Regressionen°)

	Vorstände in Aufsichtsräten			
	Modell 1	Modell 2	Kontrolle 1	Kontrolle 2
Branchenzugehörigkeit ++				
Banken	1.646***	1.348***		
Banken ohne Großbanken			1.058***	0.796***
Metallindustrie	1.047***	1.084***	1.047***	1.031***
Bergbau	1.044***	1.216***	1.044***	1.155***
Chemische Industrie	0.864***	0.634***	0.864***	0.610***
Elektrizitätswerke	0.991***	1.179***	0.991***	1.118***
Größe: Bilanzsumme (in Mrd. RM)		0.088***		0.057***
Direktorium (N): Vorstand		0.104***		0.100***
Konstant	0.299***	−0.182**	0.299***	−0.108
N	372	372	369	369
Mc Fadden's Pseudo R^2 °°	0.11	0.22	0.07	0.14
LL(0)	−1955.19	−1955.19	−1540.76	−1540.76
LR chi²(df)	426.98	867.09	211.45	428.61
df	5.00	7.00	5.00	7.00
Prob > chi²	0.00	0.00	0.00	0.00

*** p-Wert ≤ 0.01 ** p-Wert ≤ 0.05 * p-Wert ≤ 0.1 (zweiseitiger Test)

°Positive Koeffizienten bedeuten, dass Unternehmen mit diesem Merkmal einen höheren Verflechtungsmittelwert haben bzw. die Wahrscheinlichkeit für Unternehmen mit diesem Merkmal mehr Verflechtungen zu haben höher ist.

°° McFadden's Pseudo R^2 misst den Erklärungswert des Modells. Dieser Modellparameter bezieht sich auf die Pseudo-Likelihood Funktion und ist daher nur bedingt mit dem R^2 aus der OLS-Regression vergleichbar. Die Werte liegen im Bereich 0 bis 1. Je näher der Wert bei 1 liegt, desto höher ist der Erklärungswert des angepassten Modells gegenüber dem Nullmodell.

++Referenzkategorie: alle anderen Branchen

In Hinblick auf die Erklärung eingehender Vorstand-in-Aufsichtsrat Verflechtungen ist 1933 nach wie vor nur ein marginaler Brancheneffekt nachweisbar, weswegen hier wiederum Gesamtmodelle betrachtet werden. Die Unterschiede in den eingehenden gerichteten Verflechtungen gehen wie auch in den Vergleichsjahren v. a. auf die Anzahl der Bankiers im Aufsichtsrat zurück. Banken haben in der Regel weniger eingehende gerichtete Verflechtungen als andere Unternehmen, wobei der negative Effekt geringer ausgeprägt ist, wenn man die Großbanken miteinschließt. Die Chemische Industrie und

Abbildung 24   Determinanten für Indegree-Zentralität 1933

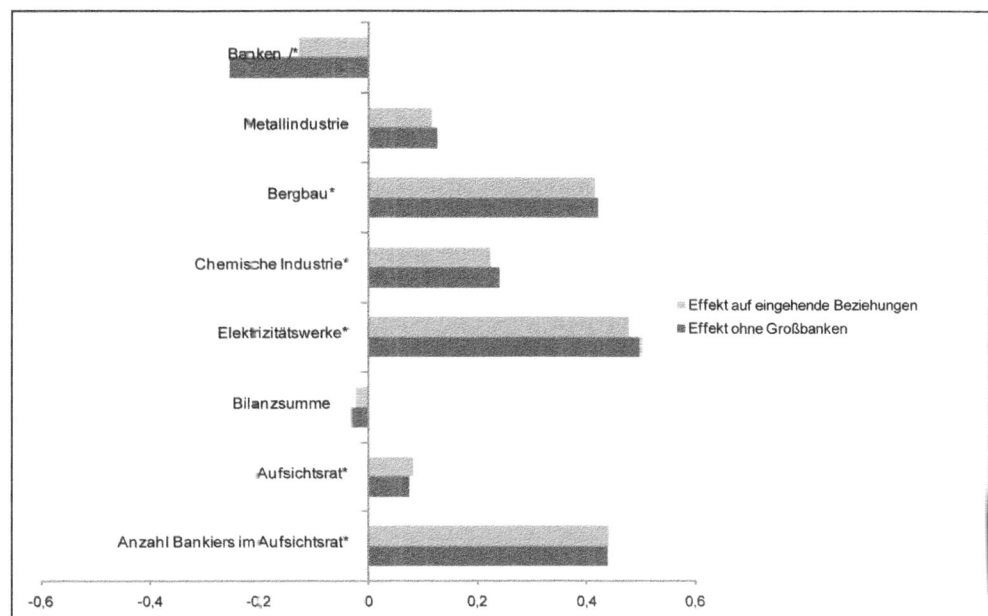

Es sind hier Effektstärken (β-Koeffizienten) abgebildet, die auf der Basis von Poisson-Regressionsverfahren berechnet wurden. Helle Balken kennzeichnen die Effektstärken, wenn alle Unternehmen berücksichtigt werden, dunkle Balken die Effektstärken für die Kontrollmodelle ohne Großbanken. Positive Koeffizienten bedeuten, dass Unternehmen mit diesem Merkmal einen höheren Verflechtungsmittelwert haben bzw. die Wahrscheinlichkeit für Unternehmen mit diesem Merkmal mehr Verflechtungen zu haben höher ist; negative Koeffizienten bedeuten, dass die Wahrscheinlichkeit mit einem Anstieg in der Ausprägung der Variable geringer wird. Signifikante Zusammenhänge sind mit einem Stern (*) gekennzeichnet. Ist nur eines der Vergleichsmodelle signifikant, ist das Nicht-Signifikante je nach Reihenfolge mit einem Kreis (°) vor oder hinter einem Balken (/) markiert. Die Branchen sind dummykodiert, ihre Referenzkategorie sind alle anderen Branchen. Es werden hier nur Gesamtmodelle verglichen. Eine Variablenübersicht (Tabelle 50) sowie die vollständige Regression (Tabelle 52), in der Branchen- und Gesamtmodelle nebeneinander stehen, finden sich einschließlich aller Modellparameter im Anhang.

v. a. Bergbau und Elektrizitätswerke kooptieren signifikant mehr Vorstände aus anderen Unternehmen in ihre Aufsichtsräte.

5.4   Core-Peripherie Analyse

Soziale Beziehungsstrukturen werden in der Netzwerkanalyse räumlich interpretiert. Wie bereits festzustellen war, verteilen sich sowohl Aufsichtsrat-zu-Aufsichtsrat als auch Vorstand-zu-Aufsichtsrat Verflechtungen sehr ungleich zwischen den Unternehmen. Der Zentralisierungsgrad des Netzwerkes ist dabei aber verhältnismäßig gering, was als Hinweis darauf betrachtet werden muss, dass es nicht einzelne dominante Unternehmen, sondern eine größere Gruppe von Unternehmen gibt, die deutlich mehr in

Netzwerkbeziehungen investieren und damit im Zentrum der Verflechtung stehen. Es ist nun zu überprüfen, ob das Netzwerk der deutschen Aktiengesellschaften tatsächlich einen solchen Kern *(Core)* hat.

Bei einer *Core*-Peripherie Analyse handelt es sich um eine Erweiterung des bekannten Zentralitätskonzept (Everett/Borgatti 2005). Die Idee der Akteurszentralität wird mit der Zentralisierung als Maß für die Gesamtstruktur des Graphen kombiniert und auf Gruppen übertragen. Einerseits handelt es sich dadurch um eine Verallgemeinerung der Zentralitätsmessung, andererseits bereits um eine Modellbildung, in der eine sternförmige Verflechtung der Knoten im Netzwerk angenommen wird. In einer idealtypischen *Core*-Peripherie Struktur teilen sich die Knoten in zwei disjunkte Teilmengen auf: einen dicht miteinander verflochtenen *Core* und eine weitgehend gering verflochtene Peripherie (s. Abbildung 25). Nach der Überprüfung des Modellfits wird jedem Knoten ein *Coreness*-Wert zugewiesen, in dem sich das Ausmaß seiner Zugehörigkeit zum *Core*

Abbildung 25   Idealform einer *Core*-Peripherie Struktur

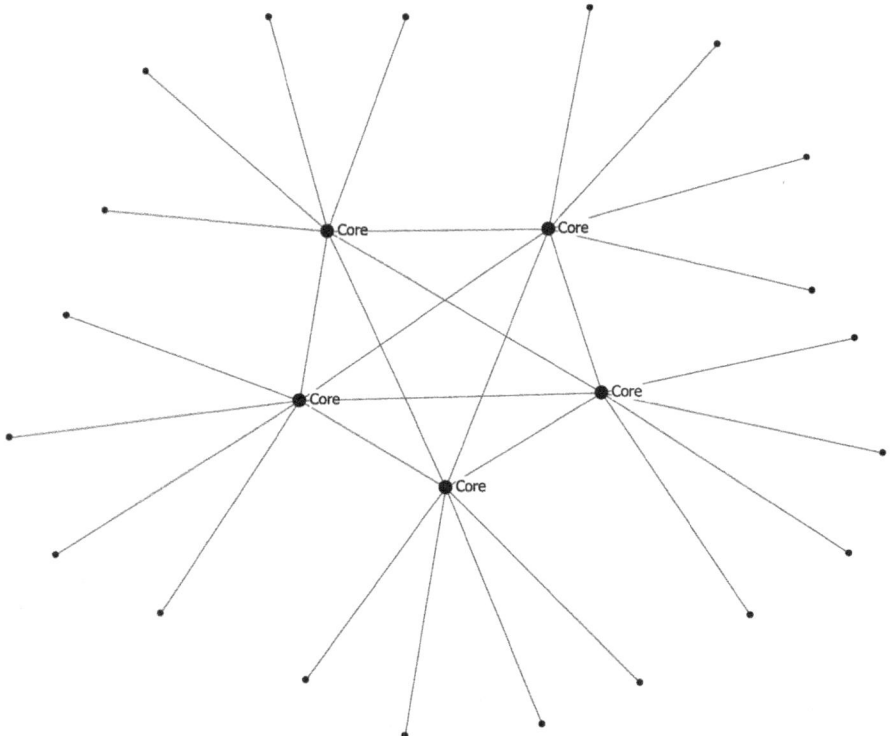

Eigene Darstellung

ausdrückt. Der *Core* ist danach die Teilmenge von Knoten mit maximaler *Core*-Zentralität, oder anders gesagt, die das Netzwerk dominierende Gruppe.[147]

Das Netzwerk der personellen Verflechtungen wird also nun in einem weiteren Schritt nach regionalen *Core*-Peripherie Strukturen untersucht. Die deskriptive Übersicht zur *Core*-Zusammensetzung zeigt, dass in etwa zwischen 14 % und 19 % aller Unternehmen als *Core* identifiziert werden können. Zu diesem gehören aktive Unternehmer, die an zentraler Position im Netzwerk lokalisiert werden. Eine *Core*-Peripherie Betrachtung des Netzwerks erfasst hier einen kleinen Kern von Unternehmen, die tatsächlich einen Großteil an Beziehungen auf sich konzentrieren. Die durchschnittliche Anzahl an Beziehungen des *Core* liegt in allen Jahren um ein Vielfaches über derjenigen der Peripherie. Im Jahr 1928 erzielen die 68 *Core* Unternehmen sogar mehr Beziehungen als die restlichen 297 peripheren Unternehmen zusammen. Die folgende Tabelle gibt einen Überblick über die Anzahl der Unternehmen, die zu *Core* und Peripherie gezählt werden können, und über ihre Netzwerkaktivität (s. Tabelle 20).

Tabelle 20   *Core*-Peripherie Unternehmen und ihre Beziehungen
             (Summe/Mittelwerte)

	1896 (N = 156)	1914 (N = 321)	1928 (N = 365)	1933 (N = 388)
Core	Σ 300 (Ø 20) (N=15)	Σ 3507 (Ø 81.6) (N=43)	Σ 12 564 (Ø 184.8) (N=68)	Σ 7215 (Ø 109.3) (N=66)
Peripherie	Σ 718 (Ø 5.1) (N=141)	Σ 3981 (Ø 14.3) (N=278)	Σ 11 762 (Ø 39.6) (N=297)	Σ 8941 (Ø 27.8) (N=322)

Anmerkung: Hinter den Summen Σ steht die absolute Anzahl an Beziehungen, gefolgt vom Mittelwert. Für die Berechnungen werden sowohl Aufsichtsrat-zu-Aufsichtsrat als auch Vorstand-zu-Aufsichtsrat Verflechtungen herangezogen. Hier werden Beziehungen gezählt und damit jede Verflechtung letztlich zweimal (einmal für jeden beteiligten Akteur). Daraus erklären sich die Unterschiede zu Tabelle 13 am Anfang des Kapitels. Die angegebene Gesamtzahl (N) bezieht sich auf die bei den Berechnungen berücksichtigte Anzahl an Unternehmen.

Diese Ergebnisse geben aber noch keine Hinweise darauf, wie sich die Beziehungen zwischen und innerhalb dieser Teilgruppen verteilen. Hierfür betrachten wir die Dichte des *Core*- und Peripherienetzwerks. Dabei werden die verbundenen Unternehmen mittels Matrizenpermutationsverfahren in zwei Teilgruppen aufgespalten. Die beobachteten Unterschiede zwischen *Core* und Peripherie entsprechen den Modellprognosen. In der Überprüfung des Modells durch Korrelation des beobachteten Netzwerks mit der Ideal-

---

147 Die Übereinstimmung des beobachteten Graphen mit dem Modell, der Modellfit, wird auf der Grundlage Algorithmus basierter Verfahren getestet, in welchem eine permutierte Matrize der beobachteten Beziehungen mit der Idealstruktur korreliert wird (Borgatti/Everett 1999). Je höher die Korrelation, umso besser der Modellfit. *Coreness*-Maße sind zugleich immer auch Zentralitätsindikatoren. Die Umkehrung gilt allerdings nicht. Nicht alle zentralen Unternehmen gehören notwendigerweise zum *Core*. Mit der *Core*-Rolle werden das Netzwerk als Ganzes und die Position des betreffenden Unternehmens zusammen betrachtet (vgl. Borgatti/Everett 1999).

form bestätigt sich die *Core*-Peripherie Struktur. Das gilt in besonderem Maße für 1914 und 1928. Die identifizierten *Core*-Unternehmen sind untereinander um einiges dichter verflochten als mit der Peripherie. Dichtewerte über 100 % sind in diesem Zusammenhang ein Hinweis auf Mehrfachverflechtungen. Peripherie-Unternehmen haben hingegen kaum Beziehungen untereinander (s. Tabelle 21).

Tabelle 21   *Core*-Peripherie Struktur (Verflechtungsdichte)

	1896		1914		1928		1933	
	Core (N = 15)	Peripherie (N = 141)	*Core* (N = 43)	Peripherie (N = 278)	*Core* (N = 68)	Peripherie (N = 297)	*Core* (N = 66)	Peripherie (N = 322)
Core	83 %	6 %	108 %	13 %	168 %	24 %	94 %	15 %
Peripherie	6 %	3 %	13 %	3 %	24 %	8 %	15 %	6 %
Pearson R^2*	0.332		0.469		0.528		0.378	

Anmerkungen: Das *Core*-Peripherie Modell ist auf der Grundlage summierter Verflechtungen berechnet (Einstellung: kategorisch).

* Der Modellfit wird am Korrelationskoeffizienten zwischen der permutierten beobachteten Matrize und idealer Struktur gemessen. Pearson R^2 kann einen Wert zwischen −1 und 1 annehmen. Ein idealer Fit hat einen Korrelationskoeffizienten von 1, ab Werten von 0.35 kann man von einer einigermaßen starken Korrelation sprechen.

Der *Core* ist das Steuerungszentrum des Netzwerks. Über die Vorstände und v. a. die Aufsichtsräte der *Core*-Unternehmen können die größten Aktiengesellschaften bestens erreicht werden. Unabhängig von den Intentionen einzelner, verteilen sich Informationen und unternehmerische Strategien nicht nur im *Core,* sondern auch bis hin zu peripheren Zonen. Mit dem *Core* vernetzt zu sein, eröffnet demzufolge eine große Menge an sozialem Kapital und damit eine Vielzahl an Gelegenheitsstrukturen. Dies kann von Netzwerkakteuren auch strategisch eingesetzt werden. Verflechtungen mit *Core*-Unternehmen sind unter instrumentellen Gesichtspunkten effiziente Investitionen. Es kann aber nicht angenommen werden, dass die Netzwerkstrukturen den einzelnen Akteuren in dieser Form transparent waren. Dennoch ist es von Relevanz einen Blick darauf zu werfen, welche Unternehmen zum *Core* gehört haben und welche Erklärungen für eine Zugehörigkeit zum *Core* gefunden werden können. Dazu wird als nächstes die Branchenzugehörigkeit der zum *Core* gehörenden Unternehmen betrachtet (s. Tabelle 22). 1896 besteht der *Core* erst aus 15 Unternehmen. Das Netzwerk ist zu diesem Zeitpunkt noch nicht vollends ausgeformt, wie bereits aus den Ergebnissen der bisherigen Strukturanalysen hervorgegangen ist. Aber bereits ab 1914 lassen sich auch für das *Core*-Peripherie Gefüge Merkmale herausarbeiten, die das Netzwerk über längere Zeiträume prägen werden. Der *Core* des deutschen Unternehmensnetzwerks setzt sich ab diesem Zeitpunkt vorwiegend aus Banken und Unternehmen aus Bergbau und Metallindustrie sowie der Elektrizitätsindustrie zusammen.

Tabelle 22   Branchenzugehörigkeit der *Core*-Unternehmen 1896–1933

	1896	1914	1928	1933
Banken	5	8	13	8
Metallindustrie	2	6	14	16
Bergbau	–	8	10	10
Chemische Industrie	3	4	5	7
Elektrizität	1	5	9	10
Maschinenbauindustrie	2	3	6	4
Elektroindustrie	2	6	4	4
Transport und Kommunikation	–	2	3	3
Schifffahrt/Reedereien	–	–	2	1
Öl/Gas	–	1	1	2
Bauindustrie	–	–	–	1
Nahrung/Genussmittelindustrie	–	–	1	–
N	15	43	68	66

Anmerkung: In der Tabelle ist die absolute Anzahl an Unternehmen angeführt.

Eine gewisse Kontinuität ist nicht nur in der Zusammensetzung der Branchen erkennbar. Betrachtet man die Identität der *Core*-Unternehmer, sind indes sogar gewisse Anzeichen oligarchischer Strukturen zu erkennen. Die Mehrheit der Unternehmen gehört zu mehr als einem Untersuchungszeitpunkt zur das Netzwerk dominierenden Gruppe. Eine Überschneidung der Unternehmen von über 80 % zwischen 1928 und 1933 verwundert dabei aufgrund des kurzen Zeitraums nicht sonderlich. Es darf allerdings angenommen werden, dass diese Unternehmen bereits vor 1928 und möglicherweise noch länger als 1933 zum *Core* gehören. Darüber hinaus gibt es Unternehmen, die in der Tat zu allen vier Zeitpunkten dem *Core* angehören, nämlich die Deutsche Bank, die AEG und Mannesmann. Unternehmen, die zu mehr als zwei Zeitpunkten dem *Core* angehören, sind gruppiert nach Branchen aufgelistet (s. Tabelle 23).

Neben der Deutschen Bank gehören noch die Disconto-Gesellschaft und die Dresdner Bank beständig dem *Core* an. Diese zwei weiteren Großbanken haben 1896 deutlich mehr Verflechtungen als die Deutsche Bank (vgl. auch Kapitel 7). Letztere profitiert jedoch durch eine geschickte Entsendung ihrer Direktoren in die Aufsichtsräte zentraler Unternehmen (z. B. AEG, Accumulatorenfabrik u. a.) von der Position der Netzwerkpartner und nimmt im Zuge dessen selbst eine *Core*-Position ein. Überaus bemerkenswert ist außerdem, dass sich unter den Unternehmen, die mit einer gewissen Kontinuität zwischen 1896 und 1933 den *Core* des deutschen Netzwerkes personeller Verflechtung prägen, bereits das aus damaliger Perspektive zukünftige Verflechtungszentrum der

Tabelle 23   *Core*-Unternehmen mit mindestens drei Vorkommen

Unternehmen nach Branchen	1896	1914	1928	1933
Banken und Versicherungen				
Deutsche Bank	×	×	×	×
Disconto-Gesellschaft	×	×	×	–*
Dresdner Bank		×	×	×
Allianz		×	×	×
Elektroindustrie				
AEG	×	×	×	×
Felten & Guillaume Carlswerk AG		×	×	×
Siemens & Halske AG		×	×	×
Elektrizitätsgesellschaften				
Elektrizitäts-AG vormals W. Lahmeyer & Co.		×	×	×
Gesellschaft für elektrische Unternehmungen		×	×	×
Chemische Industrie				
Dynamit AG (Nobel & Co.)	×		×	×
Rütgerswerke AG		×	×	×
Metallindustrie				
Mannesmannröhren-Werke	×	×	×	×
Riebeck'sche Montanwerke		×	×	×
Bergbau				
Gelsenkirchner Bergwerks-AG		×	×	×
Harpener Bergbau		×	×	×

* Durch die Fusion zwischen Deutscher Bank und Disconto-Gesellschaft zur Deutschen und Disconto-Bank im Jahr 1929 tritt die Disconto-Gesellschaft 1933 nicht mehr als institutionell eigenständiger Akteur auf.

„Deutschland AG" identifizieren lassen, nämlich Deutsche Bank und Allianz (aktuell dazu vgl. Beyer 2003).

Deutet sich in diesen Ergebnissen nun doch eine Oligarchie der Großbanken an? Aufschluss hierüber geben die multivariaten Auswertungen zur Bestimmung von Determinanten für die *Core*-Zugehörigkeit.[148] Da die *Core*-Peripherie Struktur 1896 erst schwach entwickelt ist und sich die Beobachtungen für 1928 und 1933 in Bezug auf die

---

148 Da die abhängige Variable nur zwei Ausprägungen hat, also kategorial ist, wird hierzu auf logistische Regressionsverfahren zurückgegriffen, welche die Effekte der erklärenden Variablen auf die

Zusammensetzung der Core-Unternehmen in hohem Maße decken, werden daher die für die Berechnungen relevanten Jahrgänge auf 1914 und 1928 eingrenzt. Im Modellaufbau ähneln die Analysen denen zur Netzwerkzentralität aus dem vorherigen Abschnitt. Zunächst wird der Einfluss der Branchenzugehörigkeit geprüft. Anschließend wird das Modell um branchenunabhängige Merkmale wie die Unternehmensgröße und die Größe der Leitungsorgane erweitert, die bereits im Zusammenhang mit der Netzwerkzentralität erklärungsrelevant waren. Und schließlich werden auch hier die Berechnungen einmal mit Großbanken und einmal ohne Großbanken (Kontrolle zu Modell 1 und 2) durchgeführt.

Wie schon bei der Zentralitätsanalyse sind es 1914 in erster Linie branchenunabhängige Merkmale wie die Anzahl von Bankiers im Aufsichtsrat, die den stärksten Effekt auf die Wahrscheinlichkeit zum Core zu gehören ausüben. Es wird nochmals deutlich, dass die Kooptation von Bankiers eine katalysierende Wirkung auf die Verteilung des sozialen Kapitals hat. Die Branchenmodelle allein haben wiederum nur eine geringe Erklärungskraft, bei den Gesamtmodellen ist diese aber gut (Pseudo R^2 liegt bei 0.45). Dass sich die Ergebnisse diesbezüglich nur wenig von der Netzwerkzentralität unterscheiden, verwundert nicht, schließlich zeigt der Core im Grunde ja auch nichts Anderes als die Aktivität von Unternehmen an, nur eben auf der Ebene von Gruppen.

Kontrolliert nach Größe und Zusammensetzung der Organe haben Banken eine signifikant geringere Wahrscheinlichkeit zum Core zu gehören. Besonders deutlich geht dies aus dem Modell ohne Großbanken hervor. Abgesehen von einzelnen Großbanken sind es also nicht die Banken, die das Netzwerk dominieren, sondern solche Unternehmen, die netzwerkaktive Aufsichtsräte kooptieren. Aber schon hier schließt sich der Kreis der Argumentation wieder. Zu letzteren zählen schließlich v. a. Bankiers. Die Umkehrung des Zusammenhangs bei der erklärenden Variable Bank von Modell 1 (signifikant positiv) zu Modell 2 (signifikant negativ) mag daraus verständlich werden, dass in einigen Banken sehr netzwerkaktive Aufsichtsräte sitzen, die im Branchenmodell einen positiven Zusammenhang aufzeigen. Der Vergleich mit den Kontrollmodellen deutet darauf hin, dass es sich bei diesen um die Großbanken handelt.

Für 1928 zeigen die multivariaten Analysen ähnliche Ergebnisse. Es ist nicht die Branche, welche die Core-Position eines Unternehmens bestimmt, sondern die personelle Zusammensetzung des Aufsichtsrats. Auch die Unternehmensgröße gemessen an der Bilanzsumme spielt keine Rolle. Kontrolliert um die Bankiers im Aufsichtsrat unterscheiden sich die Brancheneffekte 1928 jedoch von denen von 1914. Sind 1914 noch primäre Ressourcen wie Kapital (Banken) oder Elektrizität (Elektrizitätswerke) von Relevanz, verhalten sich Banken und Elektrizitätswerke 1928 unauffällig. Es sind nun v. a. die alten Industrien, also Bergbau und die Metallindustrie, die den Core dominieren. In den Ergebnissen bilden sich damit die vertikalen und horizontalen

---

Eintrittswahrscheinlichkeit der abhängigen Variablen (Core-Zugehörigkeit) berechnen (vgl. Agresti 2002).

Tabelle 24   Determinanten für *Core*-Zugehörigkeit 1914 (Logitkoeffizienten[+])

	Core (Ja/nein)			
	Modell 1	**Modell 2**	**Kontrolle 1**	**Kontrolle 2**
Branchenzugehörigkeit [++]				
Banken	1.043**	−2.031*		
Banken ohne Großbanken			−0.969	−3.124**
Metallindustrie	1.099**	1.150	1.099**	1.278*
Bergbau	0.963	0.706	0.963	0.831
Chemische Industrie	0.047	0.588	0.047	0.628
Elektrizitätswerke	2.061***	2.265***	2.061***	2.436***
Größe:				
Bilanzsumme (in Mrd. RM)		2.005		−0.671
Direktorium (N):				
Vorstand		0.091		0.140
Aufsichtsrat		0.244***		0.203**
Anzahl Bankiers im Aufsichtsrat		1.122***		1.118**
Interaktionseffekt (Personen*Bankiers im AR)		−0.034		−0.025
Konstant	−2.398***	−6.490***	−2.398***	−6.309***
N	283	283	274	274
Pseudo-R^2 [°°]	0.06	0.45	0.08	0.44
McFaddens R^2 [°°]	0.06	0.45	0.08	0.44
Nagelkerkes R^2 [°°]	0.09	0.55	0.10	0.53
df	5	10	5	10
LR chi²(df)	13.61	102.68	15.01	87.43
Prob > chi²	0.018	0.000	0.010	0.000

*** p-Wert ≤ 0.01 ** p-Wert ≤ 0.05 * p-Wert ≤ 0.1 (zweiseitiger Test)

[+] Die Koeffizienten geben an, wie sich die vorhergesagten Werte bei einem Anstieg der zugehörigen unabhängigen Variable um eine Einheit verändern. Positive Werte bedeuten, dass Unternehmen mit diesem Merkmal eine höhere Eintrittswahrscheinlichkeit des Ereignisses *Core*-Zugehörigkeit haben.

[++] Referenzkategorie: alle anderen Branchen

[°°] Pseudo R^2, McFadden's Pseudo R^2 und Nagelkerkes R^2 messen den Modellfit und damit den Erklärungswert des Modells. Pseudo R^2 gibt den Anteil der erklärten Varianz des logistischen Regressionsmodells an, McFadden's Pseudo R^2 bezieht sich auf die Pseudo-Likelihood Funktion und ist daher nur bedingt mit dem R^2 aus der OLS-Regression vergleichbar. Die Werte liegen im Bereich 0 bis 1. Je näher der Wert bei 1 liegt, desto höher ist der Erklärungswert des angepassten Modells gegenüber dem Nullmodell. Ein weiteres Gütemaß, das den Grad der Varianzdetermination zum Ausdruck bringt, ist Nagelkerkes R^2: Werte ab 0.5 sprechen für eine gute Erklärungskraft des Modells.

Eine Übersicht über die Variablen findet sich in Tabelle 44 im Anhang.

Tabelle 25   Determinanten für *Core*-Zugehörigkeit 1928 (Logitkoeffizienten[+])

	Core (ja/nein)			
	Modell 1	Modell 2	Kontrolle 1	Kontrolle 2
Branchenzugehörigkeit [++]				
Banken	0.887**	0.040		
Banken ohne Großbanken			0.446	−0.389
Metallindustrie	1.654***	1.874***	1.654***	1.892***
Bergbau	1.317***	1.291**	1.317***	1.289**
Chemische Industrie	0.927	0.112	0.927	0.167
Elektrizitätswerke	0.710	0.369	0.710	0.515
Größe: Bilanzsumme (in Mrd. RM)		0.034		0.003
Direktorium (N): Vorstand		−0.003		−0.006
Aufsichtsrat		0.097***		0.079***
Anzahl Bankiers im Aufsichtsrat		0.835***		0.868***
Interaktionseffekt (Personen*Bankiers im AR)		−0.013**		−0.012**
Konstant	−2.150***	−4.874***	−2.150***	−4.655***
N	361	361	354	354
Pseudo-R^2 [°°]	0.05	0.33	0.06	0.32
McFaddens R^2 [°°]	0.05	0.33	0.06	0.32
Nagelkerkes R^2 [°°]	0.08	0.44	0.09	0.43
df	5	10	5	10
LR chi²(df)	19.03	114.32	18.83	106.82
Prob > chi²	0.002	0.000	0.002	0.000

*** p-Wert ≤ 0.01 ** p-Wert ≤ 0.05 * p-Wert ≤ 0.1 (zweiseitiger Test)

[+] Die Koeffizienten geben an, wie sich die vorhergesagten Werte bei einem Anstieg der zugehörigen unabhängigen Variable um eine Einheit verändern. Positive Werte bedeuten, dass Unternehmen mit diesem Merkmal eine höhere Eintrittswahrscheinlichkeit des Ereignisses *Core*-Zugehörigkeit haben.

[++] Referenzkategorie: alle anderen Branchen

[°°] Pseudo R^2, McFadden's Pseudo R^2 und Nagelkerkes R^2 messen den Modellfit und damit den Erklärungswert des Modells. Pseudo R^2 gibt den Anteil der erklärten Varianz des logistischen Regressionsmodells an, McFadden's Pseudo R^2 bezieht sich auf die Pseudo-Likelihood Funktion und ist daher nur bedingt mit dem R^2 aus der OLS-Regression vergleichbar. Die Werte liegen im Bereich 0 bis 1. Je näher der Wert bei 1 liegt, desto höher ist der Erklärungswert des angepassten Modells gegenüber dem Nullmodell. Ein weiteres Gütemaß, das den Grad der Varianzdetermination zum Ausdruck bringt, ist Nagelkerkes R^2: Werte ab 0.5 sprechen für eine gute Erklärungskraft des Modells.

Eine Übersicht über die Variablen findet sich in Tabelle 47 im Anhang.

Konzentrationsprozesse in der Schwerindustrie ab, die mit dem Zusammenschluss der Vereinigten Stahlwerke 1926 ihren Höhepunkt erreichen. Diese drücken sich auch in einer verdichteten personellen Verflechtung zwischen Unternehmen aus (zur intrasektoralen Verflechtung s. Windolf 2007).

Die Core-Peripherie Analyse zeigt also, dass Wachstum und Festigung der Netzwerkstrukturen zwischen 1914 und 1928 parallel zur Ausformung eines relativ stabilen inneren Kerns von Unternehmen verlaufen, die überdurchschnittlich viele mehrfache Verflechtungen miteinander aufweisen. Ein starkes Beziehungsgeflecht wie dieses eröffnet dadurch den Zugang zu besonders „wertvollem" sozialem Kapital, da es sowohl die Option auf weitläufige Informationsflüsse und Koordinationschancen als auch auf vertrauens- respektive kontrollbasierte Transaktionen stärkt. Für die hier verfolgte Forschungsfrage wird durch den Vergleich der Modelle deutlich, dass nur solche Banken zur dominierenden Gruppe im Netzwerk gehören, die besonders aktive Aufsichtsräte kooptieren können.

Abschließend sollen die sozialen Wirkkräfte der dyadischen Beziehungsstruktur innerhalb des *Core* untersucht werden. Fragt man nach welchen strukturellen Prinzipien sich das soziale Kapital innerhalb des Netzwerks verteilt, also danach, welche sozialen Kräfte sich in den beobachteten Mustern der sozialen Beziehungen zwischen den Akteuren ausdrücken, ist im Zusammenhang mit der Stärke von Beziehungen neben den nachgewiesenen Mehrfachverflechtungen insbesondere die Reziprozität der gerichteten Verflechtungen von Relevanz. Es wurde angenommen, dass Überkreuzverflechtungen ein typisches Merkmal zwischen *Core*-Unternehmen sind. Um das zu überprüfen, werden die Reziprozitätskräfte im Netzwerk mit denen im *Core* verglichen. Über eine Betrachtung der Reziprozität hinaus wird untersucht, ob die Häufung der Beziehungen bei wenigen Unternehmen *(preferential attachment)* mehr als zufällig ist und wie sich der *Core* diesbezüglich vom Gesamtnetzwerk unterscheidet.[149] Zur Prüfung der Hypothesen wird ein stochastisches Modell zugrunde gelegt, das den Einfluss verschiedener sozialer Kräfte auf die Ausformung von Beziehungen durch statistische Verfahren errechnet, die auf dem Gedanken der logistischen Regression beruhen, sogenannte *exponential random graph* (ERG) Modelle (Frank/Strauss 1986; Wasserman/Pattison 1996; Pattison/Wasserman 1999; Robins et al. 2007).[150] Diese erlauben eine Schätzung der Parameter, die der Formation des Netzwerks (als abhängiger Variable) zugrunde liegen.

---

149 Das Konzept des *preferential attachment* geht zurück auf Barabasi und Albert, die den Matthäus-Effekt in der Verteilung von Ressourcen (vgl. Merton 1985) als wesentliches Strukturelement von nicht-zufälligen Netzwerken nachgewiesen haben (Barabasi/Albert 1999).

150 Den Anstoß zur stochastischen Analyse von soziometrischen Daten gaben zwei einflussreichen Artikel von Holland und Leinhardt (Holland/Leinhardt 1970; Holland/Leinhardt 1979). Darin wird diskutiert, unter welchen Bedingungen Beobachtungen von Netzwerkstrukturen von reinen Zufallsverteilungen abweichen. Seither wurden *random graph*-Modelle von unterschiedlichen Seiten weiterentwickelt, und es stehen mittlerweile eine Vielzahl von Modellspezifikationen zur Auswahl, die der Heterogenität der beobachtbaren Netzwerke ausreichend Rechnung tragen. Aktuelle Weiterentwicklungen sind p* Modelle oder *exponential random graph* (ERG) Modelle (Frank/Strauss 1986;

Tabelle 26   ERG Schätzung für dyadische Vorstand-zu-Aufsichtsrat Verflechtungen

	1914				1928			
	Netzwerk (N = 321)		*Core* (N = 43)		Netzwerk (N = 365)		*Core* (N = 68)	
Effekte	N	Schätz-parameter	N	Schätz-parameter	N.	Schätz-parameter	N	Schätz-parameter
Reziprozität	18	2.85* Modell 1	11	0.97*	83	2.7*	21	1.03*
K-out-Star	661	(2.17*) Modell 2	199	2.57*	1752	2.27*	430	2.29*
K-in-Star	432	(0.99*) Modell 2	138	0.66*	1385	1.02*	338	0.27*

* Signifikant bei $p < 0.01$

Anmerkung: Die Fallzahlen (N) in Spalte 2, 4, 6, und 8 geben die Anzahl der im Netzwerk beobachteten Effekte wieder. Der Schätzparameterwert gibt an zu welchem Ausmaß, der getestete Effekt häufiger oder weniger häufig im beobachteten Netzwerk im Vergleich zu einer Zufallsverteilung beobachtet werden kann. Je näher der Wert an Null liegt, desto zufälliger die Verteilung. Wir betrachten finale Modelle mit fixierter Dichte. 1914 sind in der Tabelle die Parameterschätzung aus zwei unterschiedlichen Modellen angeführt, da sich Reziprozität und *preferential attachment* nicht in ein Modell integrieren ließen.

Vergleicht man dyadische Beziehungsmuster mit einer Zufallsverteilung, können drei Resultate extrahiert werden. Reziprozität ist erstaunlicherweise zwischen *Core*-Unternehmen weniger ausgeprägt als im Netzwerk insgesamt. Als soziale Kraft entfaltet sie ihre Wirkung durch eine starke Bindung der Akteure aneinander, sei es im Tausch oder in wechselseitiger Kontrolle. Wenn diese Bindung nicht am stärksten innerhalb des *Cores* ist, wo finden wir sie dann? Hilfreich hierfür ist die Betrachtung der Häufung von Beziehungen bei einzelnen Unternehmen. Dazu muss zwischen der Expansivität (den Entsendungen) und der Popularität (den Kooptationen) der Akteure unterschieden werden. Expansive Strukturen können durch *k-out-star* Effekte identifiziert werden, popularisierte Strukturen komplementär dazu durch *k-in-star* Effekte. Es zeigt sich nun, dass sich sowohl im Netzwerk insgesamt als auch im *Core* ein signifikanter *k-out-star* Effekt nachweisen lässt, der *k-in-star* Effekt aber im *Core* deutlich niedriger ausfällt. Sowohl im *Core* als auch in der Peripherie gibt es einzelne Unternehmen, die deutlich mehr Kontrolloptionen wahrnehmen als andere Unternehmen. *Core*-Unternehmen sind aber seltener das Ziel (erfolgter) eingehender gerichteter Beziehungen als periphere Unternehmen. Betrachtet man beide Ergebnisse zusammen, kann das nur bedeuten, dass periphere Unternehmen populäre Ziele expansiver *Core*-Unternehmen in Bezug auf die Entsendung von Vorständen sein müssen. Spezifische Chancen aus wechselseitigen Ver-

---

Wasserman/Pattison 1996; Pattison/Wasserman 1999; sehr aktuell und empfehlenswert zum Einstieg Robins et al. 2007). Begleitend wurden ausdifferenzierte Softwarepakete entwickelt, die die Analyse beschleunigen. Das verwendete Softwarepaket ist PNet.

flechtungen entstehen demnach in erster Linie zwischen *Core* und Peripherie, zugleich monopolisiert der *Core* die Chancen auf Koordination der hier untersuchten Unternehmen im Gesamten.

5.5   Schlussfolgerungen

Die Ergebnisse dieses Kapitels lassen sich in Hinblick auf die Fragen nach der Formation der personellen Verflechtung deutscher Großunternehmen und den Gelegenheitsstrukturen, die sich daraus für spezifische Unternehmen ergeben, in folgender Weise zusammenfassen.

Verflechtungen zwischen Aktiengesellschaften sind nicht erst ein Merkmal im Nachkriegsdeutschland, wo sie mit der Ausbildung einer „Deutschland AG" Mitte der zweiten Hälfte des 20. Jahrhunderts ihren Höhepunkt finden. Wie die Untersuchung zeigt, verdichten sich Personalverflechtungen noch während des Kaiserreichs zu einem konzentrierten Netzwerk. Die Ergebnisse stützen damit den bisherigeren Forschungsstand (vgl. Windolf 2006 und Windolf 2007). Es wurde nachgewiesen, dass die 1920er Jahre die strukturprägende Phase des Unternehmensnetzwerks sind, die von Konzentrationsprozessen auf weiteren Ebenen begleitet wird. Vertragliche sowie informelle Zusammenschlüsse selbstständiger Unternehmen zu Kartellen und Konzernen erreichen aus damaliger Sicht einen Höhepunkt, werden vielmehr sogar zur Norm.[151] Womit kann das erklärt werden? Was passiert in den 1920er Jahren, dass es zu diesem starken Anstieg der Vernetzung kommt?

Zwei sozio-historische Schlüsselereignisse bieten sich als Erklärung an: Zum einen hatte der Erste Weltkrieg, der in seiner Anfangsphase dem industriellen Wachstum Aufschwung gegeben hat, Folgen katastrophalen Ausmaßes. Die deutsche Industrie war durch den Verlust des Rohstofflieferanten Elsaß-Lothringen, durch die Zerstörung von Produktionsanlagen und die Reparationszahlungen für die Alliierten nicht nur ökonomisch geschwächt, sondern auch in ihrem Selbstverständnis als führende Industrienation verunsichert. Die Verstärkung des „Organisationsgrades" nach innen kann als unmittelbarer Reflex auf die außenpolitische Krise gewertet werden. Darüber hinaus wurden jene Konzentrationsprozesse, insbesondere die Konzernbildung, durch steuerliche und rechtliche Anreize gefördert (vgl. Lenel 1968; Fiedler 2002).

Ein zweiter Erklärungszusammenhang liegt in der wirtschaftlich unsicheren Lage. Die Inflation nach Kriegsende unmittelbar gefolgt von einer Währungsreform und Hyperinflation am Beginn der 1920er Jahre ist ein Schock für die gesamte Volkswirtschaft. Sie ermöglicht den Unternehmen zwar die rasche Tilgung langfristiger Verbindlichkeiten, in Bezug auf die Produktionskreisläufe entstehen jedoch neue Unsicherheiten. Die

---

151 Siehe dazu die Ausführungen des Enquête-Ausschusses 1928 (vgl. Enquête-Ausschuss 1928: hier 12).

Rohstoffpreise und der investitionsintensive Ausbau von Anlagen sind davon massiv betroffen. Es muss ein vorderstes Anliegen der Unternehmen gewesen sein, die damit verbundenen Unsicherheiten, wenn nicht zu kontrollieren, dann zumindest zu reduzieren. Marktmechanismen bergen das Risiko, die Inflationsspirale hochzuschrauben. Netzwerke übernehmen hingegen potentiell eine Koordinationsfunktion. Zumal letztere durch ihren Rückgriff auf die „vertraute[n] äußere[n] Formen" des organisierten Kapitalismus geradezu prädestiniert sind, um eine neue „stabile Ordnung zu schaffen, durch die sich die Unsicherheit menschlicher Interaktionen vermindern und damit auch die Kosten ihrer Überwindung" (Abelshauser 2001: 514f).

Im Bereich der personellen Verflechtungen wird der Konzentrationsprozess schließlich durch eine Gesetzesänderung im Bereich der *Corporate Governance* gebremst. Die beträchtlichen Anreize für bestimmte Akteure, immer weitere Aufsichtsratsmandate wahrzunehmen, konterkarieren die manifeste Funktion des Aufsichtsrates, nämlich die Kontrolle des Unternehmens in Vertretung der Eigentümer. Von der Rolle dieser Vernetzungsspezialisten wird später noch ausführlich die Rede sein. Ihre Mehrfachmandate führen zu einer Überspannung ihrer Kontrollkapazität. Die Einschränkung von Mehrfachmandaten in der Aktienrechtsnovelle von 1931 sollte diese Entwicklung aufhalten Wie an anderer Stelle ausgeführt wurde, ist die Bankenkrise von 1931 der Auslöser für diese Novelle, die die Anzahl von Mandaten auf maxima. 20 pro Person und die Größe des Aufsichtsrates auf maximal 30 Personen beschränkt. Hierauf wird auch der Rückgang der Dichte im Unternehmensnetzwerk nach 1928 zurückgeführt.

Der Interpretationsspielraum der Daten ist insgesamt beschränkt. Personalverflechtungen sagen nichts über die tatsächliche Nutzung dieser Beziehungen aus, eine starke Überlappung mit Kapitalverflechtungen, wie sie in anderen Untersuchungen gezeigt werden konnte (vgl. Fiedler 2007), kann nur vermutet werden. Was die Ursachen dieser Konzentrationsprozesse betrifft, können keine Kausalzusammenhänge nachgewiesen werden. Es erscheint jedoch äußerst plausibel, die Netzwerkverdichtung in Wechselwirkung mit den genannten sozio-historischen Krisen zu sehen, auf die innerhalb der bewährten „Systemlogik" des organisierten Kapitalismus reagiert wurde. Die Erklärung gewinnt nämlich dann an Substanz, sobald die ökonomischen Institutionen, die sich in diesem Zeitraum ausgebildet haben, im Bündel betrachtet werden. Kartellierungs- und Konzentrationstendenzen werden vom politischen Apparat durch eine unterstützende Gesetzgebung bereits seit dem Kaiserreich gefördert. Es mag durchaus sein, dass ein Teil der hier untersuchten personellen Verflechtung zunächst ein Zufallsprodukt war. Ihre zunehmende Verdichtung ist aber ein schlüssiges Indiz dafür, dass pfadabhängige Mechanismen die Entwicklung beeinflusst haben. Personelle Unternehmensnetzwerke sind anschlussfähig an bereits bestehende koordinierende Institutionen. Ihren Höhepunkt erreicht die Konzentration im wirtschaftlichen Ausnahmezustand. Personal- und Kapitalverflechtungen sowie Kartelle „gefrieren" zu einer auf Komplementarität beruhenden übergreifenden institutionellen Lösung. Eine solche pfadabhängige Erklärung macht v. a. durch den Vergleich mit den USA hinlänglich Sinn (s. Windolf 2006).[152] Dort stagniert die Netzwerkdichte auch nach 1914 auf niedrigem Niveau.

Auch auf der Akteursebene stützen die Ergebnisse den Forschungstand (vgl. Windolf 2007). Die Verflechtung intensiviert sich zwischen den Untersuchungszeitpunkten massiv, von Seiten der Unternehmen wird also zunehmend mehr ins Netzwerk investiert. Ein Blick auf die Verteilung zeigt allerdings, dass das damit erzeugte soziale Kapital ungleich verteilt ist. Eine Übersicht über die Gini-Koeffizienten fasst dies zusammen (s. Tabelle 27). Gerichtete Verflechtungen sind ungleicher verteilt als ungerichtete, bei letzteren kommt es von 1896 bis 1933 tendenziell zu einer leichten Verringerung der Ungleichheit. Die Gelegenheitsstrukturen dafür, auf Netzwerkressourcen zurückgreifen zu können, variieren aber weiterhin stark zwischen einzelnen Unternehmen. Bestimmte Branchen tendieren stärker zu Verflechtungen als andere, ersteres gilt sowohl für alte als auch für neue Industrien sowie für Ressourcen sensitive Branchen wie Banken und Elektrizitätswerke. Brancheneffekte haben aber keine maßgebliche Erklärungskraft für die Netzwerkstrukturen.

Tabelle 27   Verteilung des Netzwerkkapitals 1896–1933 (Gini-Koeffizienten)

	1896	1914	1928	1933
Aufsichtsrat-zu-Aufsichtsrat	0.56	0.58	0.53	0.49 (0.46)
ausgehende Vorstand-zu-Aufsichtsrat	0.81	0.86	0.81	0.80
eingehende Vorstand-in-Aufsichtsrat	0.65	0.63	0.52	0.52

Anmerkung: Gini-Koeffizienten sind Kennzahlen zur Messung von Ungleichverteilungen, die Werte zwischen 0 und 1 annehmen können. Je stärker der Wert gegen 1 tendiert, umso ungleicher die Verteilung.

Auffallend sind die Unterschiede zwischen ausgehenden Vorstand-zu-Aufsichtsrat Verflechtungen und eingehenden Vorstand-in-Aufsichtsrat Verflechtungen. Die Chance über die Entsendung von Vorständen Einfluss auf und Kontrolle über die Geschäftspolitik anderer Unternehmen auszuüben, wird nur von wenigen Aktiengesellschaften ge-

---

152 In Windolf (2007) wird der Pfadabhängigkeitseffekt ebenfalls als eine von drei Erklärungen für die ungleiche Verteilungsstruktur der Verflechtungen angeführt. Windolf versteht hier unter Pfadabhängigkeit den Anreiz die Investitionen in vergangene Beziehungen durch Pflege der Sozialbeziehungen aufrechtzuerhalten. Damit würden *sunk costs* vermieden werden. Diese Pfadabhängigkeit durch vergangene Investitionen stabilisiere die Verteilungsstruktur.

Von Pfaden wird neben der Beschreibung von kontinuitätssichernden Mechanismen, die die Wahlen auf der Ebene der Akteure stabilisieren (vgl. Pierson 2000a, Mahoney 2000), auch auf der Ebene institutioneller Arrangements gesprochen, die bestimmten Leitideen bzw. „Systemlogiken" folgen (vgl. Beyer 2005). In Gegensatz zu Windolf (2007) wird hier auf letztere Bedeutung rekurriert.

nutzt (die Gini-Koeffizienten bleiben über einem Wert von 0.8). Offensichtlich haben mehr Unternehmen ausreichend Prestige im Sinne von attraktiven Ressourcen, die in ihre Aufsichtsräte locken, als Anreize für Unternehmen bestehen, die Kosten für eine Entsendung von Vorständen zu tragen. Zugleich nimmt ein kleiner Teil der Unternehmen durchaus jene Kosten, die bei gerichteten Verflechtungen entstehen, in Kauf. Die Daten weisen aber auf einen deutlichen Zusammenhang zwischen Verflechtungsaktivität und Größe der Organe hin. Dies lässt es plausibel erscheinen, dass Direktoren in der Regel nur eine begrenzte Kapazität zur Wahrnehmung von Aufsichtsratspositionen haben, da eine Steigerung der Aktivität häufig mit einer Vergrößerung der Organe einhergeht.

Im letzten Jahr der Untersuchung, 1933, gehen ausgehende gerichtete Verflechtungen leicht zurück. Die Daten lassen keine Rückschlüsse darüber zu, ob dies auf eine größere Skepsis gegenüber der Kooptation von Vorständen anderer Unternehmen von Seiten des aufnehmenden Unternehmens zurückführen ist oder entsendende Unternehmen sich selbst zurückziehen. Obwohl uns keine Daten zur Verfügung stehen, die hierüber Aufschluss geben könnten, wissen wir immerhin, dass ein in den Aufsichtsrat gewählter Direktor vor dem Hintergrund dieser gezielteren Selektion einen Erfolg darstellt. Der Wert dieses sozialen Kapitals hat sich dadurch sowohl für die erfolgreichen Sender als auch für die erfolgreichen Empfänger gesteigert.

Die *Core*-Peripherie Analysen konnten zeigen, dass das Netzwerk ab 1914 von einer Minderheit von Unternehmen strukturell dominiert wird. Das Wachstum und die Festigung der Netzwerkstrukturen zwischen 1914 und 1928 verlaufen parallel zur Ausformung eines stark miteinander verbundenen „Kerns" von Unternehmen, dem mehr als ein Dutzend Unternehmen zu mehr als zwei Zeitpunkten angehören. Dieser *Core* der größten deutschen Aktiengesellschaften setzt sich aus Unternehmen zusammen, die in erster Linie durch gemeinsame Aufsichtsräte zwischen einander ein sehr dichtes Netzwerk aufspannen. Der bestimmende Erklärungsfaktor für eine *Core*-Position ist die Kooptation der „richtigen" Aufsichtsräte. Dazu gehören Direktoren mit möglichst vielen Mandaten, also „Netzwerkspezialisten".

Ein starkes Beziehungsgeflecht, wie es im *Core* beobachtet werden kann, eröffnet den Zugang zu besonders wertvollem sozialem Kapital. Es ermöglicht die Verbreitung von Informationen ebenso wie die Diffusion von Innovation, damit birgt der *Core* das höchste Koordinationspotential. Beschränkt man die Betrachtung auf die gerichteten Verflechtungen, überrascht zunächst, dass Überkreuzverflechtungen besonders häufig zwischen *Core* und Peripherie zu beobachten sind. *Core*-Unternehmen entsenden und wählen Vorstände bevorzugt in und aus Unternehmen, die weniger stark ins personelle Netzwerk integriert sind. Solche Überkreuzverflechtungen bilden einerseits die Basis für wechselseitige Kontrollbeziehungen, andererseits eine Grundlage für langfristige Vertrauensbeziehungen. Reziprozität hat dabei den Effekt einer Versicherungsleistung. Sie fördert die Einhaltung wechselseitiger Verpflichtungen.

Fasst man die bisherigen Ergebnisse zusammen, deutet alles darauf hin, dass *Core*-Unternehmen nicht nur mehr, sondern bemerkenswert diverses soziales Kapital für sich aus ihrer Netzwerkposition erschließen können. Wichtige Informationsflüsse sind durch ein weitgespanntes ungerichtetes Beziehungsnetz gewährleistet. Unabhängig davon sichern ihre gerichteten Verflechtungen Kontrollchancen sowohl innerhalb des *Core* als auch nach außen. Daraus können zwei Schlussfolgerungen gezogen werden:

a) Es wird deutlich, dass die Bedeutung von Verflechtungen je nach Kontext variieren kann. Aufsichtsratsverflechtung ist also nicht gleich Aufsichtsratsverflechtung. Rein auf die zu verschiedenen Zeitpunkten verschiedentlich aktualisierte Funktion reduziert, ließe sich das beobachtete Netzwerk in mehrere Teilnetzwerke aufgliedern.[153] Der Aufsichtsrat als der Ort, der die Anhäufung dieses Sozialkapitals ermöglicht, erscheint nicht „spezialisiert" auf eine Funktion wie Koordination, Kontrolle o. a.
b) Und in dieser Offenheit liegt gerade seine Stärke. Auf der Basis des Forschungsstandes ist davon auszugehen, dass eine Balance starker *(embedded ties)* und schwacher *(arm's length ties)* Beziehungen in Hinblick auf den Nutzen des Netzwerkkapitals für die Performanz der Unternehmen äußerst effektiv ist (vgl. Uzzi 2001).

Allgemein ist festzustellen, dass das soziale Kapital der Unternehmen stärker durch die Netzwerkaktivität einzelner Aufsichtsräte determiniert ist als durch die Branchenzugehörigkeit der Unternehmen.[154] Der Befund zur quantitativen Bedeutung von Netzwerkspezialisten wird durch statistische Prüfungen weiter gestützt. Da die Auswertungen aber auf primär auf Banken fokussiert waren, sollen die branchenspezifischen Ergebnisse hierzu resümiert werden. Die Funktionsweise des Universalbankensystems in Deutschland nährt sich in Hinblick auf Kreditfinanzierung und Aktienemission der Großindustrie vom ökonomischen Kapital der Banken. Banken haben durch die Konzentration ökonomischen Kapitals und die „Verteilungshoheit" darüber Macht über die von diesem Kapital abhängigen Unternehmen. Die Machtchancen der Banken festigen und reproduzieren sich, so das verbreitete Argument, über Aufsichtsratsmandate. Es wurde also erwartet, dass sich ähnliche Positionen auch im personellen Netzwerk der Unternehmen wieder finden. Im Zentrum stand die Frage, wie aktiv sich Banken im Untersuchungszeitraum vernetzen. Neben dem Einfluss der Branchenzugehörigkeit, der Größe des Unternehmens sowie der Anzahl der Direktoren in Vorstand und Auf-

---

153 Bedauerlicherweise fehlen die Daten, um die funktionalen Teilnetzwerke im Einzelnen nachzuzeichnen. Hierfür bieten sich Nachfolgeuntersuchungen an.
154 Wie Windolf (vgl. Windolf 2007) gezeigt hat, haben die personellen Verflechtungen deutscher Aktiengesellschaften über die hier untersuchten Faktoren hinaus zwei weitere spezifische Merkmale. Der räumliche Standort eines Unternehmens ist eine wichtige Erklärung für seine Zentralität. Berlin übernimmt sukzessive die Rolle eines nationalen Verflechtungszentrums. Gleichzeitig wird das Netzwerk ausgehend von einer ausgeprägten intraregionalen Verflechtungsstruktur im Jahr 1896 tendenziell überregionaler.

sichtsrat der Unternehmen wurde ferner überprüft, ob die Anzahl von Bankiers in den Aufsichtsräten von Bedeutung für die Netzwerkposition ist. Die vorliegenden Ergebnisse weisen diesbezüglich auf große Unterschiede zwischen Banken und Großbanken hin. Nur bei den Großbanken, das wurde deutlich, kommt es zu einer Dopplung der Kapitalsorten. Große Mengen ökonomischen Kapitals treffen bei diesen auf eine Platzierung in der Sozialstruktur, die Reichtum an sozialem Kapital beschert. Als Aufsichtsräte besitzen sie formale Autorität, durch die ihnen zur Verfügung stehende Menge an Informationen und ihre Expertenrolle sind sie befähigt zu überzeugen und können Manipulationschancen wahrnehmen und letztlich können sie über die Entscheidungsstrukturen direkten Einfluss auf das Unternehmen ausüben. Dieser doppelte Reichtum gewährt ihnen ohne Zweifel einen bedeutenden Machtspielraum. Selbst noch 1933 gehören Großbanken zu den Unternehmen, die vergleichbar hohe Kontrollchancen wahrnehmen können – trotz der Tatsache, dass Vorstandsplätze in den Aufsichtsräten nun knapper verteilt sind und trotz der Bankenkrise.

Finanzkapital ist aber nicht die einzige primäre Ressource, die solchen Reichtum beschert. Elektrizitätsgesellschaften können in Hinblick auf ihre Ressource Energie ebenfalls eine Dopplung von sozialem Kapital verzeichnen. Darüber hinaus spiegeln sich vertikale und horizontale Konzentrationstendenzen in Bergbau und Montanindustrie auch in einer gesteigerten Investitionsbereitschaft in Netzwerkkapital wider.

6 Die Stabilität des Netzwerks

In diesem Kapitel wenden wir uns nun dem Längsschnittvergleich zu. Es wird die Stabilität des Netzwerks untersucht. Dabei gilt der Blick nun den partikularen Beziehungen zwischen Unternehmen und deren Kontinuitäten bzw. Diskontinuitäten. Ein hoher Anteil von über die Zeit konservierten Beziehungen zwischen Unternehmen weist auf eine stabile Netzwerkstruktur hin, eine hohe Erneuerungsrate hingegen auf fragile Verflechtungen.

Die Stabilität von Verflechtungen ist insofern von Interesse als mit ihr häufig eine Intentionalität assoziert werden kann. Vorstand-zu-Aufsichtsrat Verflechtungen sind im Gegensatz zu Aufsichtsrat-zu-Aufsichtsrat Verflechtungen in jedem Fall intendierte soziale Beziehungen. Aus diesem Grund wird ihre Betrachtung in diesem Abschnitt der Untersuchung in den Vordergrund gestellt. Indes ist die Stabilität von Aufsichtsrat-zu-Aufsichtsrat Verflechtungen allein aufgrund ihrer Anzahl von Bedeutung. In der Literatur zu *broken tie* Analysen gilt die Stabilität von dyadischen Verbindungen als ein Indiz für dahinter liegende soziale, in diesem Fall interorganisationale Motive (vgl. Koenig et al. 1979; Stearns/Mizruchi 1986).[155] Eine hohe Stabilität spricht dafür, dass die durch eine Vernetzung gewonnenen Ressourcen so wertvoll für die Akteure sind, dass diese auch über längere Zeiträume und trotz damit verbundener Kosten aufrechterhalten werden. Es wird angenommen, dass Verflechtungen, die auf Kontrollbeziehungen aufbauen, nach einem Wegfall, sei es durch Ausscheiden oder Tod eines Direktors, mit großer Wahrscheinlichkeit rekonstituiert werden. In abgeschwächter Form gilt das auch für Verflechtungen, die auf Kooperations- und Koordinationsmechanismen basieren. Bei Netzwerken hingegen, die Zugang zu Informationen schaffen sollen, wäre die Wahrscheinlichkeit einer Erneuerung vom Typ der Information abhängig. Um mög-

---

155 Die übliche Vorgehensweise bei *broken-tie* Analysen ist die Untersuchung von durch Tod oder Ausscheiden eines Direktors unterbrochenen Beziehungen zwischen Unternehmen und ihrer Rekonstituierung. Dabei werden meist interorganisationale Theorien, die von einer Rekonstituierung ausgehen, gegen klassentheoretische Ansätze getestet, welche jenes in Zweifel ziehen (s. Koenig/Gogel/Sonquist 1979; Stearns/Mizruchi 1986). *Broken-ties* werden je nach Studie sehr unterschiedlich operationalisiert und untersucht. Der Forschungsstand kann hier nicht im Einzelnen diskutiert werden, bezieht er sich doch auch auf komplett andere Länder und Zeiträume. Es bleibt nur festzuhalten, dass sich in Untersuchungen zu Unternehmensverflechtungen in Deutschland prinzipiell mehr Stabilität nachweisen lässt als in Untersuchungen zu den USA und Kanada (vgl. Schreyögg/Papenheim-Tockhorn 1995: hier 126). Dies lässt Rückschlüsse auf die Kooperationsstruktur zwischen deutschen Unternehmen zu und bekräftigt damit die These von Chandler (vgl. Chandler 1990).

Durch die Datenstruktur sind der Analyse enge Grenzen gesetzt. Es ist hervorzuheben, dass im Unterschied zu anderen Studien Stabilität hier (neben der Analyse erhalten gebliebener Beziehungen) über die Anzahl bzw. den Anteil an *broken-ties* und nicht über deren Rekonstituierung operationalisiert wird. Für den Gruppenvergleich sind diese Daten ausreichend.

lichst aktuell und umfassend zu informieren, ist eine Fülle an schwachen Beziehungen zweckdienlich. Die meisten dieser Informationen verlieren ihren Wert jedoch nach Vergabe. Aus dieser Perspektive sind generell nicht stabile, sondern dynamische Beziehungen von Vorteil. Sie entsprechen besser den Anforderungen einer dynamischen Umwelt. Sender- und Empfängerperspektive können in so einem Fall jedoch voneinander abweichen. Noch andere Faktoren sind wesentlich, um besonders wertvolle und spezifische Information zu erhalten. Zwei notwendige Voraussetzungen für die Weitergabe von „wertvollen Informationen" sind Vertrauen und Solidarität, deren Ausbildung starker Beziehungen bedarf. Gelegenheitsstrukturen hierfür und die damit verbundenen Formen sozialen Kapitals sind dabei an die Stabilität der Beziehungen geknüpft. Durch eine Stabilitätsanalyse lassen sich damit diejenigen Beziehungen identifizieren, die sowohl Gelegenheitsstrukturen für Kontrollbeziehungen (in erster Linie bei den gerichteten Vorstand-zu-Aufsichtsrat Verflechtungen) als auch für vertrauensbasierte Kooperations- und Koordinationsbeziehungen in sich bergen. In Anlehnung an Schreyögg/Papenheim-Tockhorn (vgl. Schreyögg/Papenheim-Tockhorn 1995) kann aber nicht der Rückschluss gezogen werden, dass dort, wo keine Stabilität nachweisbar ist, auch keine Kooperation stattgefunden hat. Kurzfristige Verflechtungen können durchaus kooperative Wirkung haben. Aufgrund der Datenstruktur ist diese Differenzierung allerdings nicht messbar. Für die hier untersuchte Formationsphase des deutschen Unternehmensnetzwerkes stellt sich zunächst eine ganz grundlegende Frage: Sind die beobachteten Beziehungen überhaupt stabil? Und wenn ja, wie stabil?

Um diese Fragen zu beantworten, werden jeweils die Veränderungen im Netzwerk zwischen zwei Zeitpunkten (Ausgangsjahr-Zieljahr) betrachtet. Die Darstellung beginnt in der Expansionsphase 1914 und vergleicht die dyadischen Verflechtungen der Unternehmen mit dem Jahr 1928.[156] Darauf folgt die Untersuchung der Stabilität des Netzwerks zwischen 1928 und 1933, dem Zeitraum der Bankenkrise und der Aktienrechtsnovelle. Die Analyse vollzieht sich in drei Schritten. Nach einem Blick auf die Stabilität der Beziehungen im Längsschnitt (erster Analyseschritt) geht es wie bei der Querschnittsanalyse in erster Linie um den Gruppenvergleich zwischen Unternehmen (zweiter Analyseschritt). Nach diesen deskriptiven Abschnitten wird der Einfluss der Branche ‚Bank' und weiterer Kontrollvariablen auf die Fragilität der Beziehungen statistisch getestet (dritter Analyseschritt).

---

156 Für einen Vergleich mit 1896 decken sich zu wenige Unternehmen im Sample. Die verschieden großen Zeitspannen zwischen den Übergängen werden in den Schlussfolgerungen über die Stabilität im Gesamtzeitraum berücksichtigt.

6.1 Die Stabilität in der Expansionsphase

Stabile Verflechtungen sind solche, die zwischen zwei Unternehmen über eine längere Zeitperiode kontinuierlich aufrechterhalten werden. Stabilität kann also über das Verhältnis von aufrecht erhaltenen (stabilen) zu neuen Beziehungen operationalisiert werden. In einer Phase, in der die Netzwerkaktivität so massiv erhöht wird, wie zwischen 1914 und 1928, ist die Gegenüberstellung von stabilen und neuen Beziehungen jedoch kein akkurates Alleinmaß für die Stabilität von Beziehungen. Ein solcher Vergleich geht ja von der Zusammensetzung der Verflechtungen im Zieljahr 1928 aus. Ergänzend dazu besteht die Möglichkeit, die im Ausgangsjahr 1914 bestandenen Beziehungen als Berechnungsgrundlage zu nehmen. Aus diesen lassen sich beispielsweise die Anzahl (und daraus der Anteil) an seit 1914 weggebrochenen Beziehungen *(broken ties)* ermitteln. Stabilität wird hier (komplementär zur Analyse erhalten gebliebener Beziehungen) also auch über die Anzahl bzw. den Anteil an weggefallenen Beziehungen *(broken ties)* operationalisiert. Da die *broken tie*-Messung durch die Expansion des Netzwerks nicht beeinflusst wird, erscheint eine kombinierte Betrachtung von stabilen und weggebrochenen Beziehungen als die zuverlässigste Anzeige für Stabilität. Die Rekonstituierung von *broken ties* wird im Unterschied zu anderen Studien nicht untersucht.

6.1.1 Allgemein

Eine erste deskriptive Analyse richtet den Blick auf das Vorkommen stabiler, neuer und weggebrochener Verflechtungen. Von den untersuchten Unternehmen, die in beiden Jahren im Sample sind (N = 180), haben nur etwas mehr als die Hälfte im Zieljahr 1928 überhaupt Vorstand-zu-Aufsichtsrat Verflechtungen und von diesen wiederum haben genau 24 Unternehmen, das sind 26 %, seit 1914 bestehende Verflechtungen. Es haben indes 147 der untersuchten Unternehmen, das sind 81.7 %, Aufsichtsrat-zu-Aufsichtsrat Verflechtungen, die bereits 1914 bestanden haben. Aus der Perspektive der Unternehmen deutet dies ohne Zweifel auf eine moderate bis ausgeprägte Stabilität hin. Es erweist sich allerdings als für die Darstellung aufschlussreicher, Stabilität nicht in Hinblick auf Unternehmen an sich, sondern auf der Basis ihrer dyadischen Beziehungen zu untersuchen. Da die Ergebnisse stark von den absoluten Schwankungen zwischen den Verflechtungszahlen der Unternehmen beeinflusst werden, sollen uns hier vorläufig nur Anteile interessieren. Eine erste Analyse von Häufigkeitsverteilungen lässt sich in wenigen Ergebnissen zusammenfassen:[157] In der Expansionsphase des Netzwerks hat die Mehrzahl der Unternehmen nur einen sehr geringen Anteil an stabilen Beziehungen. Das gilt so-

---

157 Zu Veranschaulichung der Ergebnisse wird auf die Histogramme (Abbildung 47 bis Abbildung 52) im Anhang verwiesen. Darin werden jeweils dichotome Einfachverflechtungen und summierte Verflechtung des jeweiligen Typus nebeneinander gestellt.

wohl für die gerichteten Vorstand-zu-Aufsichtsrat als auch für die ungerichteten Aufsichtsrat-zu-Aufsichtsrat Beziehungen. Ein weiteres wichtiges Charakteristikum dieser
Phase ist der Aufbau vieler neuer Beziehungen, der auch von einem Ausbau von bestehenden zu Mehrfachverflechtungen begleitet wird. Bei den Vorstand-zu-Aufsichtsrat
Beziehungen sind ferner zwei sehr heterogene Gruppen zu beobachten: solche Unternehmen, die einen hohen Anteil an neuen gerichteten Beziehungen aufweisen, und solche, die gar keine neuen Beziehungen aufnehmen.

Die folgende Abbildung des proportionalen Verhältnisses stabiler, zerbrochener und
neuer Beziehungen veranschaulicht das Übergewicht letzterer (s. Abbildung 26). Da
sich in der Phase zwischen 1914 und 1928 die Netzwerkaktivität massiv erhöht und dies
den Vergleich von stabilen und neuen Beziehungen beeinflusst, erscheint eine mit den
weggebrochenen Beziehungen kombinierte Betrachtung als die akkurateste Anzeige für
Stabilität. Die Daten zeigen nun, dass nicht nur neue Beziehungen, sondern auch *broken
ties* den Anteil an stabilen Beziehungen im untersuchten Zeitraum überwiegen.

Abbildung 26   Überblick über ties 1914–1928

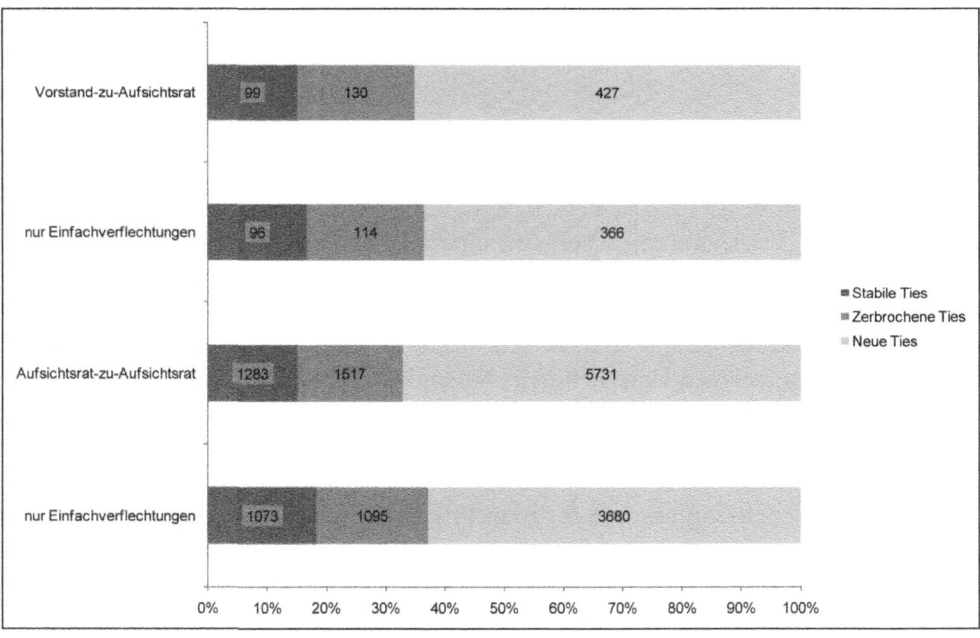

Anmerkung: Die in den Balken angegebenen Werte sind die absoluten Verflechtungen (*ties* der 180 Unternehmen (N)).
Die Prozentwerte beruhen auf einem fiktiven gemeinsamen Nenner für beide Jahre.

Für die *broken tie*-Messung werden die im Ausgangsjahr 1914 bestandenen Beziehungen
als Berechnungsgrundlage genommen. Die Daten hierzu werden somit nicht durch die
Expansion des Netzwerks beeinflusst. Im Ausgangsjahr 1914 haben 56 der untersuch-

ten 180 Unternehmen, das sind 32.8 %, Vorstand-zu-Aufsichtsrat Beziehungen realisiert. Davon werden 10 diese Beziehungen bis 1928 erhalten; bei 27 der Unternehmen wird sich eine Beziehung auflösen, 19 der Unternehmen werden bis 1928 zwei *broken ties* und mehr schaffen. Nur eine Minderheit der Unternehmen wird damit alle bestehenden gerichteten Verflechtungen aufrechterhalten. Dies wird durch die anteilige Betrachtung dyadischer Beziehungsabbrüche weiter bestätigt. Insgesamt ist die Stabilität von Vorstand-zu-Aufsichtsrat Verflechtungen also nicht ausgeprägt hoch.

Die Aufsichtsrat-Aufsichtsrat Verflechtungen, die von fast 95 % der untersuchten Unternehmen im Ausgangsjahr 1914 realisiert werden, bleiben nur bei 15 der Unternehmen, das sind 8.8 %, die Beziehungen vollständig erhalten. Betrachtet man wiederum den Anteil an *broken ties* bleibt in etwa jede zweite ungerichtete Beziehung erhalten. Einfachverflechtungen sind dabei leicht stabiler als summierte Verflechtungen.

Die Verteilungsstrukturen verdeutlichen, dass trotz zahlreicher neuer Beziehungen etwas weniger als die Hälfte einmal eingegangener dyadischer Verflechtungen bestehen bleibt. Aufsichtsrat-zu-Aufsichtsrat Verflechtungen sind in diesem Zusammenhang stabiler als Vorstand-zu-Aufsichtsrat Verflechtungen. Letztere spielen aber gerade in Bezug auf intentionale Verflechtungsstrukturen eine besondere Rolle.

Was heißt das nun für die Stabilität im Netzwerk? Die Daten lassen darauf schließen, dass die Stabilität zwischen 1914 und 1928 insgesamt auf die indirekten Aufsichtsrat-zu-Aufsichtsrat Beziehungen, also auf die Beharrungskraft der Aufsichtsräte zurückzuführen und damit ein Nebenprodukt der Expansionstendenzen ist. Nur hinsichtlich der weitergeführten gerichteten Verflechtungen kann von einer gezielten Stabilisierung ausgegangen werden. Von umso größerem Interesse ist es daher zu sehen, welche Unternehmen ihre (gerichteten) Beziehungen stabil halten? Sind es die Banken? Ein Gruppenvergleich gibt Aufschluss hierüber.

6.1.2 Bankenstabilität

Die bisherigen Beobachtungen deuten auf stärker dynamische als stabile Verflechtungsmuster hin. Vergleicht man die Anteile stabiler und neuer Beziehungen an allen Beziehungen im Zieljahr unterscheiden sich Banken und Großbanken nur wenig vom Gesamtnetzwerk. In etwa ein Fünftel der Beziehungen bleibt stabil, gut vier Fünftel werden erneuert (s. Abbildung 27). Ein kleiner Teil der neuen Beziehungen ist dabei auf Mehrfachverflechtungen zurückzuführen, denn der Anteil der neuen Beziehungen ist bei den Einfachverflechtungen durchwegs geringer. Wie bereits diskutiert wurde, suggerieren die Vergleiche von stabilen und neuen Beziehungen im Allgemeinen jedoch mehr Instabilität als angesichts des verhältnismäßig ausgewogenen Verhältnisses zwischen stabilen und *broken ties* tatsächlich zu beobachten ist. Die Ursache hierfür liegt in der absoluten Expansion des Netzwerks zwischen 1914 und 1928.

Abbildung 27   Proportionale Stabilität gerichteter Verflechtungen I

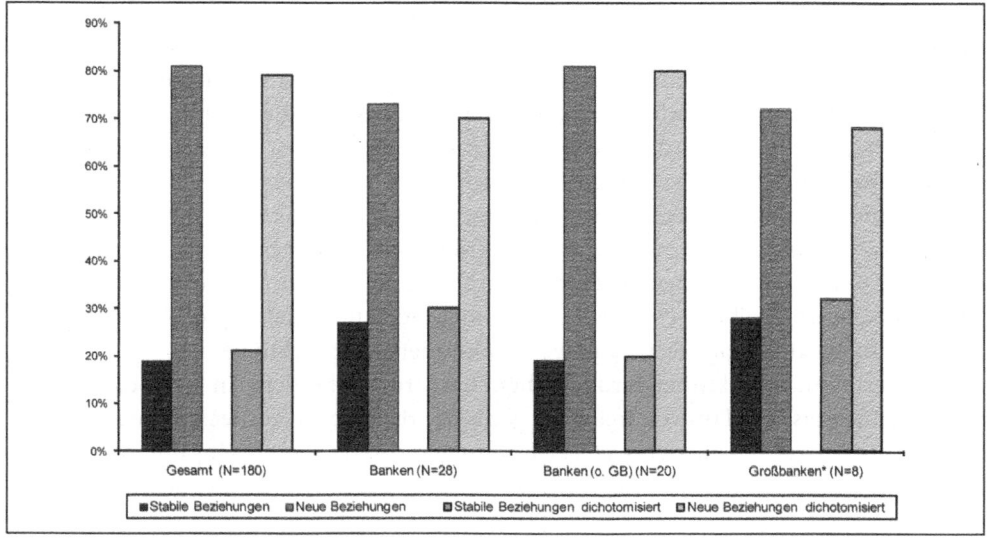

Abbildung 28   Proportionale Stabilität gerichteter Verflechtungen II

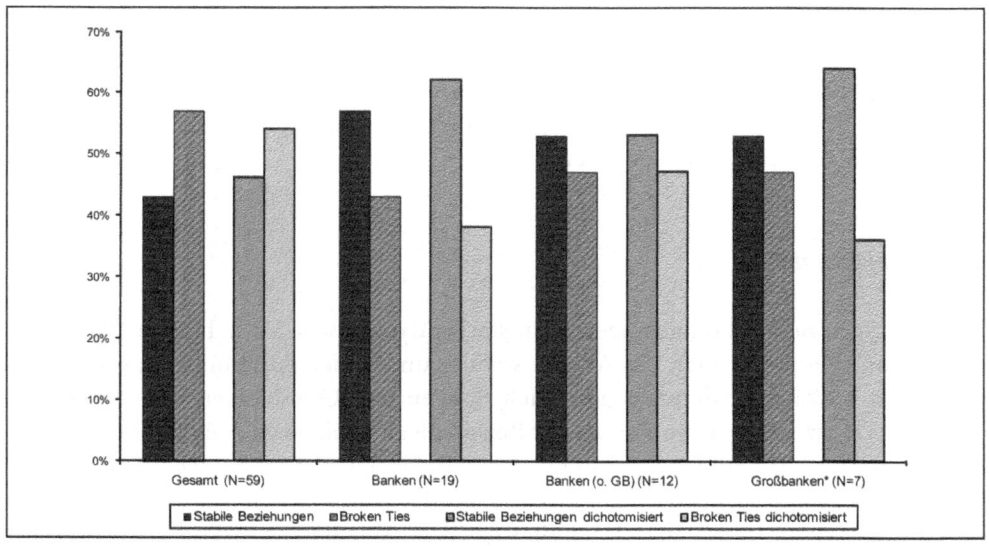

Anmerkungen für beide Diagramme: Die Fallzahl (N) bezieht sich auf die Anzahl der berücksichtigten Unternehmen, in den Balken sind allerdings die durch die Unternehmen realisierten Beziehungen abgebildet. Stabile Beziehungen: Anteil der seit 1914 fortgeführten Beziehungen; Neue Beziehungen: Anteil der neuen an den bestehenden Beziehungen 1928; *broken ties:* Anteil der seit 1914 weggefallenen Beziehungen

* In der Synopse von 1914 bis 1928 wurden Deutsche Bank, Disconto-Gesellschaft, Schaaffhausenscher Bankverein, Dresdner Bank, Commerzbank sowie die Fusion von Darmstädter- und Nationalbank zur Danat-Bank in den Berechnungen berücksichtigt. Die Berliner Handelsgesellschaft hatte 1914 keine gerichteten Verflechtungen.

Differenzierte Aussagen ermöglicht der Vergleich mit den *broken ties* (s. Abbildung 28). Zwar brechen bis 1928 durchschnittlich im Gesamtnetzwerk etwas mehr Vorstand-zu-Aufsichtsrat Beziehungen weg als bestehen bleiben, dennoch werden über 40 % dieser Verflechtungen fortgeführt. Zunächst ist festzuhalten, dass dieser Wert erstaunlich hoch ist, heißt dies doch auch, dass beinahe jede zweite Beziehung im Netzwerk eine notwendige Voraussetzung für das Entstehen von starken Beziehungen erfüllt. Darüber hinaus bestätigt sich hier die Vermutung, dass Entsendungen von Direktoren aus Banken in der Regel stabiler bleiben als andere Verflechtungen. Frappierend ist diese Beobachtung für die Einfachverflechtung. Banken, und unter diesen in erster Linie die Großbanken, halten deutlich über 60 % ihrer gerichteten Beziehungen zu Unternehmen von 1914 bis 1928 aufrecht.

Bei der proportionalen Stabilität der Aufsichtsrat-zu-Aufsichtsrat Verflechtungen unterscheiden sich die Ergebnisse nur marginal von den Vorstand-zu-Aufsichtsrat Beziehungen (s. Abbildung 29). Allein die Mehrfachverflechtungen spielen hier, wie nochmals deutlich wird, eine tendenziell größere Rolle für die Expansion des Netzwerkes.

Betrachtet man die Stabilität der ungerichteten Verflechtungen auf der Grundlage der Beziehungen 1914 ist das Verhältnis tendenziell ausgewogen (s. Abbildung 30). Eine

Abbildung 29 Proportionale Stabilität ungerichteter Verflechtungen I

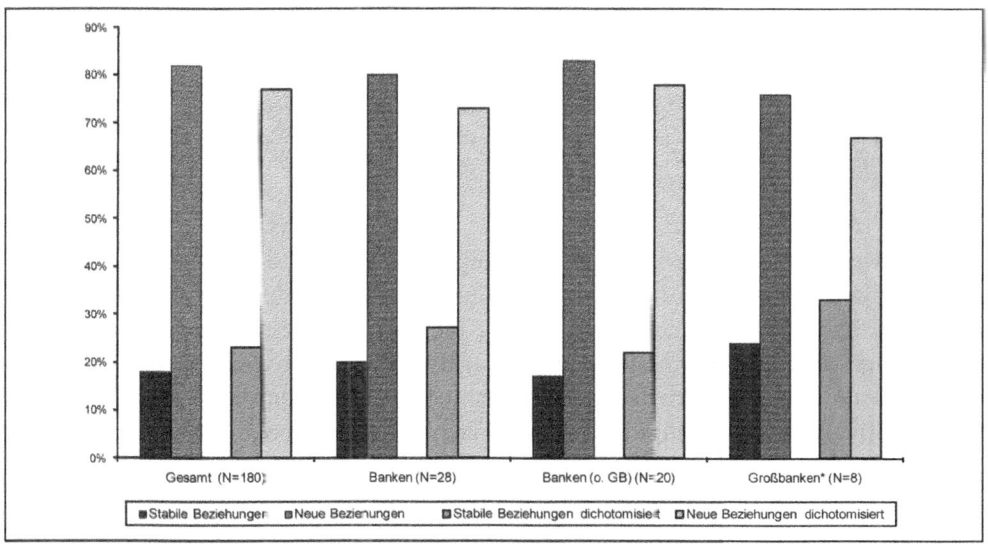

Anmerkungen: Die Fallzahl (N) bezieht sich auf die Anzahl der berücksichtigten Unternehmen, in den Balken sind allerdings die durch die Unternehmen realisierten Beziehungen abgebildet. Stabile Beziehungen: Anteil der stabilen an den bestehenden Beziehungen 1928; Neue Beziehungen: Anteil der neuen an den bestehenden Beziehungen 1928

* In der Synopse von 1914 bis 1928 wurden Deutsche Bank, Disconto-Gesellschaft, Schaaffhausen'scher Bankverein, Dresdner Bank, Commerzbank, Berliner Handelsgesellschaft sowie die Fusion von Darmstädter- und Nationalbank zur Danat-Bank in den Berechnungen berücksichtigt.

Ausnahme bilden die Banken, die als Gruppe sehr heterogen sind. Bei den Banken ohne Großbanken bleibt nur jede dritte Beziehung bestehen, Großbanken erhalten jede zweite Beziehung.

Abbildung 30   Proportionale Stabilität ungerichteter Verflechtungen II

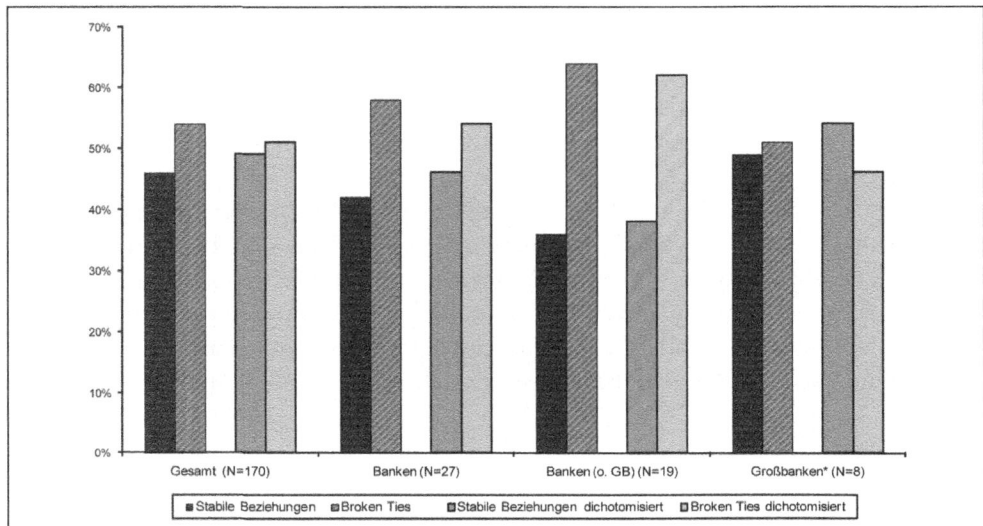

Anmerkungen: Die Fallzahl (N) bezieht sich auf die Anzahl der berücksichtigten Unternehmen, in den Balken sind allerdings die durch die Unternehmen realisierten Beziehungen abgebildet. Stabile Beziehungen: Anteil der seit 1914 fortgeführten Beziehungen; *broken ties:* Anteil der seit 1914 weggefallenen Beziehungen;

* In der Synopse von 1914 bis 1928 wurden Deutsche Bank, Disconto-Gesellschaft, Schaaffhausen'scher Bankverein, Dresdner Bank, Commerzbank, Berliner Handelsgesellschaft sowie die Fusion von Darmstädter- und Nationalbank zur Danat-Bank in den Berechnungen berücksichtigt.

Das Netzwerk formiert sich in erster Linie auf der Grundlage der Aufsichtsrat-zu-Aufsichtsrat Beziehungen, das hat bereits die Querschnittsanalyse gezeigt und auch die absoluten Stabilitätsvergleiche belegen es (s. Tabelle 28). Im Schnitt werden mehr als sieben ungerichtete dyadische Beziehungen erhalten, aber nur weniger als zwei gerichtete. Bei den neuen Aufsichtsrat-zu-Aufsichtsrat Verflechtungen stehen die Mittelwerte darüber hinaus unter dem Einfluss von Mehrfachverflechtungen, insbesondere im Falle der Großbanken (für Mittelwerte der Einfachverflechtungen s. Tabelle 53 im Anhang). Jede zweite neue Beziehung ist bei diesen eine Stärkung einer bestehenden Beziehung. Im Gegensatz dazu gibt es bei den Vorstand-zu-Aufsichtsrat Verflechtungen nur wenige Mehrfachverflechtungen.

Wenn man absolute Mittelwerte betrachtet, werden die Unterschiede zwischen den Gruppen noch größer. Wiederum sind es die Großbanken, die als Gruppe herausfallen. Ihre ausgeprägte Netzwerkaktivität lässt diese nicht nur anteilig stabiler sein, sondern, absolut gesehen, wesentlich mehr stabile und neue Beziehungen zu anderen Unterneh-

Tabelle 28   Stabilität des Netzwerks 1914 bis 1928

	Vorstand-zu-Aufsichtsrat			Aufsichtsrat-zu-Aufsichtsrat		
	stabile ties[+]	neue ties	broken ties[+]	stabile ties[-]	neue ties	broken ties[+]
GESAMT						
Mittelwert	1.7	2.4	2.2	7.5	31.8	8.9
(Stdabw. \ Vkoef.)	(3.9 \ 2.3)	(5.6 \ 2.4)	(2.8 \ 1.3)	(9.9 \ 1.3)	(29.7 \ 0.9)	(11.0 \ 1.2)
	N = 53	N = 180	N = 59	N = 170	N = 180	N = 170
BANKEN						
Mittelwert	3.9	7.2	2.9	8.4	31.6	11.5
(Stdabw. \ Vkoef.)	(6.2 \ .6)	(12.0 \ 1.7)	(4.2 \ 1.4)	(8.4 \ 1.0)	(27.8 \ 0.9)	(8.7 \ 0.8)
	N = 19	N = 28	N = 19	N = 27	N = 28	N = 27
BANKEN (o. GB)						
Mittelwert	0.7	1.7	0.6	5.0	23.1	8.9
(Stdabw. \ Vkoef.)	(1.0 \ 1.4)	(2.9 \ 1.7)	(0.5 \ 0.8)	(4.6 \ 0.9)	(21.1 \ 0.9)	(6.3 \ 0.7)
	N = 12	N = 20	N = 12	N = 19	N = 20	N = 19
GROSSBANKEN*						
Mittelwert	9.4	21.0	7.0	16.5	52.9	17.5
(Stdabw. \ Vkoef.)	(7.5 \ 0.8)	(15.1 \ 0.7)	(4.6 \ 0.7)	(9.8 \ 0.6)	(32.3 \ 0.6)	(11.0 \ 0.6)
	N = 7	N = 8	N = 7	N = 8	N = 8	N = 8

Anmerkungen: Die Fallzahl (N) bezieht sich auf Unternehmen. Mittelwerte, Standardabweichungen und Variationskoeffizienten beziehen sich allerdings auf summierte Verflechtungen.

Stabile Beziehungen: Anzahl der seit 1914 bestehenden Beziehungen; Neue Beziehungen: Anzahl der neuen Beziehungen; *broken ties*: Anzahl der seit 1914 weggefallenen Beziehungen. Es werden nur solche Unternehmen einbezogen, die 1914 Beziehungen des untersuchten Typs realisiert haben.

* In der Synopse von 1914 bis 1928 wurden Deutsche Bank, Disconto-Gesellschaft, Schaaffhausen'scher Bankverein, Dresdner Bank, Commerzbank, Berliner Handelsgesellschaft sowie die Fusion von Darmstädter- und Nationalbank zur Danat-Bank in den Berechnungen berücksichtigt.

men aufrecht halten. Dem ungeachtet haben die Großbanken auch eine größere Anzahl an *broken ties*. Besonders hervorzukehren ist noch, dass sie im Vergleich zu anderen Banken eine zahlenmäßig relevante Anzahl von Vorstand-zu-Aufsichtsrat Verflechtungen realisieren und erhalten.[158]

---

158 Einschränkend ist auf die erhebliche Varianz der Beobachtungen innerhalb der Gruppen hinzuweisen. Die hohen Standardabweichungen deuten zunächst darauf hin, dass die Stabilität von Unternehmen zu Unternehmen sehr unterschiedlich ist. Eine hohe Varianz ist allgemein aber nicht untypisch für Zählvariablen. Da es sich um Gruppen mit sehr unterschiedlichen Mittelwerten handelt, wird zusätzlich der Variationskoeffizient als Streuungsmaß angegeben. Dieser relativiert die Standardabweichung am Mittelwert und ist damit maßstabsunabhängig (vgl. Bortz 2005 : 44). Der Variationskoeffizient definiert die relative Standardabweichung, er berechnet sich aus der Division der Standardabweichung durch den Mittelwert (für alle Mittelwerte, die größer null sind). Der Vergleich der Variationskoeffizienten weist die Großbanken durchwegs als homogenste Gruppe aus. Dennoch sind die aus den hohen Werten schwellenden Zweifel an der Homogenität der Unternehmen nicht ganz unberechtigt, wie die in Kapitel 7 folgende Einzelbetrachtung der Großbanken noch zeigen wird. Kleine Abweichungen zu Ergebnisse aus Kap. 5 erklären sich daraus, dass den Berechnungen eine andere Grundgesamtheit an Unternehmen zugrunde liegt.

Die deskriptive Auswertung war in Hinblick auf mehrere Aspekte aufschlussreich. Die Häufigkeitsverteilungen haben einen umfassenden Überblick über die Anteile an stabilen, neuen und weggebrochenen Beziehungen gegeben. Es hat sich dabei gezeigt, dass sich die Unternehmen beträchtlich in ihren Stabilitätsmustern unterscheiden, die Streuung der Beobachtungen relativ hoch ist. Großbanken nehmen im Netzwerk eine besondere Position ein. Sie profilieren sich hierbei aber weniger über ihre Branchenklassifikation als über ihre auffallend höhere Netzwerkaktivität, da sie auch unter den Banken eine Sonderrolle haben.

6.1.3 Erklärungsmodelle

In unserer Untersuchung steht die Frage im Mittelpunkt, ob Banken langfristigere Bindungen zu Unternehmen knüpfen als andere Unternehmen. Die deskriptiven Befunde dazu waren mehrdeutig, daher werden nun statistische Zusammenhänge überprüft. Eine direkte Analyse des Großbanken-Effektes ist aufgrund der zu kleinen Gruppengröße dabei nicht durchführbar, ihr Einfluss kann aber indirekt ermittelt werden. Als zu erklärende Variable wird die Anzahl an *broken ties* bei Vorstand-zu-Aufsichtsrat sowie bei Aufsichtsrat-zu-Aufsichtsrat Beziehungen untersucht.[159] Je höher die Anzahl an *broken ties,* umso instabiler gelten die Verflechtungen. Es werden dabei nur Beobachtungen in die Berechnungen einbezogen, die im Ausgangsjahr Beziehungen des untersuchten Typs realisiert haben. Nur solche Unternehmen können Verflechtungen abbrechen lassen.

Determinanten für die Anzahl an *broken-ties* werden auch hier mit Poisson-Regressionsverfahren ermittelt. Dabei wird im ersten Schritt der eigenständige Einfluss der Branchenzugehörigkeit überprüft. Neben den Banken wird zugleich untersucht, ob die Zugehörigkeit zu Metallindustrie und Bergbau („alte Industrien") sowie Chemischer Industrie und Elektrizitätswerken („neue Industrien") Einfluss auf die erwartete Anzahl an *broken ties* hat. Im zweiten Schritt wird das Modell um einige Variablen erweitert. Darunter fallen die Unternehmensgröße (Bilanzsumme), die Position der Unternehmen im Gesamtnetzwerk (*Coreness* Wert)[160] sowie die Anzahl der Personen im Vorstand und

---

159 Hier wird als abhängige Variable die Anzahl und nicht der Anteil an *broken ties* verwendet. Bei diesen handelt es sich um Zählvariablen. Es werden daher Poisson-Regressionen modelliert. Die Poisson-Verteilung ist eine Approximation an die exakte binomiale Wahrscheinlichkeitsfunktion bei seltenen Ereignissen, vgl. dazu Kapitel 5 bzw. (vgl. Long/Freese 2001; Agresti 2002; Bortz 2005: 65 f.). Poisson-Regressionen setzen integere Zählvariablen voraus.

160 Die *Core* Position eines Unternehmens kann nach einem kategorialen und kontinuierlichen Modell bestimmt werden (vgl. Borgatti/Everett 1999). Beide Verfahren klassifizieren die Unternehmen nach einer *Core*-Peripherie Struktur. Das kontinuierliche Modell gibt zusätzlich *Coreness* Werte für die einzelnen Unternehmen, welche die Stärke der *Core* Position auf einer kontinuierlichen Skala von 0 bis 1 anzeigen. Hier wurden im Gegensatz zu Kapitel 5.4, wo das kategoriale Modell verwendet wurde, als erklärende Variable die *Coreness* Werte aus einem kontinuierlichen Modell verwendet. Die Zuordnung der *Core*-Positionen decken sich in beiden Modelle fast vollständig.

Aufsichtsrat der Unternehmen ebenso wie die Anzahl der Bankiers im Aufsichtsrat im Zieljahr. Diese Variablen werden jeweils für beide Zeitpunkte erhoben. Ihre Entwicklung im Untersuchungszeitraum (also ihre Zunahme bzw. Abnahme) wird in einer eigenen Variable (für den Übergang von 1914–1928: Differenz = Wert 1928 – Wert 1914; für den Übergang von 1928–1933: Differenz = Wert 1933 – Wert 1928) erfasst. Im Zuge der Stabilitätsanalyse wird damit indirekt über den Einfluss einer Verkleinerung der Aufsichtsräte auf die fortgeführten Beziehungen zuletzt der mögliche Zusammenhang zwischen der Reduzierung von Beziehungen (und damit auch dem Rückgang der Dichte des Netzwerks) und der zahlenmäßigen Beschränkung der Aufsichtsratsmandate untersucht. Schließlich werden beide Modelle nochmals ohne die Großbanken berechnet (Kontrollmodelle). Ihr Einfluss auf den Brancheneffekt kann dadurch indirekt ermittelt werden. Verschwindet der Bankeneffekt, ist das ein Beleg für den Effekt der Großbanken auf die abhängige Variable.

Die Auswertung beginnt bei den Vorstand-zu-Aufsichtsrat Verflechtungen. Schnell zeigt sich, dass die Branchenmodelle für sich keinen relevanten Erklärungswert haben, die erweiterten Modelle hingegen schon. Daher sind hier nur die Effekte der Variablen in den Gesamtmodellen dargestellt (s. Abbildung 31).

Signifikanten Einfluss auf die Anzahl an *broken ties* haben die Variablen ,Unternehmensgröße (Bilanz)', ,Position im Netzwerk *(Coreness)'* und ,Anzahl der Personen im Vorstand'. Große Unternehmen haben tendenziell mehr *broken ties*, wachsende Unternehmen jedoch tendenziell weniger. Dasselbe gilt für die *Coreness*-Position. Zentrale Unternehmen haben mehr Verflechtungen zu anderen Unternehmen im Untersuchungszeitraum fallengelassen. Unternehmen, die ihre Position im Netzwerk weiter intensiviert haben, haben stärker an ihren Beziehungen festgehalten. Wurde ferner das Direktorium vergrößert, sinkt die erwartete Anzahl an *broken ties*. Im Kontrollmodell haben Banken signifikant weniger *broken ties,* was mit der absolut höheren Netzwerkaktivität der Großbanken zusammen hängt. Großbanken haben absolut gesehen mehr stabile ebenso wie mehr weggebrochene Beziehungen. Die Erklärungskraft des Modells optimiert sich indes durch den nachgewiesenen Effekt der Netzwerkposition. Es überrascht dabei nicht, dass Unternehmen, die ihre Position im Netzwerk weiter intensiviert haben, auch stärker an bestehenden Beziehungen festhalten. So erscheint es leichter, bestehende Beziehungen zu pflegen, als neue Beziehungen aufzubauen. Kann dies einerseits als Alltagsphänomen sozialer Trägheit gedeutet werden, so ist es andererseits aus sozialwissenschaftlicher Sicht durch einen Pfadabhängigkeitseffekt zu erklären. Die „Verödung" vergangener Investitionen in das Netzwerkkapital bedeutet für Unternehmen *sunk costs* (vgl. Windolf 2007) und jene sind in der Regel bestrebt solche Kosten zu vermeiden. Dies wird durch die Sicherung von Kontinuität bewerkstelligt.

Auch bei den Aufsichtsrat-zu-Aufsichtsrat Verflechtungen haben Variablen, die Branchen unabhängige Unternehmensmerkmale messen, die einflussreichsten Effekte (s. Abbildung 32). Große Unternehmen und solche, die ihren Aufsichtsrat vergrößern und ihre Netzwerkposition ausbauen, verringern die erwartete Anzahl an *broken ties.*

Abbildung 31   Determinanten für *broken ties* bei Vorstand-zu-
Aufsichtsrat Verflechtungen

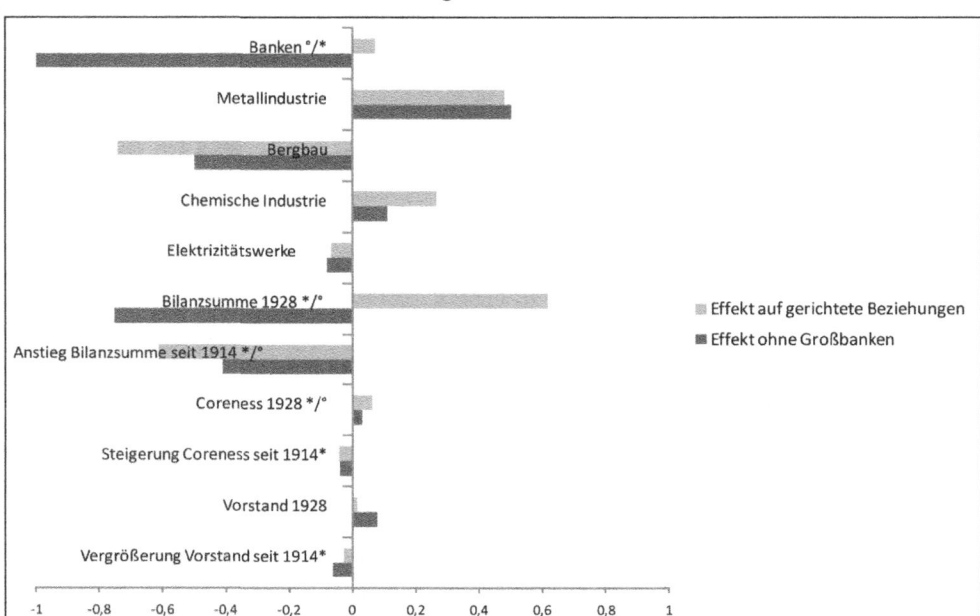

Es sind hier Effektstärken (β-Koeffizienten) abgebildet, die auf der Basis von Poisson-Regressionsverfahren berechnet wurden. Helle Balken kennzeichnen die Effektstärken, wenn alle Unternehmen berücksichtigt werden, dunkle Balken die Effektstärken für die Kontrollmodelle ohne Großbanken. Positive Koeffizienten bedeuten, dass Unternehmen mit diesem Merkmal einen höheren Mittelwert an *broken ties* haben bzw. die Wahrscheinlichkeit für Unternehmen mit diesem Merkmal mehr *broken ties* zu haben höher ist; negative Koeffizienten bedeuten, dass die Wahrscheinlichkeit mit einem Anstieg in der Ausprägung der Variable geringer wird. Signifikante Zusammenhänge sind mit einem Stern (*) gekennzeichnet. Ist nur eines der Vergleichsmodelle signifikant, ist das Nicht-Signifikante nach Reihenfolge mit einem Kreis (°) vor oder hinter einem Balken (/) markiert. Die Branchen sind dummykodiert, ihre Referenzkategorie sind alle anderen Branchen. Es werden hier nur Gesamtmodelle verglichen. Eine Variablenübersicht (Tabelle 54) sowie die vollständige Regression (Tabelle 55), in der Branchen- und Gesamtmodelle nebeneinander stehen, finden sich einschließlich aller Modellparameter im Anhang.

Bankiers im Aufsichtsrat erhöhen diese überraschenderweise. Das Kontrollmodell unterscheidet sich davon nicht substantiell. Großbanken haben im Falle der Aufsichtsrat-zu-Aufsichtsrat Verflechtungen keinen bezeichnenden Einfluss auf den positiven Bankeneffekt, sie verringern ihn allerdings tendenziell.

Die Branchenklassifikation „Bank" allein ist also weder ausreichend geeignet um die Verteilung der *broken ties* bei den gerichteten Vorstand-zu-Aufsichtsrat Verflechtungen und noch weniger um diese bei den ungerichteten Aufsichtsrat-zu-Aufsichtsrat Verflechtungen zu erklären. Dennoch ist ein signifikanter Brancheneffekt bei den Vorstand-zu-Aufsichtsrat Verflechtungen nur in Hinblick auf Banken nachweisbar: Banken ohne Großbanken haben einen niedrigeren Erwartungswert an *broken ties*. Und bei den Aufsichtsrat-zu-Aufsichtsrat Verflechtungen haben Bergbauunternehmen und

Abbildung 32 Determinanten für *broken ties* bei Aufsichtsrat-zu-
Aufsichtsrat Verflechtungen

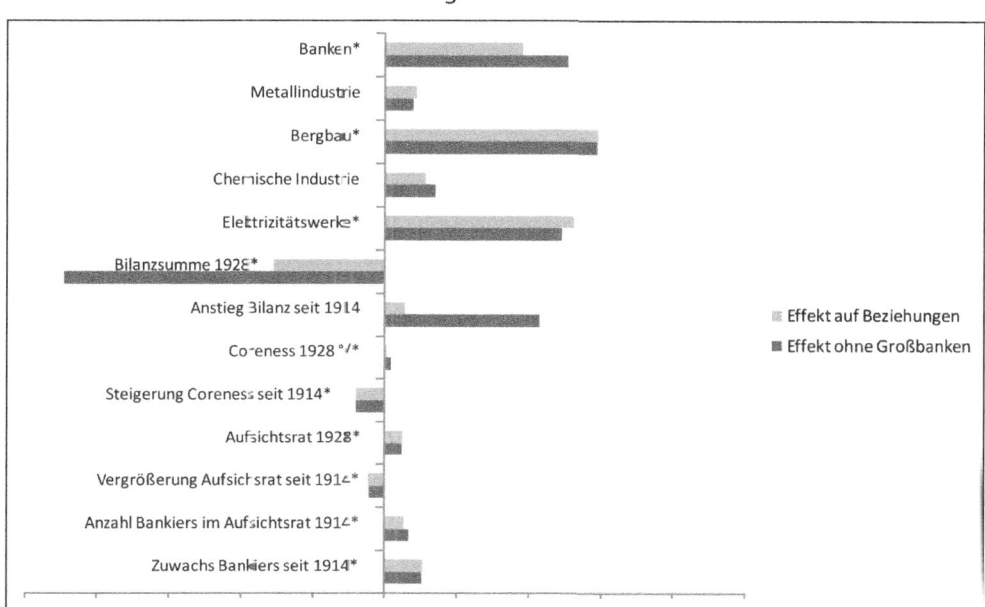

Es sind hier Effektstärken (β-Koeffizienten) abgebildet, die auf der Basis von Poisson-Regressionsverfahren berechnet wurden. Helle Balken kennzeichnen die Effektstärken, wenn alle Unternehmen berücksichtigt werden, dunkle Balken die Effektstärken für die Kontrollmodelle ohne Großbanken. Positive Koeffizienten bedeuten, dass Unternehmen mit diesem Merkmal einen höheren Mittelwert an *broken ties* haben bzw. die Wahrscheinlichkeit für Unternehmen mit diesem Merkmal mehr *broken ties* zu haben höher ist; negative Koeffizienten bedeuten, dass die Wahrscheinlichkeit mit einem Anstieg in der Ausprägung der Variable geringer wird. Signifikante Zusammenhänge sind mit einem Stern (*) gekennzeichnet. Ist nur eines der Vergleichsmodelle signifikant, ist das Nicht-Signifikante je nach Reihenfolge mit einem Kreis (°) vor oder hinter einem Balken (/) markiert. Die Branchen sind dummykodiert, ihre Referenzkategorie sind alle anderen Branchen. Es werden hier nur Gesamtmodelle verglichen. Eine Variablenübersicht (Tabelle 54) sowie die vollständige Regression (Tabelle 56), in der Branchen- und Gesamtmodelle nebeneinander stehen, finden sich einschließlich aller Modellparameter im Anhang.

Elektrizitätsgesellschaften ebenso wie Banken mehr *broken ties* als erwartet. Die erwartete Anzahl an *broken ties* erklärt sich insgesamt aber vorwiegend durch andere Unternehmensmerkmale.

In der Zeit zwischen 1914 und 1928 ist nicht nur eine Expansion des Netzwerks der großen Aktiengesellschaften zu beobachten, die Vergrößerung betrifft auch die Leitungsorgane. In welchem Zusammenhang steht dies alles nun mit der Stabilität des Unternehmensnetzwerkes? Zwischen 40 % und 50 % der dyadischen Beziehungen, die 1914 bestanden haben, bleiben bis 1928 erhalten. Es ist im Netzwerk demnach sowohl Stabilität als auch Fragilität zu beobachten. Der hohe Anteil an neuen Beziehungen erklärt sich dabei v. a. aus der Expansionsbewegung in diesem spezifischen Zeitraum. Banken nehmen als Gruppe eine Sonderrolle ein, wobei sowohl durch die deskriptive als auch durch die statistische Analyse deutlich wird, dass dies nicht vordergründig auf die Branchenzugehörigkeit zurückzuführen ist. Die Großbanken haben in den vorgenommenen Vergleichen die meisten stabilen ebenso wie die meisten weggebrochenen Beziehungen. Nicht so sehr ihre Branchenklassifikation profiliert sie, sondern vielmehr ihre *Core*-Position im Unternehmensnetzwerk – und der sukzessive Ausbau dieser Position. Beides hat einen starken erklärenden Effekt auf die erwartete Anzahl an *broken ties*. *Core* Unternehmen haben tendenziell mehr *broken ties*. Positionale „Aufsteiger" halten hingegen stärker an ihrem sozialen Kapital fest. In dieser Ambivalenz wird auch die Erklärung der Sonderrolle der Großbanken vermutet. Ferner erhöht eine Vergrößerung von Aufsichtsrat und Vorstand die Stabilität der Beziehungen. Hier kann durchaus ein Zusammenhang vermutet werden. Von 1914 bis 1928 lässt sich in der Vergrößerung von Aufsichtsräten und Direktorien eine Strategie erkennen, um neben der allgemein beobachtbaren Expansion des Netzwerks bestehende dyadische Verflechtungen zu erhalten. Beispielsweise hat die Deutsche Bank einen Zugewinn von 34 neuen gerichteten Verflechtungen bei 23 kontinuierlich fortlaufenden Beziehungen. Das Direktorium der Bank wird gleichzeitig um 15 Personen erweitert. Ein anderes Beispiel, die Rütgerswerke führen 25 stabile Aufsichtsrat-zu-Aufsichtsrat Verflechtungen fort, hinzu kommen 69 neue. Der Aufsichtsrat wächst parallel dazu um 26 Personen an. Entscheidend für die Stabilität erscheint dabei zu sein, wer in den Aufsichtsrat gewählt wird. Ebenso wie die Wahl von Netzwerkspezialisten eine Position im *Core* des Netzwerks sichern hilft, erhöhen Unternehmen, die zusätzliche Bankiers in ihren Aufsichtsrat nehmen, ihre *broken ties*. Wenn dieses Ergebnis zunächst auch verwundern mag, bieten sich hierfür zwei plausible Erklärungen an. Hinsichtlich ihres Vernetzungspotentials gehören Bankiers zur den aktivsten Direktoren im Netzwerk (s. Kapitel 7). Ihre Kooptation erhöht die Chancen auf einen erweiterten Informationsfluss und lässt damit andere Beziehungen redundant werden. Eine solche strukturelle Argumentation stärkt damit die Evidenz, Netzwerkstrukturen durch koordinierende Mechanismen zu erklären. Es bietet sich jedoch noch eine zweite Erklärung an. Obgleich keine Kapitalverflechtungsdaten zur Auswertung zur Verfügung stehen, kann hier eine Überlappung vermutet werden, schließlich ist eine solche Überlappung von Personal- und Kapitalverflechtungen nachgewiesener Weise ein zentrales Element der Unternehmenskontrolle im deutschen Produktionsregime (vgl. Windolf 1994; Fiedler 2002; Beyer 2006). Institutionelle Eigentümer können ihre Kontrollrechte im Aufsichtsrat dabei selbst wahrnehmen oder an Vertreter delegieren. Das Depotstimmrecht ermöglicht insbesondere Banken in die Rolle der Bevollmächtigten zu schlüpfen. Ein Abbruch dyadischer Beziehungen zwischen Unternehmen und ihr Ersatz durch Bankvertreter müssen daher nicht gegen die Wahrnehmung von Kontrollrechten sprechen, sondern können auch als Indiz für deren zunehmende Delegation gedeutet werden. Die aufgeworfenen Fragen zu Kapitalverflechtungen und Stimmrechtsabgaben verlangen allerdings nach Nachfolgeuntersuchungen. Die Stabilitätsentwicklung ist jedenfalls in diesem Spannungsverhältnis zu sehen.

6.2   Die Stabilität nach der Bankenkrise

Die Untersuchung der Stabilität dyadischer Verflechtungen zwischen 1928 und 1933 ermittelt erheblich kürzere Abstände als jene zwischen 1914 und 1928. Die Wahl ist aus
dem Grund auf diesen Zeitraum gefallen, als dadurch indirekt die Auswirkungen der
Bankenkrise erfasst werden können. Das erscheint wichtig, weil die Bankenkrise das
Vertrauen der Öffentlichkeit in die Zahlungsfähigkeit der Großbanken schwer beeinträchtigt hat. Als Sanierungsmaßnahme wurden die verbleibenden vier Großbanken im
unterschiedlichen Ausmaß unter staatliche Kontrolle gestellt (s. Kap. 2). Dies kann von
zwei Perspektiven aus betrachtet werden. Aus Sicht der Ressourcenkontrolltheorie werden Verflechtungen mit den Banken durch deren Krisenanfälligkeit unattraktiver. Aus
Sicht der Kontrolltheorie steigern sich jedoch für Banker nochmals die Zwänge, das mit
der Kreditvergabe verbundene Risiko zu minimieren. Die Bankenkrise hat aber auch
handfeste strukturelle Auswirkungen auf das Netzwerk. Unmittelbar danach wurde die
Aktienrechtsnovelle von 1931 erlassen, die für das Netzwerk der personellen Verflechtung unübersehbare Konsequenzen hatte. Als Folge der Beschränkung der Größe des
Aufsichtsrates und der Einführung einer Obergrenze von Mandaten pro Aufsichtsrat
kam es zu einer sichtbaren Entflechtung im Netzwerk (s. Kap. 5). Durchschnittlich verringert sich die Aufsichtsratsgröße um 4.3 Personen je Unternehmen. Im Folgenden
können die Auswirkungen dieser Novellierung des Aktienrechts auf die Stabilität der
dyadischen Verflechtungen betrachtet werden.

6.2.1 Allgemein

Von den untersuchten Unternehmen (N = 313) haben im Zieljahr 1933 50.5 % Vorstand-zu-Aufsichtsrat Verflechtungen, für 67.1 % der Unternehmen bestehen diese
Verflechtungen seit 1928. 1933 haben ferner 98.4 % der untersuchten Unternehmen Aufsichtsrat-zu-Aufsichtsrat Verflechtungen. Von diesen haben 94.2 % der Unternehmen
Verflechtungen, welche bereits 1928 bestanden haben. Hinsichtlich der Unternehmen
deutet dies auf eine überaus hohe Stabilität hin. Für den verhältnismäßig kurzen Zeitraum ist das kein außergewöhnliches Ergebnis. Es erweist sich allerdings auch für diesen Übergang als ratsam Stabilität in Hinblick auf Beziehungen zu untersuchen. Die
folgende Analyse richtet daher den Blick wieder auf stabile, neue und weggebrochene Verflechtungen. Die Häufigkeitsverteilungen dazu lassen sich in wenigen Ergebnissen zusammenfassen:[161] Hohe Anteile stabiler Vorstand-zu-Aufsichtsrat Verflechtungen
sind unter den Unternehmen nach wie vor selten, nur wenig Unternehmen erhalten

---

161 Zu Veranschaulichung der Ergebnisse wird auf die Histogramme (Abbildung 53 bis Abbildung 58)
   im Anhang verwiesen. Darin werden jeweils dichotome Einfachverflechtungen und summierte Verflechtung des jeweiligen Typus nebeneinander gestellt.

ihre gerichteten Beziehungen. Im Vergleich zum Zeitraum von 1914 bis 1928 ist aber ein gesteigertes Bemühen, entsendete Vorstände auch in den Aufsichtsräten anderer Unternehmen zu halten, erkennbar. Immerhin 40 Unternehmen bewahren die Beziehungen vollständig. Bei den Anteilen stabiler ungerichteter Verflechtungen ist keine Tendenz festzustellen, die Unternehmen verteilen sich sehr gleichmäßig. Nur wenig Unternehmen haben höhere Anteile neuer gerichteter Beziehungen, bei den ungerichteten Beziehungen ist das Verhältnis wieder ausgewogener unter den Unternehmen verteilt. Es kommt allerdings nicht mehr in dem Ausmaß wie zuvor zu (neuen) Mehrfachverflechtungen. Was zeigt der Blick auf die *broken ties?* Im Ausgangsjahr 1928 haben 53 % der 313 untersuchten Unternehmen gerichtete Vorstand-zu-Aufsichtsrat Verflechtungen. Davon erhalten 23 % ihre Beziehungen gänzlich bis 1933. 46.5 % der Unternehmen lösen ein bis zwei, etwas mehr als 30 % drei und mehr Beziehungen auf. Die beobachteten *broken ties* verteilen sich etwas breiter auf die Unternehmen als im ersten Zeitraum. Gut ein Drittel der Unternehmen erneuert seine Vorstand-zu-Aufsichtsrat Beziehungen zwar nach wie vor vollständig, ein weiteres Viertel erhält jene indessen in vollem Umfang, die restlichen Unternehmen verteilen sich dazwischen. Die Stabilität gerichteter Verflechtungen hat sich damit auf den ersten Blick erhöht. Beinahe alle untersuchten Unternehmen haben 1928 ungerichtete Aufsichtsrat-zu-Aufsichtsrat Verflechtungen, von welchen aber nur weniger als 2 % der Unternehmen alle in vollem Umfang bis 1933 erhalten. Die Mehrheit der Unternehmen hat zu unterschiedlichen Anteilen sowohl fortlaufende als auch weggebrochene Beziehungen. In etwa jede dritte Aufsichtsrat-zu-Aufsichtsrat Beziehung bleibt erhalten. Vergleicht man Einfachverflechtungen mit Mehrfachverflechtungen, erkennt man eine Tendenz hin zu einer Aufgabe von Mehrfachverflechtungen zugunsten des Erhalts von Einfachverflechtungen. Die folgende Abbildung illustriert nochmals das proportionalen Verhältnis stabiler, zerbrochener und neuer Beziehungen, das gegenüber dem Vergleichszeitraum sehr viel ausgewogener ist (s. Abbildung 33).

Fassen wir die bisherigen Ergebnisse zur Stabilität des Netzwerks zwischen 1928 und 1933 zusammen: Vorstand-zu-Aufsichtsrat Verflechtungen scheinen zunächst auffallend stabil zu sein. Dies relativiert sich in der Gegenüberstellung der beiden Übergänge allerdings gleich wieder (s. weiter unten). Ausgehend davon, dass gerichtete Verflechtungen Gelegenheitsstrukturen für Kontrolle entstehen lassen, findet sich in den Daten Evidenz für eine Stabilisierung von Kontrollpotentialen. Im Gegensatz dazu fällt bei den Aufsichtsrat-zu-Aufsichtsrat Verflechtungen auf, dass weniger dyadische Verflechtungen bestehen bleiben und zugleich auch neue Beziehungen seltener werden. Die Frage, ob die Daten damit eher auf Stabilisierungs- oder Destabilisierungstendenzen schließen lassen, wird am Ende des nächsten Abschnitts in einer Gesamtgegenüberstellung abschließend aufgegriffen. Angesichts der sozio-historischen Entwicklungen dieser Zeit würde eine Destabilisierung des Netzwerks jedenfalls nicht überraschen. Die Bankenkrise von 1931 hat nicht nur die Funktionsfähigkeit von Aufsichtsräten allgemein in Frage gestellt, mit der Aktienrechtsnovelle veränderten sich auch die institutionellen Rahmenbedingungen für Verflechtungen. Das ist umso mehr ein Grund dafür, struktu-

Abbildung 33   Überblick über ties 1928–1933

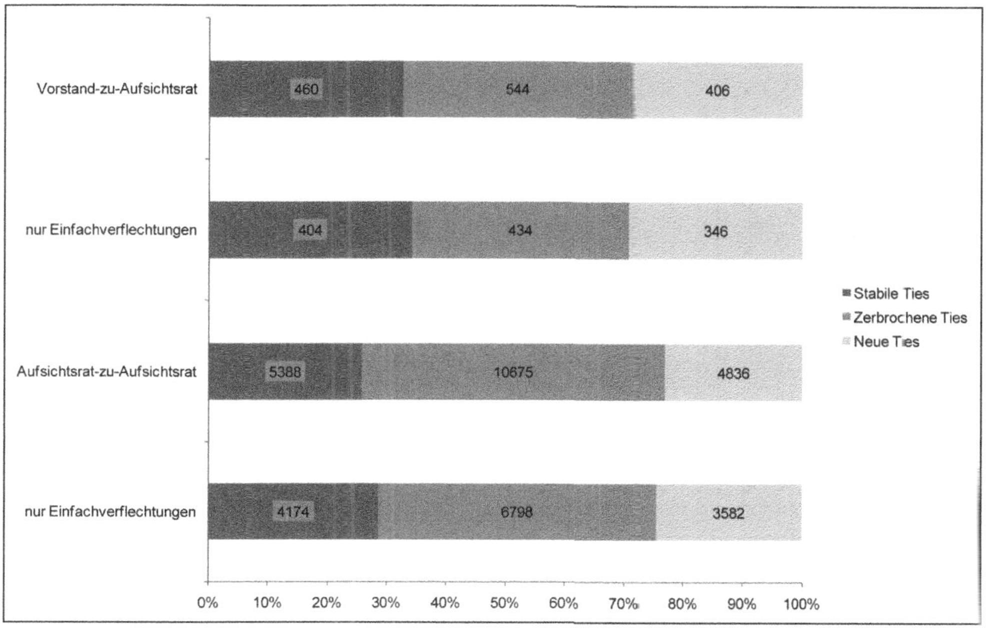

Anmerkung: Die in den Balken angegebenen Werte sind die absoluten Verflechtungen (*ties* der 313 Unternehmen (N)). Die Prozentwerte beruhen auf einem fiktiven gemeinsamen Nenner für beide Jahre.

relle Gruppenunterschiede zu beleuchten. Es interessiert ja gerade, ob die Bankenkrise die Verflechtungsstabilität der Banken beeinträchtigt hat.

6.2.2 Bankenstabilität

Der Blick auf die strukturellen Unterschiede zwischen den Gruppen erfolgt erneut in zwei Schritten. Vergleicht man die Anteile stabiler und neuer Vorstand-zu-Aufsichtsrat Verflechtungen sind diese relativ ausgeglichen (s. Abbildung 34). Großbanken unterscheiden sich dabei durch überproportional viele neue Beziehungen nicht nur deutlich vom Gesamtnetzwerk, sondern auch von allen anderen Finanzunternehmen. Das ist als ein erster wesentlicher Unterschied zur vorherigen Zusammenschau festzuhalten.

Es lassen sich auch einige Veränderungen beim Blick auf die *broken ties* erkennen. Banken und v. a. die Großbanken waren im Übergang von 1914 bis 1928 deutlich stabiler in ihren gerichteten dyadischen Beziehungen. Nun ragen gerade die Großbanken nicht nur durch besonders viele neue Beziehungen, sondern auch durch Brüche in den Vorstand-zu-Aufsichtsrat Verflechtungen heraus (s. Abbildung 35). Dies lässt sich mit einiger Plausibilität als Folge der Bankenkrise betrachten, von der in erster Linie

Abbildung 34 Proportionale Stabilität gerichteter Verflechtungen I

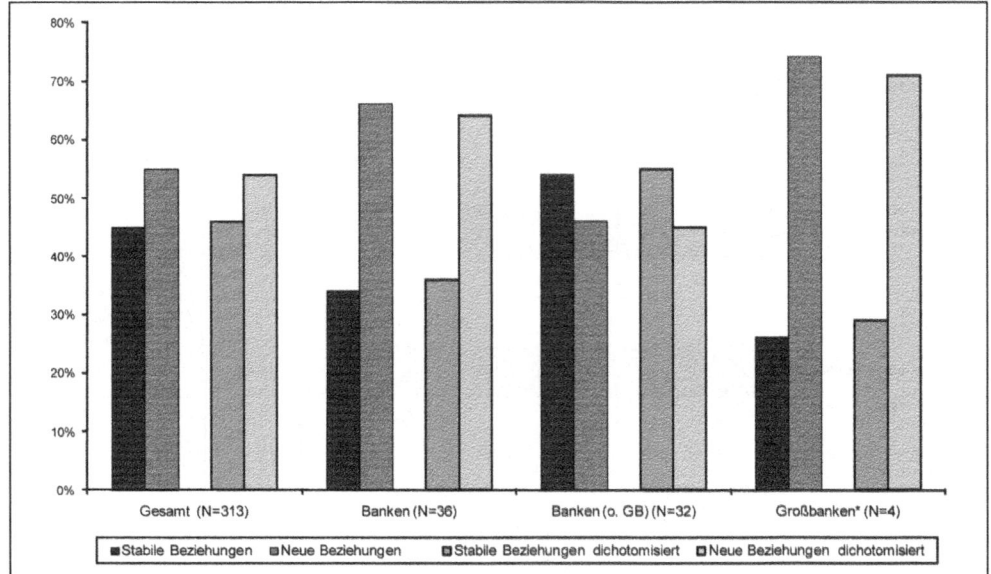

Anmerkungen: Die Fallzahl (N) bezieht sich auf die Anzahl der berücksichtigten Unternehmen, in den Balken sind allerdings die durch die Unternehmen realisierten Beziehungen abgebildet.

Stabile Beziehungen: Anteil der stabilen an den bestehenden Beziehungen 1933

Neue Beziehungen: Anteil der neuen an den bestehenden Beziehungen 1933

* In der Synopse von 1928 bis 1933 wurden Deutsche Bank, Dresdner Bank, Commerzbank und Berliner Handelsgesellschaft in den Berechnungen berücksichtigt.

die Großbanken betroffen waren. Die Daten sprechen damit gegen eine kontrolltheoretische Erklärung. Eine Stärkung von Kontrollinteressen (durch ihre Stabilisierung)) konnten Banken nicht durchsetzen. (Natürlich haben die großen Fusionen unter den Großbanken im Jahr 1929 ebenfalls einen nicht unerheblichen Einfluss auf ihre Destabilisierung, s. Kapitel 7).

Bei den Aufsichtsrat-zu-Aufsichtsrat Verflechtungen bestätigt sich die deutliche Verringerung neuer Verflechtungen gegenüber dem ersten Übergang (s. Abbildung 36). Die Expansionsphase des Netzwerks ist zu Ende. Stabile Beziehungen überwiegen erstmals leicht. Für die Banken gilt dies allerdings nicht. Bei diesen, insbesondere bei den Banken ohne Großbanken, überwiegen neue Beziehungen.

Betrachtet man die Stabilität der ungerichteten Verflechtungen (s. Abbildung 37) ist in allen Gruppen eine proportionale Zunahme von *broken ties* festzustellen. Auch die Großbanken bilden keine Ausnahme, lediglich bei der Betrachtung von Einfachverflechtungen sind sie tendenziell stabiler als die anderen Unternehmen. Aus diesem Ergebnis lässt sich schließen, dass Großbanken während dieser Krisenzeit vorwiegend Mehrfachverflechtungen „wegrationalisieren".

Abbildung 35   Proportionale Stabilität gerichteter Verflechtungen II

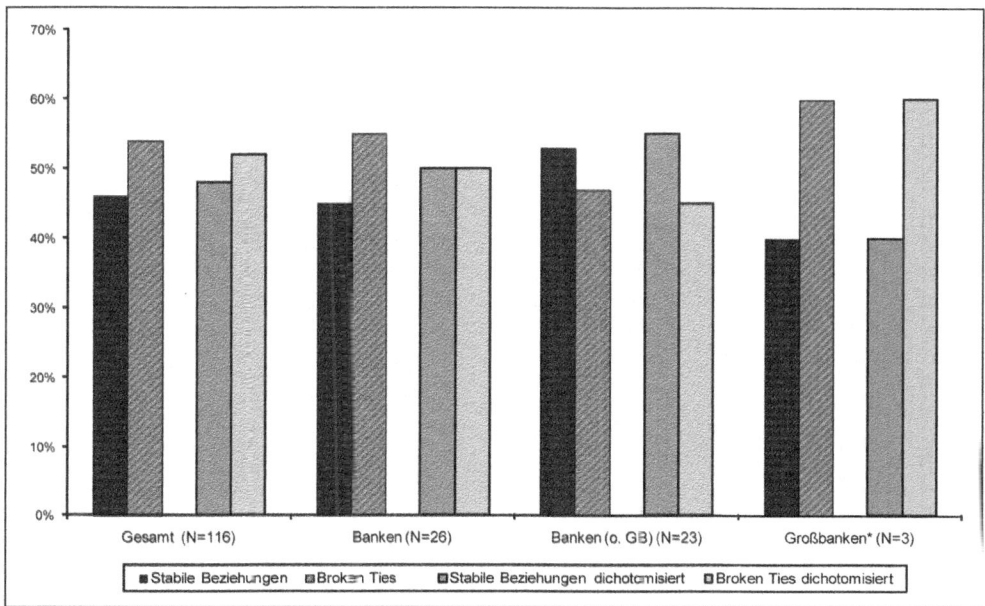

Anmerkungen: Die Fallzahl (N) bezieht sich auf die Anzahl der berücksichtigten Unternehmen, in den Balken sind allerdings die durch die Unternehmen realisierten Beziehungen abgebildet.

Stabile Beziehungen: Anteil der seit 1928 fortgeführten Beziehungen

broken ties: Anteil der seit 1928 weggefallenen Beziehungen

* In der Synopse von 1928 bis 1933 wurden Deutsche Bank, Dresdner Bank und Commerzbank in den Berechnungen berücksichtigt. Die Berliner Handelsgesellschaft hatte 1928 keine gerichteten Verflechtungen.

Typisch für den zweiten Übergang ist, dass neue Beziehungen zurückgehen. Die Expansionsphase des Netzwerks ist also abgeschlossen. Gemessen am Verhältnis von stabilen zu neuen Beziehungen kommt es zwischen 1928 und 1933 sowohl bei Vorstand-zu-Aufsichtsrat Verflechtungen als auch bei Aufsichtsrat-zu-Aufsichtsrat Verflechtungen zu einer Stabilisierung. Gemessen an den *broken ties* kommt es jedoch zu einer Destabilisierung des Netzwerks. Die sozio-historischen Umstände geben hierfür eine schlüssige Erklärung. Die beobachtete Destabilisierung mag dabei nicht nur Ausdruck einer allgemeinen Verunsicherung, sondern die unmittelbare Folge der Aktienrechtsnovelle von 1931 sein. Die Beschränkung der Größe des Aufsichtsrates und die Einführung einer Obergrenze von Mandaten pro Aufsichtsrat wurden rasch in der Praxis implementiert. Die Analyse der Akteursstrukturen konnte das bereits bestätigen (s. Abschnitt 5.2). Ob dadurch nicht nur die Dichte des Netzwerkes verringert wurde, sondern auch dessen Stabilität geschwächt wurde, wird im nächsten Abschnitt noch geprüft werden.

Die Mittelwertvergleiche (s. Tabelle 29) ergänzen die bisherigen Schlussfolgerungen aus den Verteilungen noch um ein paar wesentliche Punkte. Trotz der Zunahme der

Abbildung 36   Proportionale Stabilität ungerichteter Verflechtungen I

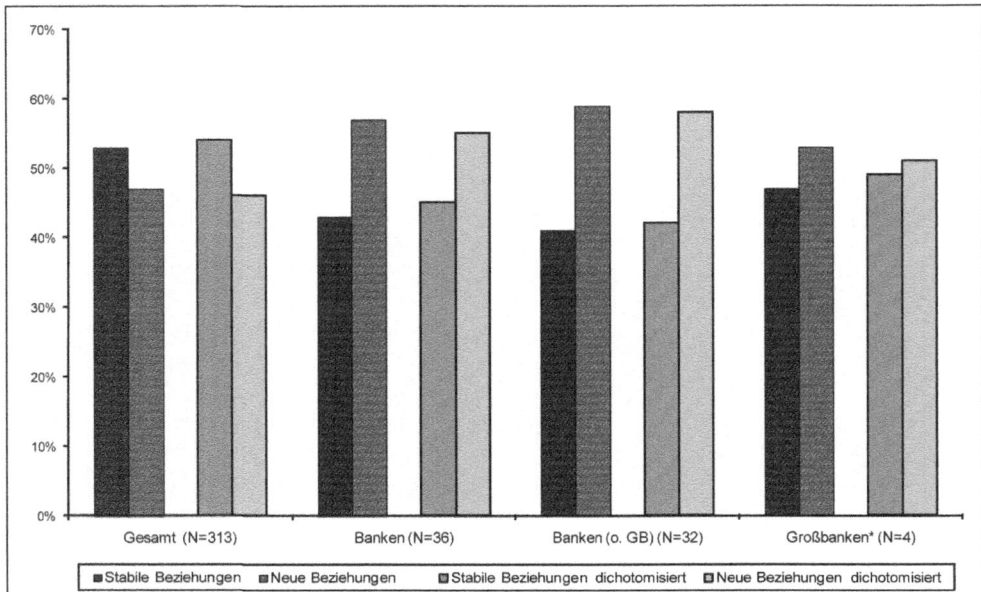

Anmerkungen: Die Fallzahl (N) bezieht sich auf die Anzahl der berücksichtigten Unternehmen, in den Balken sind allerdings die durch die Unternehmen realisierten Beziehungen abgebildet.

Stabile Beziehungen: Anteil der stabilen an den bestehenden Beziehungen 1933

Neue Beziehungen: Anteil der neuen an den bestehenden Beziehungen 1933

* In der Synopse von 1928 bis 1933 wurden Deutsche Bank, Dresdner Bank, Commerzbank und Berliner Handelsgesellschaft in den Berechnungen berücksichtigt.

broken ties bei den Aufsichtsrat-zu-Aufsichtsrat Verflechtungen ist die Kontinuität dort absolut gesehen nach wie vor bedeutsamer als bei der insgesamt geringen Anzahl an Vorstand-zu-Aufsichtsrat Verflechtungen. Großbanken haben absolut mehr *broken ties* als die Unternehmen im Durchschnitt. Desgleichen verfügen sie absolut nach wie vor (im Schnitt) über 25.3 stabile gerichtete Beziehungen (im Netzwerk gesamt sind es 2.8) und 34.3 stabile ungerichtete Beziehungen (durchschnittlich sind es 17.4). Die Streuung der Beobachtungen ist dabei jedoch hoch. Ferner wird ein guter Teil der beobachtbaren Stabilität zugunsten eines Verzichts auf Mehrfachverflechtungen erhalten, es werden aber dennoch auch noch neue Mehrfachverflechtungen aufgebaut. Dies wird aus dem Vergleich der summierten (s. Tabelle 29) mit den dichotomen Mittelwerten (s. Tabelle 57 im Anhang) deutlich. Die *broken ties* der Großbanken (bei Aufsichtsrat-zu-Aufsichtsrat Verflechtungen) reduzieren sich von durchschnittlich 64.5 auf 38.3, wenn man nur die Einfachverflechtungen betrachtet (s. Tabelle 57 im Anhang). V. a. unter den ungerichteten Verflechtungen sind es viele Mehrfachverflechtungen, die wegfallen. Ein Extrembeispiel ist die Deutsche Bank, die 143 *broken ties* gesamt im Vergleich zu „nur"

Abbildung 37   Proportionale Stabilität ungerichteter Verflechtungen II

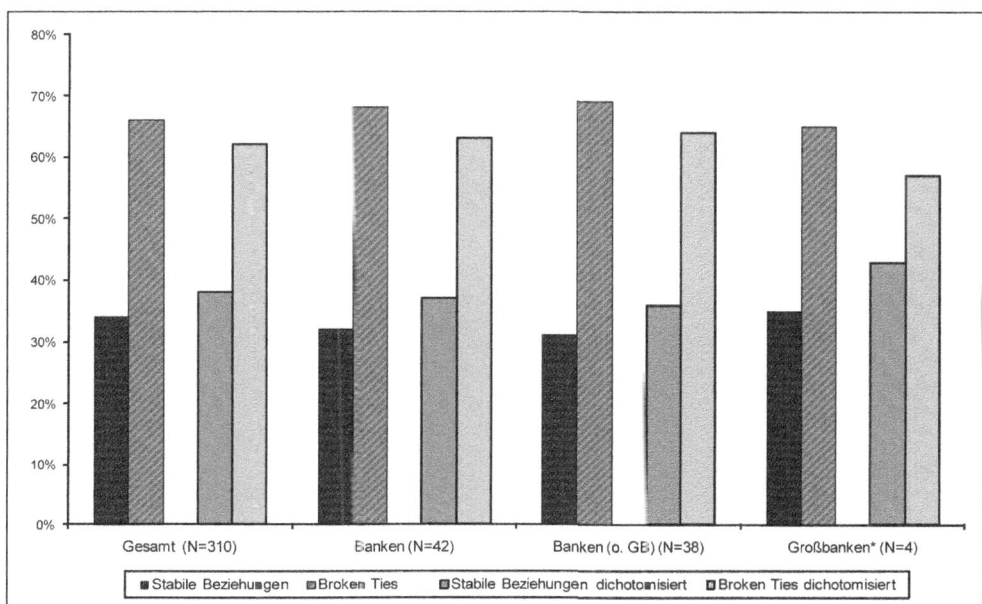

Anmerkungen: Die Fallzahl (N) bezieht sich auf die Anzahl der berücksichtigten Unternehmen, in den Balken sind allerdings die durch die Unternehmen realisierten Beziehungen abgebildet.

Stabile Beziehungen: Anteil der seit 1928 fortgeführten Beziehungen

broken ties: Anteil der seit 1928 weggefallenen Beziehungen

* In der Synopse von 1928 bis 1933 wurden Deutsche Bank, Dresdner Bank, Commerzbank und Berliner Handelsgesellschaft in den Berechnungen berücksichtigt.

61 Einfachverflechtungen verliert (s. Kapitel 7). Die Mittelwertvergleiche legen damit ebenfalls die Destabilisierung offen.

Maßgebend für den Übergang von 1928 auf 1933 ist eine dyadische Destabilisierung. Personelle Verflechtungen, das wird hinlänglich deutlich, eignen sich in diesem Fall als Seismographen für Krisen. Als Unternehmen mit besonders großen Aufsichtsräten waren die Großbanken von der Reform stärker betroffen als andere Unternehmen mit kleineren Aufsichtsräten. Für diese Banken stellt sich daher im Besonderen die Frage, welche Kontakte aufgelöst wurden und welche erhalten blieben. Unbeantwortet bleibt, ob sich die Großbanken entweder selbst stärker aus diesen (starken) Beziehungen zurückgezogen haben oder jene von der Unternehmensseite aufgelöst wurden. Ersteres ist eher unwahrscheinlich, würde es doch das potentielle Kreditrisiko neuerlich erhöhen (vgl. Nordwolleskandal 1931). Bleibt Letzteres, welches als Einbuße an Reputation von Banken gedeutet werden muss – sei es als kompetente Kontrolleure für die Eigentümer oder zuverlässige Finanzquelle für die Unternehmen. Auf diese Fragen wird in der Einzelfallanalyse in Kapitel 7 nochmals zurückzukommen sein.

Tabelle 29   Stabilität des Netzwerks 1928 bis 1933

	Vorstand-zu-Aufsichtsrat			Aufsichtsrat-zu-Aufsichtsrat		
	stabile ties[+]	neue ties	broken ties[+]	stabile ties[+]	neue ties	broken ties[+]
GESAMT						
Mittelwert	2.8	1.3	3.3	17.4	15.5	34.4
(Stdabw. \ Vkoef.)	(5.4 \ 1.9)	(4.1 \ 3.2)	(6.4 \ 1.9)	(18.9 \ 1.1)	(16.4 \ 1.1)	(40.7 \ 1.2)
	N = 166	N = 313	N = 166	N = 310	N = 313	N = 310
BANKEN						
Mittelwert	5.8	3.9	7.0	15.1	18.9	32.0
(Stdabw. \ Vkoef.)	(9.5 \ 1.6)	(10.0 \ 2.6)	(12.6 \ 1.8)	(16.1 \ 1.1)	(21.3 \ 1.1)	(41.9 \ 1.3)
	N = 26	N = 42	N = 26	N = 42	N = 42	N = 42
BANKEN (o. GB)						
Mittelwert	3.3	1.8	2.9	13.1	17.1	28.6
(Stdabw. \ Vkoef.)	(5.7 \ 1.7)	(3.6 \ 2.0)	(2.8 \ 1.0)	(14.8 \ 1.1)	(21.4 \ 1.3)	(39.8 \ 1.4)
	N = 23	N = 38	N = 23	N = 38	N = 38	N = 38
GROSSBANKEN*						
Mittelwert	25.3	24.3	38.3	34.3	36.3	64.5
(Stdabw. \ Vkoef.)	(5.7 \ 0.2)	(24.0 \ 1.0)	(14.8 \ 0.4)	(17.1 \ 0.5)	(12.1 \ 0.3)	(54.2 \ 0.8)
	N = 3	N = 4	N = 3	N = 4	N = 4	N = 4

Anmerkungen: Die Fallzahl (N) bezieht sich auf Unternehmen. Mittelwerte, Standardabweichungen und Variations-koeffizienten beziehen sich allerdings auf Verflechtungen. Stabile Beziehungen: Anzahl der seit 1928 bestehenden Beziehungen; Neue Beziehungen: Anzahl der neuen Beziehungen; *broken ties*: Anzahl der seit 1928 weggefallenen Beziehungen [+] Es werden nur solche Unternehmen einbezogen, die 1928 Beziehungen des untersuchten Typs realisiert haben.

* In der Synopse von 1928 bis 1933 wurden Deutsche Bank, Dresdner Bank, Commerzbank und Berliner Handelsgesellschaft in den Berechnungen berücksichtigt.

Bevor wir uns den statistischen Erklärungen für die Anzahl an *broken ties* zwischen 1928 und 1933 zuwenden, werden nun die Evidenzen für Stabilisierungs- oder Destabilisierungstendenzen beider Übergänge rekapituliert. Zur besseren Vergleichsmöglichkeit wird hierzu eine standardisierte Kennzahl gebildet, die das Verhältnis von fortgeführten zu neuen Beziehungen erfasst (s. Tabelle 30). Werte um eins deuten dabei auf ein ausgeglichenes Verhältnis hin. Je stärker die Tendenz gegen null geht, desto größer der Anteil an neuen Beziehungen, bzw. umgekehrt, je stärker die Tendenz über eins hinausreicht, desto höher der Anteil an stabilen Beziehungen. Die Zusammenschau zeigt, dass im Vergleich der beiden Übergänge eine Annäherung im Verhältnis von stabilen zu neuen Beziehungen zu beobachten ist (vgl. Ratio 1928 mit Ratio 1933 in Tabelle 30). Waren 1928 neue Beziehungen ein wesentliches Charakteristikum der Netzwerkstruktur, so gleichen sich neue und stabile Verflechtungen 1933 tendenziell aus. Dies stützt die bisherigen Deutungen.[162] Aus dem Rückgang an neuen Beziehungen den Schluss auf eine allgemei-

---

162 Die Betrachtung der Einfachverflechtungen fördert diesbezüglich keine substantiellen Unterschiede zutage, bestätigt aber, dass die Beobachtungen bei den Großbanken unter dem Einfluss von Mehrfachverflechtungen stehen (s. Tabelle 58 im Anhang).

ne Stabilisierung des Netzwerks zu ziehen, ist aber verfrüht, denn dies ist in engem Zusammenhang mit der Verringerung der Netzwerkaktivität nach 1928 zu sehen.

Tabelle 30   Das Verhältnis stabiler zu neuen Beziehungen in den Zieljahren

	Vorstand-zu-Aufsichtsrat				Aufsichtsrat-zu-Aufsichtsrat			
	Gesamt	Banken	Banken o.GB	Groß-banken	Gesamt	Banken	Banken o.GB	Groß-banken
Ratio 1928	0.24	0.37	0.24	0.39	0.22	0.25	0.21	0.32
Ratio 1933	1.13	0.96	1.17	0.79	1.13	0.75	0.70	0.96

Anmerkungen: Die ermittelte Ratio ergibt sich als Quotient aus dem Verhältnis von stabilen zu neuen Beziehungen. Je stärker die Tendenz der Werte gegen null geht, desto größer ist der Anteil an neuen Beziehungen, bzw. umgekehrt, je stärker die Tendenz größer als eins, desto größer der Anteil an stabilen Beziehungen. Werte um 1 deuten auf ein ausgewogenes Verhältnis von stabilen und neuen Beziehungen hin.

In einem zweiten Schritt wird betrachtet, wie sich die *broken ties* über den Gesamtzeitraum verteilen. Dazu werden für beide Übergänge jährliche Wegfallraten gegenübergestellt, welche die unterschiedlich großen Zeiträume berücksichtigen (s. Tabelle 31). Auch hier ist eine Zusammenschau aufschlussreich. Die jährliche Wegfallrate der Beziehungen von 1914 bis 1928 schwankt zwischen 3 % und 7 %. Damit liegt die jährliche Stabilitätsrate übereinstimmend über 93 %. Dieser Wert ist überaus hoch. Die Verflechtungen der Banken sind dabei geringfügig stabiler, was auf die Großbanken zurückzuführen ist. Beispielsweise erhalten letztere jährlich 96.4 % ihrer gerichteten Verflechtungen, im Netzwerk sind es durchschnittlich 94.6 %. Direktoren, die in den Aufsichtsrat von Unternehmen berufen wurden, stellen demnach tendenziell stabile Unternehmensverbindungen her. Dies stützt sowohl die Ressourcenabhängigkeitsperspektive als auch die diskutierten Kontrollmodelle.

Unter Berücksichtigung der Kürze der zweiten Phase war dort im Grunde von mehr Stabilität auszugehen. Im Vergleich zur Analyse der *broken tie*-Anteile in den vorherigen Abschnitten weist die Betrachtung jährlicher Wegfallraten im Gesamtzeitraum nun eindeutig auf eine Destabilisierung des Netzwerks von 1928 bis 1933 hin. Die Stabilitätsstrukturen von gerichteten und ungerichteten Verflechtungen unterscheiden sich dabei allerdings stark voneinander. Bei den Vorstand-zu-Aufsichtsrat Verflechtungen verdreifachen sich die Wegfallraten zwischen beiden Übergängen, bei den Aufsichtsrat-zu-Aufsichtsrat Verflechtungen vervierfachen sich jene sogar (s. Tabelle 31; für dichotome Matrizen s. Tabelle 59 im Anhang). Dennoch bleiben jährlich noch über 80 % aller Beziehungen erhalten. Bei den Banken ohne Großbanken sogar knapp unter 90 %. Am Massivsten erhöhen sich die jährlichen Wegfallraten bei den Großbanken, sie verfünffachen sich beinahe. Dies lässt nicht mehr allein durch rechtliche Zwänge erklären, sondern deutet auf systemimmanente Ursachen hin. In der Gesamtbetrachtung

Tabelle 31   Jährliche Rate an broken ties

	Vorstand-zu-Aufsichtsrat				Aufsichtsrat-zu-Aufsichtsrat			
	Gesamt	Banken	Banken o.GB	Groß-banken	Gesamt	Banken	Banken o.GB	Groß-banken
bt Rate 14–28	5.4 %	3.7 %	4.5 %	3.6 %	5.1 %	5.6 %	6.6 %	4.7 %
bt Rate 28–33	14.5 %	14.2 %	10.9 %	16.8 %	19.6 %	18.6 %	18.4 %	19.1 %

Anmerkungen: Da die beiden Übergänge im vorliegenden Fall zwei unterschiedlich große Zeiträume erfassen, werden jährliche Wegfallsraten gegenübergestellt. Diese berechnen sich als Differenz zum Anteil an stabilen Beziehungen (stabile Beziehungen im Zieljahr/alle Beziehungen im Ausgangsjahr) umgerechnet auf den Zeitraum . Der Höhe des Wurzelexponenten bezieht sich auf die Anzahl der in diesem Übergang vergangenen Jahre, damit wird von der Fiktion ausgegangen, dass der Anteil an im Gesamtzeitraum weggefallenen Beziehungen sich gleichmäßig auf die Jahre verteilt.

müssen damit einige Schlussfolgerungen aus der Einzelbetrachtung des zweiten Übergangs revidiert werden. Gemeinsam ist deskriptiven als auch regressionsdiagnostischen Auswertungen, dass sie augenscheinliche Unterschiede zwischen den zwei untersuchten Übergängen aufzeigen. Die Evidenzen für eine Destabilisierung des Netzwerks nach 1928 lassen sich allerdings nicht mehr von der Hand weisen.

6.2.3 Erklärungsmodelle

Mehr Aufklärung zur Destabilisierung verschiedener Gruppen im Übergang von 1928 bis 1933 geben im Weiteren die statistischen Auswertungen. Die Überprüfung von Determinanten zur Bestimmung von *broken ties,* die erklärt werden sollen, erfolgt nach dem gleichen Verfahren wie letzten Abschnitt. Unsere Auswertung beginnt bei den Vorstand-zu-Aufsichtsrat Verflechtungen. Auch hier zeigt sich, dass die Branchenmodelle für sich keinen relevanten Erklärungswert haben, die um weitere Unternehmensmerkmale erweiterten Modelle hingegen schon. In Abbildung 38 sind die Effekte der Variablen in den Gesamtmodellen sowohl für alle Unternehmen als auch für die Kontrollmodelle ohne Großbanken dargestellt. Es sind neuerlich große Unternehmen und solche mit zentraler Netzwerkposition und einem großen Direktorium, die mehr *broken ties* haben. Darüber sind einige signifikante Brancheneffekten zu beobachten: Vor allem Banken, aber auch die Elektrizitätswerke haben mit hoher Sicherheit mehr gerichtete Beziehungen abbrechen lassen als erwartet. Wird das Direktorium vergrößert, verringert sich die erwartete Anzahl an *broken ties*. Das Kontrollmodell unterscheidet sich davon nicht substantiell. Der Ausschluss der Großbanken verringert zwar die Stärke des Bankeneffekts, nicht aber die Richtung. Die Ergebnisse sind in diesem Fall konsistent mit den ermittelten jährlichen Wegfallraten.

Abbildung 38   Determinanten für *broken ties* bei Vorstand-zu-
              Aufsichtsrat Verflechtungen

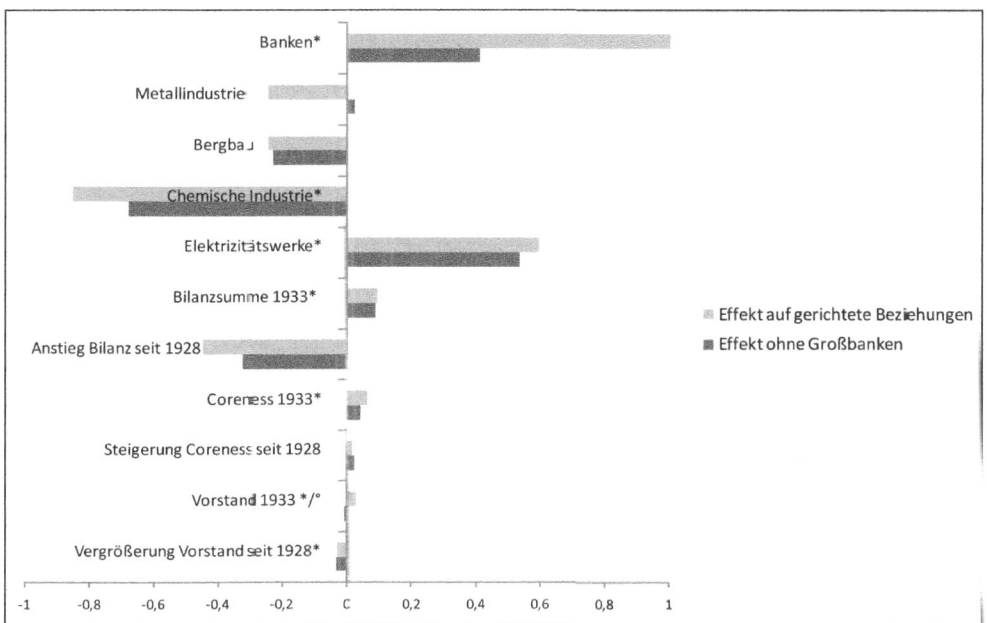

Es sind hier Effektstärken (β-Koeffizienten) abgebildet, die auf der Basis von Poisson-Regressionsverfahren berechnet wurden. Helle Balken kennzeichnen die Effektstärken, wenn alle Unternehmen berücksichtigt werden, dunkle Balken die Effektstärken für die Kontrollmodelle ohne Großbanken. Positive Koeffizienten bedeuten, dass Unternehmen mit diesem Merkmal einen höheren Mittelwert an *broken ties* haben bzw. die Wahrscheinlichkeit für Unternehmen mit diesem Merkmal mehr *broken ties* zu haben höher ist; negative Koeffizienten bedeuten, dass die Wahrscheinlichkeit mit einem Anstieg in der Ausprägung der Variable geringer wird. Signifikante Zusammenhänge sind mit einem Stern (*) gekennzeichnet. Ist nur eines der Vergleichsmodelle signifikant, ist das Nicht-Signifikante nach Reihenfolge mit einem Kreis (°) vor oder hinter einem Balken (/) markiert. Die Branchen sind dummykodiert, ihre Referenzkategorie sind alle anderen Branchen. Es werden hier nur Gesamtmodelle verglichen. Eine Variablenübersicht (Tabelle 60) sowie die vollständige Regression (Tabelle 61), in der Branchen- und Gesamtmodelle nebeneinander stehen, finden sich einschließlich aller Modellparameter im Anhang.

Bei den Aufsichtsrat-zu-Aufsichtsrat Verflechtungen fällt zunächst der Effekt der Unternehmensgröße auf (s. Abbildung 39). Wachsende Unternehmen haben deutlich höhere Wegfallraten. Banken und die Metallindustrie haben signifikant weniger *broken ties*, sobald nach Größe, Netzwerkposition und Direktorium kontrolliert wird. Aufsichtsräte mit Bankiers fallen durch viele weggebrochene Beziehungen auf. Die Effektstärke dieser Variable verdreifacht sich gegenüber dem ersten Übergang. Hierfür bieten sich drei Erklärungen an: a) Die Vernetzungsstabilität einzelner Bankiers geht nach der Bankenkrise zurück und verringert damit auch die indirekten Beziehungen der Unternehmen, in deren Aufsichtsräten sie weiterhin verweilen. b) Bankiers wechseln Beziehungen aufgrund ihrer strukturellen Rolle als zentrale Vernetzer zwischen den Aktiengesellschaften in stärkerem Maße aus. Auf c) wurde bereits im letzten Abschnitt verwiesen: Das Depotstimmrecht ermöglicht die Übertragung von Kontrollrechten von Eigentümern auf Bankiers. Sowohl der Akt einer solchen Übertragung als auch ihre Rücknahme scheinen im Netzwerk als strukturelle Destabilisierung auf. Alle drei Erklärungen sind plausibel. Die hier aufgeworfenen Fragen zu Kapitalverflechtungen und Stimmrechtsabgaben verlangen nach Nachfolgeuntersuchungen.

Abbildung 39   Determinanten für *broken ties* bei Aufsichtsrat-zu-
Aufsichtsrat Verflechtungen

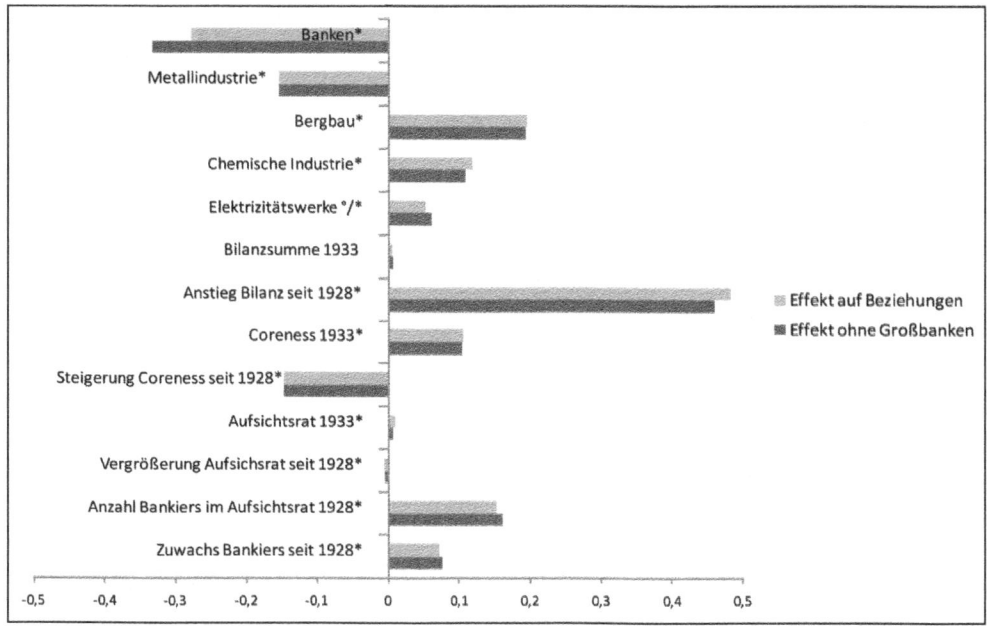

Es sind hier Effektstärken (β-Koeffizienten) abgebildet, die auf der Basis von Poisson-Regressionsverfahren berechnet wurden. Helle Balken kennzeichnen die Effektstärken, wenn alle Unternehmen berücksichtigt werden, dunkle Balken die Effektstärken für die Kontrollmodelle ohne Großbanken. Positive Koeffizienten bedeuten, dass Unternehmen mit diesem Merkmal einen höheren Mittelwert an *broken ties* haben bzw. die Wahrscheinlichkeit für Unternehmen mit diesem Merkmal mehr *broken ties* zu haben höher ist; negative Koeffizienten bedeuten, dass die Wahrscheinlichkeit mit einem Anstieg in der Ausprägung der Variable geringer wird. Signifikante Zusammenhänge sind mit einem Stern (*) gekennzeichnet. Ist nur eines der Vergleichsmodelle signifikant, ist das Nicht-Signifikante nach Reihenfolge mit einem Kreis (°) vor oder hinter einem Balken (/) markiert. Die Branchen sind dummykodiert, ihre Referenzkategorie sind alle anderen Branchen. Es werden hier nur Gesamtmodelle verglichen. Eine Variablenübersicht (Tabelle 60) sowie die vollständige Regression (Tabelle 62), in der Branchen- und Gesamtmodelle nebeneinander stehen, finden sich einschließlich aller Modellparameter im Anhang.

Für die Synopse von 1928 bis 1933 lassen sich die Ergebnisse nun in folgender Weise zusammenfassen: Die Daten belegen die Destabilisierung der Banken. Sie haben einen signifikant höheren Erwartungswert an *broken ties* unter den gerichteten dyadischen Beziehungen als Nicht-Banken. Dieser Effekt geht in weitem Maß auf die netzwerkzentralen Großbanken zurück. Bei den ungerichteten Beziehungen ist das anders. Wie im Kontrollmodell gezeigt wird, fällt und steht der Bankeneffekt in jenem Fall mit den Großbanken. Kontrolliert nach der Größe der Unternehmen, der Größe des Aufsichtsrates und der Anzahl der Bankiers im Aufsichtsrat haben Banken sogar signifikant weniger *broken ties*. Es sind wieder branchenunabhängige Unternehmensmerkmale, die hier den stärksten Effekt haben. Bei Unternehmen, deren Bilanzsumme sich im Untersuchungszeitraum erhöht, und *Core* Unternehmen ist die erwartete Anzahl an *broken ties* höher. Bei Aufsichtsrat-zu-Aufsichtsrat Verflechtungen verringert eine Annäherung an den *Core* des Unternehmensnetzwerks den Erwartungswert. Betrachtet man den Aufsichtsrat, so ist der Effekt der Bankiers stärker als die Anzahl der Personen im Aufsichtsrat. Ihre Kooptation erhöht die erwartete Menge an *broken ties* der Unternehmer.

Was sagen uns diese Ergebnisse über die Stabilität der dyadischen Beziehungen von 1928 bis 1933? Es lassen sich zwei zunächst widersprüchlich erscheinende Trends feststellen. Einerseits gleicht sich das Verhältnis von neuen und fortgeführten Beziehungen 1933 aus. Die Expansionsphase des Netzwerks ist zu Ende. Andererseits kommt es zu einer deutlichen Zunahme von *broken ties*. Letzteres lässt sich auf die sozio-historischen Ereignisse zurückführen. Durchschnittlich verringert sich durch die rechtlichen Beschränkungen im Zuge der Aktienrechtsnovelle die Aufsichtsratsgröße um 4.3 Personen je Unternehmen. Der Erwartungswert an *broken ties* erhöht sich damit zugleich um fast 3 %.

Und was geschieht mit den Großbanken? Relativ gesehen scheiden die Direktoren der Großbanken nach 1928 überproportional aus den Aufsichtsräten der Unternehmen aus und ihre ungerichteten Verflechtungen verringern sich. Absolut betrachtet können sie allerdings nicht nur immer noch überproportional viel soziales Kapital aus dem Netzwerk ziehen, sondern haben auch weiterhin die besten Voraussetzungen starke Beziehungen aufzubauen. Wie das zu deuten ist, soll nun in den Schlussfolgerungen umfassend erörtert werden.

6.3 Schlussfolgerungen

Die Längsschnittanalyse hat gezeigt, dass im Netzwerk der deutschen Großunternehmen dyadische Beziehungen zwischen Unternehmen über längere Zeiträume stabil bleiben. Die diesbezügliche Annahme hat sich also bestätigt. Aus der Perspektive der Unternehmen hat ein Viertel (1914 bis 1928) bzw. haben zwei Drittel (1928 bis 1933) über die die betrachteten Jahre stabile gerichtete Verflechtungen. Hinsichtlich ungerichteter Verflechtungen ist die Stabilität des Netzwerks sogar ausgeprägt hoch. Über 80 % (1914 bis 1928) bzw. über 90 % (1928 bis 1933) der Unternehmen können auf langfristige Verflechtungen zurückblicken. Damit sind im Netzwerk der personellen Verflechtungen der Großunternehmen Gelegenheitsstrukturen für die Ausbildung starker Beziehungen nachgewiesen.

Im Einzelnen zeigt die Betrachtung neuer Beziehungen im Vergleich zu den *broken ties* zwei gegensätzliche Entwicklungen auf. Der hohe Anteil neuer Beziehungen deutet auf eine dynamische Bewegung im Netzwerk hin, die nach 1929 abebbt. Der Blick auf die fortgeführten Verflechtungen offenbart die Kontinuität einmal eingegangener dyadischer Verflechtungen. Beiden Übergänge unterscheiden sich in Hinblick auf das Aufkommen der relativen Stabilität. Nach 1928 kommt es zu einer allgemeinen und gruppenspezifischen Destabilisierung dyadischer Verflechtungen. Am Stärksten davon betroffen sind die Aufsichtsrat-zu-Aufsichtsrat-Verflechtungen. In absoluten Zahlen ist deren Stabilität allerdings wesentlich prägender für die personelle Verflechtung der Großunternehmen als die von Vorstand-zu-Aufsichtsrat-Verflechtungen, obwohl die relative Stabilität letzterer konstant höher liegt.

Die Daten lassen darauf schließen, dass Stabilität von mehreren Faktoren abhängig ist. In einigen Fällen ist eine „Rationalisierung" von Verflechtungen zu beobachten, die sich im gleichzeitigen Auftreten einer Verringerung von Mehrfachverflechtungen und einer tendenziell höheren Stabilität von Einfachverflechtung andeutet. Auf der anderen Seite formieren sich dyadische Beziehungen zu starken *embedded ties*. Die Ergebnisse geben damit keine Hinweise auf die Dominanz einer Form sozialen Kapitals, das sich aus diesen Netzwerken erschließen lässt. Kontrollbeziehungen charakterisieren sich durch eine Intensivierung von Einfluss durch den Ausbau von Mehrfachfachverflechtungen. Teile des Netzwerks weisen langfristigen Kontrollpotentiale auf, v. a. dort wo einseitige gerichtete Verflechtungen dauerhaft gestellt werden. Ein guter Teil der Stabilität des Netzwerks geht auf ungerichtete Verflechtungen zurück, worin sich Gelegenheitsstrukturen zur Koordination andeuten, dadurch dass Vertrauen aufgebaut und wertvolle Informationen getauscht werden können.

Die sozio-historischen Umstände sind ganz wesentliche Größen in der Erklärung der Entwicklungen in dem untersuchten Zeitraum. Unter der Bankenkrise haben die Großbanken, wenig überraschend, stärker gelitten als andere Finanzunternehmen. Ihre auf Expansion und Stabilität ausgerichtete Verflechtungsstrategie hat sich eindeutig destabilisiert. Insgesamt betrachtet können sie aber nicht nur überproportional viel soziales Kapital aus dem Netzwerk ziehen, sondern haben auch die besten Voraussetzungen langfristige starke Beziehungen aufzubauen. Die Annahmen zur Destabilisierung der Banken können daher nur mit Einschränkungen bestätigt werden. Die Branche allein determiniert die tatsächliche Position im Netzwerk und soziale Gelegenheitsstrukturen darin nicht. Dieses Ergebnis ist nicht nur für den sozio-historischen Kontext interessant, sondern belegt die Sinnhaftigkeit einer relationalen Analyse.

Aus der Längsschnittuntersuchung zu dyadischen Beziehungen im Netzwerk der deutschen Großunternehmen lässt sich damit in folgender Weise Bilanz ziehen: Auf institutioneller Ebene ist eine erkennbare Wechselwirkung zwischen externen Stimuli (rechtlicher Regulierungsrahmen) und institutioneller Struktur festzustellen. Einige grundlegende Verflechtungsstrategien sind dennoch durchgängig zu beobachten. Der *Core* schöpft kurzfristiger aus den Quellen sozialen Kapitals, die das Unternehmensnetzwerk bieten kann, als die Peripherie. Diese Unternehmen verfügen natürlich auch gegenüber der Peripherie über deutlich mehr soziales Kapital. Der Weg in den *Core* ist hingegen mit einer zu erwartenden höheren Stabilität an dyadischen Beziehungen – quasi als „Sprungbrett" – verbunden. In der Synthese: Unternehmen, die bereits über viele Beziehungen verfügen, können „großzügiger" wieder auf einige davon verzichten, womöglich, weil sie bereits über ausreichend Prestige verfügen, um problemlos neue Beziehungen herzustellen.

7 Das Unternehmensnetzwerk der Großbanken

Sowohl die Ergebnisse der Querschnitts- als auch der Längsschnittanalyse haben gezeigt, dass die Banken im deutschen Netzwerk personeller Verflechtung eine besondere Rolle einnehmen. Was erfahren wir über ihre strukturellen Kontrollmöglichkeiten? Die Daten weisen darauf hin, dass Banken überproportional häufig Direktoren in die Aufsichtsräte anderer Unternehmen entsenden. In Hinblick auf die eingehenden Beziehungen schützen sich Banken bis 1914 vor Direktoren aus anderen Unternehmen im eigenen Aufsichtsrat, danach nicht mehr. Bezüglich der Stabilität der Beziehungen zeigt sich, dass Banken erstens proportional betrachtet tendenziell mehr Gelegenheitsstrukturen für starke Beziehungen schaffen, und zweitens sowohl deutlich mehr *broken ties* als auch mehr stabile Beziehungen aufweisen. Gerade die Längsschnittuntersuchung hat nochmals massive Unterschiede zwischen den Banken zutage gefördert. Die Gruppe der Großbanken hat nicht nur eine überragende ökonomische Bedeutung, 1913 kontrollieren allein die Großbanken knapp 90 % des Bilanzvolumens deutscher Geschäftsbanken (vgl. Hardach 1995), sie kann eindeutig mehr soziales Kapital aus dem Netzwerk schöpfen als andere Finanzunternehmen. In diesem Kapitel werden nun die Berliner Großbanken in Einzelfallanalysen untersucht und dabei werden auch solche Aspekte der Diskussion um die Bankenmacht betrachtet, die bisher unberücksichtigt blieben, wie die Zusammensetzung ihrer Aufsichtsräte und das Netzwerkkapital der Bankdirektoren.

Die Umstände um die Gründung von Aktienbanken sind charakteristisch für die Zeit.

> „Die Skepsis der preußischen Regierung gegenüber der Gründung von Banken in der Rechtsform einer Aktiengesellschaft, aber auch die Zurückhaltung vieler Unternehmer und Kaufleute, erschwerte die Entstehung von Aktienbanken in ganz Deutschland. So ist es nicht verwunderlich, dass die erste bedeutende Aktienbank aus einer Zwangslage entstand" (Pohl 1976: 19),

führt Manfred Pohl in die Gründungsgeschichte der Großbanken ein, der wir uns vor der Analyse kurz zuwenden. Die Gründung der ersten Großbanken in den 1850er Jahren ist auf die Initiative damals führender Privatbankiers zurückzuführen, deren Ziel es war, dem ökonomischen Bedürfnis nach Kapitalsammelstellen größeren Volumens nachzukommen. Die 1870er Jahre leiteten eine neue Phase im Verhältnis der Großbanken zu Privatbanken ein. Die Gründungsimpulse gingen dabei nach wie vor in erster Linie von Privatbankiers aus, doch alsbald emanzipierten sich die Großbanken von ihren Gründern und etablierten sich als unabhängige institutionelle Akteure am Finanzmarkt. Der zunehmende Verdrängungswettbewerb unter den Finanzunternehmen führte dazu, dass die Großbanken begannen, kleinere und regionale Aktienbanken sowie Privatbanken zu übernehmen. Diese Einflussnahme äußerte sich zuerst durch die Bildung von Interessensgemeinschaften, dann in Form von Übernahmen und Fusionen (Pohl 1982b: 272–277).[163] Privatbankiers wurden in die Rolle von Beratern gedrängt, die Rolle der Financiers der Großindustrie übernahmen die Großbanken. Nicht nur Industrieunternehmen, sondern auch Banken erlebten in der zweiten Hälfte des 19. Jahrhunderts einen Gründungsboom gefolgt von marktbereinigenden Krisen, wiederkehrendem Gründungsboom und Fusionswellen. Nominale Expansions- und Konzentrationsprozesse wechselten einander ab. Zu den Gewinnern zählten v. a. diejenigen Bankinstitute, welche die von der Industrie nachgefragte Bündelung und Lenkung großer Kapitalströme erfüllten, eine Funktion, die zunehmend von Privatbanken auf Universalbanken überging. Letztlich wurden auch die Großbanken von dieser Fusionsdynamik erfasst und die weniger erfolgreichen Institute schlossen sich mit den erfolgreicheren zusammen. Die bankenhistorische Forschung betrachtet diesen Konzentrationsprozess im Finanzbereich als Beleg für eine „Zentralisierung aller den Kreditmarkt betreffenden Entscheidungen in wenigen großen Bankinstituten, an deren Spitze die Deutsche Bank stand" (vgl. Gall 1995: 52).[164]

Gründung und Konzentration der Großbanken
Der A. Schaaffhausen'sche Bankverein wurde 1848 als erste der Großbanken, nämlich durch die Umwandlung des Kölner Privatbankhauses Abraham Schaaffhausen gegründet. Die Illiquidität des Privatbankhauses nach den politischen und wirtschaftlichen Krisen des März 1848 und fehlgeschlagenen Spekulationen wurde von den Privatbankiers Wilhelm Ludwig Deichmann und Abraham Oppenheim sowie dem Industriellen und Politiker Gustav Mevissen zur Gründung der ersten deutschen Aktienbank benützt. Damit verknüpft war die Intention, neue Finanzierungsmöglichkeiten für die rheinische Montan- und Eisenindustrie zu schaffen. Vom Gründungs- und Emissionsgeschäft erwarteten sich die Privatbankiers den größten Gewinn. Nach der Bestätigung des Statuts durch den preußischen König und nach Unterzeichnung der amtsführenden Minister, u. a. Handelsminister David Hansemann, war die Konzession als Aktienbank erwirkt. Die Geschäftsführung wurde im Oktober von Ludwig Deichmann und Wilhelm Wendelstadt übernommen, Gustav Mevissen war seitens des Staates als Mitdirektor ernannt worden. Im Aufsichtsrat dieser neuen Bank saßen rheinländische Industrielle und Privatbankiers. In den folgenden Jahren beteiligte sich der Schaaffhausen'sche Bankverein führend am Aufbau der rheinischen Großindustrie wie

---

163 So war die Bank für Handel und Industrie treibende Kraft bei der ersten Übernahme eines Privatbankhauses (A. Nieder-Hofheim) durch eine Aktienbank (Pohl 1982a: 182 ff u. 189).

164 Für den interessierten Leser/die interessierte Leserin ist die Gründungsgeschichte der einzelnen Finanzunternehmen hier nochmals skizziert:

dem Kölner Bergwerksverein und dem Hörder Bergwerks- und Hüttenverein. Rechtliche Beschränkungen verhinderten den Aufbau eines Filialnetzes. Dies änderte sich
erst mit Aufhebung der staatlichen Konzessionierungspflicht für Aktiengesellschaften
1870 (vgl. Pohl 1982a; Pohl 1982b).

Nach dem Ausscheiden David Hansemanns als Minister gelang es diesem 1851 nach
wiederholten Versuchen in Berlin eine private Aktienbank, die Disconto-Gesellschaft, in
der rechtlichen Form einer nicht konzessionspflichtigen Handelsgesellschaft zu errichten. Sein Anliegen war es, den kleineren und mittleren Unternehmen eine Kreditbasis
zu schaffen. Diesen sollten durch ihre Mitgliedschaft Kredite in Form von Wechseln
auf ihre Geschäftsanteile an der Disconto-Gesellschaft gewährt werden. Der genossen-
schaftliche Charakter weichte sich in den darauf folgenden Jahren auf und 1856 wurde
die Disconto-Gesellschaft in eine Kommanditgesellschaft auf Aktien umgewandelt. Die
Disconto-Gesellschaft beteiligte sich nur an wenigen bedeutenden Neugründungen
(u. a. Henrichs Hütte, Blei-Alf, Vereinigter Präsident) sowie 1860–1863 an der Sanierung
des Phoenix. Der Wirkungskreis der Bank wurde ferner durch Übernahmen wie die des
liquidierten Privatbankhauses Rothschild & Söhne im Jahr 1901 und der Beteiligung an
Sal. Oppenheim jr. & Co, einer seit 1787 bestehenden Privatbank, im Jahr 1904 ausge-
dehnt. 1914 kam die Fusion mit dem Schaaffhausen'schen Bankverein. Damit löste sie
die Deutsche Bank, mit der sie in fortwährender Konkurrenz stand, für kurze Zeit als
größte Bank ab. 1929 kam es schließlich zum Zusammenschluss der beiden zur Deutschen und Disconto-Bank (vgl. Feldman 1995; Pohl 1982b).

Abraham Oppenheim und Gustav Mevissen waren auch die Schlüsselfiguren bei der
Gründung der Bank für Handel und Industrie (BHI) 1853 in Darmstadt. Zu ihren Haupt-
motiven zählte eine zusätzliche Möglichkeit zur Industriefinanzierung zu schaffen, die
Beteiligung an Bank- und Industrieunternehmungen und das Gründungs- und Emissionsgeschäft. Von daher war die BHI ähnlich organisiert wie der Schaaffhausen'sche
Bankverein. Im Gegensatz zu diesem war sie jedoch von Anfang an auf den Ausbau
eines weitreichenden Filialnetzes ausgerichtet. So war die BHI treibende Kraft bei der
ersten Übernahme eines Privatbankhauses (A. Nieder-Hofheim) durch eine Aktienbank, was ihre Expansionsbestrebungen in Richtung Frankfurt veranschaulicht. Viele
Übernahmen von bzw. Beteiligungen an Privatbanken folgten darauf. Mevissen wurde
Präsident, Oppenheim Vizepräsident des Direktoriums, nachdem David Hansemann
die Leitung aufgrund der Inanspruchnahme durch die Disconto-Gesellschaft nicht
einnehmen konnte (vgl. Pohl 1982a). Die Disconto-Gesellschaft, das Frankfurter Privatbankhaus Bethmann und zwei Pariser Bankhäuser übernahmen den Großteil des
Aktienkapitals der Bank für Handel und Industrie. Die ersten Geschäftsjahrzehnte
waren sehr erfolgreich. Im Bereich des Gründungs- und Emissionsgeschäfts war die
BHI führend. Unter anderem gründete sie die Badische Wollen-Manufactur in Mann-
heim, gemeinsam mit der Mitteldeutschen Creditbank den Oberhessischen Hüttenverein Ludwigshütte in Biedenkopf. 1922 kam der Zusammenschluss mit der Nationalbank
für Deutschland zur Darmstädter- und Nationalbank (Danat-Bank). Und nach dem Zu-

sammenbruch der Nordwolle 1931, einem Schuldner der Bank, und der krisenbedingten Teilverstaatlichung wurde die Danat-Bank im darauf folgenden Jahr schließlich mit der Dresdner Bank fusioniert (Ziegler 2006a; Ziegler 2006b).

Die Berliner Handels-Gesellschaft (BHG) wurde 1856 auf Initiative bedeutender Berliner Privatbanken gegründet, u. a. Breest & Gelpcke, Mendelssohn & Co, Robert Warschauer & Co, S. Hirschfeld und S. Bleichröder. Mitbegründer waren auch hier Abraham Oppenheim und Gustav Mevissen. Als Rechtsform wurde die Kommanditgesellschaft auf Aktien gewählt. Vorstand und Aufsichtsrat der Berliner Handels-Gesellschaft setzten sich fast ausschließlich aus Vertretern der bei der Gründung beteiligten Privatbankiers zusammen (vgl. Pohl 1982b: 185 f). Als Unternehmenszweck wurde in den Statuten die Industrieförderung festgelegt, das erklärte Ziel war ähnlich wie bei der BHI die Gründungs- und Emissionstätigkeit. Jedoch zeigte die Geschäftsentwicklung dahingehend eher Zurückhaltung. BHG und Disconto-Gesellschaft begrenzten ihren Tätigkeitsbereich auf den Raum Berlin. Durch die Währungsspekulation mit dem Rubel 1881/1882 konnte die Bank nur durch Intervention Carl Fürstenbergs (zu diesem Zeitpunkt noch beim Bankhaus S. Bleichröder) und des Bankhauses Warschauer gerettet werden. 1883 wurde Fürstenberg Geschäftsführer der BHG und unter seiner Leitung (bis 1929) entwickelte sie sich zu einem der führenden Häuser dieser Periode.

Die Mitteldeutsche Creditbank wurde in demselben Jahr wie die Berliner Handelsgesellschaft in Meiningen gegründet. Führende Persönlichkeiten waren hierbei wieder Privatbankiers. Das Gründungskapital betrug 8 Millionen Taler, wurde in den 1860er Jahren allerdings auf 4 Millionen zurückgesetzt.[165] Die Geschäftsfelder der Mitteldeutschen Creditbank umfassten neben dem allgemeinen Bankgeschäft auch die Ausgabe von Banknoten, was zur damaligen Zeit als Privileg galt. Beteiligungen erfolgten an Unternehmen der Braunkohlenindustrie in der Nieder-Lausitz und später an der deutschen Elektrizitätsindustrie (u. a. der Siemens & Halske Gruppe). Durch kommanditarische Beteiligungen an Privatbanken und deren Vertretungen dehnte sich in den folgenden Jahren ihr Wirkungskreis nach Frankfurt und Berlin aus. Bestärkt durch den Geschäftserfolg wurden diese alsbald in ordnungsgemäße Filialen umgewandelt. Bezeichnend ist hierbei auch, dass der Aufsichtsrat der Bank in den ersten Jahrzehnten mit zahlreichen prominenten Privatbankiers besetzt war, beispielsweise mit Rudolf Sulzbach von 1866 bis 1904 als Vorsitzender, von denen nicht wenige im Lauf der Jahre im Wege der Fusion von der Bank aufgenommen wurden. Die Gründungskrise der 1870er Jahre traf auch die Mitteldeutsche Creditbank. Dann durch das Bankgesetz von 1875, welches eine Trennung zwischen Notenbanken und Kreditbanken verordnete, wurde die Bank genötigt auf das Banknoten-Privileg zu verzichten. 1886 wurde der Hauptsitz der Bank nach Frankfurt verlegt. Die Währungskrise in den 1920er Jahren führte 1929 schließlich zur

---

165 Eine für das Reichsgebiet einheitliche Währung gab es erst mit der Gründung des Kaiserreichs 1871, bis dahin gab fast jedes deutsche Land eigene Münzen heraus.

Fusion mit der Commerzbank mit Hauptsitz Berlin. Die Aufsichtsratsmitglieder sowie zwei Vorstandsmitglieder wurden übernommen (vgl. Florian 1952).

In der zweiten Gründungswelle von 1869 bis 1872 folgten nunmehr die Deutsche Bank, die Dresdner Bank, die Commerzbank und 1881 die Nationalbank für Deutschland. Charakteristisch für diese Periode waren die Ausrichtung der Geschäftspolitik auf das Depositengeschäft, die Intensivierung des Gründungs- und Emissionsgeschäftes und der Ausbau internationaler Kapitalverflechtungen. Langfristig betrachtet, waren diese späteren Banken auch die Erfolgreicheren (vgl. Pohl 1982b).

Die ursprüngliche Intention hinter der Gründung der Deutschen Bank war die Belebung des überseeischen Geschäftsverkehrs. Eine Gruppe Berliner Bankiers um Adalbert Delbrück und Ludwig Bamberger reichte 1870 einen Konzessionierungsantrag für eine Aktienbank bei der preußischen Regierung ein, der kurz darauf genehmigt wurde. Die Deutsche Bank war mit einem Grundkapital von 5 Millionen Talern gegründet. Georg von Siemens, Hermann Wallich und W. A. Platenius bildeten den ersten Vorstand. Dem Verwaltungsrat gehörten neben dem Gründungskonsortium führende deutsche Bankiers und Unternehmer an. Insbesondere durch die Einführung und Erneuerung des Depositengeschäftes etablierte sich die Deutsche Bank rasch am Finanzmarkt. Bereits 1876 war sie die größte Bank in Deutschland (vgl. Gall 1995). Bis 1900 wuchs ihr Aktienkapital auf 150 Millionen Mark an. Von besonderer Bedeutung war die Fusion mit der Bergisch Märkischen Bank in Elberfeld. In der öffentlichen Wahrnehmung wurde sie damit zur bedeutendsten Bank der Welt, und an der Ruhr und in Schlesien begann ein Wettkampf um die Finanzhoheit. Zur größten Konkurrentin entwickelte sich dabei die Disconto-Gesellschaft, die bereits 1914 mit dem Schaaffhausen'schen Bankverein verschmolzen war. Das Aktienkapital der Deutschen Bank betrug zu diesem Zeitpunkt 250 Millionen Reichsmark, damit wurde es um 50 Millionen von der Disconto-Gesellschaft übertrumpft. 1929 kam es schließlich zur Fusion zwischen den beiden größten Finanzinstituten (vgl. Feldman 1995).

Die Commerz- und Disconto-Bank wurde 1870 unter Mitwirkung von Theodor Wille, einem hanseatischen Exportkaufmann, und u. a. von den Privatbankhäusern M. M. Warburg & Co und Mendelssohn & Co in Hamburg mit einem Grundkapital von 30 Millionen Reichsmark gegründet. P. J. Plate und Gustav Halberstad bildeten das Direktorium. Die Geschäftspolitik der ersten Jahre war sehr erfolgreich. Der Gesamtumsatz konnte im Zeitraum von zwei Jahren mehr als versiebenfacht werden. Mit der Übernahme des Privatbankhauses Dreyfus & Co 1897 hatte die Commerzbank erstmals einen Finanzsitz in Berlin. 1905 folgte die Übernahme der Berliner Bank. Die 1920er Jahre waren von zahlreichen kleineren Fusionen geprägt, welche der Commerzbank ein dichtes Filialnetz in Sachsen, Thüringen und Hessen erschließen ließen. Das Aktienkapital wurde im Zuge dessen innerhalb zweier Jahre von 85 Millionen (1920) auf 800 Millionen Mark (1922) erhöht. 1929 kam es schließlich zum Zusammenschluss mit der Mitteldeutschen Creditbank (vgl. Pohl 1982b).

Auf Betreiben eines Konsortiums aus BHG, Leipziger Creditanstalt und anderen Finanzinstituten entstand 1872 aus dem traditionsreichen Dresdner Bankhaus Michael Kaskel die Dresdner Bank. Das Gründungskapital betrug 8 Millionen Taler. Eugen Gutmann und Handelskammerpräsident Ernst Rülke wurden zum Vorstand berufen. Die Gründung der Dresdner Bank fiel bereits in die Phase der beginnende „Gründungskrise". Das Finanzierungs- und Effektengeschäft war zunächst verlustreich, jedoch etablierte sich die Bank über das Kontokorrentgeschäft. 1884 wurde die Zentraldirektion von Dresden nach Berlin verlegt, um den Zugang zum internationalen Finanzmarkt zu erleichtern (vgl. Pohl 1982b). Infolge der Übernahme der Deutschen Genossenschaftsbank von Soergel & Parrisius & Co im Jahr 1904 bildete die Dresdner Bank im Weiteren eine Genossenschaftsabteilung. Die Jahre 1900 bis 1914 brachten dann einen enormen Geschäftsaufschwung. Neben einer Vervierfachung der Bilanzsumme erhöhte sich dabei das Aktienkapital von 130 Millionen auf 200 Millionen Reichsmark. In demselben Zeitraum konnten die Deutsche und die Disconto-Gesellschaft eine ähnliche Entwicklung verzeichnen (vgl. Pohl 1976).

Die Nationalbank für Deutschland wurde 1881 in Berlin als Bankunternehmen auf Aktien ohne öffentlichen Auftrag gegründet. Um 1890 betrug das Aktienkapital in etwa 27 Millionen Mark, 1900 bereits 60 Millionen und stieg bis 1914 über 90 Millionen Reichsmark an. Die Ausdehnung des Wirkungskreises vollzog sich auch in diesem Fall durch die Übernahme bekannter Privatbankhäuser wie des Breslauer Bankhauses Jakob Landau im Jahr 1898 und der Fusion mit anderen Aktienbanken, wie z. B. der in Bremen gegründeten Deutschen Nationalbank im Jahr 1920. Von 1920 an war Hjalmar Schacht, der 1916 von der Dresdner Bank in das Direktorium der Nationalbank wechselte, Vorstandsvorsitzender. 1922 kam dann der Zusammenschluss mit der Bank für Handel und Industrie zur Darmstädter und Nationalbank (Danat-Bank). Nach der Wahl Hjalmar Schachts zum Reichsbankpräsidenten 1923 war die prägende Figur in der Direktion der Danat-Bank Jakob Goldschmidt. Ihn kennzeichneten nicht nur seine zahlreichen Aufsichtsratsmandate (mit über 100 Mandaten galt er als „König der Aufsichtsräte"), sondern v. a. auch sein risikoreiches Geschäftsgebaren und offensives Auftreten gegenüber den anderen Großbanken v. a. gegenüber der Deutschen Bank nach deren Fusion mit der Disconto-Gesellschaft (vgl. Feldman 1995). Eine Bilanzfälschung ungeheuren Ausmaßes eines Schuldners der Bank, der Nordwolle, führte 1931 schließlich zum Zusammenbruch. Dieser Skandal war auch ein letzter Auslöser für die Bankenkrise (s. Kapitel 2). Auf staatliche Verordnung hin wurden Dresdner und Danat-Bank 1932 fusioniert (vgl. Feldman 1995; Hardach 1995).

Die folgende Abbildung illustriert nochmals die Konzentrationsdynamik unter den Großbanken (s. Abbildung 40): Waren es bis 1914 noch neun Großbanken, so hatte der Zusammenschluss von Disconto-Gesellschaft und Schaaffhausen'schen Bankverein 1914 (bei bleibender institutioneller Autonomie), von Bank für Handel und Industrie und Nationalbank zur Darmstädter- und Nationalbank (kurz: Danat-Bank) 1922, und schließlich 1929 der Deutschen Bank mit der Disconto-Gesellschaft sowie der Com-

merzbank mit der Mitteldeutschen Creditbank zur Folge, dass sich die Zahl der Großbanken innerhalb von zwei Jahrzehnten auf vier reduzierte.[166]

Abbildung 40   Fusionen der Großbanken bis 1932

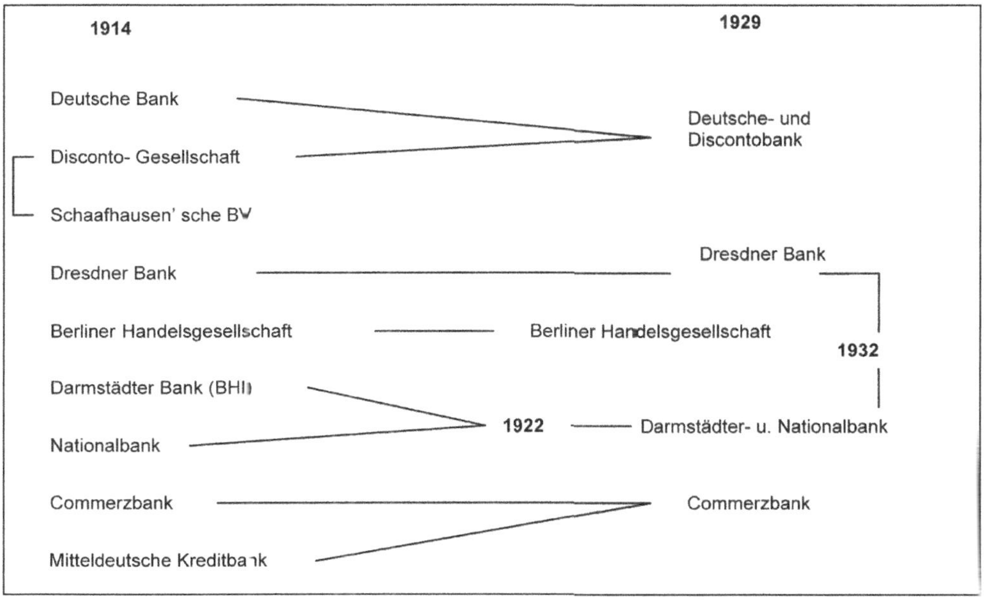

Eigene Darstellung

7.1   Das Sozialkapital der Großbanken

Netzwerkbeziehungen sind aus der Akteursperspektive soziales Kapital. In Hinblick auf
Banken wird die Nutzung dieses Kapitals dabei vorwiegend unter dem Kontrollaspekt
gesehen. Das ist darauf zurückzuführen, dass die Position der Banken im Aufsichtsrat
der Großindustrie erstrangig als ein Mittel zur Sicherung von Bankenmacht diskutiert
wird (vgl. Hilferding 1910). Die zentrale Position der Großbanken im sozialen Gefüge
der Unternehmensverflechtung hat sich in der bisherigen Analyse Großteils bestätigt.
Dieser Abschnitt wendet sich nun nochmals eigens dieser Frage zu.

Um das absolute Ausmaß der Vernetzung zu erfassen, beginnen wir mit einem Überblick über den Vernetzungstrend. Es werden zunächst Vorstand-zu-Aufsichtsrat und
Aufsichtsrat-zu-Aufsichtsrat Verflechtungen gemeinsam betrachtet. Ein Zentralitäts-

---

166 Soweit die einzelnen Bankinstitute institutionell noch voneinander getrennt im Hoppenstedt Aktien-
handbuch aufgeführt waren, wurden die Direktorien und Aufsichtsräte individuell erfasst. Über die
Mitteldeutsche Creditbank lagen 1928 bedauerlicherweise keine Angaben mehr vor.

vergleich der Großbanken mit dem Gesamtnetzwerk veranschaulicht die überdurchschnittliche Aktivität Ersterer (s. Abbildung 41). Es zeigen sich allerdings Unterschiede zwischen den Finanzunternehmen. In der Darstellung sind die Deutsche Bank und die Commerzbank als die deutlichsten Abweichungen sowohl nach unten als auch nach oben mit abgebildet.

Abbildung 41   Netzwerkaktivität der Großbanken*

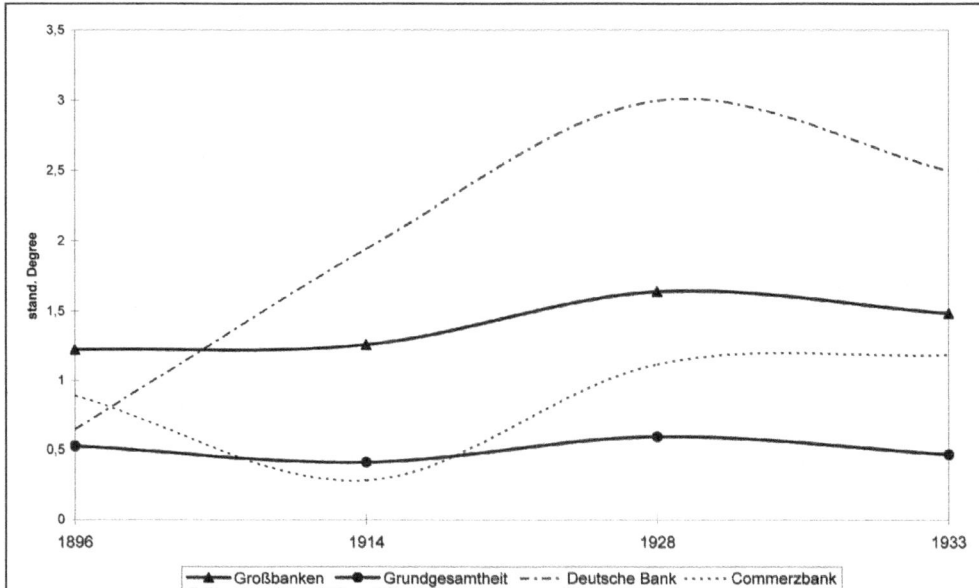

* Hier ist die standardisierte *Degree*-Zentralität abgebildet. Die Standardisierung des summierten *Degrees* relativiert die Aktivität auf die Größe des Netzwerks und erlaubt den Vergleich zwischen Netzwerken unterschiedlicher Größe.

Was sagen die Daten zu den einzelnen Banken? Im Jahr 1896 sind die Disconto-Gesellschaft, gefolgt von der Dresdner Bank, der Nationalbank und der Berliner Handelsgesellschaft nicht nur die netzwerkaktivsten Banken, sie nehmen in einer Gesamtreihung der Großunternehmen Rang 3 bis 6 ein. Lediglich die AEG sowie die Vereinigten Kölner und Rottweiler Pulverfabriken haben mehr Beziehungen.[167] Bis 1914 steigern sich die Aktivitäten der Bank für Handel und Industrie, des Schaaffhausen'schen Bankvereins sowie insbesondere der Deutschen Bank, zugleich verringern sich die Verflechtungen der übrigen Großbanken. Beeindruckend ist die Entwicklung der Deutschen Bank. Ab

---

167 Die AEG und die Vereinigten Kölner und Rottweiler Pulverfabriken haben 1896 in Summe der Aufsichtsrat-zu-Aufsichtsrat und Vorstand-zu-Aufsichtsrat Verflechtungen je 32 bzw. 26 Beziehungen zu anderen Unternehmen. Die Disconto-Gesellschaft hat 26, die Dresdner Bank 24, Nationalbank 22 und Berliner Handelsgesellschaft 21 Beziehungen zu anderen Unternehmen.

1914 nimmt sie unangefochten die zentralste Position unter allen Banken im Unternehmensnetzwerk ein. Gerade in der kritischen Phase zwischen 1914 und 1928, in welcher der generelle Trend in Richtung einer Verdrängung der Großbanken aus dem Zentrum des Netzwerks weist, hat die Deutsche Bank als einzige eine mit AEG, RWE und Vereinigten Stahlwerker vergleichbare Position.[168] Denn 1928 sind es v. a. wieder einzelne Unternehmen der Schwerindustrie, die das Netzwerk dominieren. Der zentralste Akteur 1928 ist die Gelsenkirchner Bergwerks AG mit 430 Beziehungen zu insgesamt 156 Unternehmen. Die Deutsche Bank hat 338 Verflechtungen zu 150 Unternehmen. Die nächstfolgende Bank ist die Disconto-Gesellschaft mit 245 Verflechtungen zu 123 Unternehmen. Im krassen Gegensatz dazu spielt die Commerzbank bis 1928 nur eine marginale Rolle im Netzwerk der Großunternehmen. Erst der Zusammenschluss mit der Mitteldeutschen Creditbank 1928 führt zu einer gewissen Sichtbarkeit. Das Bild, das sich in dieser Betrachtung abzeichnet, verdeutlicht, dass Großbanken in dieser Phase sehr heterogene Vernetzungsmuster haben. Und Großbanken, das wird deutlich, sind keineswegs die einzigen Unternehmen, die eine überdurchschnittliche Netzwerkaktivität aufweisen. Die hohen Aggregatwerte gehen auf einzelne Institute wie die Deutsche Bank oder die Disconto-Gesellschaft zurück.

Es ist fraglos anzuzweifeln, ob Netzwerkpositionen immer einen guten Indikator für die ökonomische Bedeutsamkeit von Banken darstellen. Für die Deutsche Bank jedenfalls lässt sich eine auffallende Entsprechung feststellen (vgl. Feldman 1995; Gall 1995). Ihre Fusion mit der Disconto-Gesellschaft (und damit zugleich mit dem Schaffhausen'schen Bankverein), der langjährigen Konkurrentin, stabilisiert diese Position ab 1929 weiter. Im Untersuchungszeitpunkt 1933, zwei Jahre nach der Bankenkrise ist die Deutsche und Disconto-Bank mit 223 Verflechtungen das zweitaktivste Unternehmen hinter den Vereinigten Stahlwerken (*degree*: 249), gefolgt von den Mitteldeutschen Stahlwerken (*degree*: 208) und der AEG (*degree*: 186).[169] Die Allianz Versicherung, die ein halbes Jahrhundert später mit der Deutschen Bank im Zentrum der Deutschland AG stehen wird, ist mit 126 Verflechtungen auf Rang 16. Die nächste der Großbanken, die Dresdner Bank folgt mit 116 Verflechtungen auf Rang 21. Die Commerzbank hat 106 Beziehungen zu anderen Unternehmen und schließlich die Berliner Handelsgesellschaft kommt mit 85 Beziehungen noch auf Rang 51. Es zeigt sich damit, dass am

---

168 AEG, RWE und Vereinigte Stahlwerke haben 1928 in Summe der Aufsichtsrat-zu-Aufsichtsrat und Vorstand-zu-Aufsichtsrat Verflechtungen je 342 bzw. 368 und 373 Beziehungen zu anderen Unternehmen.

169 Auf dem achten Rang steht die Deutsche Centralbodenkredit-AG, die aus der Fusion der Preußischen Pfandbrief-Bank (Gründungsjahr 1862) und der Preußischen Central-Bodenkredit-AG (Gründungsjahr 1870) im Jahre 1930 hervorgegangen ist. Sie realisiert 163 Beziehungen zu anderen Unternehmen. In ihrem Aufsichtsrat sitzen Direktoren bzw. Geschäftsführer der führenden Aktien- und Privatbanken wie Georg Solmssen (Deutsche Bank), Robert Pferdmenges (Sal. Oppenheim), Otto Jeidels (BHG), Paul Schwabach (Bleichröder), Max Warburg (Warburg) u. a.

Ende des Konzentrationsprozesses zwischen den Großbanken alle vier übrig gebliebenen Banken zu den 20 % der netzwerkaktivsten Unternehmen zählen.

Betrachtet man ausschließlich das Netzwerk der gerichteten Verflechtungen, zeigt die Zentralitätsanalyse, dass die Großbanken darin über weite Strecken konkurrenzlos aktiv sind. Unter den zehn zentralsten Positionen im Netzwerk sind alle Großbanken vertreten (eine Übersicht über die zehn aktivsten Unternehmen gibt Tabelle 63 im Anhang). Die ersten drei Plätze werden 1896 von der Berliner Handelsgesellschaft (*outdegree*: 14), Disconto-Gesellschaft (*outdegree*: 12) und an dritter Stelle von Nationalbank und Schaaffhausen'schem Bankverein gleichauf mit einem *outdegree* von 8 eingenommen. 1914 ist an erster Stelle die Deutsche Bank (*outdegree*: 46), gefolgt von der Dresdner Bank (*outdegree*: 35) und dem Schaaffhausen'schen Bankverein (*outdegree*: 28). Dann 1928 ist an erster Stelle nach wie vor die Deutsche Bank (*outdegree*: 106), an zweiter Stelle die Danat-Bank (*outdegree*: 78) und die Commerzbank (*outdegree*: 71) an dritter Stelle. Die gerichteten Verflechtungen der Deutschen Bank verringern sich bis 1933 leicht (*outdegree*: 99), die Vereinigten Stahlwerke (*outdegree*: 56) weisen der Dresdner Bank (*outdegree*: 55) den dritten Platz zu. Dahinter kommt die Reichskredit-Gesellschaft mit 48 Entsendungen von Direktoren. Die Einzelbetrachtungen bestätigen, dass die Großbanken herausragende Akteure im Netzwerk der personellen Verflechtung zwischen deutschen Aktiengesellschaften sind. Allerdings ist der Trend zur Institutionalisierung von Kontrollchancen im Handlungskontext von Unternehmensverflechtung nicht für alle Banken einheitlich. Die Deutsche Bank erweist sich auch in der individuellen Betrachtung der Leitungsorgane der Banken als „Stern am Bankenhimmel".

7.2   Vorstand und Aufsichtsrat: Spielt die Größe eine Rolle?

Die Gelegenheitsstrukturen für eine aktive Vernetzung mit anderen Unternehmen werden von der Anzahl der Personen im Direktoren und Aufsichtsrat beeinflusst. Daher wird im nächsten Schritt die Größe des Direktoriums und des Aufsichtsrates der einzelnen Großbanken einem Vergleich unterzogen und in Beziehung zu den hergestellten Beziehungen gesetzt. Für die Jahre 1914, 1928 und 1933, in welchen das Netzwerk seine charakteristische Gestalt angenommen hat, wird nun die Zusammensetzung der Leitungsorgane der Großbanken nochmals im Einzelnen betrachtet. Wie die Daten zeigen, ist diese ausgeprägt heterogen. Bereits 1914 variieren die Direktorien sowohl nach Größe als auch nach der Anzahl der gerichteten Beziehungen zu anderen Unternehmen (s. Tabelle 32). Das größte Direktorium hat 1914 die Bank für Handel und Industrie mit 48 Direktoren, die gesamt 38 zusätzliche Positionen im Netzwerk der größten Unternehmen besetzen. Die Deutsche Bank hat im Vergleich dazu 20 Direktoren sowie durch diese 49 weitere gerichtete Beziehungen zu anderen Unternehmen. Die Berliner Handelsgesellschaft hingegen wird von drei Direktoren geleitet, die kein einziges Mandat in einem anderen Unternehmen wahrnehmen. Dies ist ein konstantes Phänomen. Die

Bank entsendet bis 1933 keine Direktoren in das Sample der Großunternehmen. Insgesamt sind die Direktorien der Großbanken im Vergleich zu anderen Unternehmen im Netzwerk deutlich größer und die durchschnittlichen Entsendungen von Direktoren in andere Aufsichtsräte erheblich häufiger.

Bei den Aufsichtsräten ist das Bild etwas homogener. Im Durchschnitt haben die Banken einen Aufsichtsrat mit einer Größe von 23 Mandataren, die jeweils in etwa zwei weiteren Aufsichtsräten anderer Großunternehmen sitzen. Die Commerzbank fällt mit dem kleinsten Aufsichtsrat (11 Personen) und der geringsten Verflechtung (11 ungerichtete Beziehungen) auf. Im Vergleich zu allen anderen Unternehmen im Netzwerk sind die Großbanken-Aufsichtsräte deutlich größer und die Mandatare in den Aufsichtsräten erheblich netzwerkaktiver. Obwohl Großbanken doppelt so viele Entsendungen von Vorständen in ihre Aufsichtsräte als die übrigen Unternehmen erhalten, stellen die Entsendungen eigener Direktoren dennoch die zahlenmäßig dominantere Verflechtungsstrategie dar.

Tabelle 32   Leitungsorgane und Vernetzung der Großbanken 1914

	Direktorium (Personen)	VO-zu-AR* (Beziehungen)	Aufsichtsrat (Personen)	AR-zu-AR* (Beziehungen)	VO-in-AR* (Beziehungen)
Deutsche Bank	20	52	28	50	3
Disconto-Gesellschaft	19	10	30	66	6
Dresdner Bank	10	42	37	65	10
Berliner Handelsges.	3	–	23	70	5
Schaaffhausenscher Bankverein	10	32	26	76	5
Bank für Handel und Industrie	48	38	22	47	0
Nationalbank	6	18	18	35	3
Mitteldeutsche Creditbank	11	9	16	29	1
Commerzbank	12	9	11	11	0
Ø Großbanken	15	23	23	50	4
Ø Netzwerk (ohne Großbanken)	4	1	9	19	2

Datenquelle: Hoppenstedt 1914

*Mehrfachverflechtungen zwischen Unternehmen werden berücksichtigt.

Die Entwicklung in der Zeit von 1914 bis 1928 vollzieht sich nach einem einheitlichen Trend. Die Größe der Aufsichtsräte und die Anzahl der Aufsichtsrat-zu-Aufsichtsrat Beziehungen zwischen den Großunternehmen nehmen deutlich zu. Die Großbanken unterscheiden sich in diesem Punkt zunächst nicht von anderen Unternehmen. Betrachtet man das Ausmaß der Ausdehnung, dann sind einige Besonderheiten zu erkennen. Am

Eindrucksvollsten lässt sich dies an der Deutschen Bank illustrieren. Von 1914 bis 1928 wächst deren Aufsichtsrat von unter 30 auf knapp 70 Personen. Die ungerichteten Beziehungen verfünffachen sich auf 252. Die Deutsche Bank und die Disconto-Gesellschaft haben damit 1928 den weitaus höchsten Verflechtungsgrad unter den Großbanken erreicht. Die Commerzbank gehört zu den Banken mit geringem Verflechtungsgrad, bis 1928 hat selbst sie sowohl ihre Aufsichtsratsmandatare vervierfacht als auch die Beziehungen zu anderen Unternehmen verfünffacht.

Die Gegenüberstellung von ausgehenden Vorstand-zu-Aufsichtsrat Verflechtungen und eingehenden Vorstand-in-Aufsichtsrat Verflechtungen weist strukturelle Beständigkeit auf. Auch 1928 verflechten sich Banken weiterhin stärker über ihren *outdegree* als ihren *indegree*. Die Daten belegen damit eine Persistenz von Kontrollchancen. In Hinblick auf die Aufsichtsrat-zu-Aufsichtsrat Verflechtungen lässt die Größe des Aufsichtsrats allein noch keine Rückschlüsse über das Ausmaß der Verflechtung zu. So haben beispielsweise der Schaaffhausen'sche Bankverein und die Berliner Handelsgesellschaft vergleichsweise kleine Aufsichtsräte, können darüber aber ein relatives großes Beziehungsnetz aufbauen. Die Direktoren in diesen Aufsichtsräten nehmen also mehrfache Mandate ein. Es handelt sich bei ihnen um „Netzwerkspezialisten" *(big linkers)* (vgl. Ziegler 1983; zusammenfassend siehe Münzel 2006: 63). Wieder sticht die Commerzbank heraus. 1914 sitzt kein einziger *big linker* in ihrem Aufsichtsrat, 1928 sind es „nur" Eugen Landau von der Nationalbank und Heinrich Stein von der Rheinischen Bank, die jeweils 13 bzw. 14 Beziehungen zu anderen Unternehmen herstellen. Allein die exponierten Positionen dieser beiden Personen im Gesamtnetzwerk bestimmen die Hälfte der ungerichteten Beziehungen der Commerzbank im Jahr 1928.

Die durchschnittliche Größe der Direktorien hat sich 1928 gegenüber 1914 nur unwesentlich verändert. Die Großbanken haben im Vergleich zu anderen Unternehmen deutlich größere Leitungsorgane. Die Netzwerkaktivität hat sich aber weiter erhöht. In diesem Zeitraum, der neben den Wirren des Krieges von Inflation und Hyperinflation geprägt ist, nehmen auch die Risiken im Kreditgeschäft zu. Wohl dahingehend ist eine Mahnung von Direktoren der Deutschen Banken (Oscar Schlitter und Carl Michalowsky) an Leiter niedergelassener Filialen der Bank zu deuten, „[...]durch die Annahme angebotener Aufsichtsratsposten persönliche Verpflichtungen einzugehen. [Direktor] Stauß sprach in dem Zusammenhang sogar von den Gefahren, die die Aufsichtsratsposten mit sich bringen und mahnt[e] zur Vorsicht"' (Feldman 1995: 234). Die Beobachtungen zeigen aber einen anderen Trend: Die Banken entsenden im Durchschnitt 1928 mehr als doppelt so viele Direktoren in die Aufsichtsräte anderer Unternehmen als noch 1914. Aber auch hier herrscht nach wie vor eine ausgeprägte Heterogenität zwischen den einzelnen Finanzunternehmen. Zwei sehr gegensätzliche Entwicklungsstrategien verfolgen die Commerzbank und die Disconto-Gesellschaft. Die Commerzbank vergrößert ihr Direktorium nur unwesentlich von 12 auf 17 Direktoren. Die gerichteten Beziehungen verzehnfachen sich aber im selben Zeitraum. Beispielsweise hat Direktor Curt Sobernheim 1914 zwei Mandate in anderen Unternehmen. 1928 sind

Tabelle 33   Leitungsorgane und Vernetzung der Großbanken 1928

	Direktorium (Personen)	VO-zu-AR* (Beziehungen)	Aufsichtsrat (Personen)	AR-zu-AR* (Beziehungen)	VO-in-AR* (Beziehungen)
Deutsche Bank	35	100	69	232	15
Disconto-Gesellschaft	55	17	51	212	16
Dresdner Bank	11	53	45	99	5
Berliner Handelsgesellschaft	5	–	26	62	8
Schaaffhausenscher Bank-verein	5	27	32	174	11
Danat-Bank	5	76	52	90	7
Commerzbank	17	69	42	56	5
Ø Großbanken	19	49	45	132	10
Ø Netzwerk (ohne Großbanken)	5	3	16	58	4

Datenquelle: Hoppenstedt 1929

Hinweis: Es werden in der Tabelle diejenigen Banken angeführt, die zum Untersuchungszeitpunkt noch institutionell autonom waren. 1921 kommt es zur Fusion zwischen Darmstädter Bank und Nationalbank, 1929 fusionieren sowohl die Deutsche Bank und die Disconto-Gesellschaft (Tabelle bezieht sich auf Angaben aus 1928) als auch die Commerzbank und die Mitteldeutsche Kreditbank (zur Mitteldeutschen Kreditbank standen für 1928 keine Daten zur Verfügung).

* Mehrfachverflechtungen zwischen Unternehmen werden berücksichtigt.

es bereits 21. Das Direktorium der Disconto-Gesellschaft vergrößert sich demgegenüber um das Dreifache, dabei werden die gerichteten Beziehungen zu anderen Unternehmen „nur" verdoppelt. Also auch die Direktoren (bzw. Aufsichtsräte) nehmen sehr unterschiedliche Positionen in diesem Netzwerk ein. Die Bedeutung von Netzwerkspezialisten wird weiter unten aber noch ausführlicher behandelt werden.

Im Zusammenhang mit der Vernetzungskapazität einzelner Direktoren und der Größe der Leitungsorgane ist der Blick auf 1933 von besonderer Bedeutung. Schließlich waren von der auf die Bankenkrise folgenden Aktienrechtsnovelle vorwiegend Netzwerkspezialisten betroffen. Und ferner wurden durch die Fusion von Dresdner Bank und Danat-Bank deren Leitungsorgane innerhalb zweier Jahre vollständig ausgetauscht (Ziegler 2006c).

Zum Untersuchungszeitpunkt 1933 sind nun noch vier der ursprünglich neun Großbanken institutionell autonom. Die auffallendste Veränderung im Vergleich zu 1928 liegt in einer deutlichen Reduzierung der Aufsichtsratsmandate. Dies hat unmittelbare Auswirkungen auf die Weite des Netzes, das sich durch die verbleibenden Mandatare zwischen den Unternehmen aufspannt: Es schrumpft. Die Großbanken sind davon aber nicht allein betroffen, dieses Phänomen ist für das gesamte Netzwerk charakteristisch. Die erwartete Erhöhung der Zentralität der verbleibenden Großbanken ist auch bei den gerichteten Verflechtungen nicht eingetreten. Die Fusionen haben den Gruppenmittel-

Tabelle 34   Leitungsorgane und Vernetzung der Großbanken 1933

	Direktorium (Personen)	VO-zu-AR* (Beziehungen)	Aufsichtsrat (Personen)	AR-zu-AR* (Beziehungen)	VO-in-AR* (Beziehungen)
Deutsche Bank (u. Disconto-Gesellschaft	16	99	26	118	12
Dresdner Bank	4	55	27	59	4
Berliner Handelsgs	6	11	23	73	12
Commerzbank	14	29	27	72	7
Ø Großbanken	10	49	26	81	9
Ø Netzwerk (ohne Großbanken)	4	3	12	35	3

Datenquelle: Hoppenstedt 1896, 1914, 1929 und 1934.

Hinweis: Es werden in der Tabelle diejenigen Banken angeführt, die zum Untersuchungszeitpunkt noch institutionell autonom waren. 1929 fusionieren sowohl die Deutsche Bank und die Disconto-Gesellschaft als auch die Commerzbank und die Mitteldeutsche Kreditbank. Im Zuge der Bankenkrise wird die Danat-Bank 1932 mit der Dresdner Bank fusioniert.

* Mehrfachverflechtungen zwischen Unternehmen werden berücksichtigt.

wert ausgehender Entsendungen von Direktoren ansteigen lassen, bei der Deutschen- und Disconto-Bank und Dresdner Bank zeigen sich nur geringe Veränderungen. Dies verwundert gerade bei der Dresdner Bank. Ihre vier Direktoren nehmen 1933 ebenso viele Positionen in den Aufsichtsräten der Großunternehmen ein, wie elf ihrer Direktoren 1928, allein die Anzahl ungerichteter Verflechtungen hat sich deutlich reduziert (von 99 auf 59). Die Commerzbank, deren Vernetzung stark auf wenigen höchst aktiven Direktoren basierte, verliert in selben Zeitraum über die Hälfte ihrer gerichteten Verflechtungen. Und erstmals können wir eine Entsendung von Direktoren der Berliner Handelsgesellschaft – es sind genaugenommen nur zwei Direktoren, die aktiv verflechten – in Aufsichtsräte der Sampleunternehmen beobachten

7.3   Die Stabilität dyadischer Verflechtungen der Großbanken

Zur Einzelfallanalyse der Großbanken gehört auch die Betrachtung der Stabilität dyadischer Beziehungen im Längsschnitt. Für Banken ist die Stabilität insofern von besonderer Relevanz, als das Kreditgeschäft häufig auf einem partikularen Vertrauensverhältnis basiert. Ein bezeichnendes Beispiel für den Wert von solchen gewachsenen Vertrauensverhältnissen ist der Fall Carl Klönnes. Dieser ist seit 1879 Direktor des Schaaffhausen'schen Bankvereins. Mit seinem Wechsel zur Deutschen Bank verlässt 1899/1900 nicht nur ein erfahrener Banker das Unternehmen, die wichtigsten Industriekunden (v. a. aus der Kohle- und Stahlindustrie) kann Klönne in den Kundenstamm der Deutschen Bank mitnehmen (vgl. Gall 1995: hier 44 f). Unter der plausiblen Annahme, dass sich Vertrauensverhältnisse in heiklen Geldtransaktionen nach partikularistischen Prinzipien formen, erscheint für den Aufbau und Fortbestand von solchen Vertrauensbeziehungen eine personelle Bezugsperson von großer Wichtigkeit. Netzwerke haben nun genau diese partikulare Struktur.

In Kapitel 6 konnte gezeigt werden, dass sich, absolut betrachtet, die höhere Stabilität der Großbanken in erster Linie durch deren ausgeprägte Netzwerkaktivität erklärt. Die folgende Tabelle gibt nun für den ersten Untersuchungszeitraum von 1914 bis 1928 einen nach stabilen, neuen und weggebrochenen Verflechtungen differenzierten Überblick (s. Tabelle 35).

Tabelle 35   Die Verflechtungsstabilität der Großbanken 1914 bis 1928

	Vorstand-zu-Aufsichtsrat			Aufsichtsrat-zu-Aufsichtsrat		
	Stabile Ties	Neue Ties	Broken Ties	Stabile Ties	Neue Ties	Broken Ties
Deutsche Bank	23	34	7	22	96	12
Disconto-Ges.	0	9	6	28	102	14
Dresdner Bank	5	11	10	13	38	29
Commerzbank	6	35	0	2	21	6
Berliner Handelsges.**	0	0	0	12	19	37
Schaaffhausen' Bankverein	6	9	14	31	69	17
BHI/Danat*	10	33	9	15	36	20
Nationalbank/ Danat*	6	37	3	9	42	5
Großbanken (N = 8)						
Mittelwert	8.3	21.0	6.1	16.5	52.9	17.5
(Stdabw. \ Vkoef.)	(7.7 \ 0.9)	(15.0 \ 0.7)	(4.9 \ 0.8)	(9.8 \ 0.6)	(32.3 \ 0.6)	(11.0 \ 0.6)
Netzwerk (ohne Gb. N = 172)						
Mittelwert	0.2	1.5	0.5	6.7	30.9	8.0
(Stdabw. \ Vkoef.)	(0.7 \ 3.5)	(2.5 \ 1.7)	(1.1 \ 2.2)	(9.6 \ 1.4)	(29.4 \ 1.0)	(10.8 \ 1.4)

Anmerkungen: Die Fallzahl (N) bezieht sich auf Unternehmen. Mittelwerte, Standardabweichungen und Variationskoeffizienten beziehen sich allerdings auf Verflechtungen. Stabile Beziehungen: Anzahl der seit 1914 bestehenden Beziehungen; Neue Beziehungen: Anzahl der neuen Beziehungen; *Broken Ties:* Anzahl der seit 1914 weggefallenen Beziehungen

* 1921 kommt es zur Fusion zwischen Darmstädter Bank (BHI) und Nationalbank.

** Die Berliner Handelsgesellschaft hatte sowohl 1914 als auch 1928 keine gerichteten Verflechtungen zu Sampleunternehmen.

Generell werden zwischen den Banken große Schwankungen im Umfang der Beziehungen erkennbar. Ein Vergleich der Stabilität von Vorstand-zu-Aufsichtsrat Verflechtungen stellt auch hier die Deutsche Bank heraus. Von 30 in 1913 bestehenden Verflechtungen erhält sie 23 bis 1928. Hinzu kommen 34 neue Verflechtungen. Je nach dem, aus welcher theoretischen Perspektive argumentiert wird, lässt sich daraus ein expansives Kontrollinteresse ableiten. Bei den anderen Großbanken ist die Anzahl erhaltener Vorstand-zu-Aufsichtsrat Verflechtungen niedriger, bei der Commerzbank und der Danat-Bank dominieren v. a. neue Beziehungen. Bei letzterer gibt es eine plausible Erklärung, nämlich die Fusion zwischen Bank für Handel und Industrie und der Nationalbank im Jahr 1921, in deren Zuge das Netzwerk sich wohl erneuert hat.

Eine Einzelfallanalyse erlaubt über die Auszählung hinaus die Frage danach zu beantworten, zwischen welchen Unternehmen sich stabile Verflechtungen entwickeln. Solche konkreten langfristigen Investitionen in soziales Kapitals werden hier exemplarisch an den stabilen Vorstand-zu-Aufsichtsrat Verflechtungen der Deutschen Bank aufgezeigt. Im Ego-Netzwerk auf der nächsten Seite sind jene Unternehmen abgebildet, in welche die Deutsche Bank sowohl 1914 als auch 1928 Direktoren entsendet (s. Abbildung 42). Interessant ist die Tatsache, dass unter diesen Unternehmen mit stabiler Verflechtung solche zu beobachten sind, bei denen sich Personal- mit Kapitalverflechtungen decken. Dazu gehört die Deutsche Überseeische Bank, eine Tochtergesellschaft der Deutschen Bank, die 1886 zur Belebung des Auslandsgeschäftes mit Südamerika gegründet worden war. Dazu zählt auch die Deutsche Petroleum, die seit 1904 als Holdinggesellschaft für die gesamten Aktivitäten der Bank im Erdölgeschäft diente.[170] Zu den Mannesmannwerken besteht von deren Gründung an eine starke Anbindung an die Bank, die auf starke Eigentümerinteressen zurückzuführen ist. Der Aktienanteil der Bank am Unternehmen schwankt zwischen ein bis zu zwei Dritteln. Max Steinthal (Bankdirektor von 1873–1906) ist der langjährige Aufsichtsratsvorsitzende von Mannesmann, der dort bis Anfang der 1930er Kontrollinteressen der Bank wahrnimmt – der Fall Mannesmann wird oft als Zeugnis für „Bankenmacht" angeführt –, zugleich aber auch im Interesse des Unternehmens selbst agiert, wie insbesondere die Untersuchungen von Gall (vgl. Gall 1995) und Wixforth (vgl. Wixforth 1995) zeigen.[171] Wixforth stellt das Verhältnis beider Unternehmen als „beinahe Symbiotisches" dar (Wixforth 1995: 291 ff). In diesem speziellen Fall mag das eingetreten sein, was Hilferding als Verschmelzung von Industrie- und Bankinteressen zum Finanzkapital diagnostiziert. Die Überlappung von

---

170 Durch ihr Engagement im (vorwiegend) rumänischen Erdölgeschäft beschränkte sich die Bank nicht nur auf Kapitalbeteiligungen, sondern trat selbst als „Unternehmer" auf (vgl. Gall 1995). Das Ziel, das durch den Direktor der Deutschen Petroleum Aktiengesellschaft (DPAG) Emil Georg Stauß verfolgt wurde, war nichts Geringeres als die Erreichung eines Petroleum Monopols. Diese Pläne wurden jedoch von der Disconto-Gesellschaft, einer Hauptaktionärin der Deutschen Erdöl-Aktiengesellschaft (DEAG), zu Fall gebracht (vgl. Feldman 1995). 1919 fusionierte die DPAG schließlich mit der Deutschen Bank, wodurch die Bestrebungen ins internationale Ölgeschäft einzusteigen endgültig scheiterten.

171 Im Aufsichtsrat von Mannesmann sitzen neben den Deutsche Bank Vertretern u. a. Carl Fürstenberg und Walther Rathenau von der Berliner Handelsgesellschaft sowie Georg Hirschland vom gleichnamigen Privatbankhaus.

Personal- mit Kapitalverflechtungen wird jedenfalls zu einem charakteristischen Merkmal des deutschen Produktionsregimes. Und betrachtet man die Deutsche Bank in ihrer Rolle als Verflechtungszentrum der Deutschland AG (im letzten Drittel des 20. Jahrhunderts), fällt natürlich auf, dass sie bereits in dieser frühen Phase des deutschen Produktionsregimes eine stabile Beziehung zur Allianz hatte.

Abbildung 42   Stabile Vorstand-zu-Aufsichtsrat Verflechtungen 1914–1928 (Ego-Netzwerk)

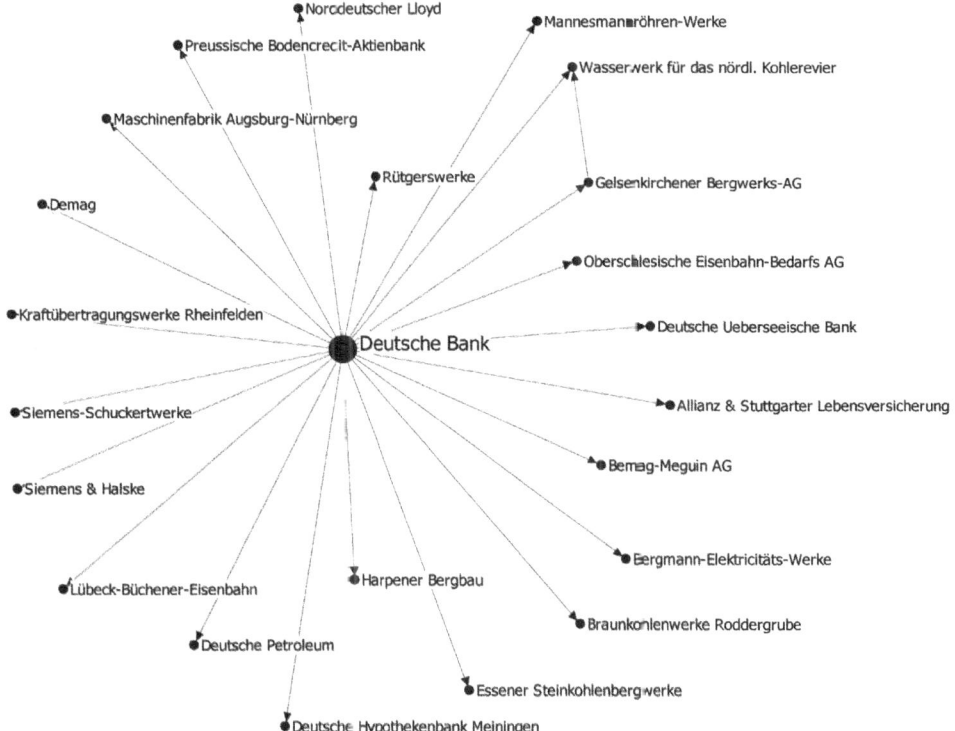

Anmerkung: Die Deutsche Bank hat zu 22 Unternehmen stabile ein- oder ausgehende Beziehungen

Belegen stabile gerichtete Verflechtungen damit vorwiegend Kontrollstrukturen? So leicht lässt sich diese Schlussfolgerung nicht verallgemeinern. Beispielsweise entsendet die Deutsche Bank sowohl 1914 als auch 1928 in den Aufsichtsrat von Siemens & Halske zwei Direktoren. Gerade diese Beziehung lässt sich aber nicht als Kontrollbeziehung charakterisieren, obwohl stabile Mehrfachverflechtungen eben das andeuten würden. Wie verschiedene historische Fallanalysen zeigen konnten, ist das Verhältnis der Deutschen Bank zu Siemens (ähnliches gilt im übrigen für die AEG) sehr eng, aber vielmehr ein Ratgeber- bzw. Vermittlungsverhältnis als ein Ausdruck von Bankenherrschaft (vgl. Neuburger 1977; Wellhöner 1989). Neben den Siemens-Unternehmen gibt es u. a. auch langjährige personelle Verbindungen zum horizontal gegliederten Maschinenbauunternehmen Demag. Erwähnenswert in diesem Zusammenhang ist, dass die Deutsche Bank für dieses Unternehmen eine wichtige Vermittlungsrolle spielte, nämlich als es zu komplizierten Verhandlungen zwischen der Demag und vertikal gegliederten Montankonzernen (Vereinigten Stahlwerken) kam, die in einer Neugründung der DEMAG AG mündeten.

Die Stabilität der Aufsichtsrat-zu-Aufsichtsrat Verflechtungen steht auch bei den Großbanken unter dem Einfluss der Expansionsphase des Netzwerks. Bei den meisten der Banken werden mehr Beziehungen fortgeführt als abgebrochen. Anders bei der Berliner Handelsgesellschaft und der Dresdner Bank, dort brechen 37 Beziehungen zu 21 Unternehmen bzw. 29 Beziehungen zu 18 Unternehmen ab. Zugleich werden in der Expansionsphase reichlich neue Beziehungen aufgebaut, wobei die hohe Anzahl dieser neuen Beziehungen bei der Disconto-Gesellschaft, der Deutschen Bank und dem Schaaffhausen'schen Bankverein zu gut zwei Dritteln auf neue Mehrfachverflechtungen zurückgeht (für Einfachverflechtungen s. Tabelle 64 im Anhang). Die Intensivierung von Mehrfachverflechtungen ist charakteristisch für diese Phase. Mehrfachverflechtungen sind bei den Großbanken aber häufiger als bei anderen Unternehmen (durchschnittlich jede zweite neue verglichen mit jeder dritten neuen Beziehung).

Die Bankenkrise von 1931 führte, wie bereits in den letzten beiden Kapiteln dargelegt wurde, zu einer Verringerung der ungerichteten Netzwerkaktivität und zu einer tendenziellen Destabilisierung von dyadischen Beziehungen. Die Großbanken waren davon mehr als andere Unternehmen betroffen, da sie relativ große Aufsichtsratsgremien hatten. Tabelle 36 gibt nun einen nach stabilen, neuen und weggebrochenen Verflechtungen differenzierten Überblick für den Zeitraum von 1928 bis 1933.[172] Es wird auf den ersten Blick deutlich, dass sich die absolute Anzahl tatsächlich weggebrochener Beziehungen gegenüber der ersten Zusammenschau drastisch erhöht hat. Die Erwartungen wären aufgrund des vergleichsweise kurzen Zeitraums andere. Häufig reduzieren sich Mehrfachverflechtungen, besonders auffällig ist dies bei der Deutschen Bank: 143 zu 61 weggebrochenen Beziehungen (für Einfachverflechtungen s. Tabelle 65 im Anhang).

Die meisten Beziehungen, gerichtete ebenso wie ungerichtete, vermag auch hier die Deutsche Bank fortzuführen. Wenn wir uns neuerlich ihrem Egonetzwerk stabiler Verflechtungen zuwenden, wird deutlich, dass zu den Unternehmen, die auch in diesen schweren Krisenjahren an Beziehungen mit der Bank festhalten, viele prominente Unternehmen aus Bergbau und Stahlindustrie gehören (s. Abbildung 43). Vorneweg sind

---

172 Fusionen wie zwischen Deutscher Bank und Disconto-Gesellschaft/Schaaffhausen'schem Bankverein (1929) sowie zwischen Dresdner und Danat-Bank (1932) bleiben in den Synopsen unberücksichtigt. Es wird jeweils nur die Kontinuität bzw. Diskontinuität von Deutscher Bank/Dresdner Bank im Ausgangs- und Zieljahr verglichen. Ein Einschluss der beiden fusionierten Institute im Ausgangsjahr würde den Anteil neuer Beziehungen bei den Banken auf über 70 % hinaufschnellen lassen. Damit wären die beiden Fälle absolute Ausreißer. Sie wurden daher herausgenommen.

Tabelle 36   Verflechtungsstabilität der Großbanken 1928 bis 1933

	Vorstand-zu-Aufsichtsrat			Aufsichtsrat-zu-Aufsichtsrat		
	Stabile Ties	Neue Ties	Broken Ties	Stabile Ties	Neue Ties	Broken Ties
Deutsche Bank	38	55	51	59	49	143
Dresdner Bank	23	30	22	23	21	58
Commerzbank	15	12	42	20	42	26
Berliner Handelsgesell-schaft*	0	9	0	30	33	31
Großbanken (N = 4)						
Mittelwert	19.0	26.5	28.8	34.3	36.3	64.5
(Stdabw. \ Vkoef.)	(13.7 \ 0.7)	(18.3 \ 0.7)	(19.6 \ 0.7)	(17.1 \ 0.5)	(12.1 \ 0.3)	(54.2 \ 0.8)
Netzwerk **(ohne Gb. N = 309)**						
Mittelwert	1.2	1	1.4	17.0	15.2	33.7
(Stdabw. \ Vkoef.)	(3.3 \ 2.8)	(2.2 \ 2.2)	(3.2 \ 2.3)	(18.8 \ 1.1)	(16.3 \ 1.1)	(40.4 \ 1.2)

Anmerkungen: Die Fallzahl (N) bezieht sich auf Unternehmen. Mittelwerte, Standardabweichungen und Variations-koeffizienten beziehen sich allerdings auf Verflechtungen. Stabile Beziehungen: Anzahl der seit 1928 bestehenden Beziehungen; Neue Beziehungen: Anzahl der neuen Beziehungen; *Broken Ties*: Anzahl der seit 1928 weggefallenen Beziehungen

* Die BHG hat zum Untersuchungszeitpunkt 1933 erstmals gerichtete Verflechtungen zu Sampleunternehmen.

die Vereinigten Stahlwerke zu nennen, zu welchen aber alle Großbanken Beziehungen pflegten. Neben einer horizontalen Ausrichtung werden unter diesen Beziehungspart-nern stabile Beziehungen aufrechterhalten, die über eine reine intrasektorale Verflech-tung hinausgehen und „Lieferanten" wichtiger Ressourcen wie Energie und in diesem Fall natürlich Kapital mit einschließen. Beinahe ein Viertel der stabilen gerichteten Ver-flechtungen der Deutschen Bank von 1928 bis 1933 reicht bis 1914 zurück. Hierzu zählt u. a. die Verflechtung mit der Allianz. In diesen Strukturen deuten sich ex post also be-reits erste Vorboten der Deutschland AG an.[173] Wenig überraschend gehört auch die Be-ziehung zu Mannesmann zu den langfristig stabilen.

Die Daten lassen mehrere Deutungen zu. Vorderhand liegt nahe, einen Zusammen-hang zwischen der Destabilisierung mit einem individuellen Reputationsverlust der Großbanken zu vermuten. Danat-Bank und Dresdner Bank sollten erwartungsweise am stärksten betroffen sein, schließlich waren diese direkt in den Nordwolle-Skandal verwickelt. Bei der Dresdner Bank sind dennoch 23 stabile Vorstand-zu-Aufsichtsrat

---

[173] In Unternehmensgeschichten zur Deutschen Bank wird die Allianz erst in Zusammenhang mit Ka-pitalverflechtungen zwischen Dresdner Bank und Allianz und Deutscher Bank und Allianz am Be-ginn der 1990er Jahre thematisiert. Der Blick der Öffentlichkeit hierauf wurde durch eine kritische Stellungnahme zu dieser Entwicklungen seitens der Monopolkommission gelenkt (vgl. Büschgen 1995: 645 f). Stabile Verflechtungen zwischen diesen beiden Unternehmen reichen, wie die Analysen zeigen, auf personeller Ebene aber noch deutlich weiter zurück.

Abbildung 43   Stabile Vorstand-zu-Aufsichtsrat Verflechtungen 1928–1933
                  (Ego-Netzwerk)

Anmerkung: Die Deutsche Bank hat zu 43 Unternehmen stabile ein- oder ausgehende Beziehungen. Die Fusionen mit
der Disconto-Gesellschaft und dem Schaaffhausen'schen Bankverein 1929 werden hier nicht berücksichtigt. Die Her-
vorhebungen weisen auf neun seit 1914 stabile Verbindungen hin.

Verflechtungen zu beobachten. Umso erstaunlicher als in beiden Finanzunternehmen
(letztlich 1932 fusioniert als Dresdner Bank) aufgrund von Umstrukturierungsmaßnah-
men Vorstand und Aufsichtsrat vollkommen ausgewechselt wurden. Hier wären also
mehr *broken ties* zu erwarten gewesen. Der Krise zum Trotz werden reichlich dyadische
Beziehungen rekonstituiert. Die Annahme eines Reputationsverlustes kann nicht ohne
Einschränkung aufrecht erhalten werden.

  Die dyadische Destabilisierung für den Übergang von 1928 auf 1933 ist dennoch
nicht zu leugnen. Aus den Zusammenhangsanalysen in Kapitel 6 kann ausgeschlossen
werden, dass dies (in erster Linie) auf eine Dezimierung der Aufsichtsräte zurückgeht.
Diese treffen die Großbanken härter als Unternehmen mit kleineren Aufsichtsräten. Es
bleiben zwei Deutungen für die vorliegenden Befunde: Entweder haben sich die Großbanken selbst stärker aus dem Netzwerk zurückgezogen oder jene wurden von Seiten

der Unternehmen „abgewählt". Für Ersteres finden sich aus historischen Quellen keine Belege. Den Beginn der 1930er sahen Deutsche Bankdirektoren v. a. als eine Periode des „schnellen Wechsels der wirtschaftlichen Lage" und als solche bedürfe diese in Hinsicht auf das Verhältnis der Banken zur Industrie in stärkerem Ausmaß einer „dauernde[n] Kontrolle durch intensive Überwachung" (Feldman 1995: 287). Ein freiwilliger Rückzug aus den Aufsichtsräten erscheint aufgrund des damit verbundenen Informationsverlustes und dem potentiellen Kreditrisiko nicht plausibel. Auch die Struktur des Netzwerks macht dies unwahrscheinlich, wie erklären sich sonst die vielen neuen Verflechtungen?[174] Bleibt also nur Letzteres. Wenn die Großbanken für Unternehmen weniger attraktiv werden, kann das nur bedeuten, dass jene Ressourcen an Wert eingebüßt haben, die durch deren Direktoren und in deren Aufsichtsräten bereitgestellt werden. Das kann einerseits symbolischer Natur sein (Reputation) und folglich als Signaleffekt gedeutet werden, andererseits können damit ganz handfeste Informationsgewinne bzw. die Erschließung von Finanzquellen angezweifelt werden. Personelle Verflechtungen, das wird hinlänglich deutlich, eignen sich in diesem Fall als Seismographen für Krisen.

7.4   Der Aufsichtsrat der Großbanken

Nach dieser Längsschnittuntersuchung betrachten wir nun die Zusammensetzung der Großbanken-Aufsichtsräte. Im Mittelpunkt des Interesses steht, welche Akteure bzw. Kollektive im Aufsichtsrat der Großbanken vertreten sind. Es ist zu erwarten, damit mehr Aufschluss über die hinter der Aufsichtsratsbesetzung liegenden Mechanismen zu gewinnen. Formal ist die Wahl in den Aufsichtsrat eines Unternehmens der Hauptversammlung der Aktionäre überlassen. In der Regel sitzen Eigentümer oder deren Vertreter darin.[175] Da ein Aufsichtsratsmandat, wenn auch in eingeschränktem Maße, zu Einfluss auf Unternehmensentscheidungen berechtigt, ist die Frage, wer diese Macht ausüben darf, nicht unerheblich. Unabhängig davon, ob die Wahl in einen Aufsichtsrat als Kontrolloption oder durch Kooptation auf der Basis von Reputation und Kompetenz erklärt wird, ist die Betrachtung der Zusammensetzung von Aufsichtsräten stets aufschlussreich. Im Falle der Aufsichtsratsbesetzung handelt es sich um einen doppelten Selektionsprozess, der für beide Seiten mit Kosten verbunden ist: Unternehmen wählen

---

174 Es gibt allerdings auch Aufzeichnungen über Warnungen von Bankdirektoren durch Kollegen, nicht zu viele Aufsichtsratsmandate anzunehmen, da Unternehmen diese meist mit Kreditansprüchen zu verknüpfen trachten (Feldman 1995).

175 In diesem Zusammenhang ist es nahe liegend und berechtigt, die Frage nach den Eigentümern der Großbanken zu stellen. Die von Unternehmenshistorikern aufgearbeitete Literatur dazu, bezieht sich allerdings fast ausnahmslos auf die Gründungszeit (s. Exkurs am Anfang des Kapitels) und gibt nur in äußerst eingeschränktem Maße Auskunft über die hier betrachteten Zeitpunkte. Und auch die Hoppenstedt Aktienhandbücher waren in Hinblick auf diese Daten von geringem Nutzen. Eine systematische Untersuchung der Eigentümerstruktur der Großbanken war daher nicht möglich. Darin eröffnen sich aber weitere – und wichtige – Forschungsperspektiven (vgl. dazu auch Fiedler 2007).

Aufsichtsratsmitglieder und geben Kontrollrechte frei, Personen lassen sich in den Aufsichtsrat von Unternehmen wählen und übernehmen zeitintensive Kontrollaufgaben. In beiden Fällen ist eine Intentionalität hinter der Wahl zu vermuten.[176] Verändert sich die Zusammensetzung der Aufsichtsräte, so kommt es damit womöglich zu Verschiebungen zwischen sozialen Gruppen.

Vielfach, z. B. im Finanzhegemonie-Modell, wird davon ausgegangen, dass die Banken den Industrieunternehmen als Einheit gegenübertreten. Daraus hat sich die Annahme abgeleitet, dass sie sich dem Einfluss anderer Interessensgruppen im Aufsichtsrat entziehen werden. Die empirischen Befunde weisen dies jedoch zurück. Klassifiziert nach Herkunftsunternehmen[177], liegt 1914 der Anteil von Bankiers im Aufsichtsrat der Großbanken bei 37.5 %. Unternehmer und Kaufleute dominieren im Aufsichtsrat der Großbanken mit einem Anteil von 50.5 % (s. Tabelle 37). Bis 1928 verringert sich der Anteil der Bankiers nochmals deutlich zugunsten der Unternehmer. Mittlerweile sind beinahe doppelt so viele Unternehmer wie Bankiers vertreten. Der Anteil von Politikern ist relativ gering. Es sind von einfachen Stadträten, über Oberbürgermeister bis hin zu Ministern a. D. Politiker sämtlicher Funktionsebenen vertreten, beispielsweise haben in beiden Jahren Staatsminister a. D. Otto Hentig (Disconto-Gesellschaft) und 1928 Staatsminister a. D. Max Gutknecht (Deutsche Bank) ein Mandat inne. Angehörige bürgerlicher Berufsgruppen ohne explizite Unternehmenszugehörigkeit sind im Aufsichtsrat der Großbanken kaum vertreten.

Bis 1933 schließlich hat sich das Verhältnis von Unternehmern zu Bankiers nochmals zugunsten ersterer verändert. Das heißt, trotz der Regulierung der Aufsichtsratsgröße auf maximal 30 Personen stabilisiert sich die Dominanz der Industrievertreter in den Großbankenaufsichtsräten. Das spricht für die Reliabilität der Ergebnisse. Es bleibt allerdings zu berücksichtigen, dass mittlerweile nur noch vier Banken betrachtet werden.

Es wird evident, dass nicht die Bankiers aus den Aufsichtsräten der Großbanken hervorragen, sondern die Unternehmer. Die empirischen Befunde stehen damit quasi spiegelbildlich zur Finanzhegemonie-These. Aus einigen Untersuchungen zu Bankvertretern im Aufsichtsrat der Industrie-Unternehmen wird genau dieser Schluss gezogen. Aber wenn 30 % Bankiers im Aufsichtsrat der Industrie als Unterstützung der Banken-

---

176 Ausgehende Vorstand-zu-Aufsichtsrat Verflechtungen sind fraglos als intendierte Verbindungen zu sehen. Im Aufsichtsrat sitzen direkte Eigentümern, Berater und anderen Sachverständigen und v. a. viele Vertreter anderer Herkunftsunternehmen. Schließlich muss auf die finanziellen Anreize der Aufsichtsratssitzvergütung verwiesen werden (Feldman 2005: 323). In einzelnen Fällen scheinen die monetären Motive von *big linkern* im Vordergrund gestanden zu haben.

177 Die Gegenüberstellung beschränkt sich auf die Jahre 1914,1928 und 1933. Die Wahl der Typenkategorien erfolgte nach einer induktiven Vorgehensweise. Der Erhebung der Herkunftsunternehmen sind hierbei allerdings durch die Datenbasis klare Grenzen gesetzt. Im Zuge eines mehrstufigen Such- und Identifikationsprozesses über den Gesamtdatensatz sowie der ergänzenden Sammlung weit verstreuter Hinweise aus Bank- und Unternehmensgeschichten, Lexika sowie Internetquellen konnte ein Großteil der im Hoppenstedt ausgewiesenen Aufsichtsratmitglieder der Großbanken für die genannten Jahrgänge identifiziert und den ermittelten Kategorien zugeordnet werden.

Tabelle 37   Aufsichtsräte der Großbanken nach Gruppen

	1914	1928	1933
Bankiers	37.5 %	30 %	31 %
Unternehmer und Kaufleute	50.5 %	58 %	62 %
Politiker	9 %	6 %	7 %
Bürgerliche Berufsgruppen	3 %	3 %	–
Betriebsräte	–*	3 %	–**
Aufsichtsräte, klassifiziert(N)	168	304	89
missings (nicht klassifiziert) (N)	*43*	*13*	*13*
Großbanken (N)	9	7°	4

Hinweis: Die Prozentangaben beziehen sich auf identifizierte und klassifizierte Fälle.

* Die gesetzliche Grundlage für die Vertretung von Arbeitnehmerinteressen im Aufsichtsrat von Aktiengesellschaften wurde erst mit 15. Februar 1920 (Gesetz über die Entsendung von Betriebsratsmitgliedern in den Aufsichtsrat, § 6 Abs. 4 Reichsgesetzblatt S. 209) geschaffen.

** Das Fehlen von Betriebsräten 1933 wird auf deren mangelnde Identifizierung zurückgeführt.

° Zur Mitteldeutschen Kreditbank standen für 1928 keine Daten zur Verfügung.

machtthese ins Gewicht geführt werden können (vgl. Jeidels 1905; Ziegler 1998), bedeuten dann nicht knapp 60 % Unternehmer im Aufsichtsrat der Banken, dass die Banken unter industrieller Kontrolle stehen?[178] Wie lässt sich diese starke Präsenz von Unternehmern und Kaufleuten im Aufsichtsrat der Großbanken erklären? Was bedeutet das für das Verhältnis Großbanken zu Industrie? Und warum schrumpft der Anteil der Bankiers? Um diese Fragen zu beantworten, wenden wir uns diesen beiden Gruppen nun im Einzelnen zu.

7.4.1 Unternehmer

Eine Erklärung für ein Kontrollinteresse über Banken liegt in deren spezifischer Rolle in der Unternehmensfinanzierung. Bei der Gruppe der Industrievertreter handelt es sich ja um potentielle Schuldner, die im Aufsichtsrat ihrer potentiellen Gläubiger sitzen. In einem solchen Fall sollte ein Zusammenhang a) mit dem Verschuldungsgrad und b) mit der Aktienkapitalhöhe der Unternehmen nachweisbar sein. Dies gilt es nun im Einzelnen zu überprüfen. Die Analyse beschränkt sich dabei auf 1914 und 1928 sowie auf das

---

178 Eine Untersuchung darüber, ob diesen personellen Verflechtungen auch eine strukturelle Abhängigkeit durch Kreditbeziehungen, Kapitalverflechtungen o. a. entspricht, erscheint zweckmäßig. Bisher ist dazu allerdings erst wenig an historischem Material aufgearbeitet. Hierin eröffnen sich weitere Forschungsperspektiven.

Teilnetzwerk der Unternehmen, für die Bilanzdaten erhoben wurden.[179] Untersucht werden im Folgenden mögliche Determinanten für die Entsendung eines Unternehmensvorstandes in den Aufsichtsrat der Großbanken (s. Tabelle 38).

Tabelle 38   Determinanten der Wahrscheinlichkeit für einen Aufsichtsratssitz (Logitmodell[+])

Erklärende Variablen	1914	1928
Aktienkapitelhöhe (Mio. RM)	0.012*	0.032***
Anteil Gesamtschulden an Bilanzsumme	−4.109	4.411
Anteil Kreditschulden an Bilanzsumme	−1.652	−3.761
Anteil Kapitalmarktschulden an Bilanzsumme	1.884	−5.800*
Eigenkapitalquote (%)	−3.243	0.577
Konstant	0.804	−3.761
N	97	97
Pseudo R^2 [oo]	0.0798	0.2405
Mc Faddens R^2 [oo]	0.075	0.224
Nagelkerkes R^2 [oo]	0.118	0.339
df	5	5
LR chi²(df)	7.77	26.02
Prob >chi²	0.169	0.000

*** p-Wert ≤ 0.01 ** p-Wert ≤ 0.05 * p-Wert ≤ 0.1 (zweiseitiger Test)

[+] Die zu erklärende Variable ist nominal skaliert, daher wurde als Verfahren eine logistische Regression gewählt. Die Koeffizienten geben an, wie sich die vorhergesagten Werte bei einem Anstieg der zugehörigen unabhängigen Variable um eine Einheit verändern. Positive Werte bedeuten, dass Unternehmen mit diesem Merkmal eine höhere Eintrittswahrscheinlichkeit des Ereignisses Core-Zugehörigkeit haben.

[oo] Pseudo R^2, McFaddens Pseudo R^2 und Nagelkerkes R^2 messen den Modellfit und damit den Erklärungswert des Modells. Pseudo R^2 gibt den Anteil der erklärten Varianz des logistischen Regressionsmodells an, McFaddens Pseudo R^2 bezieht sich auf die Pseudo-Likelihood Funktion und ist daher nur bedingt mit dem R^2 aus der OLS-Regression vergleichbar. Die Werte liegen im Bereich 0 bis 1. Je näher der Wert bei 1 liegt, desto höher ist der Erklärungswert des angepassten Modells gegenüber dem Nullmodell. Ein weiteres Gütemaß, das den Grad der Varianzdetermination zum Ausdruck bringt, ist Nagelkerkes R^2: Werte ab 0.5 sprechen für eine gute Erklärungskraft des Modells.

Die Kennzahlen unterliegen ferner eigenen Berechnungen. Gesamtschulden: Kreditschulden, Kapitalmarktschulden und alle übrigen Verbindlichkeiten; Kreditschulden: Schulden bei Finanzunternehmen; Kapitalmarktschulden: Anleihen am Aktienmarkt; Eigenkapitalquote: Aktienkapital/Bilanzsumme . Eine Übersicht über die Variablen findet sich in Tabelle 66 im Anhang. Das Sample wurde jeweils um einen Ausreißer bereinigt.

Quelle: Hoppenstedt 1914 und 1929

---

179 Das Sample der Aufsichtsräte 1933 ist mit 76 identifizierten Mandataren nicht nur sehr klein, es wurden ferner zu diesem Jahr keine Bilanzangaben erhoben. Daher beschränkt sich die Untersuchung in diesem Abschnitt auf 1914 und 1928.

Für das Jahr 1914 ist das betrachtete Erklärungsmodell nur ungenügend, darauf weisen die statistischen Gütekriterien hin (s. Tabelle 38 Spalte 2). Abgesehen vom Effekt der Aktienkapitalhöhe sind auch keine weiteren signifikanten Zusammenhänge festzustellen, die Koeffizienten sind daher nicht verallgemeinerbar. Da es sich allerdings bei den 100 größten Unternehmen um eine Grundgesamtheit handelt, erscheint es für unseren Zweck zulässig, die Vorzeichen der Koeffizienten substantiell zu deuten. 1914 sinkt mit steigendem Verschuldungsgrad eines Unternehmens die Eintrittswahrscheinlichkeit eines Mandats im Aufsichtsrat der Banken. Eine steigende Eigenkapitalquote verringert diese allerdings ebenso. Im Jahr 1928 sind die unabhängigen Variablen im Modell besser zur Gruppierung der Unternehmen geeignet (s Tabelle 38 Spalte 3). Die Unternehmensgröße hat im Vergleich zu allen übrigen erklärenden Variablen die höchste Erklärungskraft. Mit steigender Unternehmensgröße erhöht sich die relative Eintrittswahrscheinlichkeit eines Sitzes im Aufsichtsrat der Großbanken signifikant. Ein zusätzlicher Vergleich der Unternehmensgröße von Unternehmen mit und ohne Sitz im Aufsichtsrat der Großbanken verdeutlicht es: Das durchschnittliche Aktienkapital der größten Unternehmen ohne Sitz hat selbst 1928 noch nicht annähernd den Wert der Unternehmen mit Sitz von 1914 erreicht (s. Tabelle 39). Eine Ursache für diesen Zusammenhang mag zunächst in der erhöhten Fremdkapitalnachfrage der Großunternehmen liegen. Eine gute Beziehung zu Banken wird nicht nur in ihrer Rolle als Kreditgeber, sondern auch im Zusammenhang mit Kapitalerhöhungen relevant.

Tabelle 39   Unternehmensgröße nach Aufsichtsratsposition (Mittelwerte)

	Bilanzsumme (in Mio. RM)		Aktienkapital (in Mio. RM)	
	1914	1928	1914	1928
Unternehmen *mit* Sitz im AR der Großbanken	116,3 (N = 22)	244,7 (N = 29)	48,8 (N = 22)	119,8 (N = 29)
Unternehmen *ohne* Sitz im AR der Großbanken	71,5 (N = 75)	86,4 (N = 68)	29,8 (N = 75)	41,2 (N = 68)

Anmerkungen: Die Fallzahl (N) bezieht sich auf Unternehmen. Die Mittelwerte beziehen sich auf die Bilanzsumme bzw. die Aktienkapitalhöhe.

Der Anteil der Schwerindustrie an den größten Unternehmen in Deutschland ist insgesamt vergleichsweise hoch (vgl. Chandler 1990). Es fügt sich konsistent in dieses Bild, dass die Unternehmer im Aufsichtsrat der Großbanken in beiden Vergleichsjahren vorwiegend zwei Branchen zuzuordnen sind: Bergbau und Metallindustrie besetzen gemeinsam mehr als ein Drittel der Industriemandate. Bis 1928 ist jedoch eine leichte Abschwächung von 36.6 % auf 30.3 % zu verzeichnen. Die nächst größeren Branchen sind die Elektroindustrie (das gilt für insb. 1914), die Chemische Industrie (das gilt insb. für 1928) und die Industrie für Nahrung und Genussmittel.

Um nochmals zum Erklärungsmodell zurückzukommen, wie ist die Umkehrung der Einflussrichtung von Verschuldungsgrad, Kapitalmarktverschuldung und Eigenkapitalquote von 1914 bis 1928 zu deuten? Zum einen mag das auf die Zunahme ausländischer Kredite in den 1920ern zurückgehen. In den Jahren der Weimarer Republik entlasten jene die nationalen Finanzunternehmen vom Risiko der Unternehmensfinanzierung, weisen ihnen aber im gleichen Zuge eine Vermittlerrolle zu.[180] Weitläufigere Erklärungen finden sich in zwei weiteren Variablen. Wachsende Kreditschulden verringern die Wahrscheinlichkeit, einen Sitz im Aufsichtsrat der Großbanken zu erhalten. Dies ist dahingehend zu deuten, dass Banken es also zu vermeiden wissen, „eigene" Schuldner in ihre Aufsichtsräte zu holen.[181] Der Einfluss von Kapitalmarktschulden verhält sich quasi spiegelbildlich zum Einfluss des allgemeinen Verschuldungsgrades. Dies kann im Zusammenhang mit der Bankenkonkurrenz gelesen werden. Unternehmensgründungen und Aktienemissionen gehören zu den wichtigsten Aufgaben der Universalbanken (vgl. Chandler 1990; Wixforth 1995). Je größer die Nachfrage nach Kapitalmarktfinanzierung seitens der Unternehmen ist, desto stärker ist allerdings auch die Position der Banken in dieser Vermittlerrolle und desto geringer sind deren Anreize, Unternehmen mit solchen Ambitionen in den Aufsichtsrat aufzunehmen.

Was bedeuten diese Ergebnisse für die Frage nach der sozialen Schließung? Der verzeichnete Anstieg des Anteils von Industrievertretern in den Großbankenaufsichtsräten ist sowohl absolut, als auch relativ. Aufsichtsratsmandate in Großbanken werden von industrieller Seite im Laufe des Untersuchungszeitraums verstärkt nachgefragt. Es wäre aber vorschnell, den hohen Anteil von Unternehmern als Beleg für ihre Einflussnahme auf die Banken zu betrachten. Tendenziell deuten die Befunde sogar daraufhin, dass Banken eine strukturelle Einflussnahme durch ihre Schuldner vermeiden können. Die Industriellen im Aufsichtsrat der Banken sind, was den Zugang zum Kapitalmarkt angeht, gleichermaßen Konkurrenten wie hinsichtlich der Fremdfinanzierung über Kredite. Sie stehen den Banken in den Aufsichtsräten also nicht als vereintes Kollektiv gegenüber. Ebenso wenig wie Bankiers über ihre Mandate im Aufsichtsrat der Industrie als Einzelne Kontrolle und Macht ausüben, können Industrievertreter im Aufsichtsrat der Banken als Einzelne ihren Einfluss geltend machen. Wenn es sich aber nicht um eine Kontrollbeziehung handelt, stellt sich die Frage, womit sich diese Figuration erklären lässt. Es gibt mehrere Möglichkeiten: Vor dem Hintergrund der sich intensivierenden Konkurrenz einer zunehmend kleiner werdenden Zahl von Groß- und Privatbanken erklärt sich die Präsenz von Unternehmern im Aufsichtsrat durch

---

180 Der Anstieg ausländischer Kredite in den 1920er Jahren wurde von den Banken allerdings in immer stärkerem Maße als ein für die Volkswirtschaft bedrohlicher Auswuchs erlebt. Die tatsächlichen Verschuldungsverhältnisse konnten dadurch von Seiten der Unternehmen in vielen Fällen verschleiert werden, was letztlich die Inflation fördernde Mechanismen weiter verstärkte (Feldman 1995).
181 Es wird allerdings darauf hingewiesen, dass die Bilanzdaten keine Rückschlüsse darüber zulassen, bei welchem Finanzinstitut Kreditschulden aufgenommen wurden.

das bankeigene Interesse, die Kontakte zu ihren Kunden zu pflegen.[182] Aus Sicht der Unternehmen ist ein enger Kontakt zu einer großen Bank allein aufgrund deren Beratungs- und Informationsfunktion interessant. Bei weitem nicht alle Unternehmen sind finanziell auf Fremdfinanzierung über Banken angewiesen (vgl. Fohlin 2002). Indes ist unabhängig von einer aktuellen Kapitalabhängigkeit die Funktion der Bank als *lender of last resort* von großer Bedeutung, weil damit das Risiko plötzlich auftretenden Liquiditätsmangels quasi durch ein „Sicherheitsnetz" abgesichert ist (vgl. Feldman 2005).[183] Dies gilt in besonderem Maße für größere Unternehmen. Die Motive für die Präsenz von Unternehmern lassen sich in ihrer Gesamtheit nicht entschlüsseln, es kann allerdings gezeigt werden, dass die Aufsichtsräte der deutschen Großbanken ein Treffpunkt für „Manager" und Unternehmer sind. Konkurrenzverhältnisse und Kooperationsbeziehungen verschmelzen hier.

7.4.2 Bankiers

Zur zweitgrößten Gruppe im Aufsichtsrat der Großbanken gehören die Bankiers, die nach verschiedenen Merkmalen voneinander abgegrenzt werden können. Zunächst sind Bankiers von Aktienbanken von Privatbankiers zu unterscheiden. Die Aktienbankiers können im Weiteren unterteilt werden in „ehemalige Direktoren", also Direktoren, die in den Aufsichtsrat der jeweils eigenen Bank gewechselt haben, in „Direktoren der Großbanken", also aktive, in seltenen Fällen ehemalige Direktoren einer der jeweils anderen Großbanken sowie in „Direktoren anderer Aktienbanken". Hierdurch ergeben sich vier Typen.[184] Die folgende Abbildung vergleicht ihr Vorkommen in den drei untersuchten Jahren (s. Abbildung 44). 1914 verteilen sich Bankiersmandate in den Groß-

---

182 Dieses Motiv wird konterkariert durch die Tatsache, dass Unternehmen nicht selten Vertreter in unterschiedliche Banken entsendet haben, häufig sogar in ein und derselben Person. Beispielsweise sitzt 1914 der Vorstandsvorsitzende der Phoenix Bergbau AG Wilhelm Beuckenberg im Aufsichtsrat des Schaaffhausen'schen Bankvereins und Robert Esser, damals stellvertretender Aufsichtsratvorsitzender beim Phoenix, zugleich im Aufsichtsrat der Dresdner Bank als auch des Schaaffhausen'schen Bankvereins. Die Phoenix AG scheint zu jener Sorte Unternehmen zu gehören, für welche eine „mehrgleisige" Strategie ein anhaltendes Charakteristikum ist. Denn auch 1928 hat Walther Fahrenhorst, deren Vorstandsvorsitzender, ein Mandat im Aufsichtsrat der Deutschen Bank, und deren Aufsichtsratvorsitzender Werner Carp zugleich einen Sitz im Aufsichtsrat der Disconto-Gesellschaft und des Schaaffhausen'schen Bankvereins.

183 Feldman verwendet den Ausdruck *lender of last resort* in Hinblick auf die Beziehung der Reichsbank zu den anderen Aktienbanken (vgl. Feldman 2005). Diese Beschreibung charakterisiert aber auch das Verhältnis von Banken zur Industrie.

184 Ein geringer Prozentanteil der Bankiers im Aufsichtsrat der Großbanken konnte keinem dieser Typen zugeordnet werden. 1914 waren das 5 %, 1928 doch immerhin 11 %. Es kann ausgeschlossen werden, dass es sich bei diesen um aktive oder ehemalige Direktoren von Großbanken handelt. Mit hoher Wahrscheinlichkeit sind es Direktoren von kleineren Aktienbanken oder Privatbanken, die nicht im Gesamtdatensatz erfasst wurden. 1933 konnten wiederum alle Bankiers klassifiziert werden.

banken relativ gleich zwischen Privatbankiers und ehemaligen Direktoren, gefolgt von Bankiers anderer Aktienbanken. Bis 1928 schwindet diese bedeutende Position der Privatbankiers. Ihre Mandatsstärke vollzieht einen quasi spiegelbildlichen Wechsel mit derjenigen der Direktoren anderer Aktienbanken. Der Anteil an ehemaligen Direktoren bleibt indessen konstant hoch bei etwa einem Drittel. Von 1928 auf 1933 steigert er sich noch leicht.

Abbildung 44   Bankiers in den Aufsichtsräten der Großbanken nach Gruppen

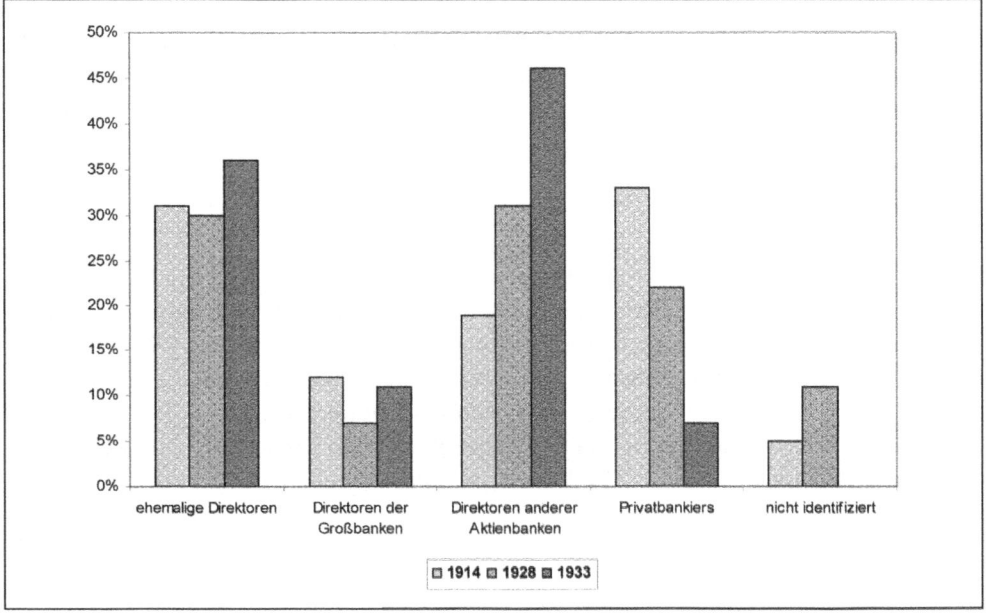

Anmerkung: Die Grundgesamtheit der Bankiers in den Großbankenaufsichtsräten ist Schwankungen in absoluten Zahlen ausgesetzt. Prozentuelle Veränderungen werden daher nicht zwangsläufig von absoluten Verringerungen bzw. Zuwächsen begleitet. (1914: N = 58; 1928: N = 90; 1933: N = 28)

Es ist anzunehmen, dass sich die Beweggründe, die Bankiers zum Mandat veranlassen, im Einzelnen unterscheiden. Einige Motive lassen sich jedoch verallgemeinern. Angefangen damit, dass der Wechsel vom Vorstand in den Aufsichtsrat von Unternehmen nicht nur in Deutschland Tradition hat, überrascht der konstant hohe Anteil ehemaliger Direktoren kaum. Ein Motiv hierfür mag die Weitergabe des unternehmensinternen Wissens und Erfahrungsschatzes sein. Das Ausscheiden lange gedienter Manager aus den operativen Leitungsorganen bleibt damit in Bezug auf das Humankapital kostenneutral. Des Weiteren lässt sich der Anteil ehemaliger Direktoren als Schutz vor Fremdkontrolle erklären. Es ist nicht anzunehmen, dass diese gegen bankinterne Interessen handeln werden. Ihr Anstieg bis 1933 ist schließlich auf die großen Fusionen im Jahr 1929 (zwischen Deutscher Bank und Disconto-Gesellschaft sowie Commerzbank und

Mitteldeutscher Creditbank) zurückzuführen. Nicht wenige Direktoren der übernommenen Institute wanderten in den Aufsichtsrat der neuen „Giganten".

Mandate von Direktoren aus anderen Bankinstituten weisen auf eine ausgeprägte intrasektorale Verflechtung hin. Dies wird auch durch die aggregierte Netzwerkstruktur belegt. So ist die intrasektorale Verflechtung der Banken höher als die durchschnittliche Verflechtung und bleibt auch nach der Aktienrechtsnovelle 1931 konstant hoch (s. Abbildung 45).[185] Insbesondere die Mehrfachverflechtungen unter den Vorstand-zu-Aufsichtsrat Verflechtungen nehmen deutlich zu. Eine plausible Erklärung hierfür ist eine Verdichtung von Kontrollstrukturen in Folge der wachsenden Konkurrenz der Banken untereinander anzunehmen. So gesehen ist nach diesen empirischen Befunden eine wesentliche Bedingung der Möglichkeit für die Entwicklung eines Finanzkartells im Hilferding'schen Sinne erfüllt (vgl. Hilferding 1910).

Abbildung 45 Intrasektorale Verflechtung Banken (Verflechtungsdichte)

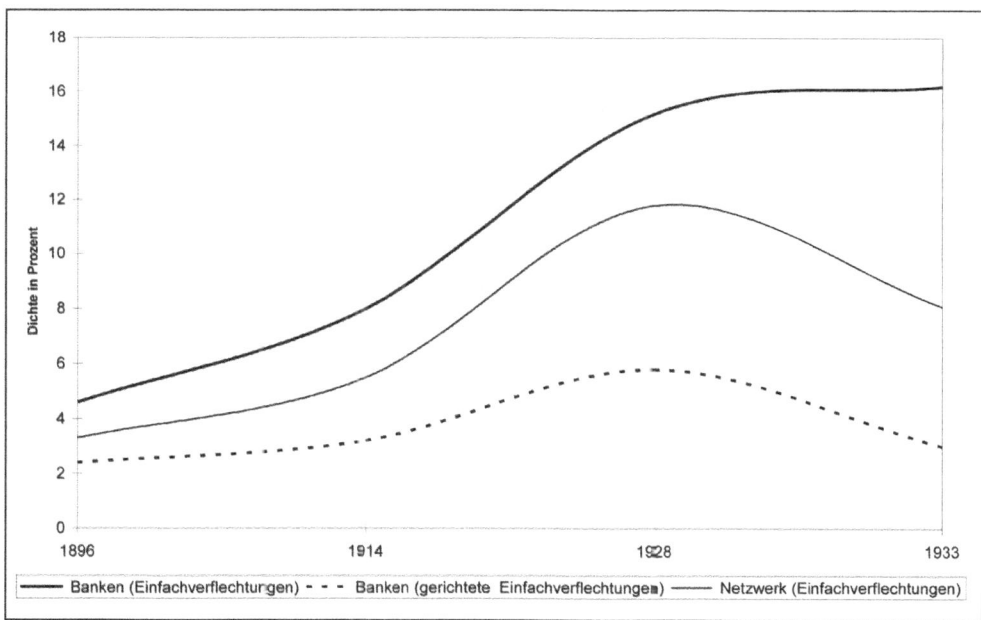

Der leichte Rückgang von Direktoren aus anderen Großbanken im Aufsichtsrat der Großbanken mag an deren reduzierter Zahl nach zahlreichen Fusionen liegen. Komplementär dazu ist denkbar, dass die zunehmende Präsenz von Direktoren anderer Ak-

---

185 Die intrasektorale Verflechtung ist allerdings in der Stahlindustrie, der Elektrizitätsindustrie und bei den Schifffahrtsgesellschaften noch deutlich höher. In Windolf (2006) findet sich für 1928 eine detaillierte Analyse intrasektoraler Verflechtungen differenziert nach den einzelnen Branchen.

tienbanken auf deren Furcht vor Übernahmen bzw. auf eine strategische Absicherung zurückzuführen ist. Beides kann letztlich als Indiz für eine zunehmende Fusionskontrolle betrachtet werden. Vertreter übernommener bzw. durch Fusion eingegliederter Aktienbanken wurden darüber hinaus gerne in den Aufsichtsrat der Mutterbank aufgenommen, um Kundenkontakte zu pflegen sowie den „politischen" Rückhalt bei Altaktionären und Angestellten zu sichern (vgl. Gall 1995: 146). Der Rückgang der Privatbankiers schließlich ist zum einen mit deren generellem Schwund (durch Fusionen u. a.) und zum anderen mit einer Umorientierung ihrer Ausrichtung zu begründen. Sie mussten zwangsweise Nischen finden, in denen sie weniger in Konkurrenz zu den Großbanken standen (vgl. Reitmayer 1999). Möglicherweise zogen sie sich deshalb auch aus deren Aufsichtsräten zurück.

Die Präsenz der Banken in den Großbankenaufsichtsräten fügt sich folglich in plausible Erklärungszusammenhänge ein.

7.5   Der Aufsichtsrat als Treffpunkt für Netzwerkspezialisten

Die Analysen konnten bisher weder eine „Herrschaft" der Banken über die Industrie, noch den Umkehrschluss einer „Herrschaft" der Industrie über die Banken belegen. Was bildet sich also in diesen reziproken Verflechtungsmustern ab? Die Strukturdaten zeigen, dass die Ursache für den Anstieg der Verflechtungsdichte im deutschen Unternehmensnetzwerk in der Zunahme der Direktoren mit Mehrfachmandaten liegt.[186] In der folgenden Abbildung wird nun die Aktivität von verschiedenen Personengruppen im Netzwerk verglichen (s. Abbildung 46). Betrachtet werden Bankiers und Unternehmer sowie der Großbankenaufsichtsrat insgesamt. Diesen Gruppen werden sowohl die Vernetzungsaktivität der Bankdirektoren als auch die durchschnittliche Aktivität von Mandatsträgern im Netzwerk als Vergleichsgrößen gegenübergestellt.

Betrachtet man die Netzwerkpositionen der Direktoren und Aufsichtsräte der Großbanken im Vergleich zur durchschnittlichen Aktivität der Mandatsträger des Gesamtnetzwerks ergibt sich ein aufschlussreiches Bild. 1914 und 1928 ragen die im Aufsichtsrat dominierenden Gruppen (Unternehmer und Bankiers) heraus. Schließlich 1933 sind es eindeutig die Bankiers, und zwar sowohl die Bankiers im Aufsichtsrat der Großbanken als auch die Direktoren der Großbanken selbst.[187] Insbesondere Letztere entwickeln in dem kurzen Zeitraum zwischen 1928 und 1933 ein unvergleichliches Vernetzungstalent.

---

186 Als Netzwerkspezialisten werden Akteure bezeichnet, die in Netzwerken mehrere Positionen einnehmen (vgl. Ziegler 1983). Hier konkret handelt es sich um Direktoren bzw. Aufsichtsräte, die über ihre Mandate Verknüpfungen zwischen den Banken und anderen Unternehmen herstellen. In erster Linie sind sie es, die dem Unternehmensnetzwerk letztlich seine Struktur und Dichte verleihen (vgl. Windolf 2006).

187 Vgl. die Übersicht über die zehn herausragendsten *big linker* von 1906 bis 1938 bei Wixforth/Ziegler (2007: 221). Dort zeigt sich ebenfalls die Dominanz von Aktien- und Privatbankiers.

Abbildung 46 Netzwerkspezialisten nach Gruppen (Anzahl Mandate)

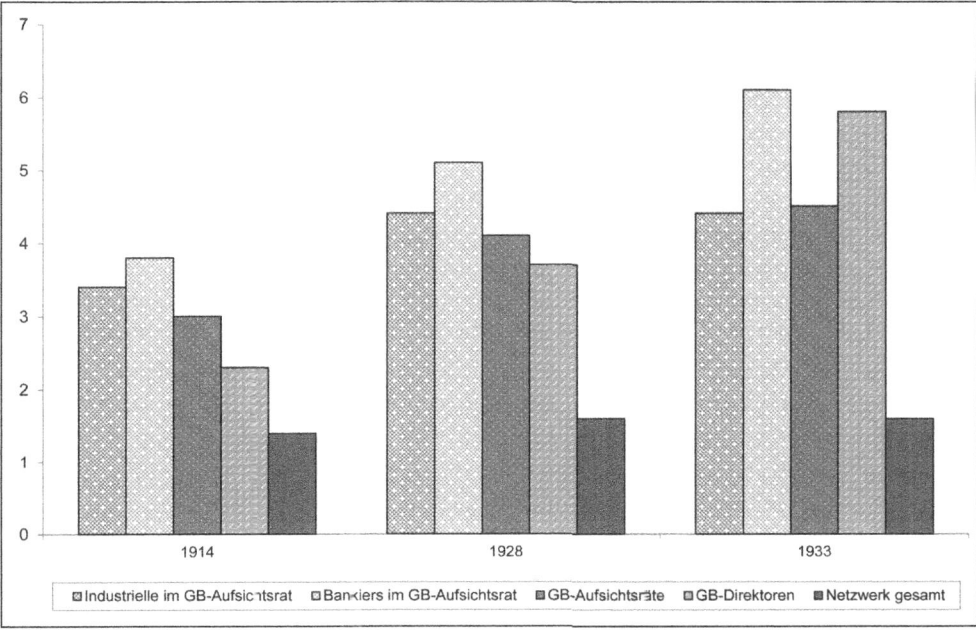

Die Aktivität des Aufsichtsrats der Großbanken ist im Vergleich zum Gesamtnetzwerk bereits 1914 mit durchschnittlich drei Mandaten mehr als doppelt so hoch, und sie erhöht sich bis 1928 auf 4,1 Mandate. Damit vernetzen in den ersten beiden Untersuchungsjahren die Aufsichtsräte der Großbanken deutlich stärker als deren Direktoren. Bemerkenswert ist hierbei die herausragende Position der Bankvertreter. Die zweitstärkste Gruppe im Aufsichtsrat der Großbanken besitzt eine enorme Vernetzungskompetenz. Beispielsweise hat 1914 Louis Hagen (Privatbankhaus A. Levy) 14 weitere Mandate, Waldemar Müller (Direktor der Dresdner Bank) elf weitere Mandate, Emil Berve (Direktor des Schlesischen Bankvereins) elf weitere Mandate. Dann im Jahr 1928 hat Louis Hagen bereits 29 Mandate, Paul Millington-Herrmann (ehemaliger Direktor der Deutschen Bank) 23 Mandate und Georg Solmssen (ehemaliger Direktor der Disconto-Gesellschaft) 21 Mandate.

Sowohl die gerichteten als auch die ungerichteten Verflechtungen der Bankdirektoren und Aufsichtsräte steigen von 1914 bis 1928 an. Mit Blick auf die Großbanken im Einzelnen heißt das, dass 1914 die Netzwerkspezialisten v. a. im Direktorium der Dresdner Bank und im Aufsichtsrat der Berliner Handelsgesellschaft sitzen. 1928 ist es der Schaffhausen'sche Bankverein, der sowohl über seine Direktoren als auch seine Aufsichtsräte mit einer durchschnittlichen Verflechtung von in etwa fünf Mandaten aus den übrigen Banken herausragt, gleichauf mit dem Aufsichtsrat der Disconto-Gesellschaft. Dann 1933 ist ein sprunghafter Anstieg in der Vernetzungsaktivität der Bankdirektoren festzustellen. Von durchschnittlich 3.7 Mandaten 1928 steigern sie sich bis 1933 auf 6.4 Mandate je Direktor. Eindeutig dominierend ist die Deutsche und Disconto-Bank. Damit mag aber auch zusammenhängen, dass die Konzentrationsprozesse unter den Großbanken zu einer personellen „Verknappung" geführt haben.

Diese Ausführungen lassen sich in einem zentralen Ergebnis zusammenfassen: Die Netzwerkspezialisten im deutschen Unternehmensnetzwerk rekrutieren sich über- durchschnittlich aus dem Aufsichtsrat und den Direktoren einzelner Großbanken. Diese Tatsache legt damit ein bisher unberücksichtigtes Motiv frei, einen Sitz in einem der Großbanken-Aufsichträte anzustreben. Diese sind ein „Tor" zur deutschen Wirtschaft- selite. Und die Entscheidungsträger über die Kooptation von Aufsichtsräten werden zu *gatekeeper* dieses unschätzbar wertvollen Forums zur Informationsbeschaffung und Kontaktpflege (vgl. Feldman 1995: hier 182). Ein prominentes Beispiel hierfür wäre Paul Silverberg, rheinischer Braunkohlenindustrieller, der im Aufsichtsrat der Deutschen Bank, dem er 1914 bis 1933 angehörte, zahlreiche Kontakte knüpfte und diese strategisch für den Ausbau seines Unternehmens zu nutzen wusste (vgl. Gehlen 2007: hier 199 f.). Das Spannende ist allerdings, dass Silverberg dabei nicht nur eigene unternehmerische Interessen verfolgte, sondern seine Kontakte auch in den Dienste der Bank stellte.[188]

7.6   Schlussfolgerungen

In dieser Einzelfallanalyse wurde eine zentrale Figuration der Verflechtung deutscher Aktiengesellschaften sichtbar gemacht. Die Großbanken, allen voran die Deutsche Bank, spannen aktiv und passiv ein weitläufiges Netz zwischen den Großunternehmen auf, das in einem mehrdimensionalen Wechselspiel von Konkurrenz und Kooperation zu deuten ist.

Zugleich wurde mit dem Blick in den Aufsichtsrat der Großbanken ein Verbund zentraler sozio-ökonomischer Kräfte beschrieben. So unterschiedlich die Interessen und Motive der Aufsichtsräte in den Banken auch sein mögen, gemeinsam ist ihnen ihre Stellung im Netz wirtschaftlicher Verflechtungen. Es handelt sich bei diesen um Personen mit zahlreichen exponierten Positionen in großen Unternehmen, welche da- durch einen weit reichenden Überblick über wirtschaftliche Entwicklungen haben, um Personen mit herausragender Vernetzungskompetenz. Das heißt auch, dass das Zusam- mentreffen von Netzwerkspezialisten im Direktorium und Aufsichtsrat der Banken eine vielfältige Gelegenheitsstruktur zum Austausch ermöglicht. Sowohl die Strukturdaten

---

188 Beispielsweise regte Silverberg im Jahr 1922 die Deutsche Bank an, sich an der Übernahme der Privatbank Lepold Seligman zu beteiligen, ein Deal, der aber letztlich nicht zustande kam. Ein anderes
   Beispiel sind die Vermittlungsbemühungen Silverbergs im Konflikt zwischen Deutscher Bank und
   August Thyssen im Jahr 1925 als jener sich weigerte, seine Bankschulden aus der Vorkriegsperiode zu
   begleichen (vgl. Gehlen 2007: 203).

als auch die Einzelfallanalysen vermitteln den Eindruck, dass es sich im *inner circle* (Useem 1984) des Unternehmensnetzwerkes der Großbanken und Großunternehmen um ein Netzwerk der ökonomischen Elite handelt, um *meeting places for capitalist interests* (Scott 1987: 215). Die strukturellen Voraussetzungen für eine einseitige Durchsetzungsmöglichkeit von Interessen seitens der Industrie oder der Banken sind auf der Ebene der Personalverflechtung selten gegeben. Und selbst in den Fällen, in denen die langfristige Entsendung von Bankdirektoren in Industrieaufsichtsräte Gelegenheitsstrukturen für ein Beherrschungsverhältnis entstehen lassen (z. B. Siemens-Deutsche Bank, Mannesmann-Deutsche Bank), widerlegen historische Betrachtungen eben jenes. So gleicht auch der Aufsichtsrat der Großbanken vielmehr einem Zusammenschluss homogener Elemente aus heterogenen Kreisen (vgl. Simmel 1908). Die Homogenität besteht zum einen in der Netzwerkaktivität der Akteure, die überdurchschnittlich hoch ist, zum anderen, darin, dass es sich in erster Linie um Vertreter der Großindustriezweige handelt. Jedoch kommen diese aus unterschiedlichen Unternehmen, Branchen und Sektoren, die untereinander nicht nur konkurrieren, sondern Großteils sehr gegensätzliche Interessen vertreten. Der Aufsichtsrat der Großbanken bildet damit einen Berührungskreis unterschiedlicher kollektiver Zugehörigkeiten, der nach einem übergreifenden Prinzip organisiert sein muss. Im Fazit dieser Untersuchung wird der Versuch unternommen, dieses übergreifende Organisationsprinzip theoretisch zu fassen.

8 Fazit

Das Thema dieser Arbeit ist aus der Perspektive verschiedener Theorietraditionen ausgebreitet worden. Historisch beschäftigte sich diese mit der formativen Phase des Kapitalismus im Kaiserreich und in der Weimarer Republik, orientierte sich theoretisch an einer Institutionenanalyse und nahm mit der Untersuchung von sozialen Netzwerken, Sozialkapital, Kooperation, Vertrauen und Macht eine zentrale soziologische Perspektive ein. Es soll abschließend gezeigt werden, dass sich diese Ebenen durch die gewählte relationale Betrachtung konsistent miteinander verbinden lassen. Abelshauser hat die These vertreten, dass beinahe alle ökonomischen Institutionen, die das deutsche Modell des Kapitalismus bis in die Gegenwart geprägt haben, im Kaiserreich geschaffen wurden. In dieser Studie wurde eine spezifische Institution, die für die Regulation kapitalistischer Marktsysteme eine besondere Bedeutung hat, untersucht, nämlich die Personalverflechtung der Großunternehmen. Der entfaltete Theorierahmen verortete diese Netzwerke a) auf der Makroebene in ihrem spezifischen historischen und sozio-kulturellen Kontext b) auf der Mesobene als institutionelle und funktionale Phänomene und c) auf der Mikroebene als Sozialkapitalressource einzelner Akteure und Akteursgruppen. Neben der Beschreibung der Struktur personaler Netzwerke am Beginn des 20. Jahrhunderts war das Ziel dieser Untersuchung die Rolle der Banken, die seit Hilferdings historischen Analysen zur Entstehung des Spätkapitalismus einen besonderen Stellenwert in der Diskussion hatten, im Prozess der Strukturbildung auszuleuchten. Nun werden die Teilergebnisse zusammengefügt, um abschließend die Frage nach der Macht der Banken als Kontrolleure aufzugreifen.

Erste wichtige Erkenntnisse liefert bereits die grundlegende Beschaffenheit der Verflechtung. Ist das Netzwerk zwischen Aufsichtsräten und Direktoren der Großunternehmen Ende des 19. Jahrhunderts in Deutschland noch dünngesät, so lässt sich in den Weimarer Jahren ein nachhaltiger Anstieg der Verflechtungsdichte nachweisen. Nicht nur Aktiengesellschaften haben sich als wirtschaftliche Organisationsform etabliert, sondern auch der Aufsichtsrat setzt sich durch, jedoch nicht ausschließlich als das vom Gesetzgeber vorgesehene Kontrollgremium, der Aufsichtsrat wird zum vernetzenden interkorporativen Instrument. Welche Erklärungen können hierfür angeboten werden? Und inwieweit sind es die Banken, die die Verflechtungen voranbringen? Auf die Banken im hier untersuchten Zeitraum konzentriert sich eine Vielzahl von Kontrollrechten. Das ist nicht zu bestreiten. Sie bestimmen über die Kreditvergabe, sie sind am Kapitalmarkt als Vermittler unentbehrlich und kontrollieren in Unternehmensnetzwerken eigene und fremde Eigentümerinteressen. Genau genommen ist es freilich unscharf von den Banken zu sprechen. Die Aussage gilt für die Berliner Großbanken. Wie in dieser Untersuchung gezeigt werden konnte, haben diese Banken, allen voran die Deutsche

Bank, deutlich höhere Chance als andere Unternehmen, über ihre Position im Netzwerk Einfluss zu nehmen. Das liegt insbesondere an ihren netzwerkaktiven Direktoren. Die Vergrößerung der Aufsichtsräte und die Zunahme multipler Direktoren sind allgemein ein starkes Indiz für einen wechselseitigen Koordinationseffekt der Großunternehmen. Die Strukturdaten lassen jedoch nicht den Schluss zu, dass dieser einer Logik der einseitigen Kontrolle folgt. Sie sprechen für reziproke Vernetzungsstrukturen zwischen Banken und Industrie. Oder um es mit einem Zitat von Scott auszudrücken, „if the banks colonized industry, then it is just as true to say that industry colonized the banks" (Scott 1987: 217 f). Also ebenso wie die Direktoren der Banken Netzwerkspezialisten sind, sind ihre Aufsichtsräte Treffpunkte für Manager. Es wurde nachgewiesen, dass in den Banken viele Informationen zusammen laufen und gesammelt werden. Sie bilden damit eine mächtige Schnittstelle im Informationsgefüge. In einem kurzlebigen Zeitraum politischer, sozialer und wirtschaftlicher Umbrüche wie dem untersuchten haben sie damit nicht nur Macht, sondern tragen auch eine große volkswirtschaftliche Verantwortung, günstige Entwicklungen voranzutreiben und ungünstige zu hemmen. Daraus wird aber nicht der Schluss gezogen, dass sie zum Puppenspieler werden, sondern vielmehr dafür argumentiert, dass ihre Rolle der eines Jongleurs selbstorganisierter Akteure gleicht. Die konzentrierten Großbanken, also Deutsche Bank, Dresdner Bank und Commerzbank führen diese engen Verflechtungen schließlich nicht nur auf der Ebene von Personalverflechtungen nach dem Ende des Zweiten Weltkriegs weiter. Sie werden zum zentralen „locus of private industrial policy in the postwar period" (Vitols 2001: 174). Damit zeichnet sich eine das 20. Jahrhundert bestimmende Entwicklung ab, denn schließlich einige Jahrzehnte darauf stehen Deutsche Bank, Allianz und Münchner Rückversicherung im Mittelpunkt der deutschen Kapitalverflechtung, sie sind zum Verflechtungszentrum der Deutschland AG geworden (vgl. Windolf 1997; Beyer 2003).

Abschließend werden nun auf drei Ebenen Schlussfolgerungen aus der Untersuchung gezogen. Als erstes werden die forschungsleitenden Hypothesen vor dem Hintergrund der Ergebnisse zusammenfassend evaluiert. Daran anschließend wird ein Erklärungsmodell entwickelt, welches in den multiplen Facetten personeller Unternehmensverflechtung die Bedingung der Möglichkeit erkennt, in gesamtgesellschaftlichen Zusammenhängen organisierend und koordinierend zu wirken. Und zuletzt wird der Makro-Rahmen geschlossen, in dem die Bedeutung kultureller Leitbilder als kontextuelle Trigger für die Aktivierung funktionaler Teilnetzwerke nochmals verdeutlicht wird. Auf allen drei Ebenen leiten sich Implikationen für Nachfolgeuntersuchungen ab.

Die Hypothesen

Es erhärtet sich der Eindruck, dass die 1920er Jahre – die Schlüsselperiode für die Entstehung konzentrierter Wirtschaftsstrukturen – auch die Formationsphase fester Netzwerkstrukturen zwischen den Großunternehmen sind. Die Untersuchung konnte damit die Ergebnisse von Windolf (vgl. Windolf 2006) mit weiterem Datenmaterial bekräftigen. Eine zusammenfassende Bewertung der Hypothesen fällt im Einzelnen unterschiedlich aus. Aus strukturellen Überlegungen heraus wurde erwartet, dass ein Zusammenhang zwischen dem Rückgang der Verflechtungsdichte und der Regulierung der Aufsichtsratsgröße besteht *(Hypothese 1)*. Das hat sich bestätigt. Die Zentralitätsanalysen in Kapitel 5 belegen, dass die Größe des Aufsichtsrates ein bedeutender erklärender Faktor für die Anzahl der Netzwerkpositionen ist. Ferner zeigt die Stabilitätsanalyse in Kapitel 6, dass eine Reduzierung der Aufsichtsratsgröße zu einer Verringerung von Verflechtungen führt. Entgegen der bis dahin waltenden Rechtstradition haben rechtliche Regulierungen nach der Bankenkrise Konzentrationstendenzen beschränkt.[189]

Betrachtet man die Verteilung der Beziehungen auf der Ebene der Unternehmen zeigt die Untersuchung, dass das soziale Kapital im Netzwerk der deutschen Großunternehmen äußerst ungleich verteilt ist. Wenige Unternehmen verfügen über sehr viele Beziehungen, viele Unternehmen über sehr wenige Beziehungen. Auch hier haben sich die Ergebnisse von Windolf (vgl. Windolf 2007) bestätigt. Die Vermutung, dass Banken im Netzwerk exponierte Positionen einnehmen, hat sich nur für die Teilmenge der Großbanken erhärtet *(Hypothese 2)*. Insbesondere die Betrachtung der gerichteten Verflechtungen macht deutlich, dass darin für diese Finanzunternehmen überdurchschnittliche Gelegenheitsstrukturen zur Einflussnahme gegeben sind. Zudem sind die Erwartungen in Hinblick auf eine Core-Peripherie Struktur des Netzwerks erfüllt worden. Das Verflechtungszentrum des Netzwerks zeichnet sich dabei insbesondere durch Mehrfachverflechtungen aus. Die strukturell bedeutenden Großunternehmen bilden einen Kern, welcher nach innen stark verflochten ist. Durch die Intensität der Beziehungen nach innen profitieren die *Core*-Unternehmen von den Vorteilen sozialer Einbettung. Durch lose Verflechtungen in die Peripherie schaffen sie sich wiederum Zugangsmöglichkeiten zu neuen Informationen und reduzieren Ressourcenabhängigkeit. Überkreuzverflechtungen sind allerdings entgegen den Erwartungen zwischen *Core* und Peripherie häufiger als im *Core*. Die Ungleichheit im Netzwerk verstärkt sich dadurch, dass eine zentrale Position Unternehmen im Hinblick auf die Anzahl ihrer (stabilen) Beziehungen immer reicher werden lässt. Der *Core* profitiert vom Matthäuseffekt. Zieht man zur Deutung der Ergebnisse einen Zustand heran, der ein ausgewogenes Verhältnis von engen und losen Beziehungen idealisiert (vgl. Uzzi 2001), setzen *Core*-Unternehmen die aus den Verflechtungen entstehenden Vorteile also optimal für sich ein. Die Großbanken gehören konsequent zu diesem strukturellen Kern des deutschen Unternehmensnetzwerks, aber keinesfalls sind allein Banken durch ihre strukturelle Position begünstigt. *Hypothese 3* kann also nur teilweise bestätigt werden. Core-Peripherie Analysen können

---

189 Ein ähnliches Beispiel ist im Zusammenhang mit der Kartellbildung zu erwähnen. 1923 wurde eine Verordnung gegen den Missbrauch wirtschaftlicher Machtstellung erlassen, die sogenannte Kartellverordnung. Der Grund lag in der Vorbereitung der Währungsreform. Allerdings war die Wirkung relativ gering, die Zahl der Kartelle reduzierte sich kaum (vgl. Schmidt 2005).

regionale Ungleichheiten mit hegemonialen Zügen aufzeigen, aber nicht die Dominanz einer einzelnen Branche.

Die Längsschnittanalyse hat verdeutlicht, dass im Netzwerk zwei Tendenzen zur gleichen Zeit beobachtbar sind: Stabilität und Erneuerung. Beide bringen spezifische Formen sozialen Kapitals hervor. Stabilität lässt starke Beziehungen wachsen und damit Gelegenheitsstrukturen für vertrauensbasierte Koordinations- und Kooperationsprozesse. Starke Beziehungen können auf Kooperationsbeziehungen aufgrund wechselseitiger Abhängigkeit aber ebenso auf Kontrollbeziehungen zurückgeführt werden. Dem *Core* des Netzwerks gelingt es darüber hinaus, sowohl aus den Vorteilen von kurzfristigen als auch langfristigen Verflechtungen zu schöpfen. Allein aus der Tatsache, dass *Core*-Unternehmen über eine größere Zahl an Beziehungen verfügen, können sie leichter auf einen Anteil daraus verzichten bzw. diese möglicherweise nach Effizienzkriterien durch neue ersetzen, ohne auf den Nutzen aus starken Beziehungen verzichten zu müssen. Erneuerung schafft Zugang zu neuen Informationsquellen und erhöht das Innovationspotential von Unternehmen. Die Analysen haben diesbezüglich ergeben, dass die Erneuerungsraten von Beziehungen im *Core* wesentlich höher sind als in der Peripherie. Der *Core* verfügt demnach ebenso über ein *Voice-* wie ein *Exit*-Netzwerk, während periphere Unternehmen strukturell stärker auf *Voice* ausgerichtet sind. In diesem beobachteten Verhältnis von *voice-* und *exit*-Chancen deutet sich eine Balance von Kooperation und Konkurrenz an.

Personellen Verflechtungen zwischen Finanz- und Nicht-Finanzunternehmen kommt eine Sonderrolle zu. Die Stabilitätsuntersuchung zeigt, dass Banken deutlich mehr *strong ties* haben. Dieses Sozialkapital bleibt bis zur Bankenkrise Anfang der 1930er Jahre stabil. Die Untersuchung der Stabilität macht aber deutlich, dass es nicht die sektorale Zugehörigkeit zum Bankensektor ist, die Stabilität erklärt, sondern die Position im *Core* des Netzwerks. Die Zugehörigkeit zum *Core* des deutschen Unternehmensnetzwerks eröffnet den Banken nicht nur kurzfristig Ressourcen, sondern langfristige Sozialkapitalreserven, die optimal ihren unternehmerischen Bedürfnissen angepasst sind.

Die Erwartungen über die Zentralität und Stabilität der Beziehungen nach den vier großen Bankenfusionen waren gespalten. Die Daten zeigen, dass diese Konzentrationsprozesse unter den Großbanken kaum Auswirkungen auf die Netzwerkpositionen haben. Die Anzahl gerichteter Verflechtungen von Deutscher Bank und Dresdner Bank bleiben von 1928 auf 1933 unverändert, nur ungerichtete Verflechtungen halbieren sich. In einer Hinsicht überrascht das Ergebnis, schließlich können Unternehmen nach diesen Fusionen in geringerem Ausmaß die Konkurrenz der Banken zu ihren Gunsten ausspielen. Dies würde für eine verstärkte Präsenz der Bankdirektoren in den Aufsichtsräten sprechen. Das Ausbleiben dieser Entwicklung lässt sich aber durch die Krisen der Zeit und die erfolgten Maßnahmen plausibel machen. Damit zusammenhängend fällt auch die Stabilität der Banken sehr unterschiedlich aus.

Die Einzelfallanalyse der Großbanken zeigt die Heterogenität der Bankinstitute und die Wechselseitigkeit der Beziehungen zwischen Banken und Industrieunternehmen.

Die Annahme einer sozialen Schließung der Bankaufsichtsräte hat sich eindeutig wider-
legt *(Hypothese 6)*. Die Bankaufsichtsräte werden von den Industriellen dominiert. Die
Vermutung, dass die Wahrscheinlichkeit eines Sitzes im Aufsichtsrat einer Großbank
vom Grad der Unternehmensverschuldung abhängt, hat sich auch nicht bestätigt *(Hypothese 7)*. Die Bankenmachtthese wird daher nur bedingt und mit großen Einschränkungen durch die Daten gestützt. Wenn überhaupt eine Bank ihre Position im Netzwerk der
Großunternehmen für sich als Machtressource zu eigen machen konnte, dann die Deutsche Bank.[190] Was allerdings nachgewiesen werden kann, ist ein positiver Zusammenhang zwischen der Unternehmensgröße und der Entsendung in den Aufsichtsrat der
Großbanken *(Hypothese 8)*. Auch dieses Ergebnis deutet auf Netzwerke wechselseitiger
Koordination der Großunternehmen hin.

Die Ergebnisse verknüpfen sich zu folgendem Resümee: Einen Teil der Netzwerkstrukturen kann das Finanzkontrollmodell erklären. Die beobachteten Netzwerkstrukturen weisen aber zu keinem Zeitpunkt Gelegenheitsstrukturen für eine einseitige
Herrschaftsbeziehung der Banken über die Industrie auf. Bis zu einem gewissen Ausmaß werden den Banken ausgeprägte Kontrollchancen nachgewiesen. Jedoch lassen
sich nicht alle Beziehungen zwischen Banken und Industrie und schon gar nicht das
Netzwerk als Ganzes auf diesen kontrollierenden Aspekt, auf Finanzkontrolle reduzieren. Beispielsweise ist die Präsenz von Unternehmern in den Bankaufsichtsräten auf
diese Weise nicht zu deuten. Es findet sich aber auch kein Beleg für die Alleingültigkeit
einer der anderen häufig diskutierten Erklärungen (Ressourcenabhängigkeit, Machtelite
etc.). Die Schlussfolgerung endet aber nicht bei der Negation des Finanzkontrollmodells,
es lassen sich für die Untersuchung weitere Ergebnisse ableiten. Sowohl die Verflech-
tungsverdichtung als auch die Stabilität von Teilen des Netzwerkes sprechen dafür, dass
ausreichend soziales Kapital aus diesen Beziehungen erwächst, um die Kosten der Verflechtung zu kompensieren. In Bezug auf Fragen nach der qualitativen Bedeutung der
Verflechtungen im beobachteten Gesamtnetzwerk bleiben die Ergebnisse notgedrungen
vage. Wie v. a. aus den Einzelfallbetrachtungen hervorgeht, werden einzelne dyadische
Verflechtungen in konkreten Situationen und zu einzelnen Zeitpunkten durchaus nut-
zenbringend eingesetzt. Im Einzelnen erfolgt dies aber sehr unterschiedlich. Abhängig
von konkreten Randbedingungen können die in den Aufsichtsräten hergestellten Kontakte bezogen auf unterschiedliche Personen(gruppen) zum Informationsaustausch, zur
Einflussnahme und Kontrolle auf die Geschäftstätigkeit oder zur Pflege gefestigter Vertrauensverhältnisse genützt werden. Mit einiger Plausibilität bestimmbar sind solche
intentionalen Strukturen für die gerichteten Vorstand-zu-Aufsichtsrat Verflechtungen.
Für die Tatsache, dass ein bestimmter Vorstand in den Aufsichtsrat eines Unternehmens kooptiert wird bzw. dieser eine solche Kooptation anstrebt, gibt es in den meisten

---

190 Und um an ein Zitat in der Einleitung anzuschließen, selbst deren Direktoren waren eher geneigt
   von der Kontrolle der Industrie über die Banken als von umgekehrten Verhältnissen zu sprechen
   (Riesser 1912 [1905]: 302).

Fällen ein Motiv z. B. das der Kontrolle von Eigentümerinteressen. Die Entsendung von Bankdirektoren in die Aufsichtsräte der Industrieunternehmen kann zeitweise mit einer Kontrolle von Geldflüssen einhergehen. Starke stabile Beziehungen können sowohl in Hinblick auf die Kontrolle knapper Ressourcen als auch mit einer Reduktion von Transaktionskosten durch vertrauensbildende Kooperation erklärt werden. Im Weiteren sind ungerichtete Verflechtungen eine Folge davon, dass Vorstände in den Aufsichtsräten von Unternehmen häufig auf andere Vorstände treffen, die in dieser Funktion als Aufsichtsrat tätig sind. Die Koinzidenz solcher gemeinsamer Positionen ist schließlich auch erst dafür verantwortlich, dass sich ein Netzwerk in der Dichte, wie sie beobachtet werden konnte, aufspannt. Die Nutzung dieser Beziehungen bleibt in den Erhebungen allerdings unterbestimmt.

Die bleibenden Lücken könnten durch weitere qualitative Auswertungen von Aufsichtsratsprotokollen und biographisch-historisch angelangten Untersuchungen zu Unternehmen und/oder Unternehmern und durch eine Auswertung von Archiv- und Primärquellen gefüllt werden. In Hinblick auf die Bank-Industrieverflechtungen müssten Überlappungen mit Kapitalverflechtungen systematisch überprüft werden, es müssten Hinweise auf Depotstimmrechtsübertragungen gesammelt und, nicht zuletzt, konkrete Beteiligungen bei der Aktienemission aufgefächert werden. Damit kann bereits das Feld für weitergehende Forschungen abgesteckt werden. Erst durch solche Nachfolgeuntersuchungen kann die Bedeutung einzelner Teilnetzwerke identifiziert und ihre Gewichtung im Gesamtnetzwerk vorgenommen werden.

Die zentrale Schlussfolgerung, die aus diesen Ergebnissen gezogen wird, ist, dass das Netzwerk als Ganzes ein Emergenzphänomen aus vielen unterschiedlichen Einzelentscheidungen und in dieser Hinsicht „multikausal und multifunktional" ist (Ziegler 1984: 586). Das daraus gewonnene soziale Kapital ist *multi-purpose money* (vgl. Windolf 2007).

Deutung auf der Mesoebene

Die in Netzwerken freigesetzte Dynamik ist kaum planbar. Ob überhaupt und wenn ja, welches funktionale Teilnetzwerk auf der Individualebene aktiviert wird, ist von Fall zu Fall verschieden. Es stellt sich damit die grundlegende Frage nach der Funktion, welche eine Institution erfüllt, die den Beteiligten wie im Falle personaler Unternehmensverflechtungen derart unspezifisches Sozialkapital bereitstellt.

Eine schlüssige Deutung kann durch die Verknüpfung der Sozialkapitalebene mit dem soziologischen Institutionalismus erreicht werden. Institutionalistische Ansätze zielen auf die koordinierenden und organisierenden Effekte von Netzwerkstrukturen. Eine zentrale soziologische Erkenntnis ist dabei, dass Netzwerke Sozialisierungsinstanzen sind, die Leitideen vermitteln. Dieses gemeinsame Fundament an Ideen und Praktiken regt damit Vergemeinschaftungsprozesse an. Dauerhafte Beziehungen schaffen eine Basis für Solidarität und Integration, helfen Interessensgegensätze auszubalancieren und anhaltend Kooperation zu fördern. Sie wirken ordnend. In dieser Hinsicht gehören Aufsichtsratsverflechtungen zu jenen Institution, denen bereits Durkheim und Schmoller weitreichende Integrations- und Steuerungsleistungen zusprechen.

Dieses Kernargument des soziologischen Institutionalismus kann nun um den Aspekt der Unspezifität angereichert werden. Zunächst einmal ist zu präzisieren, was darunter verstanden wird: Der Aufsichtsrat ist vom Gesetzgeber funktional zunächst als Kontrollinstrument determiniert. Das sich aufspannende Netzwerk ergibt sich erst aus dem Zusammentreffen einer Vielzahl von verschiedenen Personen unterschiedlicher Herkunft. Für diese bietet es Gelegenheitsstrukturen andere nicht näher definierte Relationen einzugehen. Aufgrund der informalen Natur des Netzwerks ist es nicht notwendig, dass schon im ersten Zusammentreffen in diesen Aufsichtsräten alle Entwicklungsmöglichkeiten feststehen. Die Ergebnisse der Untersuchung deuten darauf hin, dass der situativ realisierte soziale Sinn einzelner Beziehungen jeweils kontextabhängig ist und sich letztlich aus deren Gebrauch[191] ergibt: Rohstofflieferanten können um Rohstoffe, Abnehmer von Rohstoffen können um eine Erhöhung bzw. Stabilisierung von Handelsbeziehungen, Bankiers können um Geld umworben werden. Zu besonders prominenten Akteuren, häufig auch aktiven Vernetzern, können die Drähte heiß laufen, um an wichtige neue Informationen zu gelangen. Zwei Vertreter von Unternehmen können sich durch diesen Kontakt eine gemeinsame Strategie für die Verhandlung mit Gewerkschaft zurechtlegen und vieles mehr. Derart unspezifische Unternehmensnetzwerke eröffnen nach innen Gelegenheiten für zahlreiche Austauschbeziehungen, es spannen sich unter diesem Schirm verschiedene funktional spezialisierte Teilnetzwerke auf, die ihrem Sinn nach zeitlich variieren können. Die Funktion des Gesamtnetzwerkes dabei ist „Beziehungsarbeit" zu leisten. Die Kenntnis darüber, wie diese Gelegenheitsstrukturen genützt werden können, liefert dabei die im Netzwerk vermittelte Praxis. Der Aufsichtsrat wird also zum Generator für soziales Kapital, zum Sozialkapitalgenerator, und das gleich im doppelten Sinn: einmal als Sozialisationsinstanz, ein anderes Mal als Pool an Kontakten, die aktiviert werden können. Die damit ermöglichten sozialen Beziehungen öffnen potentiell den Zugang zu ganz verschiedenen Sozialkapitalressourcen. Die zentralen Erklärungsansätze für Motive in der Anbahnung und dem Nutzen aus Kontakten wurden unter den Kategorien Information, Kontrolle, Vertrauen und Solidarität zusammengefasst. Jene vier Kategorien verdeutlichten die Breite und Differenziertheit der möglichen Bedeutung dieser Beziehungen für die Unternehmen vorweg.

Dieser unspezifische Charakter der Netzwerke hat aber auch eine paradoxe Seite. Netzwerke folgen, wie hier argumentiert wird, nicht der mit der funktionalen Ausdifferenzierung der Unternehmensorgane einhergehenden Logik der Spezialisierung. Der

---

191 Hier wird in der Begriffswahl an eine sprachphilosophische Tradition angeknüpft (vgl. Wittgenstein 1995).

allgemeine evolutionäre Trend des sozialen Wandels zur funktionalen Differenzierung und Spezialisierung wird damit gerade in sein Gegenteil verkehrt. In dieser funktionalen Unspezifität ähnelt das Netzwerk, um eine alte Metapher zu bemühen, einer menschlichen Hand (vgl. Kant 1977 [1798]). Wie sich Unterschiedlichstes „handhaben" lässt, kann Vernetzung zu verschiedenen Dingen genützt werden. Je nach Kontext, ebenso abhängig von individuellen Handlungsspielräumen wie von situativen Zwängen, können die in den Aufsichtsräten geknüpften Kontakte für viele unterschiedliche Dinge eingesetzt werden. Diese Treffen sind dabei entlastet vom Zwang ausschließlich für die Anbahnung neuer Geschäfte oder die Sicherung zusätzlicher Kredite oder anderem eingesetzt zu werden. Mehrmals jährlich stattfindende Sitzungen gewähren jedoch die Sicherheit, dass diese Gelegenheiten regelmäßig wiederkehren. Sie sind institutionalisiert.

Bereichert um diese Betrachtungsweise erlangen Aufsichtsratsverflechtungen als Koordinationsinstrument einen substantiell erweiterten Gehalt. Der besondere Vorteil der De-Spezialisierung ist die damit verbundene Flexibilität, die sowohl in Markt- oder Hierarchiebeziehungen hineinzuwirken vermag als sich auch in jene Formen transformieren kann. Trotz der fehlenden Spezialisierung ist Netzwerksteuerung gegenüber anderen Koordinationsformen dann effizient, wenn aufgrund allgemeiner Unsicherheit oder wechselnder externer Einflüsse funktionale Anpassungsfähigkeit von Vorteil ist. Und die Anpassung an sich wechselnde Anforderungen scheint gerade ein Grundmerkmal von ihrem Sinngehalt nach nicht festgelegten Netzwerkrelationen zu sein.[192] Damit wird nochmals klarer, warum Netzwerkkoordination nicht losgelöst von Märkten oder Hierarchien steht, sondern diese Organisationsformen des wirtschaftlichen Tausches übergreift. Der Koordinationsvorteil der Unspezifität – gerade unter Unsicherheit – wurde damit als ein weiteres Ergebnis herausgestellt.

Aber wie kann dies nun mit den individuellen Intentionen verknüpft werden? Oder spielt die Intentionalität gar keine Rolle für die Verflechtung? In der vorliegenden Arbeit sind die untersuchten Akteure Unternehmen bzw. deren Repräsentanten (Vorstände und Direktoren). Es wird davon ausgegangen, dass die Entsendung und Kooptation

---

192 In der Entwicklungsbiologie wird ein ähnliches Phänomen unter dem Begriff „Ent-Spezialisierung" erfasst. Darunter wird eine organische Ausdifferenzierung ohne funktionale Spezialisierung verstanden. Dieses Phänomen zeichnet sich dadurch aus, dass in ihm „ein allgemeiner Trend der Evolution geradezu in sein Gegenteil verkehrt [… wird], nämlich der Trend zur Spezialisierung der organischen Ausstattung zwecks Anpassung an eine gegebene Umwelt." Als Beispiele für entspezialisierte Organe werden im entwicklungsbiologischen Kontext die Hand und das Gesicht angeführt. Im Hinblick auf die biologische Evolution haben diese entspezialisierten Organe v. a. eine Entlastungsfunktion. Das Fehlen einer funktionalen Festlegung ist in diesem Sinne gerade kein Mangel, sondern ein evolutionärer Vorteil. „Entspezialisierung erwies sich […] nicht als negatives Moment, sondern als eine höchst fruchtbare Quelle neuer Fähigkeiten, die durch ein Gehirn gewährleistet werden, das instandgesetzt ist, angemessenes Verhalten in selbstregulierten Instruktionen zu erlernen" (Oser/ Seitelberger 1988: 28 f.). Da dem Begriff der Entspezialisierung aber so etwas wie eine zeitlich vorangegangene Spezialisierung anhaftet, die wieder aufgehoben wurde, wird hier von De-Spezialisierung gesprochen.

von Vorständen in Aufsichtsräte intentional erfolgt und die untersuchten Akteure damit spezifische Interessen verfolgen. Wie bereits vorliegende Untersuchungen zeigen konnten (vgl. Windolf 2006), spannt sich das Netzwerk zwischen den Großunternehmen aber v. a. durch die Koinzidenz des Zusammentreffens mit anderen Vorständen in eben jenen Aufsichtsräten auf. Der Großteil der Verflechtungen ist indirekter Natur. Für die Analyse der Netzwerkstrukturen spielt das hier insofern eine untergeordnete Rolle, als Netzwerke als Strukturen begriffen werden können, die unabhängig von den individuellen Motiven oder Zielen der Akteure institutionell einflussreich sind. Die individuellen Anreize für Verflechtungen sind somit letztlich nicht unbedingt ausschlaggebend dafür, wozu Beziehungen situativ genutzt werden. Die fehlende Spezialisierung macht aber keinen Unterschied für die Tatsache, dass diese Gelegenheitsstrukturen zwischen Unternehmen ungleich verteilt sein können (vgl. auch Windolf 2007). Trotz des informalen Charakters der (indirekten) Beziehungen ziehen Netzwerke eine klare Grenze. Das Fehlen von Beziehungen hat Konsequenzen für Unternehmen, es exkludiert sie von den generierten Gelegenheitsstrukturen. Umgekehrt addiert sich die Anzahl hergestellter Beziehungen zu mobilisierenden Ressourcen. Aus der Perspektive der entsendenden Unternehmen erfolgt die Verteilung der Positionen nach bestimmten Kriterien. Damit wird ein sozialer Selektionsprozess in Gang gesetzt, der zu einer Konzentration von Sozialkapital führen kann. Denn auch kooptierende Unternehmen verfügen über eine bedeutende Machtquelle. Sie entscheiden, wer die vorhandenen Positionen einnehmen darf. Je mehr Positionen Aufsichtsräte einnehmen, desto mehr Ressourcen bringen sie in die Aufsichtsräte, in die sie kooptiert werden. Viele Positionen machen Aufsichtsräte für Unternehmen also attraktiv, man ist eher geneigt ihnen weitere Positionen anzubieten. Wer hat, dem wird gegeben, heißt es im Matthäusevangelium (vgl. Merton 1985 für eine soziologische Beschreibung dieses Effekts). Dadurch entsteht eine Kontrolle zweiter Ordnung. Je exklusiver die Verteilung der Netzwerk Positionen ist, umso mehr monopolisiert sich einfache Kontrolle zur Kontroll-Kontrolle, wie im vorliegenden Fall bei den Großbanken. Bestehende Beziehungen stabilisieren sich zu reziprok rekursiven Vertrauens- und/oder Kontrollnetzwerken, die ständig neue Beziehungen quasi zu sich selbst herstellen. Damit erklärt sich auch das Interesse an Verflechtung allgemein.

Der vorliegende Erklärungsansatz ist erst in rudimentärer Form ausgearbeitet und noch weiter einzubetten. Es soll aber bereits herausgestellt werden, worin die Vorteile für die weitere theoretische Modellierung liegen, personelle Verflechtungen zwischen Großunternehmen als eine de-spezialisierte Organisationsform zu betrachten. Zum einen wird damit die Bedeutungsebene von Netzwerken in den Vordergrund gestellt. In der aktuellen Theoriediskussion wird die Notwendigkeit hierfür ausdrücklich betont (vgl. Fuhse/Mützel 2010). Relationen zwischen Akteuren sind keine sinnfreien Strukturen und lassen sich nur partiell funktional reduzieren. Aber welche Auswirkungen hat das auf die Theoriebildung? Verschiedene Theorien, die sich auf die tatsächlich aktivierten Sozialkapitalressourcen beziehen, konkurrieren damit nicht länger um Erklärungskraft, sondern leisten gerade einen Beitrag zur Identifizierung von spezifi-

schen Teilnetzwerken. In dieser Hinsicht lehnt sich dieser theoretische Ansatz natürlich an bestehende Konzeptionen an. Auf Multi-Kausalität und Multi-Funktionalität
von Netzwerken wurde schon von anderer Stelle hingewiesen (vgl. Ziegler 1984). Trotz-
dem wird häufig vom Netzwerk als Gelegenheitsstruktur, ein anderes Mal von spezia-
lisierten Teilnetzwerken gesprochen, wie wenn sich darin dasselbe Netzwerk abbilden
würde. Die betrachteten Relationen sind allerdings alles andere als identisch. Mit dieser
Untersuchung wird auf die Wichtigkeit dieser Unterscheidung hingewiesen. Damit wird
ein wichtiger Beitrag zu einer präziseren Netzwerksemantik geleistet. Um Integrations-
und Steuerungspotentiale zu untersuchen, spielt es keine Rolle personelle Verflechtung
als allgemeine Oberkategorie für funktional verschiedene Teilnetzwerke zu betrachten.
Ausgehend von einer De-Spezialisierung können Erklärungsansätze, die sich auf unterschiedliche Funktionen der Teilnetzwerke beziehen, dadurch unter ein gemeinsames
theoretisches Dach gestellt werden.

Zum anderen wird durch diese Perspektive herausgestellt, wie sich Mechanismen,
die auf verschiedenen Ebenen wirksam werden, zu einer Verknüpfung von Mikro-,
Meso- und Makroebene modellieren lassen. Was aus der Perspektive des Akteurs als
Sozialkapital fassbar wird, ist auf der Mesoebene als eine Institution zu begreifen, die
durch ihre Despezialisierung eine erhöhte Umweltanpassung erreicht. Und schließlich
bildet der Blick darauf, unter welchen kulturellen Voraussetzungen und in Anbetracht
welcher institutioneller Wechselwirkungen de-spezialisierte Netzwerke funktional aktiviert werden können, den Makrorahmen. Mit diesem Ergebnis knüpft die Arbeit auch
an die kulturelle Wende in der Netzwerkforschung an (vgl. Fuhse/Mützel 2010). Das soll
insbesondere nochmals im letzten Abschnitt dargelegt werden.

Kulturelle Selektion

Das letzte Argument, welches hier entwickelt wird, greift nochmals die Pfadperspektive.
Personelle Verflechtungen zwischen Unternehmen als de-spezialisierte Organisationsformen zu betrachten, ist nicht nur von theoretischem Interesse, sondern ermöglicht
es, den Erfolg von Unternehmensverflechtung in Deutschland am Beginn des 20. Jahrhunderts besser zu erklären. Eine Fragestellung, die im Zusammenhang mit dem institutionellen Charakter dieses Netzwerks nämlich noch diskutiert werden muss, ist die,
unter welchen institutionellen Voraussetzungen de-spezialisierte Netzwerke überhaupt
anschlussfähig sind. Das Problemlösungspotential von de-spezialisierten Netzwerken
verschiebt sich als Institution ja zurück auf die Akteursebene. Warum reproduzieren sie
sich insgesamt, wenn nicht durch ihre Funktionalität? De-Spezialisierung muss nicht
unbedingt einen Nachteil darstellen, ganz im Gegenteil, sie erweist sich als fruchtbare
Quelle in solchen sozialen Systemen, die bereits einen Selbstregulationsmechanismus
implementiert haben. Das gibt eine tiefer greifende Erklärung für national variieren-

de Verflechtungsstrukturen. Netzwerke werden dort verstärkt selektiert, wo Akteure erlernte Strategien besitzen, auch Nutzen aus unspezifischen Netzwerkpotentialen zu schöpfen. De-spezialisierte Netzwerke sind dabei insbesondere anschlussfähig an Organisationsformen, die weder durch strenge Hierarchien, noch durch Konkurrenz dominiert werden.

Zwischen den personellen Verflechtung deutscher Aktiengesellschaften und anderen Institutionen des organisierten bzw. kooperativen Kapitalismus, wie er in Deutschland das 20. Jahrhundert über vorherrschend ist, gibt es eine bestechende Strukturähnlichkeit. Kapitalverflechtungen, Kartelle und die Organisation von Wirtschaftsverbänden folgen alle derselben Leitidee, nämlich der Regulierung von Konkurrenz. Es überrascht daher nicht, wenn für die Fortdauer dieser Institutionen mit positiven Rückkopplungseffekten innerhalb eines Entwicklungspfads argumentiert wird. Allerdings birgt diese Erklärung die Gefahr eines institutionellen Determinismus in sich, wogegen inhaltlich spricht, dass Aufsichtsratsverflechtungen (im Gegensatz zum Aufsichtsratsmandat selbst) höchst informelle Beziehungen sind, die nicht von einer übergeordneten Instanz gesteuert werden können. Woran orientieren sie sich? Ein gewichtiger Faktor ist auf jeden Fall die deutsche Rechtstradition, die Verflechtungen bis zur Bankenkrise 1931 unreguliert lässt, und auch danach nur moderat einschränkt. Die diesbezüglichen Regulierungen in den USA sind viel schärfer. Ist der Verweis auf die Rechtstradition aber ausreichend, um die nationalen Unterschiede in der Gestaltung dieses organisationalen Feldes zu erklären? Müssten die Kräfte, die von den einzelnen Interessensgruppen ausgehen, nicht zu ähnlichen Organisationsmustern führen? Abgesehen von der Gefahr von falschen Voraussetzungen auszugehen, in Folge verschiedener Eigentumsverhältnisse und einer anderen Finanzarchitektur ähneln deutsche Interessensgruppen wenig den US-amerikanischen, vernachlässigt diese Sichtweise, dass kulturelle Leitbilder auch auf der Handlungsebene Einfluss nehmen.

Aufsichtsratsverflechtungen kommt keine spezifische Funktion zu. Warum „überleben" sie in Deutschland? Was sind die institutionellen Voraussetzungen für die Anschlussfähigkeit de-spezialisierter Netzwerke? Hier soll ein Deutungsangebot formuliert werden. Es ist nicht unwahrscheinlich, dass Teile der beobachten Verflechtungen zufällig entstehen. Als de-spezialisierte Institution ist das Netzwerk anpassungsfähig, es setzt jedoch eine hohe Selbstorganisationsfähigkeit der Akteure voraus, um permanent Anpassung zu leisten. In Deutschland sind es nun gerade jene selbstregulativen auf Interessensausgleich ausgerichteten Kräfte der Korporationen, die auch in anderen Bereichen als der personellen Verflechtung anhaltend selektiert werden (in Kartellen, Verbänden etc.). Modernisierung von oben heißt im Kaiserreich in Deutschland eben nicht ständige Intervention, sondern es wurde ein Klima geschaffen, das selbstorganisierte Regulation begünstigt hat, wodurch Prozesse der Selbststeuerung positiv verstärkt wurden. Es ist einleuchtend, dass diese Sozialisationserfahrungen prägen und eine Umwelt schaffen, in der de-spezialisierte Netzwerke komparative Stärken entwickeln können.[193] Nur auf der Basis vorausgegangener Lernprozesse lässt sich das Netzwerkkapital erkennen und aktivieren. Darin bestand die unternehmerische Leistung der Manager und Aufsichtsräte der großen deutschen Aktiengesellschaften. Zu Sozialisierungsinstanzen für „angemessenes Verhalten" in Netzwerken werden einerseits die direkten face-to-face Interaktionen in den einzelnen Aufsichtsratskontexten, andererseits verstärkende Mechanismen und Lerneffekte aus den rahmenden Institutionen, in denen diese Netzwerke eingebettet sind. Netzwerke werden damit *bottom up* und *top down* „instruiert". Die Bereitstellung unterschiedlicher Sozialkapitalressourcen allein ist schließlich nicht ausreichend für die Reproduktion dieser Strukturen, dafür bedarf es der Selbststeuerungsfähigkeit. Diese muss dabei also als ein wichtiges Element dafür hervorgehoben werden, dass die Potentiale der De-Spezialisierung auch aktiviert werden können. Darin liegt der kulturelle Selektionsvorteil des deutschen Produktionsregimes.

---

193 Letztlich verstärken Netzwerke komplementär zu anderen Institutionen die Effizienz von auf wechselseitiger Koordination beruhenden Produktionsregimen. In umgekehrter Weise wird die Ausbildung von Unternehmensnetzwerken durch koordinierende Institutionen wie Kartelle gefördert.

Anhang

Tabelle 40   Kohäsionsmaße nach Friedkin (1981) (Zufallsgenerierte Graphen)

	Random1896 (N = 156)	Random1913 (N = 321)	Random1928 (N = 365)	Random1934 (N = 388)
Verbundenheit	99.36 %	100 %	100 %	100 %
Durchschnittliche Geodesic (in Pfadlängen)	3.2	2.3	1.9	2.0
Diameter (in Pfadlängen)	6.0	4.0	3.0	3.0
Akteure nicht involviert in Triaden* %	41.03 %	keine	keine	keine
Durchschnitt Anzahl Triaden*	0.5	8.8	108.1	30.9
Dichte (fixiert)	3.4 %	5.5 %	11.8 %	7.6 %

* Grundlage der Berechnung sind die symmetrischen dichotomen Beziehungen zwischen den Unternehmen. Die Richtung der Beziehung wurde nicht berücksichtigt.

Tabelle 41   Variablenüberblick 1896

	Mittelwert	Standardabweichung	Beobachtungen
Abhängige Variablen			
Verflechtungen			
Aufsichtsrat-zu-Aufsichtsrat	4.8	5.3	156
Vorstand-zu-Aufsichtsrat	0.9	1.9	156
Vorstand-in-Aufsichtsrat	0.9	1.2	156
Unabhängige Variablen			
Branchen (Dummyvariablen)			
Banken			30 (19 %)
Banken (ohne Großbanken			21 (13 %)
Metallindustrie			30 (19 %)
Bergbau			17 (11 %)
Chemische Industrie			21 (13 %)
Elektrizitätswerke			2 (1 %)
Unternehmensmerkmale			
Bilanzsumme (in Mrd. Reichsmark)	0.06	0.1	141
Personen im Vorstand	2.9	2.4	154
Personen im Aufsichtsrat	6.6	4.2	144
Bankiers im Aufsichtsrat	0.6	1.0	156

Quelle: Hoppenstedt 1896

Tabelle 42   Determinanten für *Degree*-Zentralität 1896
                  (Poisson Regressionen°)

	Aufsichtsräte in Aufsichtsräten			
	Modell 1	Modell 2	Kontrolle 1	Kontrolle 2
Branchenzugehörigkeit[++]				
Banken	0.537***	0.275*		
Banken ohne Großbanken			0.442***	0.342*
Metallindustrie	0.158	0.074	0.158	0.073
Bergbau	−0.057	−0.313**	−0.057	−0.312**
Chemische Industrie	0.179	0.164	0.179	0.155
Elektrizitätswerke	1.144***	−0.038	1.144***	−0.046
Größe:				
Bilanzsumme (in Mrd. RM)		−1.399***		−1.814***
Direktorium (N):				
Aufsichtsrat		0.138***		0.143***
Anzahl Bankiers im Aufsichtsrat		0.741***		0.746***
Interaktionseffekt (Personen*Bankiers im AR)		−0.044***		−0.045***
Konstant	1.459***	0.315***	1.459***	0.285**
N	140	140	131	131
Mc Fadden's Pseudo R^2 °°	0.05	0.33	0.04	0.32
LL(0)	−534.67	−534.67	−492.22	−492.22
LR chi²(df)	50.89	357.03	36.11	319.86
df	5.00	9.00	5.00	9.00
Prob > chi²	0.00	0.00	0.00	0.00

*** p-Wert ≤ 0.01   ** p-Wert ≤ 0.05   * p-Wert ≤ 0.1 (zweiseitiger Test)

° Positive Koeffizienten bedeuten, dass Unternehmen mit diesem Merkmal einen höheren Verflechtungsmittelwert haben bzw. die Wahrscheinlichkeit für Unternehmen mit diesem Merkmal mehr Verflechtungen zu haben höher ist.

°° McFaddens Pseudo R^2 misst den Erklärungswert des Modells. Dieser Modellparameter bezieht sich auf die Pseudo-Likelihood Funktion und ist daher nur bedingt mit dem R^2 aus der OLS-Regression vergleichbar. Die Werte liegen im Bereich 0 bis 1. Je näher der Wert bei 1 liegt, desto höher ist der Erklärungswert des angepassten Modells gegenüber dem Nullmodell.

[++] Referenzkategorie: alle anderen Branchen

Tabelle 43   Determinanten für Indegree-Zentralität 1896 (Poisson Regressionen°)

	Vorstände im Aufsichtsrat			
	Modell 1	Modell 2	Kontrolle 1	Kontrolle 2
Branchenzugehörigkeit⁺⁺				
Banken	0.258	0.059		
Banken ohne Großbanken			0.011	−0.222
Metallindustrie	0.624**	0.552**	0.624**	0.548**
Bergbau	0.658**	0.402	0.658**	0.402
Chemische Industrie	0.174	0.357	0.174	0.379
Elektrizitätswerke	1.484***	−0.041	1.484***	−0.033
Größe:				
Bilanzsumme (in Mrd. RM)		−0.424		0.259
Direktorium (N):				
Aufsichtsrat		0.134***		0.121***
Anzahl Bankiers im Aufsichtsrat		0.983***		0.955***
Interaktionseffekt (Personen*Bankiers im AR)		−0.050***		−0.046**
Konstant	−0.386**	−1.846***	−0.386**	−1.779***
N	140	140	131	131
Mc Fadden's Pseudo R^2 °°	0.04	0.30	0.04	0.31
LL(0)	−194.04	−194.04	−180.34	−180.34
LR chi²(df)	14.95	115.22	16.05	111.38
df	5.00	9.00	5.00	9.00
Prob > chi²	0.01	0.00	0.01	0.00

*** p-Wert ≤ 0.01   ** p-Wert ≤ 0.05   * p-Wert ≤ 0.1 (zweiseitiger Test)

° Positive Koeffizienten bedeuten, dass Unternehmen mit diesem Merkmal einen höheren Verflechtungsmittelwert haben bzw. die Wahrscheinlichkeit für Unternehmen mit diesem Merkmal mehr Verflechtungen zu haben höher ist.

°° McFaddens Pseudo R^2 misst den Erklärungswert des Modells. Dieser Modelparameter bezieht sich auf die Pseudo-Likelihood Funktion und ist daher nur bedingt mit dem R^2 aus der OLS-Regression vergleichbar. Die Werte liegen im Bereich 0 bis 1. Je näher der Wert bei 1 liegt, desto höher ist der Erklärungswert des angepassten Modells gegenüber dem Nullmodell.

⁺⁺ Referenzkategorie: alle anderen Branchen

Tabelle 44   Variablenüberblick 1914

	Mittelwert	Standardabweichung	Beobachtungen
Abhängige Variablen			
Verflechtungen			
Aufsichtsrat-zu-Aufsichtsrat	20.1	24.7	321
Vorstand-zu-Aufsichtsrat	1.7	5.3	321
Vorstand-in-Aufsichtsrat	1.7	2.3	321
Unabhängige Variablen			
Branchen (Dummyvariablen)			
Bank			47 (15 %)
Bank ohne Großbanken			38 (12 %)
Metallindustrie			43 (13 %)
Bergbau			30 (9 %)
Chemische Industrie			46 (14 %)
Elektrizitätswerke			12 (4 %)
Unternehmen			
Bilanzsumme (in Milliarden Reichsmark)	0.1	0.2	283
Personen im Vorstand	4.0	4.1	321
Personen im Aufsichtsrat	9.3	5.7	313
Bankiers im Aufsichtsrat	0.8	1.3	295

Quelle: Hoppenstedt 1914

Tabelle 45 Determinanten für *Degree*-Zentralität (Poisson Regressionen°)

	Aufsichtsräte in Aufsichtsräten			
	Modell 1	Modell 2	Kontrolle 1	Kontrolle 2
Branchenzugehörigkeit⁺⁺				
Banken	0.533***	−0.188***		
Banken ohne Großbanken			0.256***	−0.417***
Metallindustrie	0.261***	0.067	0.261***	0.068
Bergbau	0.482***	0.172***	0.482***	0.149***
Chemische Industrie	0.099**	0.230***	0.099**	0.260***
Elektrizitätswerke	0.943***	0.636***	0.943***	0.648***
Größe:				
Bilanzsumme (in Mrd. RM)		−0.034		0.550***
Direktorium (N):				
Aufsichtsrat		0.094***		0.092***
Anzahl Bankiers im Aufsichtsrat		0.428***		0.440***
Interaktionseffekt (Personen*Bankiers im AR)		−0.012***		−0.012***
Konstant	2.787***	1.559***	2.787***	1.526***
N	283	283	274	274
Mc Fadden s Pseudo R^2 °°	0.06	0.52	0.05	0.51
LL(0)	−3388.66	−3888.66	−3679.04	−3679.04
LR chi²(df)	470.17	4031.26	371.95	3780.95
df	5.00	9.00	5.00	9.00
Prob > chi²	0.00	0.00	0.00	0.00

*** p-Wert ≤ 0.01   ** p-Wert ≤ 0.05   * p-Wert ≤ 0.1 (zweiseitiger Test)

° Positive Koeffizienten bedeuten, dass Unternehmen mit diesem Merkmal einen höheren Verflechtungsmittelwert haben bzw. die Wahrscheinlichkeit für Unternehmen mit diesem Merkmal mehr Verflechtungen zu haben höher ist.

°° McFaddens Pseudo R^2 misst den Erklärungswert des Modells. Dieser Model parameter bezieht sich auf die Pseudo-Likelihood Funktion und ist daher nur bedingt mit dem R^2 aus der OLS-Regression vergleichbar. Die Werte liegen im Bereich 0 bis 1. Je näher der Wert bei 1 liegt, desto höher ist der Erklärungswert des angepassten Modells gegenüber dem Nullmodell.

⁺⁺Referenzkategorie: alle anderen Branchen

Tabelle 46   Determinanten für *Indegree*-Zentralität (Poisson Regressionen°)

	Vorstände im Aufsichtsrat			
	Modell 1	Modell 2	Kontrolle 1	Kontrolle 2
Branchenzugehörigkeit⁺⁺				
Banken	0.320**	−0.346*		
Banken ohne Großbanken			0.060	−0.352*
Metallindustrie	−0.029	−0.169	−0.029	−0.138
Bergbau	0.020	−0.292	0.020	−0.254
Chemische Industrie	0.105	0.330**	0.105	0.335**
Elektrizitätswerke	0.933***	0.589***	0.933***	0.603***
Größe:				
Bilanzsumme (in Mrd. RM)		−0.068		−0.265
Direktorium (N):				
Aufsichtsrat		0.099***		0.091***
Anzahl Bankiers im Aufsichtsrat		0.605***		0.603***
Interaktionseffekt (Personen*Bankiers im AR)		−0.017***		−0.016***
Konstant	0.411***	−1.093***	0.411***	−1.024***
N	283	283	274	274
Mc Faddens Pseudo R² °°	0.03	0.38	0.02	0.38
LL(0)	−596.20	−596.20	−563.34	−563.34
LR chi²(df)	31.01	455.29	27.69	423.48
df	5.00	9.00	5.00	9.00
Prob > chi²	0.00	0.00	0.00	0.00

*** p-Wert ≤ 0.01   ** p-Wert ≤ 0.05   * p-Wert ≤ 0.1 (zweiseitiger Test)

°Positive Koeffizienten bedeuten, dass Unternehmen mit diesem Merkmal einen höheren Verflechtungsmittelwert haben bzw. die Wahrscheinlichkeit für Unternehmen mit diesem Merkmal mehr Verflechtungen zu haben höher ist.

°° McFaddens Pseudo R² misst den Erklärungswert des Modells. Dieser Modellparameter bezieht sich auf die Pseudo-Likelihood Funktion und ist daher nur bedingt mit dem R² aus der OLS-Regression vergleichbar. Die Werte liegen im Bereich 0 bis 1. Je näher der Wert bei 1 liegt, desto höher ist der Erklärungswert des angepassten Modells gegenüber dem Nullmodell.

⁺⁺Referenzkategorie: alle anderen Branchen

Tabelle 47   Variablenüberblick 1928

	Mittelwert	Standardabweichung	Beobachtungen
Abhängige Variablen			
Verflechtungen			
Aufsichtsrat-zu-Aufsichtsrat	59.5	64.0	365
Vorstand-zu-Aufsichtsrat	3.8	9.6	365
Vorstand-in-Aufsichtsrat	3.8	3.9	365
Unabhängige Variablen			
Branchen (Dummyvariablen)			
Bank			59 (16 %)
Bank ohne Großbanken			52 (14 %)
Metallindustrie			37 (10 %)
Bergbau			33 (9 %)
Chemische Industrie			22 (6 %)
Elektrizitätswerke			48 (13 %)
Unternehmen			
Bilanzsumme (in Milliarden Reichsmark)	0.2	1.5	361
Personen im Vorstand	5.4	6.6	365
Personen im Aufsichtsrat	16.5	11.6	365
Bankiers im Aufsichtsrat	1.5	1.9	365

Quelle: Hoppenstedt 1928

Tabelle 48   Determinanten für *Degree*-Zentralität (Poisson Regressionen°)

	Aufsichtsräte in Aufsichtsräten			
	Modell 1	Modell 2	Kontrolle 1	Kontrolle 2
Branchenzugehörigkeit[++]				
Banken	0.262***	−0.244***		
Banken ohne Großbanken			0.088***	−0.346***
Metallindustrie	0.696***	0.578***	0.696***	0.577***
Bergbau	0.584***	0.393***	0.584***	0.393***
Chemische Industrie	0.411***	−0.024	0.411***	−0.030
Elektrizitätswerke	0.203***	−0.122***	0.203***	−0.084***
Größe:				
Bilanzsumme (in Mrd. RM)		0.045***		0.044***
Direktorium (N):				
Aufsichtsrat		0.038***		0.036***
Anzahl Bankiers im Aufsichtsrat		0.341***		0.348***
Interaktionseffekt (Personen*Bankiers im AR)		−0.005***		−0.005***
Konstant	3.839***	2.838***	3.839***	2.851***
N	361	361	354	354
Mc Faddens Pseudo R^2 [°°]	0.06	0.52	0.07	0.52
LL(0)	−11 165.25	−11 165.25	−10 787.92	−10 787.92
LR chi²(df)	1430.46	11 661.17	1491.70	11 252.00
df	5.00	9.00	5.00	9.00
Prob > chi²	0.00	0.00	0.00	0.00

*** p-Wert ≤ 0.01   ** p-Wert ≤ 0.05   * p-Wert ≤ 0.1 (zweiseitiger Test)

° Positive Koeffizienten bedeuten, dass Unternehmen mit diesem Merkmal einen höheren Verflechtungsmittelwert haben bzw. die Wahrscheinlichkeit für Unternehmen mit diesem Merkmal mehr Verflechtungen zu haben höher ist.

°° McFaddens Pseudo R^2 misst den Erklärungswert des Modells. Dieser Modellparameter bezieht sich auf die Pseudo-Likelihood Funktion und ist daher nur bedingt mit dem R^2 aus der OLS-Regression vergleichbar. Die Werte liegen im Bereich 0 bis 1. Je näher der Wert bei 1 liegt, desto höher ist der Erklärungswert des angepassten Modells gegenüber dem Nullmodell.

++ Referenzkategorie: alle anderen Branchen

Tabelle 49   Determinanten für *Indegree*-Zentralität (Poisson Regressionen°)

	Vorstände im Aufsichtsrat			
	Modell 1	Modell 2	Kontrolle 1	Kontrolle 2
Branchenzugehörigkeit[++]				
Banken	0.378***	−0.063		
Banken ohne Großbanken			0.168*	−0.263***
Metallindustrie	0.415***	0.299***	0.415***	0.299***
Bergbau	0.397***	0.219**	0.397***	0.219**
Chemische Industrie	0.614***	0.203*	0.614***	0.189*
Elektrizitätswerke	0.805***	0.601***	0.805***	0.659***
Größe:				
Bilanzsumme (in Mrd. RM)		−0.002		−0.023
Direktorium (N):				
Aufsichtsrat		0.031***		0.027***
Anzahl Bankiers im Aufsichtsrat		0.336***		0.349***
Interaktionseffekt (Personen*Bankiers im AR)		−0.005***		−0.005***
Konstant	1.004***	0.138**	1.004***	0.164**
N	361	361	354	354
Mc Fadden's Pseudo R^2 [°°]	0.05	0.29	0.06	0.30
LL(0)	−1128.16	−1128.16	−1085.40	−1085.40
LR chi^2(df)	120.22	658.79	122.74	642.30
df	5.00	9.00	5.00	9.00
Prob > chi^2	0.00	0.00	0.00	0.00

*** p-Wert ≤ 0.01   ** p-Wert ≤ 0.05   * p-Wert ≤ 0.1 (zweiseitiger Test)

° Positive Koeffizienten bedeuten, dass Unternehmen mit diesem Merkmal einen höheren Verflechtungsmittelwert haben bzw. die Wahrscheinlichkeit für Unternehmen mit diesem Merkmal mehr Verflechtungen zu haben höher ist.

°° McFaddens Pseudo R^2 misst den Erklärungswert des Modells. Dieser Model parameter bezieht sich auf die Pseudo-Likelihood Funktion und ist daher nur bedingt mit dem R^2 aus der OLS-Regression vergleichbar. Die Werte liegen im Bereich 0 bis 1. Je näher der Wert bei 1 liegt, desto höher ist der Erklärungswert des angepassten Modells gegenüber dem Nullmodell.

[++] Referenzkategorie: alle anderen Branchen

Tabelle 50   Variablenüberblick 1933

	Mittelwert	Standardabweichung	Beobachtungen
Abhängige Variablen			
Verflechtungen			
Aufsichtsrat-zu-Aufsichtsrat	35.7	33.6	388
Vorstand-zu-Aufsichtsrat	3.1	8.3	388
Vorstand-in-Aufsichtsrat	3.1	3.1	388
Unabhängige Variablen			
Branchen (Dummyvariablen)			
Bank			57 (15 %)
Bank ohne Großbanken			53 (14 %)
Metallindustrie			43 (11 %)
Bergbau			31 (8 %)
Chemische Industrie			20 (5 %)
Elektrizitätswerke			62 (16 %)
Unternehmen			
Bilanzsumme (in Milliarden Reichsmark)	0.2	1.5	376
Personen im Vorstand	3.6	2.7	384
Personen im Aufsichtsrat	11.9	5.8	385
Bankiers im Aufsichtsrat	1.0	1.3	388

Quelle: Hoppenstedt 1934

Tabelle 51   Determinanten für *Degree*-Zentralität (Po sson Regressionen°)

	Aufsichtsräte in Aufsichtsräten			
	Modell 1	Modell 2	Kontrolle 1	Kontrolle 2
Branchenzugehörigkeit++				
Banken	0.244***	−0.239***		
Banken ohne Großbanken			0.129***	−0.316***
Metallindustrie	0.546***	0.406***	0.546***	0.412***
Bergbau	0.566***	0.504***	0.566***	0.506***
Chemische Industrie	0.498***	0.241***	0.498***	0.249***
Elektrizitätswerke	0.533***	0.244***	0.533***	0.254***
Größe:				
Bilanzsumme (in Mrd. RM)		0.004		0.002
Direktorium (N):				
Aufsichtsrat		0.073***		0.069***
Anzahl Bankiers im Aufsichtsrat		0.384***		0.385***
Interaktionseffekt (Personen*Bankiers im AR)		−0.009***		−0.009***
Konstant	3.286***	2.146***	3.286***	2.183***
N	374	374	370	370
Mc Faddens Pseudo R^2 °°	0.07	0.46	0.07	0.46
LL(0)	−6090.59	−6090.59	−5981.26	−5981.26
LR chi^2(df)	819.19	5570.15	851.12	5462.71
df	5.00	9.00	5.00	9.00
Prob > chi^2	0.00	0.00	0.00	0.00

*** p-Wert ≤ 0.01   ** p-Wert ≤ 0.05   * p-Wert ≤ 0.1 (zweiseitiger Test)

° Positive Koeffizienten bedeuten, dass Unternehmen mit diesem Merkmal einen höheren Verflechtungsmitte wert haben bzw. die Wahrscheinlichkeit für Unternehmen mit diesem Merkmal mehr Verflechtungen zu haben höher ist.

°° McFaddens Pseudo R^2 misst den Erklärungswert des Modells. Dieser Model parameter bezieht sich auf die Pseudo-Likelihood Funktion und ist daher nur bedingt mit dem R^2 aus der OLS-Regression vergleichbar. Die Werte liegen im Bereich o bis 1. Je näher der Wert bei 1 liegt, desto höher ist der Erklärungswert des angepassten Modells gegenüber dem Nullmodell.

++Referenzkategorie: alle anderen Branchen

Tabelle 52   Determinanten für *Indegree*-Zentralität (Poisson Regressionen°)

	Vorstände im Aufsichtsrat			
	Modell 1	Modell 2	Kontrolle 1	Kontrolle 2
Branchenzugehörigkeit[++]				
Banken	0.281***	−0.127		
Banken ohne Großbanken			0.113	−0.255**
Metallindustrie	0.260**	0.116	0.260**	0.127
Bergbau	0.506***	0.415***	0.506***	0.420***
Chemische Industrie	0.523***	0.223*	0.523***	0.239*
Elektrizitätswerke	0.788***	0.478***	0.788***	0.498***
Größe:				
Bilanzsumme (in Mrd. RM)		−0.024		−0.030
Direktorium (N):				
Aufsichtsrat		0.083***		0.076***
Anzahl Bankiers im Aufsichtsrat		0.440***		0.438***
Interaktionseffekt (Personen*Bankiers im AR)		−0.015***		−0.014***
Konstant	0.812***	−0.401***	0.812***	−0.339***
N	374	374	370	370
Mc Faddens Pseudo R^2 °°	0.05	0.23	0.06	0.23
LL(0)	−1003.24	−1003.24	−978.29	−978.29
LR chi²(df)	108.00	464.24	112.61	450.79
df	5.00	9.00	5.00	9.00
Prob > chi²	0.00	0.00	0.00	0.00

*** p-Wert ≤ 0.01   ** p-Wert ≤ 0.05   * p-Wert ≤ 0.1 (zweiseitiger Test)

° Positive Koeffizienten bedeuten, dass Unternehmen mit diesem Merkmal einen höheren Verflechtungsmittelwert haben bzw. die Wahrscheinlichkeit für Unternehmen mit diesem Merkmal mehr Verflechtungen zu haben höher ist.

°° McFaddens Pseudo R^2 misst den Erklärungswert des Modells. Dieser Modellparameter bezieht sich auf die Pseudo-Likelihood Funktion und ist daher nur bedingt mit dem R^2 aus der OLS-Regression vergleichbar. Die Werte liegen im Bereich 0 bis 1. Je näher der Wert bei 1 liegt, desto höher ist der Erklärungswert des angepassten Modells gegenüber dem Nullmodell.

[++] Referenzkategorie: alle anderen Branchen

Abbildung 47   Anteil stabiler Beziehungen an den Vorstand-zu-Aufsichtsrat
                Beziehungen 1928 (Häufigkeitsverteilung Unternehmen)

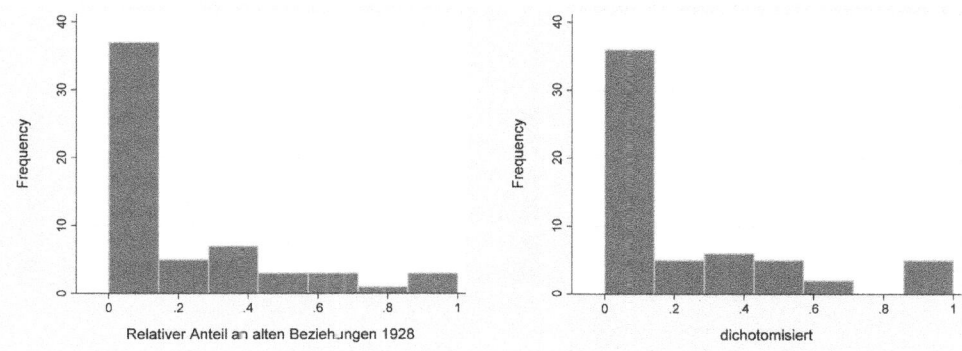

Anmerkung: Das linke Histogramm zeigt summierte Vorstand-zu-Aufsichtsrat Verflechtungen (N = 99), das rechte
Histogramm Einfachverflechtungen (N = 96). In den horizontalen Achsen der Histogramme sind jeweils die Anteile
stabiler (seit 1914 fortgeführter) Verflechtungen abgebildet. Die vertikalen Achsen zeigen jeweils die Verteilung dieser
Anteile auf die Unternehmen N = 59).

Abbildung 48   Anteil stabiler Beziehungen an den Aufsichtsrat-zu-Aufsichtsrat Bezie-
                hungen 1928 (Häufigkeitsverteilung Unternehmen)

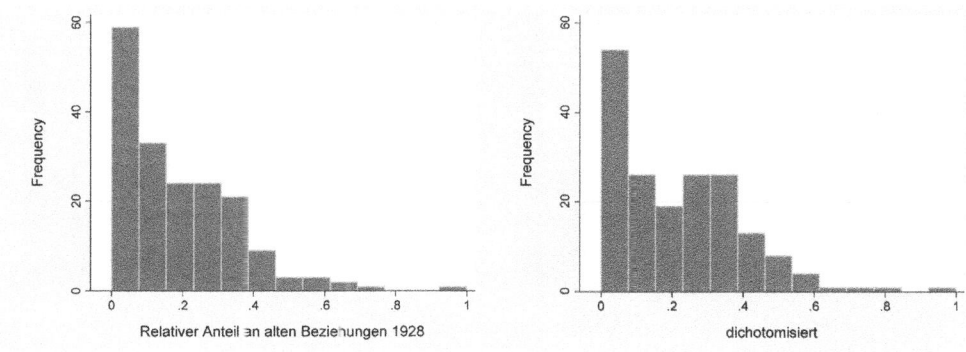

Anmerkung: Das linke Histogramm zeigt summierte Aufsichtsrat-zu-Aufsichtsrat Verflechtungen (N = 1283), das rechte
Histogramm Einfachverflechtungen (N = 1073). In den horizontalen Achsen der Histogramme sind jeweils die Anteile
stabiler (seit 1914 fortgeführter) Verflechtungen abgebildet. Die vertikalen Achsen zeigen jeweils die Verteilung dieser
Anteile auf die Unternehmen N = 180).

Abbildung 49   Anteil neuer Beziehungen an Vorstand-zu-Aufsichtsrat
Beziehungen 1928 (Häufigkeitsverteilung Unternehmen)

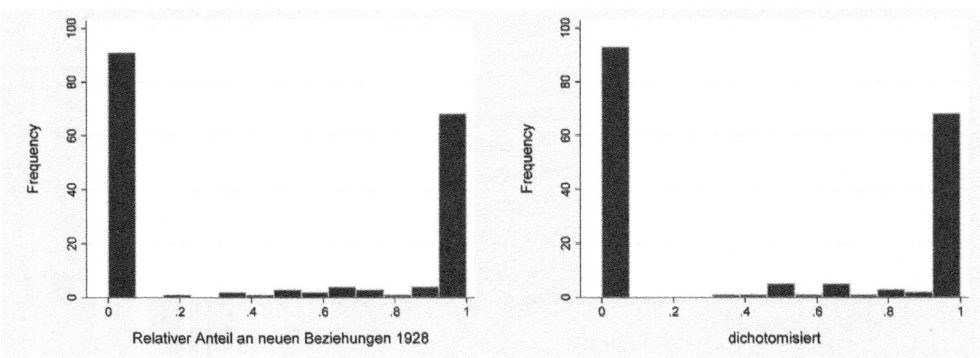

Anmerkung: Das linke Histogramm zeigt summierte Vorstand-zu-Aufsichtsrat Verflechtungen (N = 427), das rechte Histogramm Einfachverflechtungen (N = 366). In den horizontalen Achsen der Histogramme sind jeweils die Anteile neuer Verflechtungen abgebildet. Die vertikalen Achsen zeigen jeweils die Verteilung dieser Anteile auf die Unternehmen (N = 180).

Abbildung 50   Anteil neuer Beziehungen an Aufsichtsrat-zu-Aufsichtsrat
Beziehungen 1928 (Häufigkeitsverteilung Unternehmen)

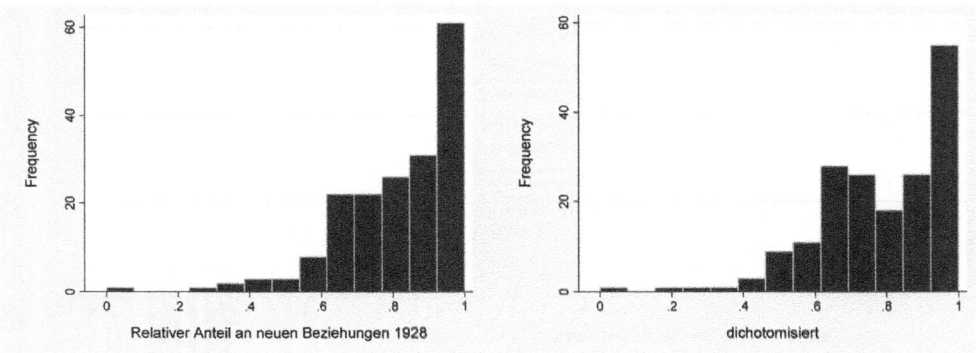

Anmerkung: Das linke Histogramm zeigt summierte Aufsichtsrat-zu-Aufsichtsrat Verflechtungen (N = 5731), das rechte Histogramm Einfachverflechtungen (N = 3680). In den horizontalen Achsen der Histogramme sind jeweils die Anteile neuer Verflechtungen abgebildet. Die vertikalen Achsen zeigen jeweils die Verteilung dieser Anteile auf die Unternehmen (N = 180).

Abbildung 51   Anteil Broken Ties an Vorstand-zu-Aufsichtsrat Beziehungen seit 1914
(Häufigkeitsverteilung Unternehmen)

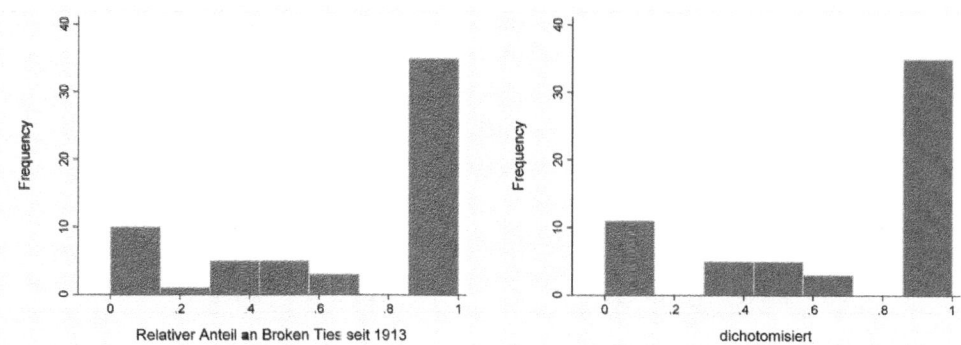

Anmerkung: Das linke Histogramm zeigt summierte Vorstand-zu-Aufsichtsrat Verflechtungen (N = 130), das rechte
Histogramm Einfachverflechtungen (N = 114). In den horizontalen Achsen der Histogramme sind jeweils die Anteile
„weggebrochener" Verflechtungen (*broken ties*) abgebildet. Die vertikalen Achsen zeigen jeweils die Verteilung dieser
Anteile auf die Unternehmen (N = 59).

Abbildung 52   Anteil Eroken Ties an Aufsichtsrat-zu-Aufsichtsrat Beziehungen seit 1914
(Häufigkeitsverteilungen Unternehmen)

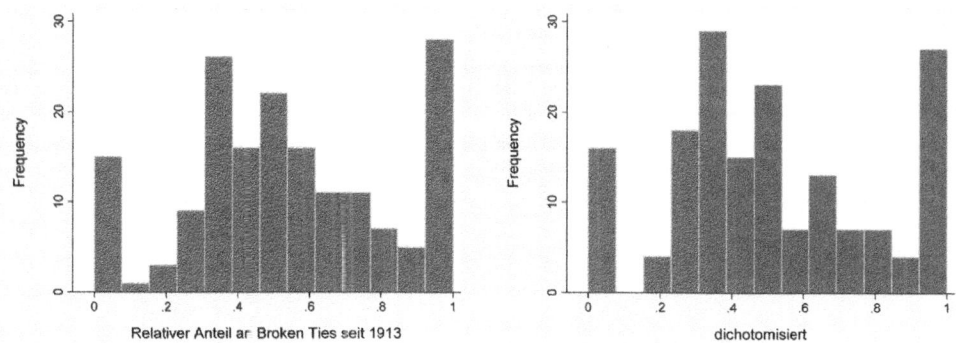

Anmerkung: Das linke Histogramm zeigt summierte Aufsichtsrat-zu-Aufsichtsrat Verflechtungen (N = 1517), das rechte
Histogramm Einfachverflechtungen (N = 1089). In den horizontalen Achsen der Histogramme sind jeweils die Anteile
„weggebrochener" Verflechtungen (*broken ties*) abgebildet. Die vertikalen Achsen zeigen jeweils die Verteilung dieser
Anteile auf die Unternehmen (N = 170).

Tabelle 53   Stabilität des Netzwerks 1914 bis 1928 absolut (dichotom)

	Vorstand-zu-Aufsichtsrat			Aufsichtsrat-zu-Aufsichtsrat		
	Stabile Ties+	Neue Ties	Broken Ties+	Stabile Ties+	Neue Ties	Broken Ties+
GESAMT						
Mittelwert	1.6	2.0	1.9	6.3	20.4	6.4
(Stdabw.\Vkoef.)	(3.8\2.4)	(4.6\2.3)	(2.1\1.1)	(7.2\1.1)	(14.9\0.7)	(7.0\1.1)
	N = 59	N = 180	N = 59	N = 170	N = 180	N = 170
BANKEN						
Mittelwert	3.8	6.1	2.3	7.1	18.5	8.4
(Stdabw.\Vkoef.)	(6.0\1.6)	(10.0\1.6)	(3.1\1.3)	(6.2\0.9)	(11.3\0.6)	(6.2\0.7)
	N = 19	N = 28	N = 19	N = 27	N = 28	N = 27
BANKEN (o. GB)						
Mittelwert	0.7	1.6	0.6	4.4	15.2	7.2
(Stdabw.\Vkoef.)	(1.0\1.4)	(2.8\1.8)	(0.5\0.8)	(3.9\0.9)	(10.9\0.7)	(6.0\0.8)
	N = 12	N = 20	N = 12	N = 19	N = 20	N = 19
GROSSBANKEN*						
Mittelwert	9.3	17.5	5.3	13.4	26.8	11.4
(Stdabw.\Vkoef.)	(7.2\0.8)	(12.5\0.7)	(3.6\0.7)	(6.3\0.5)	(8.2\0.3)	(6.0\0.5)
	N = 7	N = 8	N = 7	N = 8	N = 8	N = 8

Anmerkungen: Die Fallzahl (N) bezieht sich auf Unternehmen. Mittelwerte, Standardabweichungen und Variationskoeffizienten beziehen sich allerdings auf Verflechtungen.

Stabile Beziehungen: Anzahl der seit 1914 bestehenden Beziehungen; Neue Beziehungen: Anzahl der neuen Beziehungen; *Broken Ties*: Anzahl der seit 1914 weggefallenen Beziehungen. Es werden nur solche Unternehmen einbezogen, die 1914 Beziehungen des untersuchten Typs realisiert haben.

* In der Synopse von 1914 bis 1928 wurden Deutsche Bank, Disconto-Gesellschaft, Schaaffhausen'scher Bankverein, Dresdner Bank, Commerzbank, Berliner Handelsgesellschaft sowie die Fusion von Darmstädter- und Nationalbank zur Danat-Bank in den Berechnungen berücksichtigt.

Tabelle 54   Variablenüberblick zur Stabilitätsanalyse im Zeitraum 1914–1928

	Mittelwert	Standardabweichung	Beobachtungen
Abhängige Variablen			
Broken Ties bei Vorstand-zu-Aufsichts-rat Verflechtungen	2.2	2.8	59
Broken Ties bei Aufsichtsrat-zu-Auf-sichtsrat Verflechtungen	8.9	11.0	170
Unabhängige Variablen			
Branchen (Dummyvariablen)			
Bank			28 (15.6 %)
Bank ohne Großbanken			20 (11.1 %)
Metallindustrie			19 (10.6 %)
Bergbau			14 (8 %)
Chemische Industrie			18 (10 %)
Elektrizitätswerke			12 (7 %)
Unternehmen			
Bilanzsumme (Zieljahr) in Millionen RM	251.4	540.0	179
Bilanz (Differenz)	+110.9	450.0	169
Vorstand (n Zieljahr)	8.0	13.7	179
Vorstand (n Differenz)	+3.3	13.4	179
Aufsichtsrat (n Zieljahr)	17.8	12.1	180
Aufsichtsrat (n Differenz)	+7.5	10.7	179
Bankiers im Aufsichtsrat (n Zieljahr)	1.6	2.0	180
Bankiers im Aufsichtsrat (n Differenz)	+0.7	2.1	173
*Coreness** (Zieljahr)	0.036	0.042	180
Coreness (Differenz)	+0.003	0.047	180

* Der *Coreness*-Wert ist ein Maß für die regionale Zentralität eines Unternehmens und liegt im Bereich zwischen 0 und 1. Je größer der Wert, umso zentraler die Position im Verhältnis zu allen anderen Unternehmen. Ein Wert von 1 wird nur vom Zentrumsakteur in der Sternverflechtung erreicht und ist in realen Netzwerken kaum auffindbar. Er setzt voraus, dass ein Akteur zu allen anderen Beziehungen hat, diese jedoch untereinander nicht verflochten sind.

Quelle: Hoppenstedt 1914 und 1928

Tabelle 55　　　Determinanten für *Broken Ties* bei Vorstand-zu-Aufsichtsrat Verflechtungen[+] 1914–1928 (Poisson Regressionen[°])

	Modell 1	Modell 2	Kontrolle 1	Kontrolle 2
Branchenzugehörigkeit[++]				
Banken	0.306	0.072		
Banken ohne Großbanken			−1.417***	−0.998*
Metallindustrie	0.036	0.481	0.036	0.502
Bergbau	−0.588	−0.742	−0.588	−0.497
Chemische Industrie	−0.405	0.265	−0.405	0.111
Elektrizitätswerke	−0.341	−0.068	−0.341	−0.079
Größe:				
Bilanzsumme 1928 (in Mrd. RM)		0.617**		−0.751
Zuwachs seit 1914		−0.611*		−0.411
Netzwerkposition:				
Coreness 1928 (in 0.01 Schritten)		0.062***		0.030
Zuwachs seit 1914 (in 0.01 Schritten)		−0.043***		−0.039***
Direktorium (N):				
Vorstand 1928		0.016		0.078
Zuwachs seit 1914		−0.026**		−0.062*
Konstant	0.811***	−0.118	0.811***	0.032
N	55	55	48	48
Mc Fadden's Pseudo R^2	0.04	0.27	0.10	0.21
LL(0)	−132.56	−132.56	−81.98	−81.98
LR chi^2(df)	9.47	70.48	16.15	33.63
df	5.00	11.00	5.00	11.00
Prob > chi^2	0.09	0.00	0.01	0.00

*** p-Wert ≤ 0.01　　** p-Wert ≤ 0.05　　* p-Wert ≤ 0.1 (zweiseitiger Test)

[°] Positive Koeffizienten bedeuten, dass Unternehmen mit diesem Merkmal einen höheren Mittelwert an *broken ties* haben bzw. die Wahrscheinlichkeit für Unternehmen mit diesem Merkmal mehr *broken ties* zu haben höher ist.

[°°] McFaddens Pseudo R^2 misst den Erklärungswert des Modells. Dieser Modellparameter bezieht sich auf die Pseudo-Likelihood Funktion und ist daher nur bedingt mit dem R^2 aus der OLS-Regression vergleichbar. Die Werte liegen im Bereich 0 bis 1. Je näher der Wert bei 1 liegt, desto höher ist der Erklärungswert des angepassten Modells gegenüber dem Nullmodell.

[+] Es werden nur solche Unternehmen einbezogen, die 1928 Beziehungen des untersuchten Typs realisiert haben.

[++] Referenzkategorie: alle anderen Branchen

Tabelle 56   Determinanten für *Broken Ties* bei Aufsichtsrat-zu-Aufsichtsrat
Verflechtungen[+] 1914–1928 (Poisson Regressionen[°])

	Modell 1	Modell 2	Kontrolle 1	Kontrolle 2
Branchenzugehörigkeit [++]				
Banken	0.567***	0.382***		
Banken ohne Großbanken			0.318***	0.507***
Metallindustrie	−0.192*	0.086	−0.192*	0.073
Bergbau	0.658***	0.591***	0.658***	0.583***
Chemische Industrie	−0.210*	0.112	−0.210*	0.141
Elektrizitätswerke	1.225***	0.524***	1.225***	0.492***
Größe:				
Bilanzsumme 1928 (in Mrd. RM)		−0.309**		−0.893***
Zuwachs seit 1914		0.056		0.430
Netzwerkposition:				
Coreness 1928 (in 0.01 Schritten)		0.006		0.018*
Zuwachs seit 1914 (in 0.01 Schritten)		−0.080***		−0.080***
Direktorium (N):				
Aufsichtsrat 1928		0.052***		0.048***
Zuwachs seit 1914		−0.048***		−0.045***
Anzahl Bankiers im Aufsichtsrat 1914		0.054***		0.067***
Zuwachs Bankiers seit 1914		0.105***		0.103***
Konstant	1.874***	1.076***	1.874***	1.123***
N	169	169	161	161
Mc Fadden's Pseudo R^2	0.14	0.49	0.14	0.48
LL(0)	−1146.17	−1146.17	−1074.49	−1074.49
LR chi^2(df)	318.59	1123.09	292.98	1039.96
df	5.00	13.00	5.00	13.00
Prob > chi^2	0.00	0.00	0.00	0.00

*** p-Wert ≤ 0.01   ** p-Wert ≤ 0.05   * p-Wert ≤ 0.1 (zweiseitiger Test)

[°] Positive Koeffizienten bedeuten, dass Unternehmen mit diesem Merkmal einen höheren Mittelwert an *broken ties* haben bzw. die Wahrscheinlichkeit für Unternehmen mit diesem Merkmal mehr *broken ties* zu haben höher ist.

[°°] McFaddens Pseudo R^2 misst den Erklärungswert des Modells. Dieser Modellparameter bezieht sich auf die Pseudo-Likelihood Funktion und ist daher nur bedingt mit dem R^2 aus der OLS-Regression vergleichbar. Die Werte liegen im Bereich o bis 1. Je näher der Wert bei 1 liegt, desto höher ist der Erklärungswert des angepassten Modells gegenüber dem Nullmodell.

[+] Es werden nur solche Unternehmen einbezogen, die 1928 Beziehungen des untersuchten Typs realisiert haben.

[++] Referenzkategorie: alle anderen Branchen

Abbildung 53   Anteil stabiler Beziehungen an den Vorstand-zu-Aufsichtsrat
Beziehungen 1933 (Häufigkeitsverteilung Unternehmen)

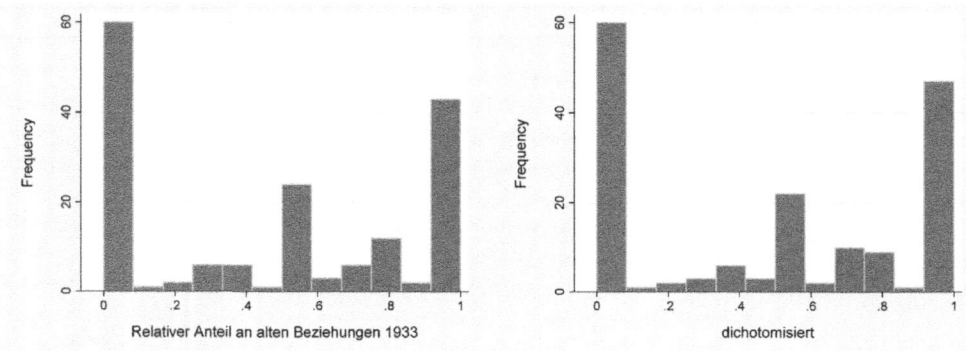

Anmerkung: Das linke Histogramm zeigt summierte Vorstand-zu-Aufsichtsrat Verflechtungen (N = 460), das rechte Histogramm Einfachverflechtungen (N = 404). In den horizontalen Achsen der Histogramme sind jeweils die Anteile alter (seit 1928 fortgeführter) Verflechtungen abgebildet. Die vertikalen Achsen zeigen jeweils die Verteilung der Anteile auf die Unternehmen (N = 166).

Abbildung 54   Anteil stabiler Beziehungen an den Aufsichtsrat-zu-Aufsichtsrat
Beziehungen 1933 (Häufigkeitsverteilung Unternehmen)

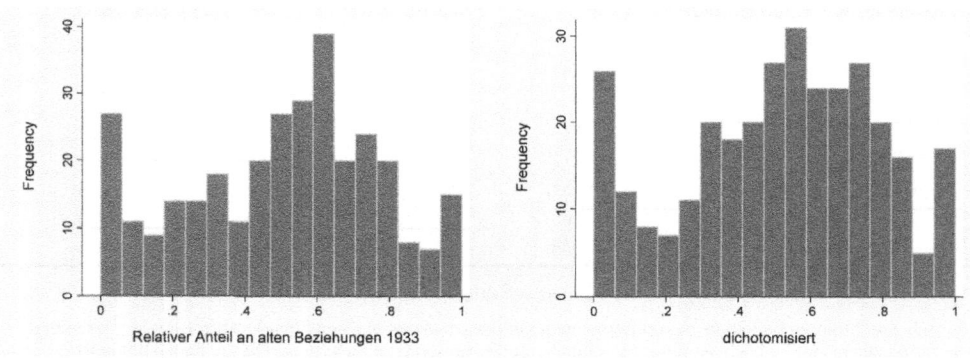

Anmerkung: Das linke Histogramm zeigt summierte Vorstand-zu-Aufsichtsrat Verflechtungen (N = 5388), das rechte Histogramm Einfachverflechtungen (N = 4174). In den horizontalen Achsen der Histogramme sind jeweils die Anteile alter (seit 1928 fortgeführter) Verflechtungen abgebildet. Die vertikalen Achsen zeigen jeweils die Verteilung der Anteile auf die Unternehmen (N = 313).

Abbildung 55   Anteil neuer Beziehungen an den Vorstand-zu-Aufsichtsrat
Beziehungen 1933 (Häufigkeitsverteilung Unternehmen)

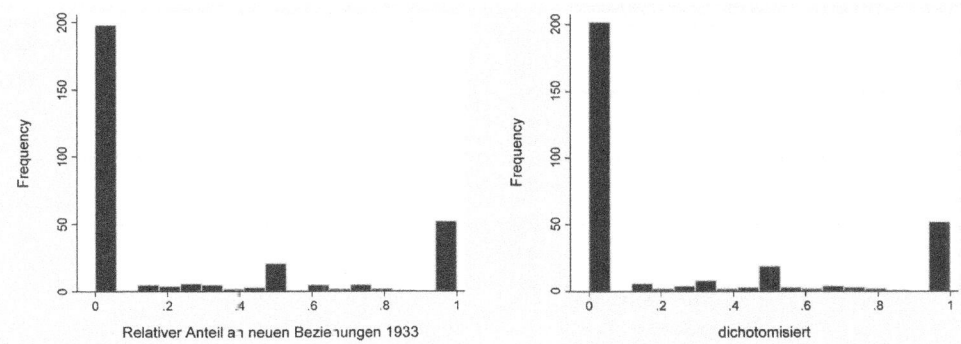

Anmerkung: Das linke Histogramm zeigt summierte Vorstand-zu-Aufsichtsrat Verflechtungen (N = 406), das rechte
Histogramm Einfachverflechtungen (N = 346). In den horizontalen Achsen der Histogramme sind jeweils die Anteile
neuer Verflechtungen abgebildet. Die vertikalen Achsen zeigen jeweils die Verteilung der Anteile auf die Unternehmen (N = 313).

Abbildung 56   Anteil neuer Beziehungen an den Aufsichtsrat-zu-Aufsichtsrat
Beziehungen 1933 (Häufigkeitsverteilung Unternehmen)

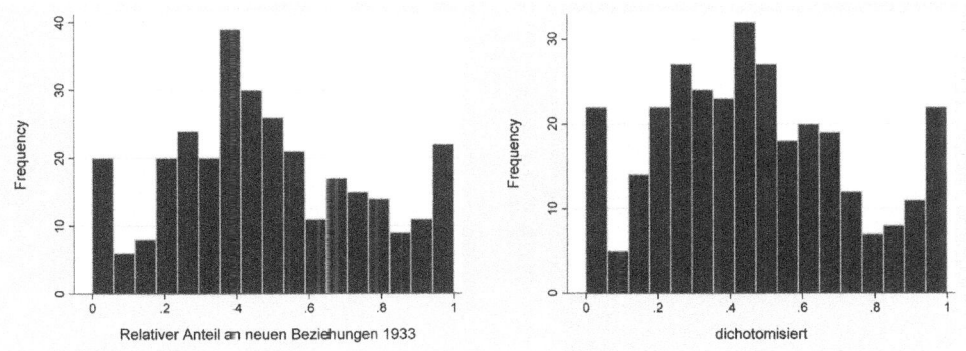

Anmerkung: Das linke Histogramm zeigt summierte Aufsichtsrat-zu-Aufsichtsrat Verflechtungen (N = 4836), das rechte
Histogramm Einfachverflechtungen (N = 3582). In den horizontalen Achsen der Histogramme sind jeweils die Anteile
neuer Verflechtungen abgebildet. Die vertikalen Achsen zeigen jeweils die Verteilung der Anteile auf die Unternehmen (N = 313).

Abbildung 57   Anteil Broken Ties an den Vorstand-zu-Aufsichtsrat Beziehungen
                 seit 1928 (Häufigkeitsverteilung Unternehmen)

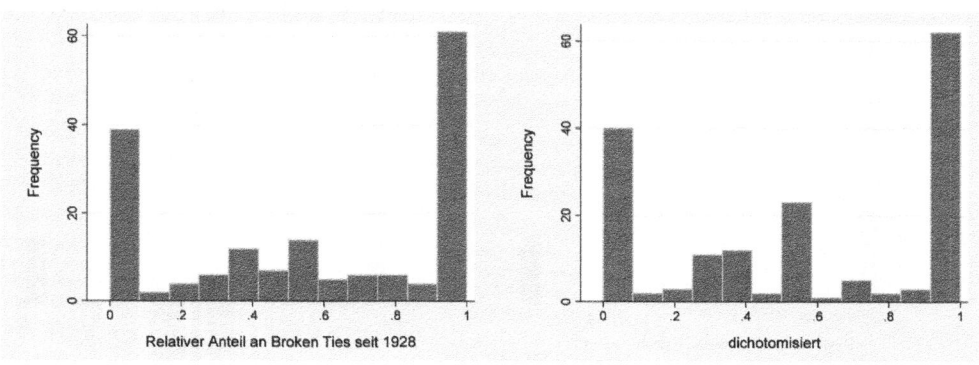

Anmerkung: Das linke Histogramm zeigt summierte Vorstand-zu-Aufsichtsrat Verflechtungen (N = 544), das rechte Histogramm Einfachverflechtungen (N = 434). In den horizontalen Achsen der Histogramme sind jeweils die Anteile „weggebrochener" Verflechtungen (*broken ties*) abgebildet. Die vertikalen Achsen zeigen jeweils die Verteilung der Anteile auf die Unternehmen (N = 166).

Abbildung 58   Anteil Broken Ties an den Aufsichtsrat-zu-Aufsichtsrat Beziehungen
                 seit 1928 (Häufigkeitsverteilung Unternehmen)

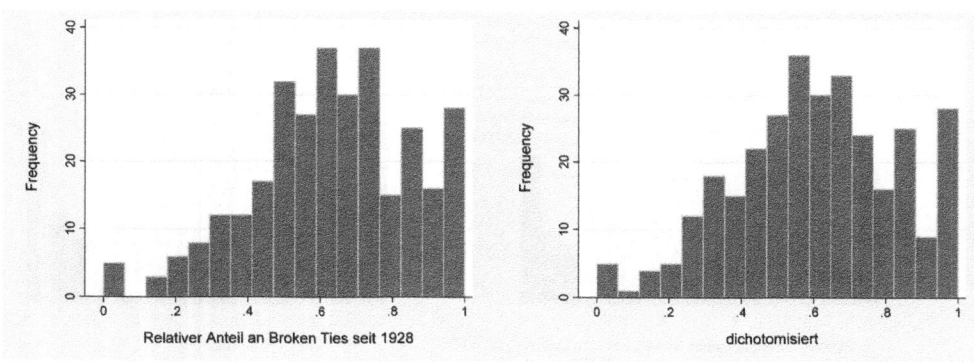

Anmerkung: Das linke Histogramm zeigt summierte Aufsichtsrat-zu-Aufsichtsrat Verflechtungen (N = 10 675), das rechte Histogramm Einfachverflechtungen (N = 6798). In den horizontalen Achsen der Histogramme sind jeweils die Anteile „weggebrochener" Verflechtungen (*broken ties*) abgebildet. Die vertikalen Achsen zeigen jeweils die Verteilung der Anteile auf die Unternehmen (N = 310).

Tabelle 57   Stabilität des Netzwerks 1928 bis 1933 absolut (dichotom)

	Vorstand-zu-Aufsichtsrat			Aufsichtsrat-zu-Aufsichtsrat		
	Stabile Ties[+]	Neue Ties	Broken Ties[+]	Stabile Ties[+]	Neue Ties	Broken Ties[+]
GESAMT						
Mittelwert	2.4	1.1	2.6	13.5	11.4	21.9
(Stdabw.\Vkoef.)	(4.7\2.0)	(3.5\3.2)	(4.9\1.9)	(13.5\1.0)	(10.8\0.9)	(20.7\0.9)
	N = 166	N = 313	N = 166	N = 310	N = 313	N = 310
BANKEN						
Mittelwert	5.7	3.5	5.7	12.6	15.1	21.5
(Stdabw.\Vkoef.)	(9.3\1.6)	(8.6\2.5)	(9.5\1.7)	(13.2\1.1)	(15.0\1.0)	(23.0\1.1)
	N = 26	N = 42	N = 26	N = 42	N = 42	N = 42
BANKEN (o. GB)						
Mittelwert	3.1	1.6	2.5	10.9	13.4	19.7
(Stdabw.\Vkoef.)	(5.2\1.7)	(3.3\2.1)	(2.2\0.9)	(12.2\1.1)	(14.6\1.1)	(22.9\1.2)
	N = 23	N = 38	N = 23	N = 38	N = 38	N = 38
GROSSBANKEN*						
Mittelwert	25.3	21.5	30	28.8	30.5	38.3
(Stdabw.\Vkoef.)	(11.7\0.5)	(19.7\0.9)	(8.5\0.3)	(12.6\0.4)	(9.9\0.3)	(18.2\0.5)
	N = 3	N = 4	N = 3	N = 4	N = 4	N = 4

Anmerkungen: Die Fallzahl (N) bezieht sich auf Unternehmen. Mittelwerte, Standardabweichungen und Variationsko-effizienten beziehen sich allerdings auf Verflechtungen.

Stabile Beziehungen: Anzahl der seit 1928 bestehenden Beziehungen; Neue Beziehungen: Anzahl der neuen Beziehun-gen; *Broken Ties*: Anzahl der seit 1928 weggefallenen Beziehungen [+] Es werden nur solche Unternehmen einbezogen, die 1928 Beziehungen des untersuchten Typs realisiert haben.

* In der Synopse von 1928 bis 1933 wurden Deutsche Bank, Dresdner Bank, Commerzbank und Berliner Handelsgesell-schaft in den Berechnungen berücksichtigt.

Tabelle 58   Das Verhältnis stabiler zu neuen Beziehungen
im Gesamtzeitraum (dichotom)

	Vorstand-zu-Aufsichtsrat				Aufsichtsrat-zu-Aufsichtsrat			
	Gesamt	Banken	Banken o.GB	Groß- banken	Gesamt	Banken	Banken o.GB	Groß- banken
Ratio 1928	0.27	0.43	0.25	0.47	0.30	0.37	0.28	0.49
Ratio 1933	1.17	1.04	1.22	0.88	1.17	0.79	0.71	0.96

Anmerkungen: Die ermittelte Ratio ergibt sich als Quotient aus dem Verhältnis von stabilen zu neuen Beziehungen. Je stärker die Tendenz der Werte gegen null geht, desto größer ist der Anteil an neuen Beziehungen, bzw. umgekehrt, je stärker die Tendenz größer als eins, desto größer der Anteil an stabilen Beziehungen. Werte um 1 deuten auf ein ausge- wogenes Verhältnis von stabilen und neuen Beziehungen hin.

Tabelle 59   Jährliche Rate an *broken-ties* (dichotom)

	Vorstand-zu-Aufsichtsrat				Aufsichtsrat-zu-Aufsichtsrat			
	Gesamt	Banken	Banken o.GB	Groß- banken	Gesamt	Banken	Banken o.GB	Groß- banken
bt Rate 13–28	5.1 %	3.1 %	4.5 %	3.0 %	4.6 %	5.1 %	6.2 %	4.0 %
bt Rate 28–33	13.6 %	12.6 %	10.3 %	14.5 %	17.6 %	16.9 %	17.3 %	15.6 %

Anmerkungen: Da die beiden Übergänge im vorliegenden Fall zwei unterschiedlich große Zeiträume erfassen, werden jährliche Wegfallraten gegenübergestellt. Diese berechnen sich als Differenz zum Anteil an stabilen Beziehungen (stabile Beziehungen im Zieljahr/alle Beziehungen im Ausgangsjahr) umgerechnet auf die Zeitspanne. Es wird davon ausgegangen, dass der Anteil an im Gesamtzeitraum weggefallenen Beziehungen sich gleichmäßig auf die Jahre verteilt.

Tabelle 60   Variablenüberblick zur Stabilitätsanalyse im Zeitraum 1928–1933

	Mittelwert	Standardabweichung	Beobachtungen
Abhängige Variablen			
Broken Ties bei Vorstand-zu-Aufsichts- rat Verflechtungen	3.3	6.4	166
Broken Ties bei Aufsichsrat-zu-Auf- sichtsrat Verflechtungen	34.4	40.7	310
Unabhängige Variablen			
Branchen (Dummyvariablen)			
Bank			42 (13.4 %)
			38 (12.0 %)
Bank ohne Großbanken			
Metallindustrie			30 (9.6 %)
Bergbau			30 (9.6 %)
Chemische Industrie			17 (5.4 %)
Elektrizitätswerke			47 (15.0 %)
Unternehmen			
Bilanzsumme (Zieljahr) in Millionen RM	224.9	1600.1	311
Bilanz (Differenz)	−7.0	293.5	305
Vorstand (n Zieljahr)	3.7	2.9	313
Vorstand (n Differenz)	−1.7	4.8	313
Aufsichtsrat (n Zieljahr)	12.2	5.9	313
Aufsichtsrat (n Differenz)	−4.3	7.9	313
Bankiers im Aufsichtsrat (n Zieljahr)	1.1	1.4	313
Bankiers im Aufsichtsrat (n Differenz)	−0.4	1.7	313
*Coreness** (Zieljahr)	0.033	0.040	313
Coreness (Differenz)	0.003	0.030	313

* Der *Coreness*-Wert ist ein Maß für die regionale Zentralität eines Unternehmens und liegt im Bereich zwischen 0 und 1. Je größer der Wert, umso zentraler die Position im Verhältnis zu allen anderen Unternehmen. Ein Wert von 1 wird nur vom Zentrumsakteur in der Sternverflechtung erreicht und ist in realen Netzwerken kaum auffindbar. Er setzt voraus, dass ein Akteur zu allen anderen Beziehungen hat, diese jedoch untereinander nicht verflochten sind.

Quelle: Hoppenstedt 1928 und 1934

Tabelle 61   Determinanten für *broken-ties* bei Vorstand-zu-Aufsichtsrat
Verflechtungen[+] 1928–33 (Poisson Regressionen[°])

	Modell 1	Modell 2	Kontrolle 1	Kontrolle 2
Branchenzugehörigkeit[++]				
Banken	1.200***	1.042***		
Banken ohne Großbanken			0.314**	0.413***
Metallindustrie	0.498***	−0.245	0.498***	0.024
Bergbau	−0.116	−0.246	−0.116	−0.231
Chemische Industrie	−0.335	−0.851***	−0.335	−0.679**
Elektrizitätswerke	0.533***	0.595***	0.533***	0.536***
Größe:				
Bilanzsumme 1933 (in Mrd. RM)		0.094***		0.087***
Zuwachs seit 1928		−0.447		−0.322
Netzwerkposition:				
Coreness 1933 (in 0.01 Schritten)		0.064***		0.042***
Zuwachs seit 1928 (in 0.01 Schritten)		0.016		0.024
Direktorium (N):				
Vorstand 1933		0.028***		−0.008
Zuwachs seit 1928		−0.029***		−0.034***
Konstant	0.740***	0.190*	0.740***	0.455***
N	163	163	160	160
Mc Fadden's Pseudo R^2	0.10	0.33	0.03	0.19
LL(0)	−676.30	−676.30	−471.14	−471.14
LR chi^2(df)	137.50	442.81	31.20	174.70
df	5.00	11.00	5.00	11.00
Prob > chi^2	0.00	0.00	0.00	0.00

*** p-Wert ≤ 0.01   ** p-Wert ≤ 0.05   * p-Wert ≤ 0.1 (zweiseitiger Test)

[°] Positive Koeffizienten bedeuten, dass Unternehmen mit diesem Merkmal einen höheren Mittelwert an *broken ties* haben bzw. die Wahrscheinlichkeit für Unternehmen mit diesem Merkmal mehr *broken ties* zu haben höher ist.

[°°] McFaddens Pseudo R^2 misst den Erklärungswert des Modells. Dieser Modellparameter bezieht sich auf die Pseudo-Likelihood Funktion und ist daher nur bedingt mit dem R^2 aus der OLS-Regression vergleichbar. Die Werte liegen im Bereich 0 bis 1. Je näher der Wert bei 1 liegt, desto höher ist der Erklärungswert des angepassten Modells gegenüber dem Nullmodell.

[+] Es werden nur solche Unternehmen einbezogen, die 1928 Beziehungen des untersuchten Typs realisiert haben.

[++] Referenzkategorie: alle anderen Branchen

Tabelle 62   Determinanten für *broken-ties* bei Aufsichtsrat-zu-Aufsichtsrat
Verflechtungen[+] 1928–33 (Poisson Regressionen[°])

	Modell 1	Modell 2	Kontrolle 1	Kontrolle 2
Branchenzugehörigkeit[++] **(Dummies)**				
Banken	0.105***	−0.278***		
Banken ohne Großbanken			−0.008	−0.333***
Metallindustrie	0.646***	−0.155***	0.646***	−0.155***
Bergbau	0.271***	0.195***	0.271***	0.194***
Chemische Industrie	0.507***	0.119***	0.507***	0.108***
Elektrizitätswerke	−0.103***	0.052	−0.103***	0.061*
Größe:				
Bilanzsumme 1933 (in Mrd. RM)		0.005		0.006
Zuwachs seit 1928		0.482***		0.460***
Netzwerkposition:				
Coreness 1933 (in 0.01 Schritten)		0.106***		0.105***
Zuwachs seit 1928 (in 0.01 Schritten)		−0.147***		−0.147***
Direktorium (N):				
Aufsichtsrat 1933		0.009***		0.007***
Zuwachs seit 1928		−0.006***		−0.005***
Anzahl Bankiers im Aufsichtsrat 1928		0.152***		0.161***
Zuwachs Bankiers seit 1928		0.072***		0.076***
Konstant	3.361***	2.622***	3.361***	2.633***
N	305	305	301	301
Mc Fadden's Pseudo R[2]	0.05	0.61	0.06	0.61
LL(0)	−5988.67	−5988.67	−5869.30	−5869.30
LR chi²(df)	635.16	7329.88	658.31	7140.07
df	5.00	13.00	5.00	13.00
Prob > chi²	0.00	0.00	0.00	0.00

*** p-Wert ≤ 0.01   ** p-Wert ≤ 0.05   * p-Wert ≤ 0.1 (zweiseitiger Test)

[°] Positive Koeffizienten bedeuten, dass Unternehmen mit diesem Merkmal einen höheren Mittelwert an *broken ties* haben bzw. die Wahrscheinlichkeit für Unternehmen mit diesem Merkmal mehr *broken ties* zu haben höher ist.

[°°] McFaddens Pseudo R[2] misst den Erklärungswert des Modells. Dieser Modellparameter bezieht sich auf die Pseudo-Likelihood Funktion und ist daher nur bedingt mit dem R[2] aus der OLS-Regression vergleichbar. Die Werte liegen im Bereich 0 bis 1. Je näher der Wert bei 1 liegt desto höher ist der Erklärungswert des angepassten Modells gegenüber dem Nullmodell.

[+] Es werden nur solche Unternehmen einbezogen, die 1928 Beziehungen des untersuchten Typs realisiert haben.

[++] Referenzkategorie: alle anderen Branchen

Tabelle 63   Die zehn zentralsten Unternehmen 1896 bis 1933 nach Vorstand-zu-
Aufsichtsrat Verflechtungen

	1896	1914	1928	1933
1	Berliner Handelsgesell-schaft (13)	Deutsche Bank (52)	Deutsche Bank (106)	Deutsche Bank (105)
2	Disconto-Gesellschaft (11)	Dresdner Bank (42)	Danat-Bank (78)	Vereinigte Stahlwerke (60)
3	Schaaff. Bankverein (8)	Bank für Handel und In-dustrie (38)	Commerzbank (71)	Dresdner Bank (57)
4	S. Bleichroeder (7)	Schaaff. Bankverein (32)	Vereinigte Stahlwerke (60)	Reichs-Kredit-Gesell-schaft (49)
5	Bankhaus Oppenheim Nationalbank (6)	AEG (20)	Dresdner Bank (56)	RWE (46)
6	Deutsche Bank (5)	S. Bleichroeder (19)	RWE (47)	Reichselektrowerke (38)
7	Dresdner Bank, Bankhaus Delbrück, Ge-brüder Sulzbach, Verein. Wurmrevier, Loewe Co (4)	Nationalbank, Berliner Electricitäts-werke (18)	Reichs-Kredit-Gesell-schaft (44)	Commerzbank (34)
8	Bank für Handel und Industrie, Berliner Ma-schinenbau AG (3)	Loewe & Co (13)	Reichselektrowerke (39)	Preußenelektra (32)
9	Commerzbank, Berliner Electricitätswerke (und 6 andere Unternehmen) (2)	Bankhaus Oppenheim, Gesfürel Dt. Waffen-, Munitions-fabrik (11)	Schaaff. Bankverein (36)	AEG (31)
10	Mitteldeutsche Credit-bank, Phoenix AG (und 20 andere Unternehmen) (1)	Disconto-Gesellschaft, Essener Creditanstalt (14)	ELG (34)	VIAG (30)

Anmerkungen: Die Farbschattierung steht für eine Branchenzuordnung. Dunkelgraue Felder markieren Banken, hellgraue Felder Unternehmen der Neuen Industrien (Elektrizität, Chemie), weiße Felder Unternehmen der Alten Indu-strien (Montan- und Stahlindustrie). Banken sind durch Fettschrift hervorgehoben.

Tabelle 64   Verflechtungsstabilität der Großbanken 1914 bis 1928 (dichotom)

	Vorstand-zu-Aufsichtsrat			Aufsichtsrat-zu-Aufsichtsrat		
	Stabile Ties	Neue Ties	Broken Ties	Stabile Ties	Neue Ties	Broken Ties
Deutsche Bank	22	25	3	20	41	9
Disconto-Ges.	0	7	6	20	35	10
Dresdner Bank	15	1C	8	12	28	18
Commerzbank	6	25	0	2	18	4
Berliner Handelsges.	0	0	0	11	17	21
Schaaffhausen' Bankverein	6	9	11	19	26	10
BHI/Danat*	10	3C	6	14	22	14
Nationalbank/ Danat*	6	34	3	9	27	5
GROSSBANKEN N = 8						
Mittelwert	8.1	17.5	4.6	13.4	26.8	11.4
(Stdabw.\Vkoef.)	*(7.5\0.9)*	*(12 5\0.7)*	*(3.8\0.8)*	*(6.3\C.5)*	*(8.2\0.3)*	*(6.0\0.5)*
Netzwerk (ohne Großbanken) N = 172						
Mittelwert	0.2	1.3	0.4	5.6	20.2	5.8
(Stdabw.\Vkoef.)	*(0.7\3.5)*	*(2.:\1.6)*	*(1.0\2.5)*	*(7.0\1.3)*	*(15.1\0.7)*	*(6.9\1.2)*

Anmerkungen: Die Fallzahl (N) bezieht sich auf Unternehmen. Mittelwerte, Standardabweichungen und Variations-koeffizienten beziehen sich a lerdings auf Verflechtungen. Stabile Beziehungen: Anzahl der seit 1914 bestehenden Beziehungen; Neue Beziehungen: Anzahl der neuen Beziehungen; *Broken Ties*: Anzahl der seit 1914 weggefallenen Beziehungen

* 1921 kommt es zur Fusion zwischen Darmstädter Bank (BHI) und Nationalbank.

Tabelle 65   Verflechtungsstabilität der Großbanken 1928–1933 (dichotomisiert)

	Vorstand-zu-Aufsichtsrat			Aufsichtsrat-zu-Aufsichtsrat		
	Stabile Ties	Neue Ties	Broken Ties	Stabile Ties	Neue Ties	Broken Ties
Deutsche Bank	38	45	38	47	40	61
Dresdner Bank	23	29	21	22	17	44
Commerzbank	15	12	31	19	35	20
Berliner Handels-ge-sellschaft	–**	–**	–**	27	30	28
GROSSBANKEN N = 4 (bzw. 3)						
Mittelwert	25.3	28.7	30.7	28.8	30.5	38.3
(Stdabw.\Vkoef.)	*(11.7\7)*	*(16.5\0.6)*	*(8.5\0.3)*	*(12.6\0.4)*	*(9.8\0.3)*	*(18.2\0.5)*
Netzwerk (ohne Großbanken) N = 309						
Mittelwert	1.1	0.8	1.1	13.1	11.2	21.5
(Stdabw.\Vkoef.)	*(2.6\2.4)*	*(1.9\2.4)*	*(2.4\2.2)*	*(13.4\1.0)*	*(10.6\0.9)*	*(20.7\1.0)*

Anmerkungen: Die Fallzahl (N) bezieht sich auf Unternehmen. Mittelwerte, Standardabweichungen und Variations-koeffizienten beziehen sich allerdings auf Verflechtungen. Stabile Beziehungen: Anzahl der seit 1928 bestehenden Beziehungen; Neue Beziehungen: Anzahl der neuen Beziehungen; *Broken Ties*: Anzahl der seit 1928 weggefallenen Beziehungen

** Zur Berliner Handelsgesellschaft liegen für den Untersuchungszeitpunkt 1933 keine Angaben zur Zusammensetzung des Direktoriums vor.

Tabelle 66   Deskriptive Statistik der erklärenden Variablen

	1914	1928
	Mittelwert *(Standardabweichung)*	Mittelwert *(Standardabweichung)*
Aktienkapitelhöhe (Mio. RM)	34,1 *(34,2)*	64,7 *(230,7)*
Anteil Gesamtschulden an Bilanzsumme	30,2 *(14,4)*	29,1 *(16,6)*
Anteil Kreditschulden an Bilanzsumme	4,2 *(7,4)*	2,4 *(4,8)*
Anteil Kapitalmarktschulden an Bilanzsumme	11,6 *(10,1)*	9,2 *(12,0)*
Eigenkapitalquote (%)	47,9 (23,6)	54,2 *(15,7)*
Unternehmen (N)	97	97

Anmerkungen: Die Kennzahlen unterliegen eigenen Berechnungen. Gesamtschulden: Kreditschulden, Kapitalmarktschulden und alle übrigen Verbindlichkeiten; Kreditschulden: Schulden bei Finanzunternehmen; Kapital-marktschulden: Anleihen am Aktienmarkt; Eigenkapitalquote: Aktienkapital/Bilanzsumme

Quelle: Hoppenstedt 1914 und 1929.

Literatur

Abelshauser, Werner (2001): Umbruch und Persistenz: Das deutsche Produktionsregime in historischer Perspektive. In: Geschichte und Gesellschaft 4/27: 503–523.

Abelshauser, Werner (2005): Die Wirtschaft des deutschen Kaiserreichs. Ein Treibhaus nachindustrieller Institutionen In: Paul Windolf (Hg.): Finanzmarktkapitalismus. Analysen zum Wandel von Produktionsregimen (KZfSS Sonderheft 45). Wiesbaden: VS Verlag für Sozialwissenschaften, S. 172–195.

Adams, Michael (1994): Die Usurpation von Aktionsärsbefugnissen mittels Ringverflechtung in der Deutschland AG. In: Die Aktiengesellschaft 39: 148–158.

Adloff, Frank/Steffen Mau (2005): Vom Geben und Nehmen. Zur Soziologie der Reziprozität. Frankfurt a. M.: Campus Verlag.

Agresti, Alan (2002): Categorical Data Analysis. Hoboken/New Jersey: Wiley – Interscience.

Akerlof, George A. (1970): The Market for ‚Lemons‘: Quality Uncertainty and the Market Mechanism. In: Quaterly Journal of Economics 84 (3): 488–500.

Albert, Michel (1991): Capitalism contre Capitalism. Paris: Editions du Seuil.

Aldrich, Howard E./Amy L. Kenworthy (1999): The Accidential Entrepreneur. Campbellian Antinomies and Organizational Foundings In: Joel Baum/Bill McKelvey (Hg.): Variations in Organization Science: In Honor of Donald T. Campbell. Thousand Oaks/CA: Sage, S. 19–33.

Althusser, Louis (1968): Für Marx. Frankfurt a. M.: Suhrkamp Verlag.

Arthur, W. B. (1994): Increasing Returns and Path Dependence in Economics. Ann Arbor: University of Michigan Press.

Axelrod, Robert (1984): The Evolution of Cooperation. New York: Basic Books.

Aydalot, Philippe (2006): Trajectoires technologiques et milieux innovateurs In: Roberto Camagni/Denis Maillat (Hg.): Milieux innovateurs. Théories et politiques. Paris: Economica, S. 20–41.

Bajari, Patrick/Steven Tadelis (2001): Incentives versus Transaction-Costs:A Theory of Procurement Contracts. In: RAND Journal of Economics 32 (3): 387–407.

Baker, George, Robert Gibbons und Kevin J. Murphy (2002): Relational Contracts and the Theory of the Firm. In: Quaterly Journal of Economics 117: 39–83.

Barabasi, Albert-Laszlo/Réka Albert (1999): Emergence of Scaling in Random Networks. In: Science 286: 509–512.

Barnes, John (1972): Social Networks. In: Addison-Wesley Module in Anthropology 26: 1–29.

Bateson, Gregory (1985): Ökologie des Geistes. Anthropologische, psychologische, biologische und epistemologische Perspektiven. Frankfurt a. M.: Suhrkamp Verlag.

Benz, Arthur (Hg.) (2004): Governance – Regieren in komplexen Regelsystemen. Eine Einführung. Wiesbaden: VS-Verlag für Sozialwissenschaften.

Berger, Peter L./Thomas Luckmann (1969): Die gesellschaftliche Konstruktion der Wirklichkeit. Eine Theorie der Wissenssoziologie. Frankfurt a. M.: Fischer Verlag.

Berghoff, Hartmut (1992): Transaktionskosten: Generalschlüssel zum Verständnis langfristiger Unternehmensentwicklung? Zum Verhältnis von Neuer institutionenökonomie und moderner Unternehmensgeschichte. In: Jahrbuch für Wirtschaftsgeschichte 2: 159–176.

Berghoff, Hartmut/Jörg Sydow (2007): Unternehmerische Netzwerke – Theoretische Konzepte und historische Erfahrungen In: Hartmut Berghoff/Jörg Sydow (Hg.): Unternehmerische Netzwerke. Eine historische Organisationsform mit Zukunft? Stuttgart: Kohlhammer Verlag, S. 9–43.

Berle, Adolf A./Gardiner C. Means (2002 [1932]): The Modern Corporation and Private Property. New Brunswick: Transaction Publishers.

Beyer, Jürgen (2003): Deutschland AG a. D.: Deutsche Bank, Allianz und das Verflechtungszentrum des deutschen Kapitalismus In: Wolfgang Streeck/Martin Höpner (Hg.): Alle Macht dem Markt? Fallstudien zur Abwicklung der Deutschland AG. Frankfurt a. M.: Campus Verlag, S. 118–146.

Beyer, Jürgen (2005): Pfadabhängigkeit ist nicht gleich Pfadabhängigkeit! Wider den expliziten Konservativismus eines gängigen Konzepts. In: Zeitschrift für Soziologie 34/1: 5–21.

Beyer, Jürgen (2006): Pfadabhängigkeit. Über institutionelle Kontinuität, anfällige Stabilität und fundamentalen Wandel. Frankfurt a. M.: Campus Verlag.

Blau, Peter M. (1968): Social Exchange In: David l. Sills (Hg.): International Encyclopedia of the Social Sciences Vol.7. London und New York: Macmillan, S. 452–457.

Bonacich, Philipp (1987): Power and Centrality: A Family of Measures. In: American Journal of Sociology 5/92: 1170–82.

Borgatti, Stephen/Pacey Foster (2003): The network paradigm in organizational research: A review and typology. In: Journal of Management 29 (6): 991–1013.

Borgatti, Steve P./Martin G. Everett (1999): Models of core/periphery structures. In: Social Networks 21: 375–395.

Borgatti, Steve P., Martin G. Everett und Linton C. Freeman (2002): Ucinet for Windows. Software for Social Network Analysis. Harvard, MA: Analytic Technologies.

Bortz, Jügen (2005): Statistik für Human- und Sozialwissenschafter. Heidelberg: Springer Verlag.

Bourdieu, Pierre (1979): Entwurf einer Theorie der Praxis auf der ethnologischen Grundlage der kabylischen Gesellschaft. Frankfurt a. M.: Suhrkamp.

Bourdieu, Pierre (1983): Ökonomisches Kapital, kulturelles Kapital, soziales Kapital In: Reinhard Kreckel (Hg.): Soziale Ungleichheit Sonderband 2. Göttingen: Vandenhoeck & Ruprecht, S. 183–198.

Bourdieu, Pierre (1998): Praktische Vernunft. Zur Theorie des Handelns. Frankfurt a. M.: Suhrkamp Verlag.

Bradach, Jeffrey L./Robert G. Eccles (1989): Price, Authority, and Trust: From Ideal Types to Plural Forms. In: Annual Review of Sociology 15: 97–118.

Braudel, Fernand (1990): Sozialgeschichte des 15.–18. Jahrhunderts: Der Alltag, Der Handel, Aufbruch zur Weltwirtschaft. München: Kindler Verlag.

Braudel, Fernand (1991): Die Dynamik des Kapitalismus. Stuttgart: Klett-Cotta.

Burnham, James (1941): The Managerial Revolution: What is Happening in the World. New York: John Day Co.

Burt, Ronald S. (1979): A structural theory of interlocking corporate directorates. In: Social Networks 1: 415–435.

Burt, Ronald S. (1982): Toward a Structural Theory of Action. Network Models of Social Structure, Perception and Action. New York: Academic Press.

Burt, Ronald S. (1992): Structural Holes. Cambridge/MA: Harvard University Press.

Büschgen, Hans E. (1995): Die Deutsche Bank von 1957 bis zur Gegenwart. Aufstieg zum internationalen Finanzdienstleistungskonzern In: Lothar et.al. Gall (Hg.): Die Deutsche Bank 1870–1995. München: C. H. Beck, S. 579–877.

Bussmann, Karl Ferdinand (1963): Kartelle und Konzerne Stuttgart: Schäffer-Pöschel Verlag.

Camagni, Roberto (1991): Innovation Networks. Spatial Perspectives. London: Belhaven Press.

Campbell, Donald T. (1965): Variation and Selective Retention in Socio-Cultural Evolution. In: General Systems Yearbook 14: 69–85.

Chandler, Alfred (1977): The Visible Hand. The Managerial Revolution in American Business. Cambridge/MA: Harvard University Press.

Chandler, Alfred D. (1990): Scale and Scope. The Dynamics of Industrial Capitalism. Cambridge/MA: Belknap Press.

Chandler, Alfred/Herman Daems (1974): Introduction. The Rise of Managerial Capitalism and its Impact on Investement Strategy in the Western World and Japan In: Herman Daems/Herman van der Wee (Hg.): The Rise of Managerial Capitalism. Leuven: University Press, S. 9–46.

Coase, Ronald H. (1937): The nature of the firm. In: Economia N. S. 4: 386–405.

Coates, David (Hg.) (2005): Varieties of Capitalism, Varieties of Approaches. Basingstoke: Palgrave Macmillan.

Coleman, James S. (1990): Foundations of Social Theory. Cambridge/MA: Harvard University Press.

Coleman, James S. (1995a): Grundlagen der Sozialtheorie. Handlungen und Handlungssysteme. München/Wien Oldenbourg Verlag.

Colemann, James (1983): Social capital in the creation of human capital. In: American Journal of Sociology 94 (Supplement): 95–120.

Commons, John R. (1924): Legal Foundations of Capitalism. New York: Macmillan.

Constant, Edward W. (1987): The social locus of technological practice. Community, system, or organization In W .E. Bijker, T. P. Hughes und T. Pinch (Hg.): The Social Construction of Technological Systems: New Directions in the Sociology and History of Technology. Cambridge/Mass.: MIT Press, S. 224–242.

Corts, Kenneth S./Jasjit Singh (2004): The Effect of Repeated Interaction on Contract Choice: Evidence from Offshore Drilling. In: The Journal of Law, Economics, and Organization 20 (1): 230–260.

Dahl, Robert (1961): Who Governs? Democracy and Power in an American City. New Haven: Yale University Press.

Davis, G. F. (1991): Agents without principles? The spread of the poison pill through the intercorporate network. In: Administrative Science Quarterly 36: 583–613.

de Graaf, Nan D., Hendrik D. Flap und (1988): „With a Little Help from My Friend": Social Ressources as an Explanation of Occuptaional Status and Income in West Germany, The Netherlands, and the United States. In: Social Forces 67: 452–472.

Diekmann, Andreas (1991): Soziale Dilemmata. Modelle, Typisierungen und empirische Resultate (1) In: Hartmut Esser/Klaus G. Troitzsch (Hg.): Modellierung sozialer Prozesse. Bonn: Informationszentrum Sozialwissenschaften, S 417–456.

DiMaggio, Paul J./Walter W. Powell (1983): The Iron Cage Revisited: Institutional Isomorphism and Collective Rationality in Organizational Fields. In: American Sociological Review 48: 147–160.

Domhoff, G. William (1967): Who Rules America?: Floyd Hunter.

Domhoff, G. William (1971): The Higher Circles: The Governing Class in America. New York: Vintage Books.

Durkheim, Emile (1895): Les règles de la méthode sociologique. Paris: Alcan.

Durkheim, Emile (1973 [1897]): Der Selbstmord. Neuwied und Berlin: Luchterhand Verlag.

Durkheim, Emile (1996 [1893]): Über die Teilung der sozialen Arbeit. Frankfurt a. M.: Suhrkamp Verlag.

Ebert, Helmut (2002): Das Kruppsche Generalregulativ aus dem Jahre 1872. Geist und Seele der ersten deutschen ‚Unternehmensverfassung' In: Günter Bentele, Manfred Piwinger und Gregor Schönborn (Hg.): Kommuniaktionsmanagement. Strategien, Wissen, Lösungen. Neuwied und Kriftel: Luchterhand, S. 1–12.

Edwards, Jeremy/Sheilagh Ogilvie (1996): Universal banks and German industrialization: a reappraisal. In: Economic History Review XLIX 3: 427–446.

Elias, Norbert/John L. Scotson (2002): Etablierte und Außenseiter. Baden Baden: Nomos Verlag.

Engels, Friedrich (1988 [1884]): Der Ursprung der Familie, des Privateigentums und des Staates (Hg.): Marx-Engels Werke Bd. 21. Berlin: Dietz Verlag, S. 29–34.

Enquête-Ausschuss (1928): Ausschuss zur Untersuchung der Erzeugungs- und Absatzbedingungen der deutschen Wirtschaft. Verhandlungen und Berichte des Unterausschusses für allgemeine Wirtschaftsstruktur. I. Unterausschuss 3. Arbeitsgruppe: Wandlungen in den wirtschaftlichen Organisationsformen. Erster Teil: Wandlungen in den Rechtsformen der Einzelunternehmungen und Konzerne. Berlin.

Erdös, Paul/Allfréd Rényi (1960): On the evolution of random graphs. In: Publication of the Mathematical Institute of the Hungarian Academy of Science 5: 17–61.

Esser, Hartmut (2000a): Soziologie. Spezielle Grundlagen. Band 2: Die Konstruktion der Gesellschaft. Frankfurt a. M.: Campus Verlag.

Esser, Hartmut (2000b): Soziologie. Spezielle Grundlagen. Band 3: Soziales Handeln. Frankfurt a. M.: Campus Verlag.

Eube, Stephen (1998): Der Aktienmarkt in Deutschland vor dem Ersten Weltkrieg. Eine Indexanalyse. Frankfurt a. M.: Fritz Knapp Verlag.

Eulenburg, Franz (1906): Die Aufsichtsräte der deutschen Aktiengesellschaften. In: Jahrbücher für Nationalökonomie und Statistik III, 32. Band: 92–109.

Everett, Martin G./Stephen P. Borgatti (2005): Extending Centrality In: Peter J. Carrington, John Scott und Stanley Wasserman (Hg.): Models and Methods in Social Network Analysis. New York: Cambridge University Press, S. 57–76.

Fama, Eugene/Michael Jensen (1983): Seperation of ownership and control. In: Journal of Law and Economics 26: 301–326.

Feldenkirchen, W. (1987): Big Business in Interwar Germany: Organizational Innovation at Vereinigte Stahlwerke, IG-Farben, and Siemens. In: Business History Review 61: 417–451.

Feldman, Gerald (1995): Die Deutsche Bank vom Ersten Weltkrieg bis zur Weltwirtschaftskrise 1914–1933. In: Lothar et.al. Gall (Hg.): Die Deutsche Bank 1870–1995. München: C. H. Beck, S. 138–314.

Feldman, Gerald (2005): Banks, Bankenmacht, and Financial Institutions from 1900 to 1933 In: Paul Windolf (Hg.): Finanzmarktkapitalismus Kölner Zeitschrift für Soziologie und Sozialpsychologie Wiebaden: VS Verlag für Sozialwissenschaften, S. 316–330.

Festinger, Leon, Stanley Schachter und Kurt Back (1950): Social Pressure in Internal Groups. New York: Harper.

Fiedler, Martin (1999): Die hundert größten Unternehmen in Deutschland – nach der Zahl ihrer Beschäftigten – 1907, 1938, 1973, 1995. In: Zeitschrift für Unternehmensgeschichte 44: 32–66.

Fiedler, Martin (2002): Fusionen und Übernahmen in der deutschen Industrie, 1898–1938. In: Jahrbuch für Wirtschaftsgeschichte 2: 209–239.

Fiedler, Martin (2007): Eigentümer und Netzwerke: Zum Verhältnis von Personal und Kapitalverflechtungen in deutschen Großunternehmen, 1927 und 1928 In: Hartmut Berghoff/ Jörg Sydow (Hg.): Unternehmerische Netzwerke. Eine historische Organisationsform mit Zukunft? Stuttgart: Kohlhammer Verlag, S. 97–117.

Fligstein, Neil (2001): The Architecture of Markets. An Economic Sociology of Twenty-First Century Capitalist Societies. Princeton/NJ: Princeton University Press.

Fligstein, Neil (2005): Law and Corporate Governance. In: The Annual Review of Law and Social Science 1: 61–84.

Florian, Ludwig (1952): 95 Jahre Mitteldeutsche Creditbank. 1856–1951. Ein Rückblick. Frankfurt a. M.: Brönners Druckerei.

Fohlin, Caroline (1999): The Rise of Interlocking Directorates in Imperial Germany. In: Economic History Review LII 2: 307–333.

Fohlin, Caroline (2002): Corporate Capital Structure and the Influence of the Universal Banks in Pre-World War I Germany. In: Jahrbuch für Wirtschaftsgeschichte 2: 113–134.

Fohlin, Caroline (2006): Banking and Industrialization in Germany: Corporate Finance, Governance, and Performance from the 1840s to the Present. Cambridge UK: Cambridge University Press.

Frank, Ove/David Strauss (1986): Markov Graphs. In: Journal of the American Statistical Association 81: 832–842.

Franks, Julian R./Colin Mayer (1995): Ownership and Control In: Horst Siebert (Hg.): Trends in Business Organization: Do Participation and Cooperation Increase Competitiveness? Tübingen: Mohr S. 171–195.

Franzen, Axel/Markus Freitag (Hg.) (2007): Sozialkapital. Grundlagen und Anwendungen. Wiesbaden: VS Verlag für Sozialwissenschaften.

Freeman, Linton C. (2005): Graphic Techniques for Exploring Social Network Data In: Peter J. Carrington, John Scott und Stanley Wassermann (Hg.): Models and Methods in Social Network Analysis. Cambridge: Cambridge University Press, S. 248–269.

Friedkin, Noah E. (1981): The development of structure in random networks: An analysis of the effects of increasing network density on five measures of structure. In: Social Networks 3: 41–52.

Fuhse, Jan/Sophie Mützel (Hg) (2010): Relationale Soziologie. Zur kulturellen Wende der Netzwerkforschung. Wiesbaden: VS Verlag für Sozialwissenschaften.

Fukuyama, Francis (1995): Trust. The Social Virtues and the Creation of Prosperity. New York: Free Press.

Gabbay, Shaul M. (1997): Social Capital in the Creation of Financial Capital: The Case of Network Marketing. Champaign/IL: Stipes Publication.

Gabbay, Shaul M./Roger Th. A. J. Leenders (1999): Corporate Social Capital: The Structure of Advantage and Disadvantage In: Roger Th. A. J. Leenders/Shaul M. Gabbay (Hg.): Corporate Social Capital and Liability. Boston: Kluwer Academic Publishers, S. 1–14.

Galbraith, John Kenneth (1970): Die moderne Industriegesellschaft. München/Zürich: Droemer/Knaur.

Gall, Lothar (1995): Die Deutsche Bank von ihrer Gründung bis zum Ersten Weltkrieg 1870–1914. In: Lothar et.al. Gall, Gerald D. Feldman, Harold James, Carl-Ludwig Holtfrerich und Hans E. Büschgen (Hg.): Die Deutsche Bank 1870–1995. München: C. H. Beck'sche Verlagsbuchhandlung, S. 1–135.

Gall, Lothar (2000): Krupp. Der Aufstieg eines Industrieimperiums. Berlin: Siedler Verlag.

Gambetta, Diego (Hg.) (1988): Trust. Making and Breaking Co-operative Relations. Oxford: Basil Blackwell.

Gehlen, Boris (2007): Paul Silverberg (1876–1959). Ein Unternehmer. Stuttgart: Franz Steiner Verlag.

Gerschenkron, Alexander (1962): Economic backwardness in historical perspective In: Alexander Gerschenkron (Hg.): Economic Backwardness in Historical Perspective: A Book of Essays. Cambridge/MA: Belknap Press, S. 5–30.

Gilroy, Bernard Michael (1993): Networking in Multinational Enterprises. The Importance of Strategic Alliances. Columbia: University of South Carolina Press.

Gini, Corrado (1921): Measurement of inequality of income. In: Economic Journal 31: 124–126.

Gordon, Edwards und Reich (1982): Segmented Work, Divided Workers – The Historical Transformation of Labor in the United States. New York: Cambridge University Press.

Gouldner, Alvin W. (1960): The Norm of Reciprocity: A Preliminary Statement. In: American Sociological Review 25 (2): 161–178.

Granovetter, Mark (1973): The strength of weak ties. In: American Journal of Sociology 78: 1360–1380.

Granovetter, Mark (1974): Getting A job. A Study of Contacts and Careers. Cambridge/Mass.: Harvard University Press.

Granovetter, Mark (1985): Economic action and social structure. The problem of embeddedness. In: American Journal of Sociology 91: 481–510.

Granovetter, Mark (1992): Economic institutions as social constructions: a framework for analysis. In: Acta Sociologica 35: 3–11.

Güth, Werner/Hartmut Kliemt (1995): Elementare spieltheoretische Modelle sozialer Kooperation. In: Ökonomie und Gesellschaft Jahrbuch 12: Soziale Kooperation: Abschnitt 2.

Habermas, Jürgen (1990 [1961]): Strukturwandel der Öffentlichkeit. Untersuchungen zu einer Kategorie der bürgerlichen Gesellschaft. Frankfurt a. M.: Suhrkamp.

Hahn, Alois (1982): Zur Soziologie der Beichte und anderer Formen institutionalisierter Bekenntnisse: Selbstthematisierung und Zivilisationsprozess. In: Kölner Zeitschrift für Soziologie und Sozialpsychologie 34: 407–434.

Hahn, Alois (1995): Identität und Biographie In: Monika Wohlrab-Sahr (Hg.): Biographie und Religion. Zwischen Ritual und Selbstsuche. Frankfurt a. M.: Campus, S. 127–151.

Hall, Peter A./Daniel W. Gingerich (2004): ‚Spielarten des Kapitalismus‘ und institutionelle Komplementaritäten in der Makroökonomie – Eine empirische Analyse. In: Berliner Journal für Soziologie 2004/1: 5–32.

Hall, Peter A./David Soskice (2001): An Introduction to Varieties of Capitalism In: Peter A. Hall/David Soskice (Hg.): Varieties of Capitalism. The Institutional Foundations of Comparative Advantage. Oxford: Oxford University Press, S. 1–68.

Hall, Peter A./Rosemary C. R. Taylor (1996): Political Science and the Three New Institutionalisms. MPIFG Discussion Paper 96/6. Köln: MPIFG.

Hancké, Bob, Martin Rhodes und Mark Thatcher (Hg.) (2007): Beyond Varieties of Capitalism. Conflict, Contradictions, and Complementarities in the European Economy. Oxford: Oxford University Press.

Hanifan, Lyda J. (1916): The Rural School Community Center. In: Annuals of the American Academy of Political and Social Science 67: 130–138.

Hardach, Gerd (1995): Zwischen Markt und Macht: Die deutschen Banken 1908–1934 In: W. Feldenkirchen, F. Schönert-Röhlk und G. Schulz (Hg.): Wirtschaft, Gesellschaft, Unternehmen Beiheft 120: Vierteljahresschrift für Sozial- und Wirtschaftsgeschichte, S. 914–938.

Haunschild, Pamela R. (1993): Interorganizational imitation: the impact of interlocks on corporate acquisition activity. In: Administrative Science Quarterly 38: 564–592.

Hayek, Friedrich A. (1945): The Use of Knowledge in Society. In: The American Economic Review 35/4: 519–530.

Henning, Friedrich-Wilhelm (1996): Handbuch der Wirtschafts- und Sozialgeschichte Deutschlands. Band 2: Deutsche Wirtschafts- und Sozialgeschichte im 19. Jahrhundert. Paderborn: Ferdinand Schöningh.

Henzler, Herbert (1992): Ein Lernspiel ohne Grenzen In: C. Bronder/R. Pritzl (Hg.): Wegweise für strategische Allianzen.Meilen- und Stolpersteine bei Kooperationen. Zürich: Verlag NZZ, S. 431–441.

Herden, Rainer (1992): Technologieorientierte Aussenbeziehungen im betrieblichen Innovationsmanagement. Ergebnisse einer empirischen Untersuchung. Heidelberg: Physica.

Herrigel, Gary (1996) Industrial Constructions. The Sources of German Industrial Power. Cambridge: Cambridge University Press.

Hilferding, Rudolf (1910): Das Finanzkapital. Wien: Ignaz Brand & Co.

Hilferding, Rudolf (1915): Arbeitsgemeinschaft der Klassen? In: Der Kampf 8: S. 321–329.

Hilferding, Rudolf (1968 [1910]): Das Finanzkapital. Hamburg: Europäische Verlagsanstalt.

Hirschman, Albert O. (1974): Abwanderung und Widerspruch. Reaktionen auf Leistungsabfall bei Unternehmungen, Organisationen und Staaten. Tübingen: Mohr.

Holland, Paul/Samuel Leinhardt (1970): A Method for Detecting Structure in Sociometric Data. In: American Journal of Sociology 76: 492–513.

Holland, Paul/Samuel Leinhardt (1979): Structural Sociometry In: Paul Holland/Samuel Leinhardt (Hg.): Perspectives on Social Network Research. New York Academic Press, S.

Hollingsworth, J. Rogers/Robert Boyer (1997): Coordination of Economic Actors and Social Systems of Production In: J. Rogers Hollingsworth/Robert Boyer (Hg.): Contemporary Capitalism. The Embeddedness of Institutions. Cambridge: Cambridge University Press, S. 1–47.

Hollingsworth, J. Rogers, Philippe C. Schmitter und Wolfgang Streeck (Hg.) (1994): Governing Capitalist Economies. Performance and Control of Economic Sectors. New York: Oxford University Press.

Holzer, Boris (2006): Netzwerke. Bielefeld: transcript Verlag.

Höpner, Martin/Lothar Krempel (2004): The Politics of the German Company Network. In: Competition & Change 8/4: 339–356.

Hoppenstedt (1896): Handbuch der deutschen Aktiengesellschaften. Darmstadt: Hoppenstedt Verlag.

Hoppenstedt (1914): Handbuch der deutschen Aktiengesellschaften. Darmstadt: Hoppenstedt Verlag.

Hoppenstedt (1929): Handbuch der deutschen Aktiengesellschaften. Darmstadt: Hoppenstedt Verlag.

Hoppenstedt (1934): Handbuch der deutschen Aktiengesellschaften. Darmstadt: Hoppenstedt Verlag.

Jackson, Gregory (2001): The Origins of Nonliberal Corporate Governance in Germany and Japan In: Wolfgang Streeck/Kozo Yamamura (Hg.): The Origins of Nonliberal Capitalism. Germany and Japan in Comparison. Ithaca/London: Cornell University Press, S. 121–170.

Jackson, Mathew O./Asher Wolinsky (1996): A Strategic Model of Social and Economic Networks. In: Journal of Economic Theory 71: 44–74.

Jansen, Dorothea (2002): Netzwerkansätze in der Organisationsforschung In: Jutta Allmendinger und Thomas Hinz (Hg.): Organisationssoziologie. Wiesbaden: Westdeutscher Verlag, S. 88–118.

Jansen, Dorothea (2003): Einführung in die Netzwerkanalyse. Opladen: Leske + Budrich.

Jeidels, Otto (1905): Das Verhältnis der deutschen Großbanken zur Industrie mit besonderer Berücksichtigung der Eisenindustrie. Leipzig: Duncker & Humblot.

Jensen, Michael C./William H. Meckling (1976): Theory of the Firm: Managerial Behavior, Agency Costs, and Ownership Structure. In: Journal of Financial Economics 3: 305–360.

Joly, Hervé (1998): Großunternehmer in Deutschland. Soziologie einer industriellen Elite 1933–1989. Leipzig: Leipziger Universitätsverlag.

Jorde, Thomas M./David J. Teece (1990): Innovation and cooperation: implications for competition and antitrust. In: Journal of Economic Perspectives 4 (3): 75–96.

Kaelbe, Harmut (1985): Wie feudal waren die deutschen Unternehmer im Kaiserreich? Ein Zwischenbericht In: Richard Tilly (Hg.): Beiträge zur quantitativen vergleichenden Unternehmensgeschichte. Stuttgart: Klett-Cotta, S. 148–174.

Kant, Immanuel (1977 [1798]): Anthropologie in pragmatischer Hinsicht In: Wilhelm Weischedel (Hg.): Immanuel Kant: Werke in 12 Bänden Bd. 12. Frankfurt a. M.: Suhrkamp, S. 395–690.

Kenis, Patrick/Volker Schneider (1996): Verteilte Kontrolle: Institutionelle Steuerung in modernen Gesellschaften In: Patrick Kenis/Volker Schneider (Hg.): Organisation und Netzwerk. Institutionelle Steuerung in Wirtschaft und Politik. Frankfurt und New York: Campus, S. 9–44.

Klein, Benjamin (1996): Why Hold-ups Occur? The Self-Enforcing Range of Contractual Relationships. In: Economic Inquiry XXXIV: 444–463.

Kleinwächter, Friedrich (1883): Die Kartelle. Ein Beitrag zur Organisation der Volkswirtschaft. Innsbruck.

Knies, Karl (1853): Die politische Ökonomie vom geschichtlichen Standpunkt. Braunschweig.

Kocka, Jürgen (1988): Bürgertum und bürgerliche Gesellschaft im 19.Jahrhundert: Europäische Entwicklungen und deutsche Eigenarten. In: Jürgen Kocka (Hg.): Bürgertum im 19.Jahrhundert Bd. 1. München: dtv, S. 11–76.

Kocka, Jürgen/Hannes Sigrist (1979): Die hundert größten deutschen Industrieunternehmen im späten 19. und frühen 20. Jahrhundert. Expansion, Diversifikation und Integration im internationalen Vergleich In: Norbert Horn/Jürgen Kocka (Hg.): Recht und Entwicklung der Großunternehmen im 19. und frühen 20. Jahrhundert. Wirtschafts-, sozial- und rechtshistorische Untersuchungen zur Industrialisierung in Deutschland, Frankreich, England und den USA. Göttingen: Vandenhoeck & Ruprecht, S. 55–122.

Koenig, Thomas , Robert Gogel und John Sonquist (1979): Models of the Significance of Interlocking Corporate Directorates. In: American Journal of Economics and Sociology 38: 173–186.

Kondratieff, Nikolai D. (1926): Die langen Wellen der Konjunktur. In: Archiv für Sozialwissenschaft und Sozialpolitik 56: 573–609.

La Porta, Rafael, Florencio Lopez-de-Silanes und Andrei Shleifer (1999): Corporate Ownership Around the World. In: Journal of Finance 54/2: 471–517.

La Porta, Rafael, Florencio Lopez-de-Silanes, Andrei Shleifer und Robert W. Vishny (1997): Legal Determinants of External Finance. In: Journal of Finance 52 (3): 1131–1150.

La Porta, Rafael, Florencio Lopez-de-Silanes, Andrei Shleifer und Robert W. Vishny (1998): Law and Finance. In: Journal of Political Economy 106 (6): 1113–1155.

Lazonick, William/Mary O'Sullivan (1997): Finance and industrial development. Part II: Japan and Germany. In: Financial History Review: 117–138.

Lehmbruch, Gerhard (1974): Consociational Democracy, Class Conflict and the New Corporatism In: Philippe C. Schmitter/Gerhard Lehmbruch (Hg.): Trends Toward Corporatist Intermediation. London, S. 377–391.

Lehmbruch, Gerhard (2001): The Institutional Embedding of Market Economics. The German ‚Model' and its Impact on Japan In: Wolfgang Streeck/Kozo Yamamura (Hg.): The Origins of Nonliberal Capitalism. Germany and Japan in Comparison. Ithaca/London: Cornell University Press, S. 39–94.

Lenel, Hans Otto (1968): Ursachen der Konzentration unter besonderer Berücksichtigung der deutschen Verhältnisse. Tübingen: Mohr Siebeck.

Lenin, Wladimir Ilijitsch (1960 [1917]): Der Imperialismus als höchste Stufe des Kapitalismus (Hg.): W. I. Lenin Werke Bd. 22. Berlin: Dietz Verlag, S. 189–309.

Levin, Jonathan (2003): Relational incentive contracts. In: American Economic Review 93: 835–857.

Liefmann, Robert (1927): Die Unternehmungen und ihre Zusammenschlüsse. Band 2: Kartelle, Konzerne, Trusts. Stuttgart.

Lin, Nan (1982): Social Resources and Instrumental Action In: Peter V. Marsden/Nan Lin (Hg.): Social Structures and Network Analysis. Beverly Hills: Sage, S. 131–145.

Lipset, S. M./S. Rokkan (1967): Cleavage Structures, Party Systems, and Voter Alignements: An Introduction In: S. M. Lipset/S. Rokkan (Hg.): Party Systems and Voter Alignements. New York: Free Press, S. 1–64.

Long, Scott J./Jeremy Freese (2001): Regression Models for Categorical Dependent Variables Using Stata. College Station, TX: Stata Press.

Luhmann, Niklas (1984): Die Wirtschaft der Gesellschaft als autopoietisches System. In: Zeitschrift für Soziologie 13: 308–327

Luhmann, Niklas (199): Evolution und Geschichte In: Niklas Luhmann (Hg.): Soziologische Aufklärung 2. Aufsätze zur Theorie der Gesellschaft. Opladen: Westdeutscher Verlag, S. 150–169.

Luhmann, Niklas (2000 [1968]): Vertrauen. Ein Mechanismus der Reduktion sozialer Komplexität. Stuttgart: Lucius & Lucius (4. Aufl.).

Luhmann, Niklas (1994): Evolution und Geschichte In: Niklas Luhmann (Hg.): Soziologische Aufklärung 2. Aufsätze zur Theorie der Gesellschaft. Opladen: Westdeutscher Verlag, S. 150–169.

Lütz, Susanne (Hg.) (2006): Governance in der politischen Ökonomie. Struktur und Wandel des modernen Kapitalismus. Wiesbaden VS Verlag für Sozialwissenschaften.

Macnail (1978): Contracts: Adjustments of long-term economic relations under classical, neo-classical, and relational contract law. In: Northwestern University Law Review 72: 854–906.

Maddison, Angus (2001): The World Economy: A Millennial Perspective. Paris: OECD.

Maddison, Angus (2007): Contours of The World Economy. I-2030 AD, Essays in Macro-Economic History. Oxford: Oxford University Press.

Mahoney, James (2000): Path Dependence in Historical Sociology. In: Theory and Society 29: 507–548.

Manoïlescu, Mihail (1934): Le siècle du corporatisme. Doctrine du coporatisme intégral et pur. Paris.

Marsden, Peter V. (1981): Introducing Influence Processes into a System of Collective Decisions. In: American Journal of Sociology 86: 1203–1235.

Marshall, Alfred (1919): Industry and Trade: A Study of Industrial Technique and Business Organization, and Their Influences on the Condition of Various Classes and Nations. London: Macmillan.

Marx, Karl (1967 [1894]): Das Kapital. Kritik der politischen Ökonomie. Buch III: Der Gesamtprozeß der kapitalistischen Produktion. Berlin: Dietz.

Marx, Karl (1970 (1867)): Das Kapital. Kritik der politischen Ökonomie. Erster Band. (Hg.): Marx-Engels Werke Bd. 23. Berlin: Dietz.

Marx, Karl (1983 [1858]): Grundrisse der Kritik der politischen Ökonomie. Berlin Dietz Verlag

Marx, Karl (1988 [1890]): Das Kapital. Kritik der politischen Ökonomie. Erster Band. (Hg.): Marx-Engels Werke Bd. 23. Berlin: Dietz.

Mayntz, Renate (2002): Zur Theoriefähigkeit makro-sozialer Analysen In: Renate Mayntz (Hg.): Akteure – Mechanismen – Modelle. Zur Theoriefähigkeit makro-sozialer Analysen. Frankfurt a. M. und New York: Campus Verlag, S. 7–43.

Mayntz, Renate (2004): Governance im modernen Staat In: Arthur Benz (Hg.): Governance. Regieren in komplexen Regelsystemen. Eine Einführung. Wiesbaden: VS Verlag, S. 37–49

Mayo, Elton (1949): Hawthorne and the Western Electric Company, The Social Problems of an Industrial Civilisation. London: Routledge.

Meier, Kurt (1987): Emile Durkheims Konzeption der Berufsgruppen. Eine Rekonstruktion und Diskussion ihrer Bedeutung für die Neokorporatismus-Debatte. Berlin: Duncker & Humblot.

Merton, Robert King (1968 [1949]): Social Theory and Social Structure. New York: The Free Press.

Merton, Robert King (1985): Der Matthäuseffekt in der Wissenschaft In: Robert King Merton (Hg.): Entwicklung und Wandel von Forschungsinteressen. Aufsätze zur Wissenschafts-soziologie. Frankfurt a. M.: Suhrkamp Verlag, S. 147–171.

Michels, Robert (1911): Zur Soziologie des Parteiwesens in der modernen Demokratie. Untersuchungen über die oligarchischen Tendenzen des Gruppenlebens. Leipzig: Klinkhardt.

Milgrom, Paul/John Roberts (1992): Economics, Organization and Management Englewood Cliffs/N. J.: Prentice-Hall.

Mills, C. Wright (1956): The Power Elite. New York: Oxford University Press.

Mintz, Beth/Michael Schwartz (1985): The Power Structure of American Business. Chicago: The University of Chicago Press.

Mizruchi, Mark (1996): What Do Interlocks Do? An Analysis, Critique, and Assessment on Interlocking Directorates. In: Annual Review of Sociology 22: 271–298.

Mizruchi, Mark/Joseph Galaskiewicz (1993): Networks of Interorganizational Relations. In: Sociological Methods and Research 22: 46–70.

Mizruchi, Mark, S-K. Han und G. A. Dordick (1995): Flux de ressources et réseaux interorganisationnelles. In: Revue Francaise de Sociologie XXXVI: 655–684.

Morgan, Glenn, Richard Whitley und Eli Moen (Hg.) (2004): Changing Capitalisms? Internationalization, Institutional Change Change, and Systems of Economic Organization. Oxford: Oxford University Press.

Münzel, Martin (2006): Die jüdischen Mitglieder der deutschen Wirtschaftselite 1927–1955. Verdrängung – Emigration – Rückkehr. Paderborn: Ferdinand Schöningh.

Mützel, Sophie (2008): Netzwerkperspektiven in der Wirtschaftssoziologie In: Andrea Maurer (Hg.): Handbuch der Wirtschaftssoziologie. Wiesbaden: VS Verlag für Sozialwissenschaften, S. 185–206.

Neuburger, Hugh (1977): The Industrial Politics of the Kreditbanken 1880–1914. In: The Business History Review 51: 190–207.

Nollert, Michael (2005): Unternehmensverflechtungen in Westeuropa. Nationale und transnationale Netzwerke von Unternehmen, Aufsichtsräten und Managern. Münster: LIT Verlag.

North, Douglass C. (1990): Institutions, Institutional Change and Economic Performance. Cambridge: Cambridge University Press.

Offe, Claus/Susanne Fuchs (2001): Schwund des Sozialkapitals? Der Fall Deutschland In: Robert D. Putnam (Hg.) Gesellschaft und Gemeinsinn. Sozialkapital im internationalen Vergleich. Gütersloh, S. 417.

Offe, Claus/Helmut Wiesenthal (1980): Two Logics of Collective Action: Theoretical Notes cn Social Class and Organizational Form. In: Political Power and Social Theory 1: 67–115.

Olson, Mancur (1968): The Logic of Collective Action. Public Goods and the Theory of Groups. New York: Schocken.

Oser, Erhard/Franz Seitelberger (1988): Gehirn, Bewusstsein und Erkenntnis. Darmstadt: Wissenschaftliche Buchgesellschaft.

Ostrom, Elinor (1990): Governing the Commons: The Evolution for Institutions of Collective Action. New York: Cambridge University Press.

Ouchi, William (1980): Markets, bureaucracies, and clans. In: Administrative Science Quarterly 25: 129–141.

Padgett, John F./Christopher K. Ansell (1993): Robust action and the rise of the Medici 1400–1434. In: American Journal of Sociology 58: 1259–1319.

Parsons, Talcott (1951): The Social System. New York: Free Press.

Parsons, Talcott (1953): A Revised Analytical Approach to the Theory of Social Stratification In: R. Bendix/S. Lipset (Hg.): Class, Status and Power. Glencoe: Free Press, S.

Passow, Richard (1907): Die wirtschaftliche Bedeutung und Organisation der Aktiengesellschaft. Jena.

Passow, Richard (1922): Die Aktiengesellschaft. Eine wirtschaftswissenschaftliche Studie. Jena: G. Fischer.

Pattison, Philippa/Stanley Wasserman (1999): Logit models and logistic regressions for social networks. II. Multivariate relations. In: British Journal of Mathematical and Statistical Psychology 52: 169–194.

Pennings, Johannes M. (1980): Interlocking Directorates. Origins and Consequences of Connections Among Organizations' Boards of Directors. San Francisco: Jossey-Bass.

Pfeffer, Jeffrey (1987): A resource dependence perspective on intercoporate relations In: Mark Mizruchi/M. Schwartz (Hg.): Intercoporate Relations. The Structure and Analysis of Business. Cambridge: Cambridge University Press, S. 25–55.

Pfeffer, Jeffrey/Gerald R. Salancik (1978): The External Control of Organizations: A Resource Dependence Perspective. New York: Harper and Row.

Picot, Arnold/Ralf Reichwald (1994): Auflösung der Unternehmung? Vom Einfluss der IuK-Technik auf Organisationsstrukturen und Kooperationsformen. In: Zeitschrift für Betriebswirtschaft 64: 549–570.

Pierson, Paul (2000a): Increasing Returns, Path Dependence, and the Study of Politics. In: American Political Science Review 95: 251–267.

Pierson, Paul (2000b): Not just What, but When: Timing and Sequence in Political Processes. In: Studies in American Political Development 14: 72–92.

Piore, Michael J./Charles F. Sabel (1984): The Second Industrial Divide: Possibilities for Prosperity. New York: Basic Books.

Piore, Michael J./Charles F. Sabel (1985): Das Ende der Massenproduktion. Berlin: Wagenbach.

Plumpe, Werner (1998): Das Unternehmen als soziale Organisation – Thesen zu einer erneuerten historischen Unternehmensforschung. In: Akkumulation. Informationen des Arbeitskreises für kritische Unternehmens- und Industriegeschichte 11: 2–7.

Plumpe, Werner (1999): Gustav von Schmoller und der Institutionalismus. Zur Bedeutung der Historischen Schule der Nationalökonomie für die moderne Wirtschaftsgeschichtsschreibung. In: Geschichte und Gesellschaft 25: 252–275.

Podolny, Joel/Karen Page (1998): Network Forms of Organization. In: Annual Review of Sociology 24: 57–76.

Pohl, Manfred (1976): Einführung in die Deutsche Bankgeschichte. Frankfurt a. M.: Fritz Knapp Verlag.

Pohl, Manfred (1982a): Die Entwicklung des deutschen Bankwesens zwischen 1848 und 1870 In: Manfred Pohl (Hg.): Deutsche Bankengeschichte Bd. 2. Frankfurt a.M: Fritz Knapp Verlag, S. 143–220.

Pohl, Manfred (1982b): Festigung und Ausdehnung des deutschen Bankwesens zwischen 1870 und 1914 In: Manfred Pohl (Hg.): Deutsche Bankengeschichte Bd. 2. Frankfurt a.M: Fritz Knapp Verlag, S. 223–356.

Polanyi, Karl (1944): The Great Transformation. Boston: Beacon Press.

Poppo, Laura/Todd Zenger (2002): Do formal contracts and relational governance function as substitutes or complements? In: Strategic Management Journal 23: 707–725.

Powell, James H. (1996): Weder Markt, noch Hierachie: Netzwerkartige Organisationsformen In: Patrick Kenis/Volker Schneider (Hg.): Organisation und Netzwerk. Institutionelle Steuerung in Wirtschaft und Politik. Frankfurt und New York: Campus, S. 213–271.

Powell, Walter W. (1990): Neither Markets nor Hierarchy: Networks Form of Organization In: B. Staw/L. L. Cummings (Hg.): Research in Organizational Behavior. Greenwich/CT: JAI Press, S. 295–336.

Putnam, Robert (1995a): Bowling Alone – America's Declining Social Capital. In: Journal of Democracy 6: 65–78.

Putnam, Robert (1995b): Tuning In, Tuning Out: The Strange Disappearance of Social Capital in America. In: Political Science and Politics 28: 664–683.

Pyke, Frank/Werner Sengenberg (Hg.) (1992): Industrial Districts and Local Economic Regeneration. Geneva: International Institute for Labour Studies.

Rappaport, Alfred (1990): The Staying Power of the Public Coporation. In: Harvard Business Review 90: 96–104.

Raulet, Gérard (Hg.) (2001): Historismus, Sonderweg und dritte Wege. Frankfurt a. M.: Peter Lang.

Reiss, Michael (2000): Interpreneure – Unternehmertum in Netzwerken. Frankfurter Allgemeine Zeitung. 09. 10. 2000: 33.

Reitmayer, Morten (1999): Bankiers im Kaiserreich. Sozialprofil und Habitus der deutschen Hochfinanz. Göttingen: Vandenhoeck & Ruprecht.

Richardson, George B. (1972): The organization of industry. In: The Economic Journal 82: 883–896.

Riesser, Jacob (1912 [1905]): Die deutschen Großbanken und ihre Konzentration im Zusammenhang mit der Entwicklung der Gesamtwirtschaft. Jena.

Robins, Garry, Pip Pattison, Yuval Kalish und Dean Lusher (2007): An introduction to exponential random graph (p*) models for social networks. In: Social Networks 29: 173–191.

Roe, Mark (1997): Path Dependence, Political Options and Corporate Governance In: Klaus J. Hopt/Eddy Wymeersch (Hg.): Comparative Corporate Governance. Berlin: de Gruyter, S. 165–184.

Rooks, Gerrit, Werner Raub, Robert Selten und Frits Tazelaar (2000): How Inter-firm Co-operation Depends on Social Embeddedness: A Vignette Study. In: Acta Sociologica 43 (2): 123–137.

Rostow, Walt Whitman (1971 [1960]): The Stages of Economic Growth. A Non-Communist Manifesto. Cambridge: Cambridge University Press.

Rostow, Walt Whitman (1990): Theorists on Economic Growth from David Hume to the Present: With a Perspective to the Next Century. New York: Oxford University Press.

Scharpf, Fritz W. (1993): Positive und negative Koordination in Verhandlungssystemen. In: Politische Vierteljahresschrift Sonderheft 24 (Policy-Analyse, Kritik und Neuorientierung): 54–83.

Schmalenbach, Eugen (1928): Die Betriebswirtschaftslehre an der Schwelle der neuen Wirtschaftsverfassung. In: Zeitschrift für Handelsw. Forschung 22/5: 241–251.

Schmidt, Ingo (2005): Wettbewerbspolitik und Kartellrecht. Eine interdisziplinäre Einführung. Stuttgart: Lucius&Lucius.

Schmitter, Philippe C. (1974): Still the Century of Corporatism? In: Review of Politics 36: 85–131.

Schmitter, Philippe C./Gerhard Lehmbruch (Hg.) (1979): Trends Toward Corporatist Intermediation. Beverly Hills und London: Sage Publications.

Schmitter, Philippe C./Gerhard Lehmbruch (Hg.) (1982): Pattern of Corporatist Policy-Making. Beverly Hills und London: Sage Publications.

Schmoller, Gustav (1906): Das Verhältnis der Kartelle zum Staate. In: Verhandlungen des Vereins für Socialpolitik 116: 237–271.

Schmoller, Gustav (1918): Die soziale Frage. Klassenbildung, Arbeiterfrage, Klassenkampf. Leipzig: Duncker & Humblot.

Schmoller, Gustav (1978 [1900]): Grundriß der Allgemeinen Volkswirtschaftslehre. Erster Teil. Berlin: Duncker & Humblot.

Schotter, Andrew (1981): The Economic Theory of Social Institutions. New York: Cambridge University Press.

Schreyögg, Georg/Heike Papenheim-Tockhorn (1995): Personelle Verflechtung als Ressourcenmanagement – Eine Längsschnittuntersuchung zur Kooptationspolitik deutscher Großunternehmen auf der Basis der Broken-tie-Methode In: Georg Schreyögg/Jörg Sydow (Hg.): Managementforschung 5. Berlin – New York: Walter de Gruyter, S. 107–165.

Schubert, Werner/Peter Hommelhoff (1985): Hundert Jahre modernes Aktienrecht. Eine Sammlung von Texten und Quellen zur Aktienrechtsreform 1884 mit zwei Einführungen. Berlin-New York: Walter de Gruyter.

Schumpeter, Joseph (1926): Gustav von Schmoller und die Probleme von heute. In: Schmollers Jahrbuch für Gesetzgebung, Verwaltung und Volkswirtschaft 50: 337–388.

Schumpeter, Joseph (1928): Unternehmer In: Ludwig Elster (Hg.): Handwörterbuch der Staatswissenschaften VIII. Jena: Verlag von G. Fischer, S. 476–487.

Schumpeter, Joseph (1997 [1911]): Theorie der wirtschaftlichen Entwicklung. Eine Untersuchung über Unternehmergewinn, Kapital, Kredit, Zins und den Konjunkturzyklus. Berlin: Duncker & Humblot.

Scott, John (1987): Intercorporate Structures in Western Europe. A Comparative Historical Analysis In: Mark Mizruchi/Michael Schwartz (Hg.): Intercorporate Relations.The Structural Analysis of Business. Cambridge: Cambridge University Press, S. 208–232.

Scott, John (1991): Networks of corporate power: a comparative assessment. In: Annual Review of Sociology 17: 181–203.

Scott, W. R./J. W. Meyer (1994): The Rise of Training Programs in Firms and Agencies In: W. R. Scott/J. W. Meyer (Hg.): Institutional Environments and Organizations: Structural Complexity and Individualism. Thousand Oaks: Sage, S. 228–254.

Shonfield, Andrew (1965): Modern Capitalism. The Changing Balance of Public and Private Power. London und Oxford: Oxford University Press.

Simmel, Georg (1908): Soziologie. Untersuchungen über die Formen der Vergesellschaftung. Leipzig: Duncker & Humblot.

Simmel, Georg (1992 [1908]-a): Die Kreuzung sozialer Kreise In: Georg Simmel (Hg.): Soziologie. Untersuchungen über die Formen der Vergesellschaftung. Frankfurt a.M: Suhrkamp, S. 456–511.

Simmel, Georg (1992 [1908]-b): Die quantitative Bestimmtheit der Gruppe In: Georg Simmel (Hg.): Soziologie. Untersuchungen über die Formen der Vergesellschaftung. Frankfurt a. M.: Suhrkamp, S. 63–159.

Smith, Adam (1759): The Theory of Moral Sentiments. London.

Smith, Adam (1979 [1776]): An Inquiry into the Nature and the Causes of the Wealths of Nations. Baltimore: Penguin.

Sombart, Werner (1927): Der moderne Kapitalismus. Historisch-systematische Darstellung des gesamteuropäischen Wirtschaftslebens von seinen Anfängen bis zur Gegenwart. Bd. III: Das Wirtschaftsleben im Zeitalter des Hochkapitalismus. München.

Sombart, Werner (1987 [1916]): Der moderne Kapitalismus. Historisch-systematische Darstellung des gesamteuropäischen Wirtschaftslebens von seinen Anfängen bis zur Gegenwart. München: dtv.

Soskice, David (1999): Divergent Production Regimes: Coordinated and Uncoordinated Market Economies in the 1980s and 1990s In: Herbert Kitschelt, Peter Lange, Gary Marks und John D. Stephens (Hg.): Continuity and Change in Contemporary Capitalism. Cambridge: Cambridge University Press, S. 101–134.

Spencer, Herbert (1889): Die Principien der Sociologie III. Band. Stuttgart: E. Schweizbart'sche Verlagsbuchhandlung.

Stadler, Markus (1997): Die Beratung des Vorstandes der Aktiengesellschaft durch den Aufsichtsrat. München (Dissertation).

Stearns, Linda/Mark Mizruchi (1986): Broken-Tie Reconstitution and the Functions of Interorganizational Interlocks. In: Administrative Science Quarterly 31: 522–538.

Stegbauer, Christian (Hg.) (2008): Netzwerkanalyse und Netzwerktheorie. Ein neues Paradigma in den Sozialwissenschaften. Wiesbaden: VS Verlag für Sozialwissenschaften.

Stokman, Frans N., Rolf Ziegler und John Scott (Hg.) (1985): Networks of Corporate Power. A Comparative Analysis of Ten Countries. Cambridge: Polity Press.

Stokman, Frans/Manuela Vieth (2006): Was verbindet uns wann mit wem? Inhalt und Struktur in der Analyse sozialer Netzwerke In: Andreas Diekmann (Hg.): Methoden der Sozialforschung 44. Wiesbaden: VS Verlag für Sozialwissenschaften, S. 274–302.

Streeck, Wolfgang (1985): Community, Market, State and Associations? The Prospective Contribution of Interest Governance to Social Order In: Wolfgang Streeck/Philippe C. Schmitter (Hg.): Private Interest Government: Beyond Market and State
Beverly Hills und London: Sage Publications, S. 1–29.

Streeck, Wolfgang/Martin Höpner (Hg.) (2003): Alle Macht dem Markt? Fallstudien zur Abwicklung der Deutschland AG. Frankfurt a. M.: Campus Verlag.

Streeck, Wolfgang/Kozo Yamamura (Hg.) (2001): The Origins of Nonliberal Capitalism. Germany and Japan in Comparison. Ithaca und London: Cornell University Press.

Swatek, Dieter (1972): Unternehmenskonzentration als Ergebnis und Mittel nationalsozialistischer Wirtschaftspolitik. Berlin: Duncker & Humblot.

Sydow, Jörg (1992): Strategische Netzwerke: Evolution und Organisation. Wiesbaden: Gabler.

Thelen, Kathleen (1999): Historical Institutionalism in Comparative Politics. In: Annual Review of Political Science: 369–404.

Thelen, Kathleen (2003): How Institutions Evolve. Insights from Comparative Historical Analysis In: James Mahoney/Dietrich Rueschemeyer (Hg.): Comparative Historical Analysis in the Social Sciences. Cambridge: Cambridge University Press, S. 208–240.

Thelen, Kathleen/Sven Steinmo (1992): Historical Institutionalism in Comparative Politics In: Sven Steinmo/et.al. (Hg.): Structuring Politics. Historical Institutionalism in Comparative Analysis. Cambridge: Cambridge University Press, S. 1–32.

Thomas, William I./Dorothy S. Thomas (1928): The Child in America. Behavior Problems and Programs. New York: Knopf.

Thomas, William I./Florian Znaniecki (1974 [1918]): The Polish Peasant in Europe and America. New York: Octagon Books.

Tilly, Richard (1980): Banken und Industrialisierung in Deutschland: Quantifizierungsversuche In: Friedrich-Wilhelm Henning (Hg.): Entwicklung und Aufgaben von Versicherungen und Banken in der Industrialisierung. Berlin: Schriften des Vereins für Socialpolitik, S. 165–193.

Tilly, Richard (1986): German Banking, 1850–1914: Development Assistance for the Strong. In: Journal of European Economic History 15: 113–152.

Tönnies, Ferdinand (1887): Gemeinschaft und Gesellschaft. Leipzig: Fues.

Tschierschky, Siegfried (1903): Kartelle und Trusts. Göttingen: Vandenhoeck & Ruprecht.

Tschierschky, Siegfried (1913): Neumerkantilismus und Interessenorganisation. In: Schmollers Jahrbuch für Gesetzgebung, Verwaltung und Volkswirtschaft 37: 15–47.

Useem, Michael (1979): The Social Organization of the American Business Elite and Participation of Corporation Directors in the Goverance of American Institutions. In: American Sociological Review 44: 553–572.

Useem, Michael (1984): The Inner Circle. Large Corporations and the Rise of Business Political Activity in the U.S. and U.K. New York: Oxford University Press.

Uzzi, Brian (1996): The Sources and Consequences of Embeddedness for the Economic Performance of Organizations: The Network Effect. In: American Sociological Review 61: 674–698.

Uzzi, Brian (2001): Social Structure and Competition in Interfirm Networks: The Paradox of Embeddedness In: Mark Granovetter/Richard Swedberg (Hg.): The Sociology of Economic Life. Boulder/Colorado: Westview Press, S. 207–238.

Veblen, Thorstein (1913): Gustav Schmoller's Economics In: Thorstein Veblen (Hg.): The Place of Science in Modern Civilisation and other Essays. New York, S. 252–278.

Veblen, Thorstein (1915): Imperial Germany and the Industrial Revolution. New York: MacMillan.

Wang, Peng, Garry Robins und Philippa Pattison (2009): PNet. Program for the Simulation and Estimation of Exponential Random Graph (p*) Models. Melbourne: Department of Psychology, School of Behavioural Science, University of Melbourne.

Wasserman, Stanley/Katherine Faust (1999): Social Network Analysis. Methods and Applications. New York: Cambridge University Press.

Wasserman, Stanley/Philippa Pattison (1996): Logit Models and Logistic Regressions for Social Networks: I. An Introduction to Markov Graphs and p*. In: Psychometrika 61: 401–425.

Wassermann, Stanley/Katherine Faust (1999): Social Network Analysis. Methods and Applications. New York: Cambridge University Press.

Weber, Max (1964/1921): Wirtschaft und Gesellschaft.

Weber, Max (1972 [1921]): Wirtschaft und Gesellschaft. Tübingen: Mohr.

Weber, Max (1981 [1923]): Wirtschaftsgeschichte. Abriß der universalen Sozial- und Wirtschaftsgeschichte. Berlin: Duncker & Humblot.

Weber, Max (1988 [1920]): Die protestantische Ethik und der Geist des Kapitalismus In: Max Weber (Hg.): Gesammelte Aufsätze zur Religionssoziologie I 9. Aufl. Tübingen: J.C.B. Mohr (Paul Siebeck), S. 17–206.

Weber, Max (1988 [1922]): Roscher und Knies und die logischen Probleme der historischen Schule der Nationalökonomie In: Max Weber (Hg.): Gesammelte Aufsätze zur Wissenschaftslehre. Tübingen, S. 1–145.

Wehler, Hans-Ulrich (1995): Deutsche Gesellschaftsgeschichte. 1849–1914. München: C.H. Beck.

Wehler, Hans-Ulrich (2003): Deutsche Gesellschaftsgeschichte. Vierter Band: 1914–1949. München: C.H. Beck.

Wellhöner, Volker (1989): Großbanken und Großindustrie im Kaiserreich. Göttingen: Vandenhoeck & Ruprecht.

Wellhöner, Volker/Harald Wixforth (1990): Unternehmensfinanzierung durch Banken – Ein Hebel zur Etablierung der Bankenherrschaft? Ein Beitrag zum Verhältnis von Banken und Schwerindustrie in Deutschland während des Kaiserreichs und der Weimarer Republik In: Dietmar Petzina (Hg.): Zur Geschichte der Unternehmensfinanzierung. Berlin: Duncker & Humblot, S. 11–33.

Wellman, Barry (1997 [1988]): Network analysis: from metaphor to theory and substance In: Barry Wellman/S.D. Berkowitz (Hg.): Social Structure: A Network Approach. Cambridge: Cambridge University Press, S. 16–61.

Wiesenthal, Helmut (2000): Markt, Organisation und Gemeinschaft als ‚zweitbeste' Verfahren sozialer Koordination In: Raymund Werle/Uwe Schimank (Hg.): Gesellschaftliche Komplexität und kollektive Handlungsfähigkeit. Frankfurt a. M. und New York: Campus Verlag, S. 44–73.

Williamson, Oliver (1975): Markets and Hierarchies. New York: Free Press.

Williamson, Oliver (1985): The Economic Institutions of Capitalism. New York: Free Press.

Williamson, Oliver (1986): Economic Organization. Firms, Markets and Policy Control. New York: New York University Press.

Williamson, Oliver (1987): The Economic Institutions of Capitalism: Firms, Markets, Relational Contracting. New York: The Free Press.

Windolf, Paul (1994): Die neuen Eigentümer. Eine Analyse des Marktes für Unternehmenskontrolle. In: Zeitschrift für Soziologie 23/2: 79–92.

Windolf, Paul (1997): Eigentum und Herrschaft. Elite-Netzwerke in Deutschland und Großbritannien. In: Leviathan 25 (1): 76–106.

Windolf, Paul (2003): Korruption, Betrug und ‚Corporate Governance' in den USA – Anmerkungen zu Enron. In: Leviathan 31 (2): 185–218.

Windolf, Paul (2005): Was ist Finanzmarktkapitalismus? In: Paul Windolf (Hg.): Finanzmarktkapitalismus Kölner Zeitschrift für Soziologie und Sozialpsychologie Wiesbaden: VS Verlag für Sozialwissenschaften, S. 20–57.

Windolf, Paul (2006): Unternehmensverflechtungen im organisierten Kapitalismus. In: Zeitschrift für Unternehmensgeschichte 51/2: 191–222.

Windolf, Paul (2007): Sozialkapital und soziale Ungleichheit. Vergleichende Analysen zur Unternehmensverflechtung in Deutschland und in den USA (1896–1938) In: Jahrbuch für Wirtschaftsgeschichte 2: 197–230.

Windolf, Paul/Jürgen Beyer (1995): Kooperativer Kapitalismus. Unternehmensverflechtungen im internationalen Vergleich. In: Kölner Zeitschrift für Soziologie und Sozialpsychologie 1/47: 1–36.

Windolf, Paul/Michael Nollert (2001): Institutionen, Interessen, Netzwerke. Unternehmensverflechtung im internationalen Vergleich. In: Politische Vierteljahresschrift XLII: 51–78.

Winkler, Heinrich August (Hg.) (1974): Organisierter Kapitalismus. Göttingen: Vandenhoeck & Ruprecht.

Winkler, Jack T. (1976): Coporatisme. In: Archives Européenes de Sociologie 17/1: 100–136.

Wittgenstein, Ludwig (1995): Werkausgabe Band 1. Tractatus logico-philosophicus. Tagebücher 1914–16. Philosophische Untersuchungen. Frankfurt a.M: Suhrkamp Verlag

Wixforth, Harald (1995): Banken und Schwerindustrie in der Weimarer Republik. Köln-Weimar-Wien: Böhlau Verlag.

Wixforth, Harald/Dieter Ziegler (1997): Deutsche Privatbanken und Privatbankiers im 20. Jahrhundert. In: Geschichte und Gesellschaft 23: 205–235.

Wrong, Dennis H. (1980): Power. Its Forms, Bases, and Uses. New York: Basil Blackwell.

Wurm, Franz (1969): Wirtschaft und Gesellschaft in Deutschland 1848–1948. Opladen: Leske Verlag.

Ziegler, Dieter (1998): Die Aufsichtsräte der deutschen Aktiengesellschaften in den zwanziger Jahren. Eine empirische Untersuchung zum Problem der ,Bankenmacht'. In: Zeitschrift für Unternehmensgeschichte 43/2: 194–215.

Ziegler, Dieter (2006a): Die Bankenkrise von 1931 In: Johannes Bähr (Hg.): Die Dresdner Bank in der Wirtschaft des Dritten Reichs. München: Oldenburg Verlag, S. 43–51.

Ziegler, Dieter (2006b): Die Fusion von Dresdner und Danat-Bank 1932 In: Johannes Bähr (Hg.): Die Dresdner Bank in der Wirtschaft des Dritten Reichs. München: Oldenburg Verlag, S. 52–61

Ziegler, Dieter (2006c): Die personellen Konsequenzen von Bankenkrise und Fusion 1931–1932 In: Johannes Bähr (Hg.): Die Dresdner Bank in der Wirtschaft des Dritten Reichs. München: Oldenburg Verlag, S. 75–84.

Ziegler, Rolf (1983): Das Netzwerk der Personen- und Kapitalverflechtungen deutscher und österreichischer Wirtschaftsunternehmen 1976. München.

Ziegler, Rolf (1984): Das Netz der Personen- und Kapitalverflechtungen deutscher und österreichischer Wirtschaftsunternehmen. In: Kölner Zeitschrift für Soziologie und Sozialpsychologie 36: 557–584.

Zukin, Sharon/Paul J. DiMaggio (1990): Structures of Capital: The Social Organization of the Economy. New York: Cambridge University Press.

The manufacturer's authorised representative in the EU is Springer
Nature Customer Service Centre GmbH, Europaplatz 3, 69115 Heidelberg,
Germany. If you have any concerns regarding our products, please
contact ProductSafety@springernature.com

Printed and bound by CPI Group (UK) Ltd, Croydon, CR0 4YY
23/04/2026
02095592-0018